外島 裕・田中堅一郎【編】
Toshima Yutaka & Tanaka Ken'ichiro

臨床組織心理学入門

組織と臨床への架け橋

ナカニシヤ出版

まえがき

　職場環境が大きく変化している今日の日本では，職場不適応をはじめとする心理学的問題が増えている。日本の民間企業や中央・地方官庁ではこうした問題をもはや看過できず，さまざまな取り組みや対応に追われるようになった。そうした影響もあって，民間（あるいは公的）企業でも心理的諸問題に対応できる心理カウンセラーをはじめとする専門スキルをもつ人材を必要としはじめた。ところが，そうした人材を輩出するはずの心理学界の実態はどうであろうか。今日，日本のいわゆる「臨床心理学」が事例としてターゲットとしているのは，主として幼児，児童，青年期か，老年期の不適応症状であって，企業人・勤労者のそれではない。対応できる不適応症状にしても，不安障害や人格障害といった職場ではかなり特殊な事例が多く，実際に職場で起こる大部分の心理学的な問題をフォローしているとは思えない。それに加えて，心理カウンセラーは臨床心理学の豊富な知識はあっても，概して組織のしくみや職場の実態を何もわかっていないことが多い。激変する組織や職場の心理学的問題に対処できる心理カウンセラーは実際には多くないといわざるをえない。

　他方，昨今では心理学関連学部ではない，例えば経営学系学部生や大学院生の中に産業カウンセリングに興味を持ち自分の研究課題にする人や，密かに産業カウンセラーの資格取得まで考える人が出てきているようである。だが，如何せん彼らの心理学的知識は心許なく，まして臨床心理学の基礎知識に至っては正直にいって教授する側が戸惑うほどに貧弱である。さらに困ったことに，こうした現状にもかかわらず，人事制度をはじめとする組織や職場のしくみを理解できて職場で問題となる臨床心理学的な知識も通覧できるようなバランスのとれたテキストが，そもそも日本には今まで存在しないといってよかった。人材育成のための基本となるテキストがなかったのである。

　こうした現状に鑑みて，編者らは組織や職場における心理学的問題とそれに応じられる人材育成を少しでも推進できればと思い立ち，本書の企画に至った。

本書は大きく3部からなる。第1部は「組織を理解する」であるが，これは臨床心理学者，心理カウンセラーがもっとも不得手とする「会社のしくみ」についての話題である。編者らは「会社のしくみ」の理解抜きに産業カウンセリングやEAPは決して成功しないと考えている。第2部は「職場でのキャリアを理解する」であり，いわば仕事に就く前の進路指導から仕事に就いてからのキャリアにまつわる問題に特化した話題である。第2部でキャリアの話題に特化したのは，フリーターの増大やリストラやダウンサイジングによって退職・転職を余儀なくされる従業員の増大が背景にあったからである。第3部は「職場でのさまざまな心理的問題と対処方法を理解する」であり，さまざまな職場不適応を紹介し，さらに従業員の精神的健康維持のために組織管理者が行う（あるいは行わなければならない）対処法やそのための制度についての話題である。この話題は，心理学や経営学といった出身領域を問わず理解されるべき内容であろう。

　また，『産業・組織心理学エッセンシャルズ』に引き続いて，今回も編者らの発案にご理解下さり，編集の労をとっていただいた宍倉由高氏，山本あかね氏をはじめ，ナカニシヤ出版編集部の皆さまに御礼を申し上げたいと思います。

2005年2月

外島　　裕
田中堅一郎

目　次

まえがき　i

第1部　組織を理解する

1．人事管理とは何か……………………………………………… 1
　1-1．人事管理の基礎　1
　1-2．雇用の管理　4
　1-3．能力開発・教育訓練の管理　9
　1-4．人事評価　16
　1-5．報酬の管理　20

2．産業場面での心理査定とその活用……………………… 27
　2-1．心理査定　27
　2-2．職業適性の把握　31
　2-3．心理検査の種類　43
　2-4．職業ストレスの把握　49

3．組織における態度と行動……………………………………… 59
　3-1．動機づけ　59
　3-2．職務満足感　68
　3-3．組織コミットメント　71
　3-4．組織市民行動　75

4. 組織の構造……………………………………………83

- 4-1. 組織構造　83
- 4-2. 組織文化と組織風土　87
- 4-3. 組織社会化　91
- 4-4. リーダーシップ　94

第2部　職場でのキャリアを理解する

5. キャリア発達(1)：就学前から就職まで……………………107

- 5-1. 就職までのキャリア発達を説明する理論　107
- 5-2. キャリア選択の現状　116
- 5-3. キャリア選択からキャリアデザインへ　119

6. キャリア発達(2)：就職後から退職まで……………………129

- 6-1. K大学の太郎と次郎の話　129
- 6-2. 客観的キャリアと主観的キャリア　130
- 6-3. 組織内キャリア発達の規定因　133
- 6-4. 移行過程とキャリア結果に対する組織心理学のアプローチ　134
- 6-5. キャリア発達課題としての分化に応じた統合　142
- 6-6. キャリア発達を視座においた人事管理　144
- 6-7. 結び　150

第3部　職場でのさまざまな心理的問題と対処方法を理解する

7. 職場におけるストレスとその影響……………………157

- 7-1. ストレスの理論　158
- 7-2. ストレスの影響　161
- 7-3. 職務ストレスのモデル　163
- 7-4. 職務ストレスの諸要因　166

7-5. 現代社会における新たな職務ストレス　169
　　7-6. ストレス・マネジメント　172

8. 職場での不適応行動　……………………………………………… 183
　　8-1. セクシュアル・ハラスメント　183
　　8-2. リストラは職場に何をもたらしたか：心理学の視点からダウンサイジングを考える　192
　　8-3. 不安障害　202
　　8-4. パーソナリティ障害　206
　　8-5. 感情障害　210
　　8-6. 統合失調症　213
　　8-7. 不適応行動への対処方法　217

9. カウンセリングの基本的技法 …………………………………… 227
　　9-1. カウンセリングの基本原理と技法　227
　　9-2. アサーション・トレーニング　234
　　9-3. 認知行動療法　239
　　9-4. 精神分析療法　243
　　9-5. カウンセリング技法習得のための架空事例呈示　249

10. 従業員をサポートする方法 ……………………………………… 261
　　10-1. 従業員のメンタルヘルスをめぐるさまざまな取り組み　261
　　10-2. EAP（Employee Assistance Programs：従業員支援プログラム）　266
　　10-3. 職場復帰の支援　271
　　10-4. キャリアカウンセリング　279

特論1. 職場のメンタルヘルス関連法規 ……………………………… 287
　　1-1. メンタルヘルス関連法規とは　287

1-2. メンタルヘルス関連法規の概要　290
1-3. メンタルヘルス事例における情報の取り扱いについて　300
1-4. おわりに　302

特論2．職場で働くカウンセラーに関する資格の紹介……………305

2-1. 臨床心理士　306
2-2. 産業カウンセラー（旧初級産業カウンセラー）　309
2-3. 認定カウンセラー　311
2-4. 学校カウンセラー　313
2-5. 臨床発達心理士　315
2-6. キャリアカウンセラー　317
2-7. 認定心理士　320
2-8. 職場で働くカウンセラーとして　321

資料1　事業場における労働者の心の健康づくりのための指針　323
資料2　心理的負荷による精神障害等に係る業務上外の判断指針　330
索引　337

コラム
フィードバックの効果　15
脱線（derailment）　55
「会社への忠誠心は不要」か？　77
組織と個人の「分化に応じた統合」のクロスレベル・イシューとしてのキャリア・ドメイン　152
タイプＡ　176

1 人事管理とは何か

　企業組織は「人」,「物」,「金」,「情報」という4つの経営資源を持っている。このうち「人」は,他の3つの資源を扱う主体である。したがって,「物」,「金」,「情報」を有効に利用できるかどうかは,人に依存する部分が大きい。その人的資源が持つ知識,スキル,能力を経営目標の達成に向けて最大限にそして効果的に発揮させるようにコントロールする人事管理システムが企業には必要である。

　本章では,まず人事管理の基本的機能について説明する。次に,さまざまな人事管理システムが企業で果たす役割,その実態や問題について説明する。そして,それらの理解を通して企業で人が働くしくみを理解してもらう。

1-1. 人事管理の基礎

1-1-1　人事管理の機能

　今や「人」は企業の競争力を左右する重要な資源であることが広く認識されている。人事管理は,経営目標の達成に「人」が効果的,効率的に貢献できるよう考えられたしくみである。

　企業の経営目標の達成のために人事管理が果たす具体的な機能として,白井(1992)は①労働サービスの需要の充足,②労働者の就業ニーズの充足,そして③労使関係の調整と安定維持,の3つをあげている。

　「労働サービスの需要の充足」機能とは,必要に応じて必要な量の労働力が一定のコストで充足されるように,人的資源を確保し,合理的に活用することである。次の「労働者の就業ニーズの充足」機能とは,労働者が労働の対価と

して受け取ることを期待している報酬を把握し，それを充足することである。そして「労使関係の調整と安定維持」機能とは，労働環境や報酬に関して労働者が持つ要望と，それらを提供する企業側との利害を調整し，安定した労使関係を維持することである。

上記の3つの機能をうまく働かせるためには，人事管理システムを固定化させるのではなく，環境に適応するように変えていかねばならない。次に，人事管理システムと環境適応に関して述べることにする。

1-1-2　人事管理システムと環境適応

人材を活かすための企業の人事管理システムは，経営戦略に沿って，企業の内部と外部の環境に適応するように決定される。内部環境とは，組織風土，組織構造，成員の特性や価値観などである。一方，外部環境とは，経済状況，科学技術の進展，労働力市場，法律などである。

最近の日本企業には，企業内外の環境変化に合わせて人事管理システムを適応させる実例をみることができる。例えば，多くの日本企業が旧来の伝統的な日本的人事制度に変更を加えている。伝統的な日本的人事制度の特徴として，終身雇用，年功序列，そして企業別組合があげられることが多い。これらは，1970年代から1980年代には人的資源を効果的に活用するシステムとしてもてはやされた。しかし，世界規模での企業間の競争の激化，経済成長率の鈍化，少子・高齢化，社員の仕事に対する価値観の多様化など組織内外の環境が変化することで，伝統的な日本的人事制度が有効に機能しない企業が増加する結果となった。企業は人事制度の有効性を再び取り戻すために，個人がおさめる成果を基に処遇を決める「成果主義的人事制度」や，複数のキャリア・コースを設定する「複線型人事制度」などを導入し始めている。この動きは環境変化に人事管理システムを適応させる試みとみることができる。

このように企業が環境に適応できるように人的資源の管理システムを整備する必要があることは，これまでにも指摘されている。ここではアトキンソン（Atkinson，1985）によって提唱された「柔軟な企業モデル」について紹介する。

「柔軟な企業モデル」では，労働力の管理に①数量的柔軟性，②金銭的柔軟性，そして③機能的柔軟性，という３つの柔軟性を取り入れることが提案されている。「数量的柔軟性」は，企業内の労働量（雇用人数×労働時間数）を自由に変化させられるかどうかに関わる。非正規社員を活用する程度が高ければ，この柔軟性は高くなる。次の「金銭的柔軟性」は，企業の業績や個人の業績に応じて報酬が支払われるかどうかに関わる。業績と報酬が連動している程度が高いほど，金銭的柔軟性は高まる。最後の「機能的柔軟性」は，社員をそれまでとは異なる職種や職場に異動させることの容易さに関わる。どのような職種や職場でも通用するような多様な知識やスキルを保有している社員が多いほど機能的柔軟性は高くなる。

石田（2002）はそれら３つの柔軟性に関して，日本企業を次のように分析している。まず，日本企業は，雇用安定を重視した人事管理をとっているので，数量的柔軟性は概して低い。金銭的柔軟性に関しては，年功賃金制度を採用する企業でも，長期的にみると能力や業績に応じて賃金に格差がみられるため，見かけほど金銭的柔軟性は低くない。また，社員は多能工の訓練を受け，幅広い異動を経験しているため，機能的柔軟性は高い傾向にある。

総じていえば，日本企業の人事管理は比較的柔軟性を持っていると思われる。さらに最近の日本企業は，非正規社員の雇用が増加し，年功賃金制度を廃止するなどの動向がみられており，ますます環境の変化に対して柔軟に対応できるようになりつつある。

1-1-3 本章で取りあげる人事管理の領域

本章では，人事管理のシステムとして①雇用の管理，②能力開発・教育訓練の管理，③人事評価，④報酬の管理について取り上げる。

企業のなかで，人的資源を活用するためには，まず企業内に経営目標の達成に貢献できる社員を確保しなければならない。そしてその社員が職場に配置されて職務が遂行される。適正数の社員を企業内に留めるために，社員の退職によって雇用の調整が図られる。社員の採用，職場への配置・異動，そして退職までの管理について，１-２節の「雇用の管理」で述べることにする。

訓練や学習の機会が与えられると，人の能力は開発され，企業により大きな貢献ができる人的資源となる。1-3節の「能力開発・教育訓練の管理」では，人間が学習する原理，そして企業が行う社員に対する訓練やその実施方法について説明する。

雇用された社員は，その仕事ぶりや成果が評価されることも必要である。ただし，人が人を評価する場合には，正確な評価が行われることはほとんど不可能で，評価にはエラーがみられる。1-4節の「人事評価」では，企業で評価される内容，評価のエラー，そして最近高い関心が持たれるようになった目標管理制度について説明する。

社員は，意思や欲求，要望を持つ存在である。評価や貢献度に応じて金銭や地位などの報酬を提供することで，社員の仕事へのモチベーションや企業へのコミットメントが高まり，より一層経営目標の達成に貢献できる。しかし報酬の分配の仕方がまずければ，それらのモチベーションやコミットメントは低下し，生産性の低下につながる可能性がある。1-5節の「報酬の管理」では，報酬の分配，賃金や昇進・昇格の管理について述べる。

1-2. 雇用の管理

1-2-1 採用選考

(1) **採用選考の役割**　企業が採用選考を実施するのは，経営目標の達成に向けて取り組むべき仕事を担える人的資源を充足するためである。

人的資源の採用は，どのような能力や適性を持った人物をどの程度採用するのかを示す要員計画をもとに実施される。募集の対象者は，正規社員であれば新規学卒者か他社経験者かに大きく分けられる。

新規学卒者と他社経験者に期待されていることは異なる。新規学卒者は，中長期的な人材戦略に基づいて採用され，教育や訓練によって組織目標に貢献する人材として育成することが前提となっている。一方，他社経験者は，欠員を補充するために採用されることが多く，すぐに成果を出す即戦力となることが期待されている。

表1-1 人物把握の8つの側面と評価ツール（二村，2000）

側面	評定項目	応募書類	適性検査	筆記試験	面接	作文・論文	グループ討議
健康	身体的健康 精神的健康	△			△		
基本的態度・姿勢	社会性・倫理性 責任性・誠実性 自主性・自律性 協調性 挑戦心・パワー 率直・素直さ ポジティブ思考・楽観性 バランス感覚		△		○	○	○
職業観・職業興味	働く目的 働き方の好み 自分と組織の距離感 職業・職務興味指向	○			○	○	
志望動機	会社・事業の理解度 入社動機づけの程度	○			○		
性格	一般適性的な性格特性 個別適性的な性格特性	△	○		○	△	△
実践的能力・スキル	視野の広さ 課題形成力 課題推進力 リーダーシップ・統率力 コミュニケーションスキル プレゼンテーションスキル 専門的知識・技術	△		○	○	△	○
基本的能力・知識	一般知的能力 専門的基礎知識・技術 一般教養 外国語基礎能力 視覚的身体的能力 資格	△	○	○	○	△	△
個人的事情	勤務地，勤務時間など	○			○		

○：主な評価ツール　△：補助的な評価ツール

(2) **採用選考の方法**　採用にあたっては，応募者に求めるKASOCs (Knowledge, Abilities, Skills, Other Characteristics) の要件を明らかにし，それらの要件を満たす人物をどの程度採用するのかを示す要員計画，そして採

用選考に用いるツールが決定される。

　二村（2000）は，応募者の特性を表す側面として，①健康，②基本的態度・姿勢，③職業観・職業興味，④志望動機，⑤性格，⑥実践的能力・スキル，⑦基本的能力・知識，⑧個人的事情，をあげている。そして，それら8つの側面とそれらを評価するツールとの対応関係について表1-1のようにまとめている。

　表1-1に示すように，把握しようとする特性ごとに評価に適したツールは異なることがわかる。最近では，表1-1に示されたツール以外に，インターンシップ制度を利用した採用選考を行う企業も増えつつある。採用担当者は，それぞれのツールの特徴を理解し，応募者に求めるKASOCsを的確に把握できるツールを組み合わせて採用選考に臨むべきである。

　(3) **非正規社員の採用**　近年の日本企業の人事管理の特徴として，上記で述べた正規社員だけでなく，非正規社員（パート社員，契約・派遣社員）の採用，活用をあげることができる。

　非正規社員は，従来は，専門性をそれほど必要としない単純な仕事の担い手であった。しかし，制約の少ない非正規社員となることを積極的に希望する人の増加とともに，その質が向上しており，企業にとって重要な，そして専門性や高い能力を必要とする仕事を担う非正規社員もみられるようになっている。

　非正規社員の活用は，企業にとっては人件費の抑制だけでなく，専門的業務に従事する人員の補充につながるといえる。

1-2-2　人事異動

　(1) **人事異動の役割**　同一企業内での職務，職場，勤務地の変更は，人事異動と呼ばれる。人事異動は，①適性の発見の機会の提供，②仕事の経験の幅や能力の幅の拡充，③よりレベルの高い仕事を経験することによる能力の伸長，④異なる職能間や同一職能内の部門間の人的交流，⑤組織の統廃合による人員の充足，⑥仕事量のアンバランスの解消，などの役割を担うことを佐藤（1999）は示している。またこれに加えて山下（2000）は，⑦不正の防止をあげている。

企業で実施される人事異動は，決められた時期に計画的に実施される「定期人事異動」が多い。突発的に人員が不足する事態が生じたときなどには，必要に応じて不定期に人事異動が実施される。

(2) **人事異動の決定**　人事異動の方針や決定は，組織の人事部門と職場の管理者によってなされることが多かった。しかし，最近では社員の自律的なキャリア形成を意図して，社員が自らの人事異動を選択できる制度を採用する企業がみられるようになった。その制度としては，社員自らが希望する異動を申告する「自己申告制度」，あるいは社内で人材が募集され，社員が自分の意思で応募することができる「社内公募制度」などがある。

こうした新しい制度を利用して，個々人の価値観や能力に応じて自らのキャリアを選択することは，仕事に対するモチベーションや学習意欲を高める，職務満足感につながる，など肯定的な効果がある。しかし，一方で独断に基づく自己完結的なキャリア選択になり，企業や社員自身にとって望ましい結果を生み出さない可能性もある。したがって，企業や管理者側の関与やキャリア・カウンセリングなどを組み合わせて，適切なキャリア・コースの選択を促すことが必要である。

(3) **出向・転籍**　勤務している企業と資本関係や取引関係のある別企業に移って働く場合には，出向，転籍となる。このうち，出向は，出向元の企業と雇用関係を維持したまま別企業で働く場合を指す。一方転籍は，出向元の企業と雇用関係を終了させ，転籍先と新たな雇用関係を結ぶ場合を指す。

出向や転籍の目的として，佐藤（1999）は，①従業員の能力開発，②出向・転籍先の人材不足の解消，③出向・転籍先への技術指導・経営指導，④出向・転籍先との人的結びつきの強化，⑤出向・転籍元の労務費軽減，⑥出向・転籍元の従業員削減，⑦出向・転籍元の管理職ポスト不足の解消，⑧出向・転籍者の定年後の雇用機会の確保，などをあげている。

人事異動はキャリア形成に寄与することを先に指摘していたが，別企業への出向・転籍も，キャリア形成の機会となりうる。

1-2-3 雇用契約の終了

(1) 雇用契約の終了の役割　企業と社員との雇用契約が終了する方法として、解雇と退職がある。解雇は、企業側が社員との雇用契約を終了させることを指す。この解雇は、会社都合退職とよばれることがある。一方、退職には、社員の意思で雇用関係を打ち切る任意退職（自己都合退職）と、契約の規則や企業側と社員との合意によって雇用関係を打ち切る合意退職がある。

解雇や退職による雇用契約の終了が果たす役割として、社内や職場の活性化をあげることができる。同じ人材が同一のところに留まり続けるとすれば、新しいことを学ぶ意欲、切磋琢磨する気持ちや新しいアイディアが生まれにくく、社内や職場が停滞する可能性がある。雇用契約が終了した人材に代わる新しい人材を企業の外から採用することによって、それまでとは異なる特性や能力、知識、あるいは価値観や考え方に接することが刺激となって、企業の活性化につながる可能性がある。

また、雇用契約の終了には、雇用を調整するという役割がある。企業は、経営目標の達成のために必要な人材を適正量確保しなければならない。そのためには、必要な人材の増員、配置転換、もしくは削減が実施される。これらのなかでもわが国ではバブル崩壊後にとりわけ注目されるようになったのが人員削減であろう。次に、この人員削減による雇用調整について述べることにする。

(2) 人員削減による雇用調整　人員削減は雇用調整のための最終手段であり、それは、段階的に進められる。今野・佐藤（2002）によると、雇用調整は次のように進行する。

第1段階では、残業時間削減（労働時間調整）の方法がとられる。ただし、削減できる残業時間に限界があることなどから、大幅なコストの削減にはつながらない。

第2段階では、採用を抑制しつつ、退職などによる欠員を補充しない、あるいは非正規社員の契約更新を停止することにより、人員の段階的な減少をはかる方法や、配置転換、応援、出向といった内部調整の方法がとられる。これらの方法を実行することによって、雇用調整が終了することも多い。しかしそれでもうまくいかない場合には、次の第3段階に進む。

第3段階では，正規社員の人数調整がなされる。まず，雇用関係を継続したままで就業を一時停止する一時帰休の方法である。この方法でも雇用調整が十分でない場合には，優遇策をつけて自発的な退職者を募集する希望退職を募集する，あるいは特定の社員を指名して解雇することが行われる。

　解雇に関して，民法では使用者が労働者を解雇する自由を保障している。しかし，指名解雇を合理的な理由なしに企業が実行する場合には，解雇権濫用の法理に基づいて無効となる。労働基準法や労働組合法によっても解雇の濫用を防ぐルールが定められている。

　(3) **退職制度**　　終身雇用を前提としていた日本の企業では，退職という場合には，定年退職が一般的であった。しかし，最近では退職のあり方は多様になっている。

　まず，定年まで同じ企業にとどまることなく，社員側の意思で企業を退職するケースが増えている。このような退職を企業が後押しする場合もある。例えば，転職に関わる情報の提供や転職先を紹介する「転職援助斡旋制度」，独立準備のための休暇を与えるなどの援助を行う「独立開業支援制度」，あるいは退職金を増やすなどの優遇策をつけて早期退職を促す「早期退職優遇制度」がある。

　また，定年後も雇用が継続されるケースもみられる。この場合には，定年後も同じ企業で働くことが可能になる制度と，再就職先を斡旋する制度がある。わが国では少子化による労働人口の減少が問題となっているが，その対応策の1つとして，豊富な知識やスキルを保有する定年退職した人材の活用が重視されつつある。

1-3. 能力開発・教育訓練の管理

1-3-1　組織での学習

　(1) **能力開発・教育訓練の役割**　　社員の能力開発や教育訓練が必要とされる理由として，多くの企業が次のような状況に直面していることが考えられる。まず，世界規模での企業間の競争の激化のなかで，企業は競争力を高めなけれ

ばならない状況にある。競争力を高めるためには，社員全員が常に学習し，向上していかなければならない。

　また，科学技術の急速な進展，消費者の嗜好の多様化，異なる人種や女性の職場進出など急速な社会環境の変化に適応した企業活動を行うために，業務内容や求められる能力も変化する。それらの状況変化のため，組織のなかで社員が取り組む仕事の内容が従来とは異なるものになってきた。社員はこれまでとは違う新しい仕事を遂行しなければならないので，新たな知識やスキルを獲得し，能力を高める必要に迫られている。

　以上のような事情から，企業が能力開発や教育訓練を積極的に，計画的に行うことによって，社員が学習し，向上することの重要性が認識され始めている。学習とは，経験によって，比較的持続して行動が変容することとされているが，ここでは社員が新たなスキルを獲得したり，既存の能力を高めたりするための活動を一括して「学習」とよぶことにする。

　社員の学習には，①現在の仕事を十分に遂行するための学習，②より高度な仕事を遂行するための学習，③新たなポストに就いたときに取り組む仕事を遂行するための学習，④組織内に存在しないが今後新たに取り組むことが見込まれる仕事を遂行するための学習がある。企業では，社員によるそれらの学習を促進するために，教育訓練の実施，人事異動による学習機会の創出，学習のための資金の援助や講座の開設といった学習環境の整備などを進めている。

（2）**学習の原理**　　社員の能力開発や教育訓練を計画する場合には，人の学習が進展する原理を理解する必要がある。ここでは，社員による学習の進展に関わる①強化理論，②社会的学習理論，③スキルの獲得に関する理論について紹介する。

　①　**強化理論**　　ある反応の出現頻度を高めるために，その反応に随伴させて良い結果をもたらす操作を強化という。望ましい，あるいは適切な行動が現れたときに，報酬を提示したり（正の強化），不快な状態を取り除いたり（負の強化）することによって，その行動の出現頻度を高めることができる。

　このような強化理論を企業場面に応用したものとして，ルーサンズとクレイトナー（Luthans & Kreitner, 1985）による組織行動修正法（organizational behavior modification）がある。この方法は，社員の望ましい組織行動が明ら

かにされ，その望ましい行動が現れたときに報酬（賞賛，金銭，特典）を与えることで，その行動の出現頻度を高めようとするものである。

② **社会的学習理論**　学習者本人が直接経験（行動）することによる学習ではなく，他者の経験を観察したり，模倣したりするなどの代理経験によって成立する学習を社会的学習という。企業では，社員は自分の上司や先輩と協働して仕事を進めていくため，モデルとなる上司や先輩が働く姿を観察したり，模倣したりする機会が豊富にある。そのため，企業のなかでこの社会的学習による学習の機会は頻繁にあると考えられる。

社会的学習も，他者や模倣を行った本人の行動が報酬などによって強化されると，その行動頻度は高まるとされている。また，望ましい行動をとったときに獲得される達成感や満足感によって行動が強化される自己強化によっても，学習は促進される（Bandura, 1971）。

③ **スキルの獲得に関する理論**　スキルを獲得する際の人間の行動よりも認知過程に注目して学習プロセスを説明する理論やモデルも提唱されている。例えば，アンダーソン（Anderson, 1987；1996）による ACT*（アクトスター）モデルでは，さまざまなスキルについて学ぶ際の人間の知識構造に注目し，スキルは宣言的学習（declarative learning）の段階，知識の編集（knowledge compilation）の段階，そして手続き化（proceduralization）の段階を経て獲得されると述べている。

宣言的学習の段階では，課題に関連する宣言的知識（事実に関する知識，言語によってあらわすことができる知識）が学ばれる。例えば，資料の書き方やパソコンの使い方の知識などがこれに含まれる。次の知識の編集の段階は，獲得された宣言的知識を手続き的知識（認知活動や行動の実行に関する知識）に移行させる試みが行われる。すなわち，学習した宣言的知識を実際の行動に移してみることでスキルを身につけていく段階である。最後の手続き化の段階では，手続き的知識がより効率的なものに変容し，課題遂行場面で自動的に，ほとんど意識することなくスキルが活用されるようになる。

1-3-2 教育訓練（OJT・Off-JT）

(1) 訓練の種類　社員の仕事に関わる知識，スキル，行動の向上を目指して，多くの企業では教育訓練が行われる。その訓練は，大きく① OJT（On-the-Job Training：職場内訓練）と② Off-JT（Off-the-Job Training：職場外訓練）に分けられる。

① **OJT**　日常業務のなかで，上司や先輩が部下や後輩に対して知識やスキルを学習させる方法が OJT である。OJT は，実務を体験しながらなされる訓練であるため，実践的な知識やスキルを効果的に身につけさせることができる。ただし，この訓練は上司や先輩が仕事をしながら行うため，訓練時間が取れなかったり，指導内容が意識されにくかったりして，期待する効果が得られない場合もある。効果的に OJT が行われるためには計画的に訓練が実行される必要があるが，その進め方については後の「教育訓練の実施方法」のところで述べることにする。

② **Off-JT**　日常業務とは別に時間や場所を確保して行われる訓練が Off-JT である。社会人としての常識，組織の概要や就業規則などを教える新入社員教育，企業で同じような階層を占める社員を集めて行われる階層別教育，類似した業務を遂行する社員が参加する職能別教育などが代表的なものとしてあげられる。

Off-JT は，次のような利点を持っている。まず，職場を離れて訓練に参加するため，日常業務に煩わされることなく少数のテーマについて集中的に学習することができる。そして，通常はなかなか学ぶことができない専門的知識を，専門家から教わることができる。また，一緒に訓練を受ける人びとから刺激を受けたり，新しい人間関係を形成することも可能である。

企業が進める OJT や Off-JT 以外に，社員が自らの意思で，自発的に知識やスキルの獲得のための訓練を受ける自己啓発がある。資金の援助，講座の開催，通信講座の紹介など企業が自己啓発活動のための環境をうまく整えれば，社員の自己啓発に対する意欲が高まり，自律的な学習が進むと考えられる。

(2) 教育訓練の実施方法　OJT や Off-JT などの教育訓練の実行には，コンサルティングや専門の訓練スタッフに支払われる費用，教材費や機材費，施

1-3 能力開発・教育訓練の管理

第1段階	ニーズ分析	教育訓練の設計に必要な情報収集
		・教育の必要性の検討 ・どこで，どのようなKSAsを，誰に教育するのかの検討 ↓ 指導目標や学習目標の決定

▼

第2段階	発　展	指導・学習目標の達成のための環境整備
		〈訓練実施前〉 ・訓練の種類，方法，ツールの選択 ・現状レベルの把握 ・学習に対するモチベーションを高める 〈訓練実施中〉 ・指導学習目標，到達レベルの明示 ・課題遂行結果などのフィードバック 〈訓練実施後〉 ・学習内容を実務場面に応用する機会の創出

▼

第3段階	評　価	教育訓練の効果，成果の評価
		・訓練に対する参加者の反応（満足度）の調査 ・知識やスキルを獲得した程度の評価 ・訓練前後の職務行動の変化の評価 ・組織にもたらす成果（生産性，顧客満足，離職率，欠勤率など）の調査

図1-1　計画的な教育訓練の実施の手順

設費，訓練に参加することや訓練者になることで職場の業務を遂行できないことから生じる損失，など企業にとってはコストがかかる。そのコストに見合った，あるいはそれ以上の成果を得るためには，教育訓練は人事担当者を中心に計画的に実施され，確実に知識やスキルなどの獲得が達成されなければならない。

　計画的に教育訓練を行おうとすれば，図1-1に示す①ニーズ分析，②発展，そして③評価，の3つを段階的に進めていくことが必要となってくる。

　①　ニーズ分析　　ニーズ分析の段階では，教育訓練の設計に必要な情報が収集される。まず企業のなかで教育訓練の必要性があるのかどうかが検討される。教育訓練の必要性があるとすれば，どこで，どのようなKSAs（Knowledge, Skills, Abilities）を，誰に訓練すべきなのかが分析される。それらの分

析を通して，指導目標や学習目標が決定される。

② **発展**　教育訓練の指導目標や学習目標が決定されれば，その目標を達成するための訓練環境が展開されなければならない。これは，訓練前，訓練実施，そして訓練後の環境についてなされる。

訓練前には，指導目標を達成するのに最適な訓練の種類，方法，ツールを選択し，実施の準備をする必要がある。実施環境の整備だけでなく，訓練に参加する社員に現状レベルを把握させ，学習に対するモチベーションを高めることも重要である。そのためには，自分が長じている点，および不足している点を認識させ，今の自分に必要な KSAs を理解させること，そして現状を改善するために訓練に参加することを意識させること，訓練において KSAs を獲得することで，将来的にどのような権限を得て，何が実行できるのか，どのようなもの（報酬など）が獲得できるのかの青写真を示すこと，などが効果的であると思われる。これらの理解や意識を高める方法として，社員が必要な KSAs について上司と話し合うこと，自己診断を行うことは有効であろう。

次の訓練を実施する段階では，訓練の参加者が確実に KSAs を身につけるような環境を整えなければならない。訓練を実施する者が，指導目標や学習目標，そして到達レベルを参加者に明示することは効果があるであろう。課題に取り組む際には，その結果についてフィードバックすることで学習効果は高められる。

最後の訓練後の環境整備として最も配慮しなければならないのは，学んだことを実務場面に応用する機会の創出である。例えば，上司は部下の訓練内容を把握し，学習したことを応用できるような機会を与えることができる。また，その応用を促進するような励ましやアドバイスも有効であろう。訓練の参加者が，自分の学習内容を参加していない者に対して伝え，共有化することも学習効果を高め，職場の活性化につながると思われる。

③ **評価**　評価の段階では，訓練プログラムに対する参加者の反応（reactions），学習度（learning），参加者の行動変化（behavior change），組織にもたらす成果（organizational results），に関わる4つの情報を収集することをカークパトリック（Kirkpatrick, 1975）は提案している。

参加者の反応には，訓練や訓練者，教材や訓練内容，などの満足度について

コラム　フィードバックの効果

　課題や仕事の遂行結果に関するフィードバックは，学習の意欲や効果を高める。ソーンダイク（Thorndike, 1927）は以下に示す実験を行い，フィードバックが学習に及ぼす効果について明らかにしている。

　実験には，実験群24名，統制群6名が参加した。実験は，事前テスト，7回の訓練期間，事後テストから構成されていた。参加者が遂行する課題は，それらの事前・事後テストと訓練期間において，目を閉じて実験者が指示する3，4，5，6インチの線を引くことであった。事前テスト，各訓練期間，そして事後テストのそれぞれのセッションで，全参加者は合計600回（各インチの線を150回ずつ）にわたって線を引いた。

　事前テストと事後テストのときには，どちらの条件群も自分の引いた長さの成否に関するフィードバックは与えられなかった。訓練期間中に線を引くときに，実験群は，引いた線の長さが指示された線の長さとほぼ等しい，と基準に従って判断された場合には「正解」と告げられた。一方，引いた線の長さと指示された線の長さとの間に差異があれば「誤り」であると告げられた。統制群には，そのようなフィードバックは行われずに，ただ線を引くことを繰り返した。

　事前テストよりも事後テストで誤りが減少した数を比較したところ，その減少数は，実験群のほうが統制群よりも多いことが示された（図1-2参照）。

　このソーンダイク（Thorndike, 1927）の実験は，フィードバックを与えることは，学習を促進し，成果を高めることを示している。これ以降のさまざまな研究でも，フィードバックが学習に及ぼす肯定的な効果は確かめられている。

　企業で教育訓練を実施する際には，訓練者が被訓練者の課題遂行結果を，適切なタイミングで提供することが肝要である。

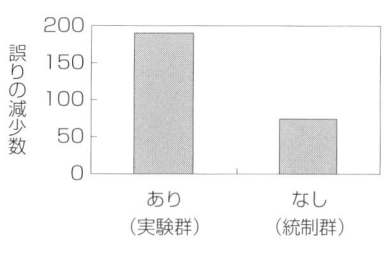

図1-2　各条件群の誤りの減少数

の情報が含まれる。学習度とは，参加者が知識やスキルを訓練によって獲得した程度を示す。行動変化とは，訓練前と訓練後の職務行動の変化である。そして組織にもたらす成果とは，生産性や顧客満足の向上，離職率や欠勤率の低下，などである。それらの情報を検討し，必要であれば訓練内容や実施の方法を変更しなければならない。

上記のような段階を経て，教育訓練が実施されるならば，確実に必要な知識やスキルの獲得がなされる可能性が高い。

1-4. 人事評価

1-4-1 人事評価

(1) **人事評価の役割**　人的資源の管理は，個々の社員の成果や能力，仕事ぶりを把握することが出発点となる。その把握のために行う重要な手段が人事評価（考課，査定）である。企業ではこの評価を，①昇給・賞与の決定，②昇格・昇進の決定，③配置・異動の決定，あるいは④教育訓練・能力開発の必要性の把握，などのための判断材料として利用する。人事評価を基に組織成員の処遇を決める歴史が長い米国では，評価結果の利用目的はさらに多様である。例えば，レイオフの決定のために利用されたり，レイオフの正当性に関わる裁判になったときに提出される資料となることもある。

上記の評価結果の多様な利用を考えると，人事評価は，本章で取りあげる人事管理の諸々のシステムと関わっていることがわかる。適切な人事評価は，人事管理を効果的に行う鍵となる。

(2) **評価の内容**　日本における人事評価では，一般に，①成績（業績）評価，②能力評価，③態度（姿勢，情意）評価，の3つの評価が行われることが多い。

「成績評価」では，職務遂行プロセスにおける途中成果や仕事における最終成果が評価される。「能力評価」では，仕事において発揮された能力や現在習得している能力が評価される。例えば，企画力，判断力，指導力などの能力で

ある。「態度評価」では，仕事に対する意欲や仕事を進める態度が評価される。例えば，協調性，責任性，積極性などが評価される。さらに，それらの成績，能力，態度を総合して，部下の職務遂行に関する全般的な優劣を決める総合評価が下されることもある。どのような能力や態度が評価の対象として選択されるのかは，組織によっても異なるし，同じ組織であっても職種によって異なる。

多くの企業では，人事評価を上司である管理者が行う。しかし最近では，上司だけでなく，同じ部門の同僚，後輩，そして顧客などが一人の社員に対する評価を行う多面観察評価を実施する企業もみられる。

(3) **評価のエラー**　人事評価は，さまざまな人事の処遇に利用される。そのため，公平性や客観性が求められる。しかし，人が人を評価する制度であるため，評価にはさまざまなエラーがみられることがわかっている。それらのエラーのなかでも，人事評価に関わる研究においてしばしば取り上げられる①同化効果と対比効果，②寛大化傾向，③厳格化傾向，④中心化傾向，⑤ヘイロー（halo）効果について以下に説明する。

① **同化効果と対比効果**　企業で実施される人事評価は1度きりで終わるものではない。ある評価期間が終われば，次の評価期間がやってくるというように継続している。そのため，決められた評価期間以外の期間に収集された部下の情報が当該の評価に影響することがしばしば生じる。その影響は，同化効果と対比効果の2つである。以前の評価期間に観察された部下の職務態度や職務能力の評価に一致するように，当該の評価期間の評価が下されるエラーは，同化効果とよばれる。一方，対比効果は，以前の評価期間に観察された部下の職務態度や職務能力と当該の評価期間に観察された部下のそれとが対比され，対照的な評価が下される傾向を指す。

② **寛大化傾向**　寛大化傾向とは，ある部下，あるいは複数の部下の職務態度や能力を，一貫して実際よりも寛大に（高く）評価する傾向である。

③ **厳格化傾向**　厳格化傾向とは，ある部下，もしくは複数の部下の職務態度や能力を，一貫して実際よりも厳格に（低く）評価する傾向である。

④ **中心化傾向**　中心化傾向とは，評価段階の中心に評定をつけてしまう傾向である。

⑤ **ヘイロー（halo）効果**　人事評価におけるヘイロー（halo）効果は，評

価者の全体的な印象に引きずられて,部下の特定の職務態度や職務能力などの評価次元に対する評価を歪めること,もしくは評価にあたって評価次元を識別できずに類似した評価を下すことである。

以上のような評価のエラーは,職務態度や職務行動に対する理解や評価のエラーに関する知識不足のために生じる側面がある。この問題に対処するためには,企業が管理者に対して,人事評価の目的,職務態度や職務行動,評価次元,評定エラーなどについての学習を目的とした評価者訓練を実施するべきである。

評価のエラーは,管理者の人事評価に関する理解や知識の不足のためだけでなく,管理者が故意に評価を歪めることでも生じる。例えば,部下の職務態度や職務能力が低いと判断されても,評価シートに記入される評価は高くなるという現象はよく知られている (Landy & Farr, 1980; Murphy, et al., 1984)。

この現象は,低い評価は,部下の仕事のモチベーションを低下させる,評価に基づいた処遇に不満を持たせる,自分との今後の人間関係の悪化につながる,などの不安や懸念を管理者が持つために生じる。この問題を解消するには,部下の評価に対する納得感を高める,あるいは学習意欲を高めるような対応を企業側が推進することによって,管理者の不安や懸念を払拭することが必要であろう。例えば,評価制度の透明性を高めること,評価の理由や長所や短所について管理者が部下に対して十分なフィードバックを与える機会を設定すること,管理者に公正な評価を行うことに対してインセンティブを与えること,などの環境整備が必要であろう。

1-4-2 目標管理制度

(1) **目標管理制度の仕組み** 目標管理制度 (MBO: Management By Objectives) は,公的機関や一般企業で広く用いられ,効果をあげている制度の1つとして知られている (Rodgers & Hunter, 1991)。

目標管理制度では,個人またはチーム別に,毎年あるいは半期ごとに仕事に関わる目標が設定される。期の途中で進捗状況がチェックされ,目標内容の変更や調整が行われることもある。そして年度末または期末に目標の達成度が評価される。

目標管理制度の効果を高めるには，経営責任者などの組織のトップがこの制度にコミットメントすることが重要である。ロジャースとハンター（Rodgers & Hunter, 1992）は，メタ分析によって目標管理制度が生産性に及ぼす効果について検討した結果，目標管理制度の実施は生産性を上昇させるが，特に組織のトップが目標管理制度にコミットメントすることによって，その上昇率が大きくなることを示している。

(2) **目標設定の効果**　目標管理制度の理論的背景の１つは，目標設定理論（Locke & Latham, 1990）である。この理論に関連する多くの研究がこれまでになされてきている。それらの研究のレビューやメタ分析（Locke & Latham, 1990; Locke et al., 1981; Mento et al., 1987; Tubbs, 1986）は，具体的で，達成可能であるが難易度の高い目標の設定が，高い成果を生み出すことを示している。

ではなぜ具体的で，難しい目標が成果につながるのであろうか？　そのような目標の設定は，課題達成に向けて注意や行動を方向づけ，努力を促し，根気よく課題に取り組ませる機能を持っている（Locke et al., 1981）。さらに，困難な目標は，課題解決のための戦略を発展させる（Earley et al., 1992）。このため，難しい目標を設定することで高い成果が期待できるのである（３章，3-1-7参照）。

以上に示すように，職務を遂行するうえで，適切な目標を設定することは効果があることが明らかであるが，一方で問題点もある。それは，目標達成と報酬が関連している場合には，個人は自分の目標達成を優先させ，自分の役割以外の行動を避けるようになることである（Wright et al., 1993）。しかしこの場合でも，個人目標と集団目標を関連づけることによって，集団の成果が高くなりうることをクラウンとロス（Crown & Rosse, 1995）は明らかにしている。目標管理制度を導入する際には，個々の社員だけではなく，企業全体が成果をあげることに留意して，個々の社員の目標をチームや部署の目標と関連づけたり，役割外の行動でも評価の対象とするなどの対応をとることを考慮すべきである。

1-5. 報酬の管理

1-5-1　報酬管理

(1) **報酬管理の役割**　社員は，自社の経営目標の達成のために働いている。企業はその対価として社員に報酬を提供する。提供する報酬としては，金銭，地位，学習の機会，福利厚生などがある。

報酬は，社員の仕事に対するモチベーション，職務満足感，自分の価値づけ，企業に対するコミットメント，生産性を高めるなどの機能を持っている。しかし，報酬の分配が不公平であるならば，報酬を与えたとしてもそれらのモチベーションや満足感などを低減させる可能性もある。分配の如何によって，報酬は社員そして企業に肯定的な影響をもたらしたり，逆に否定的な影響をもたらしたりするのである。

(2) **報酬と公平（衡平）理論**　どのような場合に，報酬の分配に対して社員は公平感を感じるのであろうか？　ここでは，アダムズ（Adams, 1965）の公平理論によって社員の報酬に対する公平感の獲得のされ方を説明する（3章，3-1-5参照）。

社員は報酬を受け取る際に，自らが投入したもの（知識，経験，能力，努力，時間など）とその対価として受け取る結果（金銭，昇進，名声，賞賛など）の比率を他の社員のそれと比較する。比較する対象は，同じ企業で同じ職務を遂行する社員や異なる企業で類似した職務を遂行する社員が選ばれる。自分の投入と結果の比率が，比較する社員と同じであると感じれば，その成員は公平感を感じる。このようなときには，社員は雇用主との関係に満足し，雇用関係を継続することとなる。これに対して，比較する社員と比べて，自分の投入よりも結果が少ないと感じれば，社員は不公平感を感じる。この場合には，自分の投入や結果に対する見方を変えたり，比較する対象者を変更するなどの行動がみられる。

一人の人間が同じ企業で定年まで勤めあげるという労働者の意識が薄れた現在の日本では，公平感を獲得するために，今よりも良い処遇を期待できる企業

へ転職するという行動を選択する人も多くいるであろう。社員を望ましい心理状態に導くため，あるいは良い人材を自企業内にとどめるためには，企業内の公平，労働市場に照らしたときの公平を保障するような報酬管理を行う必要がある。

1-5-2　賃金管理

(1)　**賃金管理の役割**　　企業から提供される報酬の中で，社員の最大の関心事の1つは賃金である。賃金とは「賃金，給料，手当て，賞与その他名称の如何を問わず，労働の対償として使用者が労働者に支払うすべてのものをいう」と労働基準法第11条で定義されている。

賃金管理の役割について，大野（1993）は①労働対価性，②生活保障性，③コスト性，の3つをあげている。

「労働対価性」とは，企業側が労働者の労働の価値に等しい賃金を払う義務を持ち，労働者側はそれを受け取る権利があることを指す。次の「生活保障性」とは，賃金によって生計を立てている労働者の生活を保障することを意味する。そして，「コスト性」とは，労働者に支払う賃金は，企業にとっては原価の一部であり，コストであることを示す。

賃金は社員にとっては報酬であるが，企業にとってはコストであるので，無制限に供与することはできない。したがって，報酬とコストとのバランスを考えた合理的な管理が必要であろう。

(2)　**賃金の体系**　　賃金は，毎月支払われる月例賃金と，月例賃金とは別に年に2～3回支払われる賞与に分けられる。

月例賃金は，①所定労働時間（企業で決められた労働時間）内の労働に対して支払われる所定内賃金と，②所定労働時間外の労働に対して支払われる所定外賃金（残業手当，深夜労働手当）から構成されている。所定内賃金は基本給と手当（例えば通勤手当，役職手当など）から構成されている。

基本給は①属人給（本人給），②職能給，③職務給から成り立っている。属人給とは，年齢，勤続年数，学歴など社員の属性によって決まる賃金である。職能給とは，職務遂行能力に対して支払われる賃金である。そして職務給とは

職務の質や職責の重さによって決定される賃金である。

月例賃金を構成する属人給や職能給は，仕事の経験の増加に伴って高くなる。日本企業の給与制度が年功的であるといわれてきたのは，職務給だけで月例賃金を決めることが多い米国企業と異なり，月例賃金のなかでの属人給や職能給が占める割合が高かったためである。釘崎（2000）は，このような年功賃金は，年功と当人の成果とが高い相関を持っていれば問題がないが，企業がおかれた環境変化の大きさとスピードが増し経営管理が複雑になってきている今日では，年功と成果との関連性が薄いと述べている。

（3） **賃金改革**　日本の賃金決定の基本構造は，高度成長期に形成されてきたと今野・佐藤（2002）は指摘している。しかし，日本の経済は1980年代以降，安定成長の新しい時代を迎えており，1980年代に入ると賃金のしくみを「高度成長期型」から「安定成長期型」に転換すべきだったと思われる（今野・佐藤，2002）。

賃金の配分方法を変えることは，労働者にとって非常に抵抗が大きく，経営側にとっても時間や労力を要するため，多くの日本企業でなかなか手がつけられなかった。しかし，従来の年功的な高度成長型の賃金配分方法では，企業は競争力を維持できない。また，貢献度に応じた賃金を支払わないならば，優秀な人材を惹きつける，あるいは社内にとどめることが難しくなっている。そのため，最近では賃金改革を行い，企業や個人の業績や成果に応じた賃金を支払うしくみを取り入れる企業が増えている。今後，さらに賃金改革を実行する日本企業が増加すると考えられる。その際には，経営戦略に基づいて，組織の内外環境に適合するような賃金改革を行うとともに，社員が納得できる公正な制度を構築するための努力が必要である。

1-5-3　昇格・昇進

（1）　**等級制度**　昇格・昇進について理解するためには，等級制度についての知識が不可欠である。等級制度とは，社員を等級に振り分け，その等級に応じた処遇を行う制度である。多くの日本企業で導入されている等級制度は，職能資格制度である。

職能資格制度とは，個人の職務遂行能力に基づいて資格を与える制度であり，その資格に応じて給与の一部が支払われる。資格は，各等級基準（職能要件）に基づいて与えられる。

等級の上昇と組織の職位の上昇が一致している場合には，昇格と昇進を区別する必要はない。しかし，職能資格制度のもとでは，昇格と昇進は完全な対応関係にないために，両者を区別して理解する必要がある。職能資格制度において昇格とはより上位の資格（等級）に上昇することである。一方，昇進とは組織のなかの職位が上昇すること（例えば，一般社員→係長→課長→部長）を指す。もちろん，昇進するためには，一定の職務遂行能力を保持していなければならないため，一定以上の資格を保有していることが前提となる。昇進は，ある一定の資格に昇格した者の中から選抜されて可能になる。

(2) **昇格・昇進の役割**　企業では，等級が高い社員が，それが低い社員よりもより大きな仕事上の権限を持って，責任の重い困難な仕事を遂行する。また，等級が低い社員に対して仕事上の命令や指導を与えることが多い。したがって，昇格・昇進の役割は，優秀な社員を昇格・昇進させ，下位の等級の社員に対して指導的な立場で能力を発揮させることによって，効率的・効果的に仕事を進めることである。

また，昇格・昇進に応じて賃金も上昇するので，昇格・昇進は，仕事に対するモチベーションを高めるという役割も果たす。ただし，組織の構造は，基本的にはピラミッド型であるので，係長から課長へ，課長から部長へというように職位が上昇するにつれて管理職のポストは減少し，なかなか上位の地位に上がることができない。そのため，等級の上昇と組織の職位の上昇が完全に一致している制度のもとでは，昇進できない者が増え，仕事に対するモチベーションの低下をまねく。しかし，前述の昇格と昇進の対応が緩やかな職能資格制度のもとでは，等級基準を満たせば昇格できるため，モチベーションを維持することができる。このようなメリットが職能資格制度にはあるため，多くの日本企業でこの制度が採用されてきた。

(3) **専門職制度**　職能資格制度では，昇格と昇進を分けることは，上記のようにモチベーションの維持という点でメリットがある。しかし一方で，問題も生じている。その問題とは，管理職相当の地位にありながら，役職に就かな

表 1-2　専門職制度設定の理由

(単位%)

専門職制度設定の理由					
役職，ポスト不足による管理職相当の能力保有者の処遇を図るため	役職にむかない中高年齢者の処遇を図るため	個々の労働者をスペシャリスト化して，その能力の有効発揮を図るため	高度な企画力，研究開発力を有する専門家の確保を図るため	管理職と専門職の機能分化による組織の効率化を図るため	その他
22.1	12.5	44.4	19.0	39.3	8.9

資料：厚生労働省「平成14年雇用管理調査」(調査対象5,800社，回収率は73.9%。調査票を回収した企業4,286社のうち専門職制度を採用している企業は836社)

い管理者が増えることである（八代，1999）。役職に就かない管理者の増大に対する対処法として八代（1999）は，①管理職相当の資格の昇格選抜を厳しくし，参入を制限すること，②関連企業への出向・転籍の促進や早期退職優遇制度の活用によって，企業からの退出を促進すること，③専門職制度の活用，④賃金と貢献のアンバランスの是正，をあげている。なかでも，多くの企業は専門職制度の活用を重視しているようである。

かつての日本企業は，男性社員が配置転換を通してゼネラリストとして働くことが一般的であった。しかし，近年，非正規社員の活用の増加，女性の職場進出，専門的知識を持つ社員の需要の高まり，仕事に対する価値観の変容，などによって，就業形態に多様化が求められるようになった。

このような状況に対応するために，複線型人事制度を導入する企業が増えている。複線型人事制度とは，同一企業内に複数のキャリア・コースを設定する制度である。先述の専門職制度は，この複線型人事制度に含まれる。

専門職制度では，一般の管理職に昇進するコースとは別に，専門的な知識やスキルを生かすことができる専門職コースが設けられている。この制度は，先に述べた管理者のポスト不足に対応するためだけに設定されているのではない。表1-2には専門職制度を採用している企業の制度設定理由が示されているが，この表を見ると，企業は積極的に専門家を求めていることがわかる。現在のように経営環境の複雑化，技術革新，法務や税務の国際化などが進展するにつれて，特定分野の専門家でなければ対処できないことが増加しているために専門職制度を採用するという背景もあるのである。

専門職制度を設ける際に，等級基準や昇格の基準などを新たに定めることが望ましい。そのことにより専門的な知識やスキルを保有する人物を採用したとき，他の一般社員と比較して待遇の面で不利益が生じにくくなる。

引用文献

Adams, J. S. 1965 Inequity in Social Exchange. In L. Berkowitz (Ed.), *Advances in Experimental Social Psychology, Vol. 2.* San Diego, CA : Academic Press. pp. 267-299.

Anderson, J. R. 1987 Skill Acquisition : Compilation of Weak-Method Problem Solutions. *Psychological Review,* **94**, 192-210.

Anderson, J. R. 1996 ACT : A Simple Theory of Complex Cognition. *American Psychologist,* **51**, 355-365.

Atkinson, J. 1984 Flexibility, Uncertainty and Manpower Management. *Institute of Manpower Studies, Report* No. 89, University of Sussex.

Bandura, A. 1971 *Psychological Modeling : Conflicting Theories.* Chicago : Aldine Atherton.（原野広太郎・福島脩美訳　1975　モデリングの心理学：観察学習の理論と方法　金子書房）

Crown, D. F. & Rosse, J. G. 1995 Yours, Mine and Ours : Facilitating Group Productivity Through the Integration of Individual and Group Goals. *Organizational Behavior and Human Decision Processes,* **64**, 138-150.

Earley, P. C., Shalley, C. E. & Northcraft, G. B. 1992 I Think I Can, I Think I Can ... Processing Time and Strategy Effects of Goal Acceptance/Rejection Decisions. *Organizational Behavior and Human Decision Processes,* **53**, 1-13.

今野浩一郎・佐藤博樹　2002　人事管理入門　日本経済新聞社

石田英夫　2002　日本の経営と人材　石田英夫・梅澤　隆・永野　仁・蔡　芒錫・石川　淳（著）　MBA人材マネジメント　中央経済社　pp. 1-13.

Kirkpatrick, D. L. 1975 *Evaluating Training Programs : A Collection of Articles.* VA : American Society for Training & Development.

厚生労働省大臣官房統計情報部　2002　平成14年雇用管理調査

釘崎広光　2000　賃金管理における人事アセスメント　大沢武志・芝　祐順・二村英幸（編）　人事アセスメントハンドブック　金子書房　pp. 135-162.

Landy, F. J. & Farr, J. 1980 Performance Rating. *Psychological Bulletin,* **87**, 72-102.

Locke, E. A. & Latham, G. P. 1990 *A Theory of Goal Setting and Task Performance.* Englewood Cliffs, NJ : Prentice-Hall.

Locke, E. A., Shaw, K. M., Saari, L. M. & Latham, G. P. 1981 Goal Setting and Task Performance : 1969-1980. *Psychological Bulletin,* **90**, 125-152.

Luthans, F. & Kreitner, R. 1985 *Organizational Behavior Modification and Beyond.* Glenview, IL : Scott, Foresman.

Mento, A. J., Steel, R. P. & Karren, R. J. 1987 A Meta-Analytic Study of the Effects of Goal Setting on Task Performance 1966-1984. *Organizational Behavior and Human Decision Processes,* 39, 52-83.

Murphy, K. R., Balzer, W. K., Kellam, K. L. & Armstrong, J. 1984 Effect of Purpose of Rating on Accuracy in Observing Teacher Behavior and Evaluating Teaching Performance. *Journal of Educational Psychology,* 76, 45-54.

二村英幸　2000　採用選考における人事アセスメント　大沢武志・芝　祐順・二村英幸（編）　人事アセスメントハンドブック　金子書房　pp. 69-92.

大野高裕　1993　賃金管理　尾関　守（編）　労務管理　産能大学

Rogers, R. & Hunter, J. E. 1991 Impact of Management by Objectives on Organizational Productivity. *Journal of Applied Psychology,* 75, 322-336.

Rogers, R. & Hunter, J. E. 1992 A Foundation of Good Management Practice in Government: Management by Objectives. *Public Administration Review,* 52, 27-39.

白井泰四郎　1992　現代日本の労務管理（第2版）　東洋経済新報社

佐藤博樹　1999　雇用管理　佐藤博樹・藤村博之・八代充史（編）　新しい人事労務管理　有斐閣アルマ　pp. 26-51.

Thorndike, E. L. 1927 The Law of Effect. *American Journal of Psychology,* 39, 212-222.

Tubbs, M. E. 1986 Goal Setting: A Meta-analytic Examination of the Empirical Evidence. *Journal of Applied Psychology,* 71, 474-483.

Wright, R. M., George, J. M., Farnsworth, S. R. & McMahan, G. C. 1993 Productivity and Extra-role Behavior: The Effects of Goals and Incentives on Spontaneous Helping. *Journal of Applied Psychology,* 78, 374-381.

山下洋史　2000　人事管理の理論と実際　東京経済情報出版

八代充史　1999　昇進管理　佐藤博樹・藤村博之・八代充史（編）　新しい人事労務管理　有斐閣アルマ　pp. 101-122.

2 産業場面での心理査定とその活用[1]

2-1. 心理査定

　心理査定（心理アセスメント；psychological assessment）とは，「ある個人または集団をいっそうよく理解するために，特定の技法を系統的に適用すること」（岡堂，1975, p.24）とまとめられている。ここでの「特定の技法」とは心理学者によって承認された検査測定の方法をいい，「理解」とは共感とか感情移入というよりは知識のことを指すとされる。心理検査は，心理査定の中核に位置づけられる。

2-1-1　心理査定の位置づけ

　産業場面における，心理臨床活動，産業カウンセリング，キャリア・カウンセリング，能力開発などにおいて，心理査定が必要となる。対象者の不適応な状態の把握や，能力・特性を理解して，援助と育成の方向や方法を考えるための資料として活用するためである。

（1）**心理査定の目的と活用**　　大沢（2000b）は，心理臨床におけるアセスメントの目的を以下の4点にまとめている。

　①精神医学的な診断に必要な所見を得る。
　②心理治療に有効な情報を収集する。
　③クライエントの心理治療後の行動の予測に資する。これは，職場復帰の可能性，人間関係への適応などの予見的情報となる。

1）　本章は，外島　裕による原稿を田中堅一郎が補筆完成させたものである。

④心理治療の効果を判断する際の指標にする。

さらに，産業カウンセリングでは，上記のような職場での不適応者等を対象とする治療的カウンセリングだけでなく，育成的カウンセリングにおいても，アセスメントのデータを有効に活用することを提言している。この場合は，キャリア開発や個の自立を積極的にサポートする必要があるので，カウンセラーが資料として心理査定の結果を利用するだけではなくて，対象者が自己理解や自己洞察を深めることができるように活用することが重要となる。治療的な場合と育成的な場合とでは，アセスメントのツールの選択や活用の位置づけが異なる場合があると考えられる。

(2) **産業場面における心理査定**　産業場面では特に，心理査定を個々人の能力開発や組織全体の組織開発に活用することが必要である。ここで，産業カウンセリングの課題から，アセスメントの必要性について確認してみよう。産業カウンセラーへの期待は4点あげることができるが，この中にアセスメントの必要性が位置づけられる（杉渓，2000）。

①キャリア・カウンセリングの促進：カウンセリングは，個人の資質を磨き，潜在能力を開発する営みであると考えると，キャリア開発は，個々人の課題であると共に，人材活用を行う企業の課題でもある。

②ネットワーキングとコンサルテーション：組織の内外にカウンセリングのネットワークを拡げ，多様なクライエントに対応できるサポート・システムの構築が期待される。保健・看護機関，人事部門との連携も大切となる。また，経営トップあるいは人事担当者，ラインの管理者へコンサルテーションを行うことも必要である。

③アセスメントの活用：コンサルテーションを効果的に行うためにも，アセスメントの活用が期待される。アセスメントは，評価する側の一方的な道具ではなく，評価される側からの発想を重視することが重要となっている。アセスメントが一人ひとりを生かすために開発され実施されるならば，カウンセリングの質を高め，経営にもメリットが生じる。心理アセスメントのみならず，広く人事アセスメントを有効活用するスキルの開発が必要である。

④情報活動：多様なメディアを活用して，カウンセリング活動のPRを工夫すること。職場の上司，クライエントの家族，地域社会のキーパーソンなどへ

の心理教育的アプローチも，続ける努力が期待される。

2-1-2 人事アセスメント

　人事アセスメントとは，「経営人事において扱われる人的資源管理（human resource management）を目的とする人事測定・人事評価全般を総称している」（大沢，2000a）。したがって，対象領域は「人」「職務」「組織」の3領域がある。

　人の領域は，個人差の把握となり，心理検査，面接，職務遂行の行動観察などによる。職務の領域は，職務分析（job analysis）や職務評価（job evaluation）が中心となる。組織の領域は，組織風土（organizational climate）などの側面である。

　人事アセスメントは，従来，人材や組織の評価という組織を経営するためのニーズから発展してきている。しかし，組織経営の実効を上げるためには，評価される側の視点を重視する必要がある。すなわち，評価される側，組織成員個々人の成長を支援する活用が重要となる。アセスメントへの納得を得て，個々人の成長へとつなげるためには，本人の自己理解が大切となり，アセスメントのフィードバックにはカウンセリングの機能が不可欠となる。

2-1-3 臨床心理査定

　岡堂（2003）によれば，臨床心理査定とは「種々の心理テストを用いて，心の問題をもち相談に来た人（クライエント）の心理査定を行うこと」と要約される。これは，心理診断（psycho-diagnosis）が精神病理症状を対象としていることと比べて，健康な面を含めてパーソナリティの全体像を対象とする，としている。

　さらに岡堂（2003）は，従来の臨床心理査定分野の理論モデルを3つのカテゴリーに整理したうえで，生態システム論モデルを提唱している。それら3つのカテゴリーとは，①計量的実証性を重視する心理測定論モデル，②標準化されたテストだけではなく投影法を活用する心理力動論モデル，③行動療法の前

提となる行動主義の流れによる行動理論モデル，である。生態システム論は，クライエントの問題状況を生態学的かつシステム論的に認識することを重視し，3つの基本水準に関する情報の必要性がいわれている。ここでの3つの水準とは，①第1水準：クライエント個人の行動および特徴，②第2水準：クライエントの生存と福祉に直接関わる家族・職場などの組織体におけるクライエントの対人関係面の特徴，③第3水準：それらの組織体の構造・機能の特徴，と位置づけられている。生態システム論のもとに，従来の3つの理論モデルも統合されることが明示されている。

2-1-4 プロセス・コンサルテーションと組織開発

シャイン（Schein, 1998）によれば，プロセス・コンサルテーションとは，個人・集団・組織および地域社会を援助するプロセスに関する哲学および態度，と定義される。コンサルタントが組織を効果的に支援するということは，組織の構成員が自らの力で問題解決を行うことを支援することだとの考え方である。組織の管理者や経営者が，職場・組織の運営と経営との課題を発見していくプロセスを，組織心理学的カウンセリングの考え方とモデルを応用して，支援する活動といい換えられよう。管理者・経営者が，解決すべき課題に自ら気づき，その実践に取り組んでいくことにより，組織開発，組織文化の変革へと発展していくこととなる。

シャインは，従来から多くみられるコンサルテーションのモデルを，①専門家モデル，②医師-患者モデルと整理して，それぞれの限界を指摘している。専門家モデルでは，クライエント（組織）は専門家（コンサルタント）から自組織にはない情報を購入すると考えられている。コンサルタントは，自社の得意とするノウハウを教え売り込んでいくことになる。医師-患者モデルでは，組織の問題点を点検してもらい，あたかも医師が治療計画や治療対策を処方するように期待される。しかし，どちらのモデルも，クライエント（組織）はコンサルタントに依存し，自ら問題を発見し解決を進めていく組織の力を育てることはできない。ここに，プロセス・コンサルテーションの意義が強調されるのである。

また渡辺（2005）は，カウンセラーが個人のみならず企業組織に存在意義を認められるためにどうするかとの問題提起を行い，議論を行っている。渡辺（2005）はカウンセラーを「変化を創り出す」ために個人と環境に積極的に介入する人と位置づけ，個人の生涯発達と組織の発展とは依存関係にあるとの視点から，「オーガニゼーショナル・カウンセリング」の知見と実践を提言している。

　心理臨床の実践が，不適応状態への支援から，健康な面を含めた能力開発へ，また個人へのアプローチにとどまらず，組織へのアプローチへと活動を拡げ深めることが期待される。そのためには，それぞれの専門領域の区域と共に，専門の幅を広げ深めることが必要である。

2-2. 職業適性の把握

2-2-1　職業適性と個人差

　自分に適した職業に就くことができれば，充実した時間を持つことができ，自己実現を実感できる職業生活を送ることができるだろう。仕事に満足することができれば，生活全体も豊かに感じられるだろう。

　「仕事に適する」とは，どのようなことをいうのであろうか。例えば，自動車の営業という仕事を考えてみよう。この仕事に必要とされることは，自社の車に関連する知識がなくてはならない。顧客に他社の競合車種との違いを踏まえて説明することが求められる。次に，顧客の要望をきちんと聞いて，信頼に基づいたコミュニケーションができることも大切である。また，市場の分析，販売計画，訪問計画，顧客管理もできなくてはならない。このように，誰が携わろうとその仕事を遂行するのに必要な知識，スキル，能力などが求められる。

　あるいは，ある仕事に必要とされる機能を3つの要素で整理する視点もある。アメリカ労働省で工夫された機能的職務分析（functional job analysis）では，情報（data），人（people），モノ（thing），それぞれの要素がどの程度複雑，高度な職務内容かが各々10段階程度で示されている。職務遂行に必要な能力を「スキル」と表現し，テクニカルスキル（technical skills），ヒューマンスキル

(human skills），コンセプチュアルスキル（conceptual skills）とする分類も有名である。すなわち，仕事に必要な知識や技術を獲得すること，人間関係を形作ること，役割を考え目標をつくり出すことを意味している。

　このように，仕事に必要とされる要件は種々の観点があるが，誰が担当するのかによって仕事の出来栄えに差が生まれる。ここに一人ひとりの差異，すなわち個人差の把握が必要となってくる。ある仕事を遂行するのに適した個人を配置すれば，企業・組織にとって望ましいことである。また，自分に適した仕事に就くことができれば，本人にとっても幸福であろう。仕事と本人との適合が大切になる。

　適性（aptitude）とは，「課題や仕事を適切かつ効果的に成し遂げられる潜在面，顕在面での能力や特性」のことである（正田，1981）。スーパー（Super, 1957）は，職業適合性（vocational fitness）として個人の能力や特性を分類している。広義には，職業適合性は諸能力とパーソナリティとで構成されていると考えられるが，この分類では知的な認知能力（cognitive abilities）が適性と表現されており，狭義な位置づけとなっている（図2-1）。

　個人の適性は，複数の心的機能が統合されたものと考えられる。すると，職

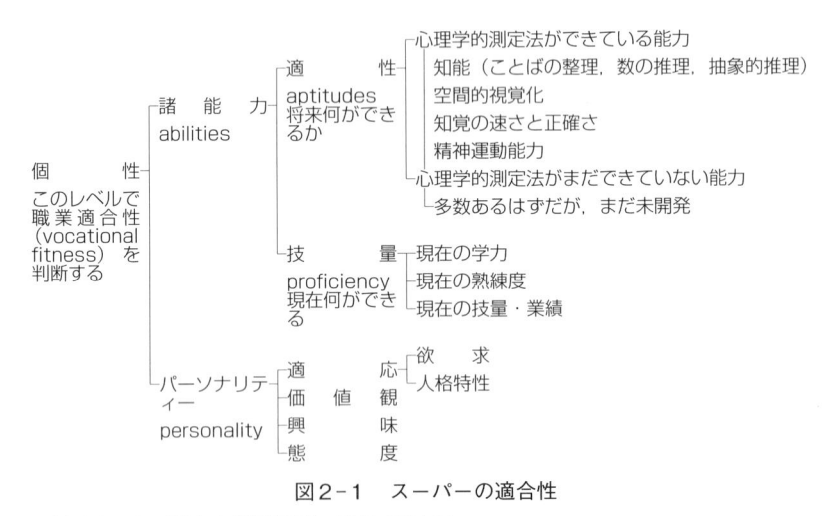

図2-1　スーパーの適合性

（中西（1961）で示された「職業適合性の研究」1969より）

業適性（vocational aptitude）を一般的に定義すると，「適切な教育や訓練を与えた後，ある職務において特殊な熟練を発展させることのできる，生得的ないし獲得的特性の集合である。それは，知的特性だけではなく，気質・性格・適応性・興味および身体的健康度などの諸要因が含まれる」（岡村，1994, p.33）とまとめられる。現在ある仕事を担当している人がよい成果をあげると，その人には適性があったといわれる。しかし，この定義では一定の教育や訓練を受けた後にこれらの特性をどの程度備えうるかという可能性を示している。

さて，仕事に適していると判断されるには，いくつかの判断基準が考えられる（岡村，1994）。

①ある仕事が要求する個人の条件を最低限度でも備えている場合。この場合，仕事の質や量は考慮されていない。学歴や資格の取得，あるいは健康状態なども含まれることがある。

②その人の成就する仕事の質と量が，同僚の平均的水準よりも優れている場合。ただし，どの程度優れているかは，他者との比較なので曖昧になりやすい。

③仕事の成就量ではなく，誤り，仕損じ，事故などが同僚の平均的水準よりも少ない場合。正確さや安全性が重視される仕事では，意義のある基準である。

④仕事の進歩，習熟が早い，あるいは昇進などが速い場合。また，現在はあまり能力発揮がみられないが，教育や訓練を行うことによって高い水準に達する場合である。

⑤その人が成長し，職場環境に適応していく過程と考える場合。仕事や職場に不平・不満を感じることが少なく，不適応現象を示さない場合である。

⑥本人の特性だけでなく，経験，経歴，家庭状況，通勤条件なども判断する条件に含んでいる場合がある。しかし，機会の公正との関連について慎重に考慮する必要がある。

ここで職業適性を考える視点を再確認しておこう（外島，2000）。

①特定の職業や職務が必要とする要件と個人の特性との適合性である。したがって，適性を把握するためには，具体的な職業，職務が明確となっている必要がある。従事する仕事はどのような要件を必要としているのかを整理し，これに対応する個人の特性，例えば，知識の程度，判断力などの知的な特徴，行動傾向，身体的機能などを把握することとなる。

②将来の職務遂行の程度を予測する現在の状態である。今まで学習してきたことを現在どの程度できるのかというアチーブメント（achievement）という概念に対して、適性は将来ある職務を遂行するのに必要な要件を習得する現在の可能性を示している。

③固定的な特性としてではなく、開発できる特性と考える。適性ということばは、もともと本人が持っている、すなわち生得的な特性であるというイメージがなされやすい。しかし、教育訓練や学習などによって、習得できる要件を含んでいる。経験を積むことによって、あるいは意欲を持ち努力することによってある能力が開発されたならば、結果として潜在能力があったということになる。現在何ができるかという顕在能力のみで適性の有無を結論づけるのは早計である。特に、成長の余地を大きく残している青年期等では、可能性の広がりに期待することも大である。適性をどの程度で判断するかは、育成との関連で考える課題である。

2-2-2 心理検査

(1) 心理検査の定義　職業適性を推測するためには、一人ひとりの特性を把握しなければならない。そのために、心理検査が活用されることが多い。

知能・学力・性格・適性などにおける個人差を測定する手順を総称して、心理検査（psychological test）という。さらに定義を述べると、心理検査は「人間の個人差を明らかにするために、客観的な、標準化された手順によって、行動（言語的または非言語的反応）の見本についての測定を行い、各個人の心的特性のレベルを数量的に表現するもの」（大村、1998、p.5）と要約されている。

「客観的な、標準化された手順」とは次のような要件を備えていることをいう（岡村、1994）。

①一定の材料（問題・課題・作業）があらかじめ選定されていること。
②その問題や作業のやり方が一定していること。
③やらせ方の教示が定められていること。
④結果の処理法（採点法）が明白にされていること。

⑤採点の結果が尺度（scale）や基準（norm）によって客観的に表示されうること。

このような条件を備えた心理検査を，標準検査（standardized test）といい，標準検査を作成する手順を標準化（standardization）という。

心理検査の採点結果を表示する方法として，偏差値がよく用いられる。これは次の公式で算出される。

$$偏差値 = \frac{（個人の得点 - 集団の平均得点）\times 10}{標準偏差} + 50$$

(2) 妥当性と信頼性　標準化の過程で，心理検査の妥当性（validity）と信頼性（reliability）が検討される。

① **妥当性**　心理検査が測定しようとする目標を測定しうる確定性の程度を，妥当性という。妥当性の中でも，構成概念妥当性（construct validity），内容的妥当性（content validity），基準関連妥当性（criterion-related validity）の３つの視点が重要である。

構成概念妥当性とは，測定しようとする目標についての学術的概念の正しさの程度である。心理学的な概念は，抽象的なものが多い。例えば「知能」「性格」「興味」などの概念は，心理学的理論を説明するために作られた仮説構成概念である。つまり，構成概念妥当性の検討とは，「職業興味検査」と称する検査が新たに作成されたとすれば，それが測定した結果が本当に「職業興味」を反映しているのかどうかを検討することである。

内容的妥当性とは，心理検査を構成している問題（項目）が，測定目標を偏りなく適切にとらえているかについての程度である。わかりやすい例をあげると，国語の学力を測ろうとする国語のテスト問題に，数学の問題が含まれていては不適切である。

基準関連妥当性とは，測定目標を直接的にあらわしていると考えられる基準（criterion）と，検査得点との関連性の程度である。基準関連妥当性は，予測的妥当性（predictive validity）と併存的妥当性（concurrent validity）とに区分できる。予測的妥当性とは，将来の基準との関連性である。例えば，入社時点での採用テストの得点と，入社３年後の業績との関連がこれに相当する。

併存的妥当性とは，現在の基準との関連性である。例えば，現在の管理職に適性テストを実施して，そのテスト得点と現在の業績との関連性を把握することがこれに相当する。なお，新たに作成した性格検査を，すでに定評のある既存の性格検査と同時に実施してその関連をみる場合も，併存的妥当性といわれることがある。

なお，表面的妥当性（face validity）といわれるものもある。検査が見かけ上適切に見える程度のことである。表面的妥当性は，真の妥当性とは関係がないようだが，検査に対する被検者の動機づけや安心感に影響を与えることがある。

② **信頼性** 心理検査の信頼性とは，その検査による測定結果の安定性の程度である。結果の安定性を検討する方法はいくつかある。まず，再検査法（retest method）は，同一の検査を時期を隔てて同一集団に2回実施して，その2回の結果の相関係数を求める方法である。同じ人が同じテストを数週間後に受検して同じ得点となれば，結果は安定していると考えられる。安定した結果を得るためには，尺度を構成している各項目が均質であることが求められる。次に，折半法（split-half method）は，1つの尺度の問題数を折半し，それぞれを採点して相関を求める方法である。尺度の前半部と後半部とに折半する二分法と，奇数番号項目と偶数番号項目とで二分する奇偶法がある。

1つの尺度が単一の測定目標をとらえる問題（項目）だけから構成されている程度を，内的一貫性（internal consistency）[2]という。内的一貫性は，尺度全体の得点の傾向と各項目の反応の傾向とから算出される。それぞれ異なった特性をとらえている項目の得点を合計してしまったら，単一の尺度としての意味をなさないわけである。

このような妥当性と信頼性を十分に検討し作成された標準検査を用いることが，検査結果を活用するために大切なことである。その検査の特徴や限界を理解したうえで，結果の解釈を行うことが必要である。そうすることで，特定の能力や特性について個人と個人との差異である個人間差異（inter-individual difference）や，同一個人内の複数の能力や特性間の差である個人内差異（intra-individual difference）の把握が可能となる。

---

2) 内的整合性とよばれることもある。

2-2-3 アセスメント・センター方式

　行動観察に基づいて職務遂行スキルを把握し，主に管理職の選抜や育成のために用いられている方法に，アセスメント・センター方式（assessment center method）がある。この方式は，米国で1950年代に産業界で実施されるようになり，特にブレイ（Bray, D. W.）が1956年に行ったAT＆T社での研究が有名である（二村，1998）。この研究では，8年後の中間管理職としての成功がどの程度だったかによって妥当性を確かめている。1970年代に導入され，ヒューマン・アセスメントという名称で広く活用された。今日でも，多くのコンサルタント企業により実施方法等に工夫が加えられながら，管理職の選抜だけでなく，早期発見や育成，キャリア開発などの目的で実施されている。

　アセスメント・センター方式の要点は，次のように整理することができる：①管理職またはその候補者が，②管理職の職務状況をシミュレートした複数の演習課題を体験し，③その演習課題の中で表出された行動や記述を，④専門的な訓練を受けた複数のアセッサーが，⑤あらかじめ規定された複数のディメンジョンに基づいて，⑥それぞれの評価結果をアセッサー間の討議を通じて総合することによって，⑦対象者の管理能力，管理職としての適性をアセスメントする。

　二村（2000）によれば，評価項目となるディメンジョンはさまざまあるが，大きく分けての3つのカテゴリー（課題解決スキル関連の内容，対人スキル関連の内容，人物特性的内容）に分けられる（表2-1）。演習課題には，管理職が日常の仕事で行う課題をモデルとしたものが用いられる。

　①インバスケット演習：20～30件ほどの書類やメモを1時間程度の間に意思決定し，その内容を記入する。

　②分析・プレゼンテーション演習：市場の情勢を分析して，今後の方針を提案する。

　③グループ討議演習：6名程度のグループを編成して，職場運営や人事管理に関する問題を討議する。

　④面接演習：部下の指導・育成を目的とした一対一のロールプレイを行う。

　これらの演習を，対象者が実際にどのように行っていたかを，専門的な訓練

を受けたアセッサーが，評価項目（ディメンジョン）毎に評定する。対象者一人ひとりについて，3名のアセッサーが評定した得点を，合議のうえ決定する。この結果は得点だけでなく，行動における長所・短所をコメントにまとめ，対象者に提供することによって，能力開発の資料とする活用もなされている。この方式は，数日間の集合研修として実施されるが，演習課題や実施方法はいろいろと工夫されている。

1例を紹介してみよう。日本能率協会マネジメントセンター（JMAM）では，課題解決演習と対人関係演習とによって，対象者のスキルを把握する1日コースを企画している。課題解決演習では，問題が顕在的か潜在的か，それを解決するために要する視点はどの程度高いか，どのような人材像をアセスメントしたいのか，などから5つの演習形式を用意している。従来のインバスケットや市場分析を現在の複雑な意思決定状況に反映させるように発展させたものである。対人関係演習は，課題解決演習の要点のプレゼンテーション，およびグループ討議から構成されている。

アセスメントの結果のフィードバックは，能力開発につながるように設計されており，本人自身の開発ポイントへの気づき，人事担当者や上司向けにはスキル開発のためのOJT施策に活用できるようになっている。さらに，通信教育やe-ラーニングなどへの連動も可能となっている。

表2-1 アセスメント・センター方式でディメンジョンとして準備される評価項目例

＜課題解決スキル関連の内容＞
　課題遂行能力
　課題展開能力
　課題解決能力

＜対人スキル関連の内容＞
　対人関係能力
　リーダーシップ
　意思疎通力

＜人物特性的内容＞
　自律性
　バイタリティ
　リスクテイキング

組織・企業において，管理職を厳選する傾向は続いており，アセスメントの結果を反映させた選抜が行われているが，同時に本人および組織として能力開発にどのように活用していくのかが，大切な課題となっている。

2-2-4　360度フィードバック

職場での具体的な行動傾向を把握する方法に，多面的観察評価手法（multi-source assessment）あるいは360度フィードバック（360 degree feedback）とよばれる手法がある。この方法は，職務遂行に必要とされる複数の行動項目について，本人が自分自身の行動の実行程度を評定し，さらに本人の行動について上司や部下や同僚が評定を行うものである。

成果主義による人事考課が多くの企業に導入されているが，成果主義的人事考課にとって評価の公平性や納得性が重要な課題となっている。上司による考課の限界を補完する方法として，この360度フィードバックが用いられているのである。しかし，部下から上司への評価はやりにくいといった組織風土，日頃の人間関係の質がバイアスとして入り込み，妥当な得点が定まりにくい等の問題点が指摘されている。

さて，この360度フィードバックは能力開発に活用されるケースも多い。日本では1970年代からリーダーシップ開発などの研修方法として実施されていた。また，この方法を用いることで，職場で自分がどの行動を実行できていて，どの行動が不十分なのか（自己認知）を整理することができる。同時に，職場の他のメンバーが自分の行動についてどのように思っていたのか（他者認知）を知ることもできる。このような360度フィードバックの結果によって，次のような分析が可能である。

①他者からよく実行していると認められており，自分自身もよく実行していると思っている行動。

②他者から不十分と思われており，自分自身も不十分であると自覚している行動。

③他者からはよく実行していると思われているが，自分自身では不十分であると思っている行動。

④他者から不十分であると思われているが、自分自身ではよく実行していると思っている行動。

このように、他者認知と自己認知の一致あるいはギャップを整理することによって、職場の他のメンバーからの期待を把握し理解することが可能となる。善かれと思って仕事をしていても、それが自分一人の思いこみであったならば、よい影響を周囲に与えることはできない。一人で張り切りすぎる（つっぱる）のでも、周囲に合わせすぎる（振り回される）のでもなく、周囲の人びとの期待を十分に理解したうえで、自分が主体的に他者に対して効果的な行動を実践することが問題解決をすすめる基本となる。自分の行動は、他者の期待に照らして、効果的になっているかどうかを自分自身で感じとり、自分自身の行動を柔軟なものとして、自己調整する能力を開発することができる（外島，1999）。

キャリア開発などにおいて、自己の長所や短所の分析を行うことがある。自己概念の整理として有効であるが、自己認知を行うだけにとどまって抽象的な性格としてわかったつもりになっているにすぎないために、実際の仕事との関連が曖昧なままとなる場合がある。360度フィードバックのデータは、現実の職場での行動から自己の行動の影響をしっかりと把握することができる。また、能力開発につながる行動計画も、実際の職場での期待に基づいて実践することが可能となる。

ただし、データを本人にフィードバックする際には、目的・有効性・活用の仕方など、誤解のないように説明することが不可欠である。不用意に結果を返却すると、感情的な反発が起こったり反応が否定的な方向にいってしまい、かえって防衛を強めたり、職場の人間関係を悪くしてしまうこともある。そうならないように専門家の援助を得るとよい。

2-2-5　360度フィードバックの応用

（1）**能力開発への活用**　360度フィードバックを能力開発に活用している例を紹介しておこう。360度の項目を構成する際に、コンピテンシー（competency）という視点が活用されている。このコンピテンシーの概念には諸説あるが、360度評価の項目との関連でいえば、その仕事に期待される成果を生

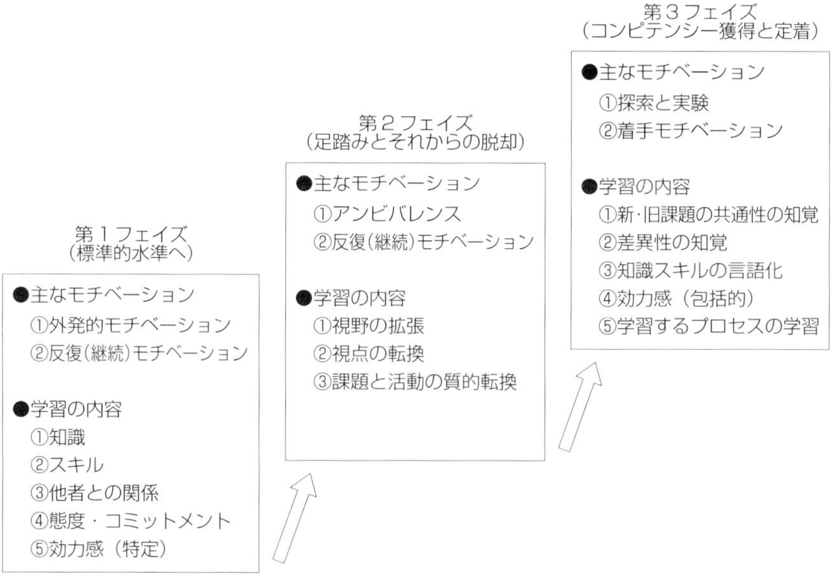

第3フェイズ
（コンピテンシー獲得と定着）

● 主なモチベーション
　① 探索と実験
　② 着手モチベーション

● 学習の内容
　① 新・旧課題の共通性の知覚
　② 差異性の知覚
　③ 知識スキルの言語化
　④ 効力感（包括的）
　⑤ 学習するプロセスの学習

第2フェイズ
（足踏みとそれからの脱却）

● 主なモチベーション
　① アンビバレンス
　② 反復（継続）モチベーション

● 学習の内容
　① 視野の拡張
　② 視点の転換
　③ 課題と活動の質的転換

第1フェイズ
（標準的水準へ）

● 主なモチベーション
　① 外発的モチベーション
　② 反復（継続）モチベーション

● 学習の内容
　① 知識
　② スキル
　③ 他者との関係
　④ 態度・コミットメント
　⑤ 効力感（特定）

図2-2　古川（2002）によるコンピテンシー学習のプロセス（p.74）

み出すことのできる観察可能な職務遂行行動，と考えると分かりやすい。

　さて，360度評価を能力開発に活用する場合，コンピテンシーは学習可能すなわち育成可能であると位置づける必要がある。コンピテンシー学習（competency learning）は，2つの学習機会とその概念化，およびコンピテンシーの学習の3つのフェイズから論じることができる（古川，2002）。

　学習機会の第1は，経験による学習，すなわちある活動（行動）を実際に行うことによる自らの体験である。成功や失敗の体験から学習される。第2の学習機会は，他者との関わりや観察とモデリングによる学習である。効果をあげている役割モデルに対して行動のモデリングが行われると学習が促進される。この2つの学習機会を活かし，さらに学習を進め，その個人の内的能力として定着させるためには，内的な情報処理の概念化が大切となる。すなわち，既に獲得した情報や実戦経験を，自己の思考によって整理・統合して，新しい知識や効果的な行動に仕立てあげる必要がある。

　さらに，コンピテンシー学習のプロセスは，3つのフェイズとして提示され

ている（図2-2）。第1フェイズは，例えば新入社員や新しい仕事に取り組むなど，標準的な仕事の水準へ向かう段階である。第2のフェイズは，プラトー（足踏み）の経験とそれからの脱却が図られる段階。第3のフェイズは，標準的水準を大きく抜け出して，まさにコンピテンシーが獲得される段階とされている。

(2) **職場のメンタルヘルス不全予防対策** ストレスマネジメントの研修に360度フィードバックが用いられている。職場の無用なストレスを未然に防ぐためには，日常の業務遂行行動を効果的に行うことが何よりも必要である。職場での業務遂行行動と具体的に関連させて，自己理解を深める研修の流れを紹介する（外島，1999）。自己理解を進めるための実習が中心であり，講義の時間は少なく構成されている。

①自分の職場での役割と目標，職場の構成，職場の解決課題を整理し，小グループで話し合う。

②自分の心理検査（この研修ではTPIが用いられる）の結果を自己分析し，職場での具体的な行動と他者への影響を考える。

③360度フィードバックのデータに基づいて，自分で思っている役割行動の様子とともに，他者認知から自分への影響の実際と，自分に対する期待を理解する。

④アセスメント・センター（集団討議課題）を実施する。本人に対する観察コメントは後でフィードバックする。

⑤心理検査と360度フィードバックの分析を検討し，自分自身が整理したことを小グループで話し合う。

⑥ライフラインの記入，価値観への気づきなど，今までの経験とその経験から形成してきたことなど，実習を通して整理する。

⑦職場での行動の背景にある，自分自身の心のメカニズム（感情，価値観，信念など）に気づく。ある職場状況（業務課題や対人場面）で，なぜ自分は分析整理してきたような行動をとるのかについて，自分自身の心の奥にある動きを理解することとなる。

⑧アセスメント・センターのコメントを返却し，集団討議場面における他者認知の1つとして位置づけ，行動計画のヒントの1つとする。

⑨職場での具体的な行動，自分への期待，気づいた心のメカニズムなどを踏まえて，今後の能力開発のための行動目標と実践計画を立てる。
⑩行動目標と実践計画について，小グループで話し合う。

以上の概要を研修コースとして構成すると，3～4日間となる。なお，参加者は研修終了後に，職場に戻った際に機会をつくり，360度フィードバックの協力への感謝と述べ，自分が考えた行動計画について，職場の人びとへ説明するとサポートが得られやすい。

360度フィードバックや心理検査を活用した自己理解のステップは，能力開発を目的とした1対1のキャリア・カウンセリングとして行うこともできる。

2-3. 心理検査の種類

2-3-1 性格検査

性格検査は，質問紙法，作業検査法，投影法に区分できる。

(1) **質問紙法**　質問紙法とは，多数の質問（項目）を用紙に印刷し，それらの質問（項目）に回答する形式である[3]。回答の方法には「はい」「いいえ」で答える2件法，「はい」「？」「いいえ」で答える3件法などがある。

質問紙法による性格検査には，精神医学・臨床心理学的な視点から尺度構成された検査と，性格構造をとらえようと因子分析法などの統計的な手法に基づいて構成された検査とがある。代表的な検査を紹介しておく。

① ミネソタ多面的人格目録（MMPI）　MMPI（Minnesota Multiphasic Personality Inventory）は，ハサウェイとマッキンリー（Hathaway & Mckinley, 1943）によって作成された。その後，阿部満洲・住田勝美・黒田正大により「MMPI日本版」が邦訳版として出されたが，その後1993年に田中富士夫らが中心となって旧版の訳を修正し，再標準化を行い「MMPI新日本版」として出版されている（MMPI新日本版研究会，1993）。MMPIを構成する項目

---

3) ただし，サイバーシステムの発展の影響で，最近では紙媒体の質問紙法だけではなく，Website に直接アクセスして質問に答え，その結果が電子メールで各被検者に届けられる手法も一般化しつつある。

44　2　産業場面での心理査定とその活用

表2-2　MMPIを構成する尺度

妥当性尺度

?：疑問（「どちらでもない」と答えた質問項目数。この数が多くなると検査結果が信頼しにくい）
L：虚言（15項目からなり，一般に好ましいと考えられている行動項目であるが，実際には実行できそうにもないものから構成されている。自分をよく見せようとしていないかをチェックする）
F：頻度（反応しそうにない内容の64項目から構成されている。検査への協力不足や理解不足がないかどうかチェックする）
K：修正（受検態度をチェックする30項目から構成される。）

臨床尺度

Hs：心気症（自分の健康状態について過度に気にする傾向）
 D：抑うつ性（気分的抑うつ，思考・行動面での抑止傾向）
Hy：ヒステリー（身体面への転換症状を起こしやすい傾向）
Pd：精神病質的逸脱（反社会的行為を起こしやすい傾向）
Mf：男性性・女性性（興味がどの程度男性的か女性的かについての傾向）
Pa：妄想症（猜疑心や妄想を持ちやすい傾向）
Pt：精神衰弱（強迫性障害の傾向）
Sc：精神分裂病（統合失調症特有な考え方や行動を示す傾向）
Ma：軽躁病（思考や行動が過剰になりやすい傾向）
Si：社会的内向（社会的な内向性の傾向）

注：妥当性尺度のうち，疑問点はMMPI-2では外されている。

数は550であり，従来より各項目がカードになっているカード式と冊子式とがある。最近ではコンピュータ採点も行われている。尺度の構成は，妥当性尺度4尺度，臨床心理尺度10尺度からなっている（表2-2）。

なお，ブッチャーら（Butcher *et al.*, 1990）によって改訂が行われ，「MMPI-2」が出版されている。さらにアメリカでは，1999年からMMPIからMMPI2-2に使用が切り替えられている。日本では，村上・村上（1992）により，短縮版などの研究が行われている。

② 東大版総合人格目録（TPI）　TPIとはTodai Personality Inventoryの略であるが，この検査は肥田野らによってMMPIを研究する過程において，質問項目を日本に適した項目として作成し，日本において標準化したものである。項目数は500あり，妥当性尺度5尺度，臨床尺度9尺度，付加尺度1尺度から

構成されている。この検査は本来臨床用に用いられるものなので、質問票、採点版等の入手・活用は、心理学や精神医学の専門家に限られている。なお、TPIの能力開発への応用は、松平（1992）に詳しく紹介されている。

③　**GHQ精神健康調査票**　おもに神経症者の症状把握および迅速な発見のために、ゴウルドバーグ（Goldberg, 1978）によって、GHQ精神健康調査票（General Health Questionnaire）は開発された。60項目版と30項目版、28項目版とがある。30項目版は、60項目版を因子分析して、6因子（一般的疾患性：一般因子、身体的症状、睡眠障害、社会的活動障害、不安と気分変調、重篤なうつ傾向）において因子負荷量が高かった各々5項目を、各因子を代表する項目として構成している。また、28項目版は、やはり因子分析を行って4因子（身体的症状、不安と不眠、社会的活動障害、重篤なうつ傾向）のそれぞれを代表する7項目が用いられている。この28項目版による実施例や研究例が多い。日本版GHQは、中川・大坊（1985）によって作成されている。

④　**矢田部・ギルフォード性格検査（YG性格検査）**　ギルフォード（Guilford, J. P.）とマーチン（Martin, H. G.）が1940年から43年にかけて作成した3種類の質問紙に基づいて、矢田部達郎と園原太郎が13尺度（各尺度12項目）の質問紙として作成した。これを辻岡美延が12尺度（各尺度10項目）として、現在の形に完成させた（辻岡、1979）。この検査は、12特性・6因子から構成されている。成人用（120項目）のみならず、中学校用・高等学校用（いずれも120項目）、学童用（96項目）もある。さらに、12尺度の各得点がプロフィールのどの位置に多くあるかによって、性格特徴をA類、B類、C類、D類、E類に類型化することもできる。

(2)　**作業検査法**　作業検査法といえば、内田・クレペリン精神検査[4]が代表例である。ドイツの精神医学者クレペリン（Kraepelin, E.）による連続加算作業の心的活動の研究に基づいて、内田勇三郎が心理テストとして発展させた。1920年代の中頃から研究が始まり、1964年に手引き書が作られた（内田、1964）。

　この検査は、横に並んでいる一桁の数字を隣どうし加算し、その答えの数字

---

[4]　ちなみに、日本精神技術研究所から発行されている現在の名称は、「内田・クレペリン検査」となっている。

(10以上の数字が答えの場合は一の位の数のみ)を書き込んでいくものである。1行の加算作業を1分間行い，前半15分(15行)，5分間休憩した後，後半15分(15行)を実施する。

この結果から，①全体の作業量の水準はどうか，②曲線の形はどうか，③誤りの量や現れ方はどうかの3点を評価(判定)し，「定型」か「非定型」を解釈する。「定型」となる場合には，心的活動の調和・均衡がよく保たれていて，種々の場面に相応しい適切な行動を行うことができるとされている。

(3) **投影法** この区分に該当する検査の特徴は，曖昧な刺激をみせて被検者の反応を引き出すことである。また，回答するための選択肢などはなく，自由に答える形式で行われる。したがって，投影法では被検者はどのように答えてもよく，そうした自由な反応の中に被検者の認知傾向，感情傾向が映し出されることから，投影法とよばれている。

投影法による心理検査は，実施法，結果の整理法，解釈法など，検査に関する多くの経験と研究が必要である。

① **ロールシャッハ検査** ロールシャッハ検査は，スイスの精神医学者ロールシャッハ(Rorschach, H., 1921/1968)によって公表された。この検査では，左右対称のインクのシミ(インクブロット)が印刷されている10枚の図版を順番に提示して実施する。被検者の反応の分類は，反応領域(全体反応，普通部分反応，特殊部分反応，空白反応)，反応決定因(形態反応，運動反応，色彩反応，陰影反応)，反応内容などにより記号化して判断する。

② **主題統覚検査**(TAT; Thematic Apperception Test) この検査は，モルガン(Morgan, C.D.)とマレー(Murray, M. A.)によって，1935年に公表された。後にこれはハーバード版とよばれている。日本では，戸川行男による「絵画統覚検査」，佐野勝男・槇田 仁による「精研式主題統覚検査」などが改訂作成されている。この検査では，12枚の各々独立した内容を持つ図版(ハーバード版では20枚)が被検者に提示される。被検者は，各図版の登場人物について，今この人は何をしているのか(現在)，この場面以前にはどのようなことがあったのか(過去)，その後はどうなっていくのか(未来)を想像してお話(物語)をつくる。それらの内容から，物語のテーマ，主人公の人物像，他の登場人物との相互関係，主人公の欲求・受けている圧力・内的状態の解釈など

について，欲求と圧力との視点から解釈する。

③ P-Fスタディ　P-Fスタディ（Picture-Frustration Study）[5]は，ローゼンツワイク（Rosenzweig, S.）により，1945年に公表された。絵画欲求不満テストともいわれ，日常生活での欲求不満テスト場面が漫画風に示されている。他人または非人為的な障害が原因となって，自我が阻害されて欲求不満を引き起こしている場面（16場面：自我阻害場面）と，相手から非難や叱責を受けて自我（良心）が阻害されて欲求不満を引き起こす場面（8場面：超自我阻害場面）の24場面から構成されている。これらの24場面における反応語を，アグレッション（攻撃）の方向（他責的，自責的，無責的）と，その型（障害優位型，自我防衛型，要求固執型）とから解釈する（例：秦，1993）。

④文章完成法テスト　文章完成法テスト（Sentence Completion Test：SCT）は，1928年頃につくられ，その後アメリカの心理学者によって1940年代から研究されてきた。この検査では，文章のはじめの書き出し部分だけが提示され，それに続けて文章を完成する形式となっている。例えば次のような文章がある。

・調子のよいとき，＿＿＿＿＿＿＿＿＿＿＿＿＿＿＿＿＿＿＿＿＿＿＿＿。
・私がひそかに＿＿＿＿＿＿＿＿＿＿＿＿＿＿＿＿＿＿＿＿＿＿＿＿＿＿。
・私は友だちと＿＿＿＿＿＿＿＿＿＿＿＿＿＿＿＿＿＿＿＿＿＿＿＿＿＿。

日本では，佐野勝男・槙田　仁によって1961年頃より研究され，産業場面でも活用された（佐野・槙田，1960）。成人用では60の刺激文から構成されている。反応結果は，知的側面，情意的側面，指向的側面，力動的側面，および身体的要因，宗教的要因，社会的要因などから解釈される。

2-3-2　採用場面で用いられる職業適性検査

採用場面で用いられる職業適性検査は，学力検査および知能検査を発展させた知的な能力を把握する問題と，性格や興味を把握する問題とで構成されているものが多い。おもに大学生を対象とした検査には，「総合検査SPI」（Synth-

---

[5]　正式名称は，the Picture-Association Study for Assessing Reaction to Frustrationである。

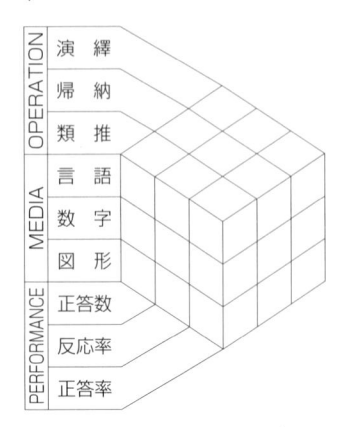

図2-3 システム・エンジニア適性検査の構成モデル（外島，1990）

etic Personality Inventory：株式会社リクルート・マネジメント・ソリューションズ）や，「SCOA総合適性検査」（System for Career Orientation Assessment：株式会社日本経営協会総合研究所）などが用いられている。ここでは，システム・エンジニアという特定の業種を対象として開発された適性検査を紹介しておく（外島，1990）。

この検査は，知的な働きとして，演繹・帰納・類推および言語・数字・図形の組み合わせによる9つの下位検査から構成されている（図2-3）。これらの知的な機能は，例えばさまざまな仕事の単位の特殊性を超えた共通点・一致点の発見（帰納），帰納した諸作業単位から最適の全体像あるいはトータルシステムの生成（類推），仮想的システムと現状との適合性に関する検討（演繹）など，システム・エンジニアの仕事と対応している。

また，性格的・行動的特性については，因子分析によって7特性が整理されている。それらの特性は，①思考の深さと分析力，②積極的リーダーシップ，③几帳面さ，④社交性，⑤思考の滑らかさ，⑥思考の活動性，⑦協調性，である。

システム・エンジニアのビジネス遂行能力は，知識・技術的な側面と共に，行動的な側面の必要性が以前から強調されている。能力開発として，システム・エンジニアが自分自身の思考過程や問題解決の仕方の特徴を知り，その特徴が他者とのコミュニケーションにどのような影響を与えるのかを理解することは大切である。プロジェクト・チームの運営，問題解決の技法などの知識習慣と共に，自己の認知的構造，意思疎通のプロセスへの自覚が，システム・エンジニアとしての行動力を大きくするために必要であろう。適性検査による能力開発としての活用が期待される。

2-4. 職業ストレスの把握

2-4-1 職業ストレス検査（Occupational Stress Inventory：OSI）

職業ストレス検査は，オシパウ（Osipow, S.H.）とスポーケン（Spokane, A.R.）によって作成された職業ストレス検査を原版として，田中宏二・渡辺三枝子によって1990年から1993年にかけて日本版として開発と標準化が行われた。この検査の特色として，以下の5点があげられる（田中・渡辺，1998）。

①すべての職業に適用できる汎用的な職業ストレス検査であり，標準化された検査である。

②職業ストレス源の評価→ストレス反応→ストレス源・ストレス反応への対処，という一連のストレス連鎖を包括的に測定する統合的なストレス検査である。

③キャリア・カウンセリングの立場から作成され，個人の健康の維持・増進への援助を目指している。

④個人で自己診断をすることができる。

⑤職場集団・組織単位による診断評価にも使用でき，職場環境の改善に資することができる。

なお，OSI の目的の中に，活用上注意するべき点として組織（企業）が従業員のストレス状況を調べて問題点を持つ人を探し出すために用いるものではない，と明記されている。使用に際して心得ておくべき重要な事柄である。

OSI は，A，B，C の 3 検査から構成されている。各検査の下位尺度を紹介しておく。

① A：職業役割検査（Occupational Roles Questionnaire：ORQ）
　ⅰ）役割過重感尺度，ⅱ）役割に対する不十分感尺度，ⅲ）役割の曖昧感尺度，ⅳ）役割区分の不明瞭感尺度，ⅴ）責任度尺度，ⅵ）物理的環境尺度

② B：ストレス反応検査（Personal Strain Questionnaire：PSQ）
　ⅰ）職業的ストレス反応尺度，ⅱ）心理的ストレス反応尺度，ⅲ）対人的

ストレス反応尺度，iv）身体的ストレス反応尺度
③C：ストレス対処検査（Personal Resources Questionnaire：PRQ）
ⅰ）レクレーション尺度，ⅱ）健康管理尺度，ⅲ）ソーシャル・サポート尺度，ⅳ）論理的対処尺度

それぞれの下位尺度は10項目から構成されているので，全体で140項目である。結果の表示は，各項目が5段階で回答されるので，1尺度あたりの得点範囲は，10点から50点となる。さらに，各尺度の標準得点の分布にしたがって，Ⅰ・Ⅱ・Ⅲ・Ⅳ・Ⅴの5段階の領域に整理される。検査A，検査B，検査Cの各尺度がどの領域に位置づけられているのかによって，総合評価得点が示される。

OSIの利用法として，個人向けとしては①キャリア・カウンセリング，②教育・研修プログラム，③問題の早期発見，④治療，があげられている。また，組織・職場の評価のためには，①組織・職場風土の評価，②企業内研修プログラム，③定期的な健康診断，が提示されている。なお，OSIは利用上の倫理基準が明確になっている。引用して紹介したい。

本基準は，産業医あるいはカウンセラー，臨床心理士の指導・監督のもとで，OSIを利用する方への指針として意図されるものである。

（1）OSI利用者は，その利用に際し，受検者の健康・福祉と利益を増進するための努力をし，検査結果の悪用を防がなければならない。
（2）OSIの利用に際し，採用・選抜・昇進あるいは業績評価等の目的のために利用してはならない。
（3）OSIの実施は，受検者本人が検査の性質ならびに目的を理解し，本人の同意を得た上で，なされるものとする。
（4）受検者本人の同意なくしては，会社（事業所）が個人の検査結果を入手してはならない。
（5）受検者本人の同意なくしては，健康管理担当者あるいはカウンセラーは個人の検査結果を入手することはできない。
（6）組織の評価のために個人の資料を利用する場合は，個人の匿名性を保証し，そのプライバシーを保証しなければならない。

職場におけるメンタルヘルスへの理解が広がり，EAP活動などにより従業

表2-3 福井ら(2004)による組織風土尺度(Organizational Climate Scale : OCS-12)

＜Do（伝統性）因子＞
 1. 会社の方針や規則に従うように，厳しい要請がある。
 2. 管理者（部長，課長）は叱ることはあってもほめることはまれである。
 3. 仕事はすぐにやらないと，何か言われそうである。
 4. 会社には，個人の存在を無視するような風潮がある。
 5. 管理者は，どちらかといえば絶えず社員をチェックしている。
 6. 会社の伝統や習慣は，かなり強制的なものと考えている社員が多い。

＜PDS（組織環境性）因子＞
 1. 社員には，何が何でも自分の役割を果たそうとする姿勢が見受けられる。
 2. 社員はたいへんよく仕事をしている。
 3. その日に行わなければならないことは，詳細な点まで社員に説明されている。
 4. ミーティングの議題は，よく整理され全般に及んでいる。
 5. 中間管理職の注意や指導は，詳細な点まで及んでいる。
 6. ミーティングの成果は，必ず次の仕事に生かされている。

員に対して心理検査を実施する機会が増えているようであるが，管理・監督者や人事担当者は，上記にあるような倫理的基準について，十分に理解しておく必要がある。

2-4-2 組織風土と職業性ストレス

会社や組織の組織風土[6]が，そこで働く従業員の心身の健康に影響を与えることは想像に難くない。ここでは，組織風土と職業性ストレスとの関連を示した外島・松田（1995）と福井・原谷ら（2004）の研究を紹介する。

外島・松田（1995）は，おもに中小企業の組織風土を把握するために，「Do因子」と「PDS因子」の2次元から構成される組織風土尺度を開発した。オリジナルは各次元20項目の40項目版で，他に各次元14項目の28項目版，各次元6項目の12項目版（OCS-12；福井ら，2004）の短縮版がある（表2-3）。「Do因子」でとらえられる組織風土は，プレッシャーが強く，強制命令的で，不公平であり，閉鎖的な集団であるため，無用な緊張感が組織を支配していると考えられる。ただ単に働かせようとする因子と解釈されるので，この因子は

---

[6] 組織風土の詳細については，4章を参照のこと。

2 産業場面での心理査定とその活用

```
            （マネジメントが十分）
              PDS 因子が強い

      タイプBの職場     タイプAの職場
      イキイキ型       シブシブ型
                                        （強
  Do 因子が弱い ─────────── Do 因子が強い  制
                                        的）
      タイプCの職場     タイプDの職場
      バラバラ型       イヤイヤ型

              PDS 因子が弱い
```

図2-4　Do 因子と PDS 因子による組織風土の4類型
（外島・松田，1995）

「Do（伝統性）因子」とされる。「PDS 因子」でとらえられる組織風土では，明確に役割分担がなされ，仕事の計画も立案され，管理者は部下によく関与し，話し合いもなされ，働きやすい条件も整備されている。マネジメント場面では，Plan-Do-See が職場で効果的に運営されているので，（その頭文字をとって）「PDS（組織環境性）因子」とされている。この Do 因子と PDS 因子とを組み合わせることにより，組織風土を4類型でとらえることができる（図2-4）。

　タイプ A の職場は，Do 因子が強く，PDS 因子も強い組織風土であり，シブシブ型と名づけられる。業務遂行に対して管理職の統率性が強く，また強制的・命令的な雰囲気が強い風土である。この状態が長く続くとメンバーが疲弊してくると推測される。

　タイプ B の職場は，Do 因子が弱く，PDS 因子が強い職場風土であり，イキイキ型と名づけられる。強制や命令的な雰囲気は少なく，自律性に基づく業務遂行がなされている状況である。メンバーがやりがいを持って働いている職場と思われる。

　タイプ C の職場は，Do 因子も PDS 因子も弱い組織風土であり，バラバラ型と名づけられる。強制的・命令的な雰囲気は少ないが，合理的な組織管理もなされていない。集団としてのまとまりが低いと考えられる。定型的な作業の繰り返しを行う職場か，あるいは高度な専門家が各自独立した仕事を行っている職場に多いかもしれない。

表 2-4　OCS-12（2因子）とストレス関連尺度との相関関係（福井ら，2004）

	Do（伝統性）因子	PDS（組織環境性）因子
ストレス反応		
CES-D	.28***	−.12**
職務満足感	−.24***	.25***
GHQ-12	.28***	−.17**
職務ストレッサー		
質的労働負荷	.07*	.01
労働負荷の変動	.08*	−.03
認知的欲求	.03	.04
集団間葛藤	.11**	−.24***
集団内葛藤	.24***	−.30***
技術の活用度	.18**	−.08
役割の曖昧さ	.20***	−.36***
役割葛藤	.32***	−.27***
仕事の将来の曖昧さ	.15**	−.12*
認知的統制	−.22***	.03
緩衝要因		
上司からの支援	−.36***	.31***
同僚からの支援	−.12***	.23***

注：*；p＜.05，**；p＜.01，***；p＜.001

　タイプDの職場は，Do因子が強く，PDS因子が弱い組織風土であり，イヤイヤ型と名づけられる。管理職による強制・命令・圧迫が強く，合理的な組織管理がなされていない。否定的な根性論が支配的で，計画も従業員に対するフォローもない状況である。メンバーは仕方がなく働いていると予想される。

　福井ら（2004）は，この組織風土尺度（OCS-12）と職業性ストレスとの関連を検討した。民間企業2社・分析対象者819名に調査を行った。職業性ストレスは，NIOSH職業性ストレス調査票（the General Job Stress Questionnaire：GJSQ）と，一般健康調査12項目版（the 12-item General Health Questionnaire：GHQ-12）が用いられた。これらの調査の各指標は，ストレス反応，仕事のストレッサー，緩衝要因の3つの領域に整理することができる。

　OCS-12の2因子の得点と各指標との相関係数をみると（表2-4），ストレ

ス反応についてDo因子尺度得点が高いほど，抑うつ度が高く，職務満足感が低く，精神健康度が低くなっている。一方，PDS因子尺度ではその得点が高いほど，抑うつ度が低く，職務満足感が高く，精神健康度が高い。仕事のストレッサーについては，Do因子尺度得点が高いほど，グループ内・間の葛藤が多く，役割曖昧さや役割葛藤が強いなどの関連が見られる。PDS因子尺度得点が高いほど，対人葛藤や役割葛藤が低いなどの関連を示している。緩衝要因についても，Do因子尺度得点が高いほど上司・同僚からの支援が低く，PDS因子尺度得点が高いほど上司・同僚からの支援が高くなっていた。

　次に，組織風土4類型（シブシブ型，イキイキ型，バラバラ型，イヤイヤ型）と職業性ストレスとの関連分析が検討された。量的労働負荷，労働負荷の変動，認知的要求という労働負荷に関連する指標以外は，いずれの指標についても4類型との間に統計的に有意な差が認められている。すなわち，組織風土の認知がイキイキ型であった群は，他のいずれの群よりももっとも抑うつ度が低く，グループ内・間の対人葛藤が少なく，上司からの支援を感じていた。その他の指標でも，他の類型と比較して職務満足感が高く，精神健康度が良好で，仕事のコントロールが高く，同僚からの支援が多いといった特徴が認められている。一方，イヤイヤ型では，他のいずれの群よりも職務満足感が低く，精神健康度も低く，グループ間の対人葛藤が多く，役割葛藤が強く，上司からの支援が少なくなっていた。その他の指標でも，抑うつ度が高い，グループ内対人葛藤が多い，技能の活用度が低い，役割の曖昧さが高い，仕事の将来の曖昧さが高い，仕事のコントロールが低い，同僚からの支援が少ないといった特徴が示された。

　このように，イキイキ型とイヤイヤ型とは職業性ストレスの指標で対照的な傾向を示している。なお，シブシブ型とバラバラ型は，労働負荷に関連する指標および仕事の将来の曖昧さを除いて，いずれの指標においてもイキイキ型とイヤイヤ型の中間の値となった。

　以上，一例を紹介したのであるが，組織風土の特徴が従業員のメンタルヘルスと関連し，健康職場モデルのような視点が有効であることが示唆される。組織風土特性を把握し，生産的で健康な組織体制，組織運営を開発していく組織開発（organizational development）の実践が期待される。

> **コラム** 脱線（derailment）
>
> ある時点でコンピテンシーを発揮し有能な人物が，その後も成功し続けるであろうか。脱線した経営幹部とは，キャリアの半ばまでは非常に成功したけれども，企業が期待したその潜在能力を十分に発揮できなかった人物である，と考えられている（マッコール，2002）。マッコールは，脱線の要因を4点あげている。①すべての「強み」は「弱み」になりうること。②表面に現れていなかった弱みが，最終的に問題になること。③次々に成功を重ねると傲慢になること。④「不運」が生じたとき，つまり物事が悪い方向に動いたとき，どのような行動をとるかが決定要因になること。
>
> 「強み」と「弱み」はコインの裏表であり，状況の変化によって，本人の行動傾向の意味するところが異なってくる。本人がキャリア発達の課題と向きあっている際に，この「脱線」からの洞察は重要である。

2-4-3 特定の職業についてのストレス・チェックリスト

対人サービスに従事する仕事のストレス症状として，バーンアウト[7]が知られている。今後このような職域は，社会的な需要も高まり，多くの人びとが携わることになるであろう。自己の仕事への姿勢や行動特徴を振り返り，それをヒントとしてセルフコントロールにつながるような簡便なチェックリストがあると利用しやすい。

そこで増田・外島・藤野・小川（2000）は，介護体験を実習する学生を対象として，自己理解のためのチェックリストを作成・標準化している。介護等体験興味関心チェックリストとしては，①体験意欲感，②失敗不安感，③体験混乱不安感，④生活常識不安感，⑤関わり不安感，⑥知的興味感，以上の各5項目，合計30項目である。また，自分の行動特徴として6尺度が用意されている。具体的には，①情緒的共感性（相手を援助したり，保護したりする気持ち），②自己客観視（自分で自分の行動や感情を理解・把握しようとする姿勢），③対人不安感（人と交流するときに緊張してしまう傾向），④非合理的信念（自分流の堅い価値観や考え方），⑤耐久力（ねばり強くものごとに取り組む姿勢），⑥自己肯定感（現在の自分に自信を持っている程度）。これらの尺度は各5項

---

7) 燃え尽き症候群，ともいわれる。

目で構成され，合計30項目である。体験実習への準備として，また体験から将来を考えるきっかけとしての活用が望まれる。

引用文献

Butcher, J. N., Graham, J. R., Williams, C. L. & Ben-Porath, Y. S. 1990 *Development and use of the MMPI-2 content scales.* Minneapolis : University of Minnesota Press.
福井里江・原谷隆史ら 2004 職場の組織風土の測定－組織風土尺度12項目版 (OCS-12) の信頼性と妥当性 産業衛生学会誌, **46**, 213-222.
古川久敬（監修），JMAMコンピテンシー研究会（編著） 2002 コンピテンシー・ラーニング 業績向上につながる能力開発の新指標 日本経営協会マネジメントセンター
奏 一士 1993 P-Fスタディーの理論と実際 北大路書房
Hathaway, S. R. & Mckinley, J. C. 1943 *The Minnesota Multiphasic Personality Inventory (Rev. ed.).* Minneapolis, Minnesota : University of Minnesota Press.
正田 亘 1981 適性 藤永 保編，新心理学事典 平凡社 P. 604.
増田真也・外島 裕・藤野伸行・小川正男 2000 対人援護職の適性に関する研究(1) 茨城大学教育学部紀要（人文・社会科学，芸術），**49**, 215-228.
マッコール, M. W. Jr. 金井壽宏（監訳） 2002 ハイ・フライヤー 次世代リーダーの育成方法 プレジデント社
松平定康（監） 1992 能力開発と心理テスト 人材開発情報センター
MMPI新日本版研究会（編） 1993 MMPI新日本版実施マニュアル 三京房
村上宣寛・村上千恵子 1992 コンピュータ心理診断法 MINI, MMPI-1自動診断システムへの招待 学芸図書
中川泰彬・大坊郁夫 1985 日本版GHQ精神健康調査票手引 日本文化科学社
中西伸男 1961 職業への適応 森清義行・長山泰久（編） 心理学8 産業心理学 有斐閣
二村英幸 1998 人事アセスメントの科学 適性テスト，多面的観察ツール，アセスメントセンターの理論と実際 産能大学出版部
二村英幸 2000 企業人事能力構造モデルと人事アセスメント 大沢武志・芝 祐順・二村英幸（編） 人事アセスメントハンドブック 金子書房 pp. 23-45.
大村政男 1998 心理検査の定義と機能 花沢成一・佐藤 誠・大村政男 心理検査の理論と実際 第Ⅳ版 駿河台出版社 pp. 3-9.
大沢武志 2000a 経営人事における人事アセスメント 大沢武志・芝 祐順・二村英幸（編） 人事アセスメントハンドブック 金子書房 pp. 3-22.
大沢武志 2000b 産業カウンセリングにおける心理アセスメントの意義と必要性 日本産業カウンセリング学会（監） 産業カウンセリングハンドブック 金子書房 pp. 422-426.
岡堂哲雄 1975 序説 岡道哲雄（編） 心理査定学 心理アセスメントの基本 垣内出版 p. 24.

岡堂哲雄　2003　臨床心理査定総論　臨床心理査定学（臨床心理学全書2）　誠信書房
岡村一成　1994　組織成員の選抜　岡村一成（編）　産業・組織心理学入門（第2版）　福村出版　pp 30-45.
Rorschach, H. 1921 *Psychodiagnostik.* Verlag. Hans Huber.（東京ロールシャッハ研究会訳　1968　精神診断学　牧書房）
佐野勝男・槙田　仁　1960　精研式文章完成テストの手引き　金子書房
Schein, E. H. 1998 *Process consultation revisited : Building the helping relationship.* Addison-Wesley（稲葉元吉・尾川丈一（訳）　2002　プロセスコンサルテーション　援助関係を築くこと　白桃書房）
杉渓一言　2000　現代社会と産業カウンセリング　日本産業カウンセリング学会（監）　産業カウンセリングハンドブック　金子書房　pp. 4-16.
スーパー, D. E　日本職業指導学会（訳）　1960　職業生活の心理学　誠信書房（Super, D. E　1957　*The Psychology of Careers.*　New York : Harper）.
田中宏二・渡辺三枝子　1998　OSI 職業ストレス検査手引　社団法人雇用問題研究会
外島　裕　1990　システム・エンジニア適性検査の標準化について　応用心理学研究, **15**, 63-67.
外島　裕　1999　職務遂行行動のアセスメントと行動開発　人事管理, **331**, 2-8.
外島　裕　2000　人事測定の方法　外島　裕・田中堅一郎（編）　産業・組織　心理学エッセンシャルズ　ナカニシヤ出版　pp. 65-102.
外島　裕・松田浩平　1995　組織風土の理論と分析技法の開発　羽石寛寿・地代憲弘・外島　裕・松田浩平・渡辺文夫（著）　経営組織診断の理論と技法　―人的側面を中心として―　同友館　pp. 11-29.
辻岡美延　1979　新性格検査法 Y-G 性格検査実施・応用・研究手引　日本心理テスト研究会
内田勇三郎　1964　内田クレペリン精神検査手引き　日本精神技術研究所
渡辺三枝子（編著）　2005　オーガニゼーショナル・カウンセリング序説　ナカニシヤ出版

3 組織における態度と行動

　組織構成員や職場の従業員の管理として大事なことは，まずいかに従業員の「やる気」を喚起させるかであり，それをいかに持続させるかであろう。そこで，本章ではまず，動機づけと職務満足感を取り上げる。さらに，自分に与えられた仕事を積極的に遂行するだけでなく，構成員や従業員には彼らが所属する組織や会社に対して積極的な態度を持ち行動してもらいたいものだ。組織や会社のやることなすことが気に食わず，仕事に通うのが嫌いになっては組織や企業の管理運営上問題となるが，構成員や従業員個人にとっても好ましい結果はもたらさない。そこで，本章では会社や組織に対する「積極的な態度」として組織コミットメントを，「積極的行動」として組織市民行動を取り上げることとする。

3-1. 動機づけ

　動機づけ（motivation）とは，行動を一定の方向に向けて生起させ，持続させる過程や機能である。動機づけは，何らかの行動を起こそうとする欲求を起こさせ（喚起機能），何をするかを方向づけ（方向性機能），目標達成まで続けさせる（持続機能）という３つの機能に区分できる（図3-1）。

　動機づけに関する諸理論は，この３機能をいかに説明するかによって異なってくる。例えば，営業部に配属されて間もないある新入社員は，顧客に嫌われては業績もままならなくなるので，とりあえず自分の印象を良くしようと思い立つ（喚起機能）。そのためには，自分のできる範囲で好印象を得られるような行動を実践し（方向性機能），行動を認めてくれるまで継続する（持続機能）。その結果，しばらくすると顧客も，自分を一人前の営業マンとして認めてくれ

図3-1　動機づけとその機能

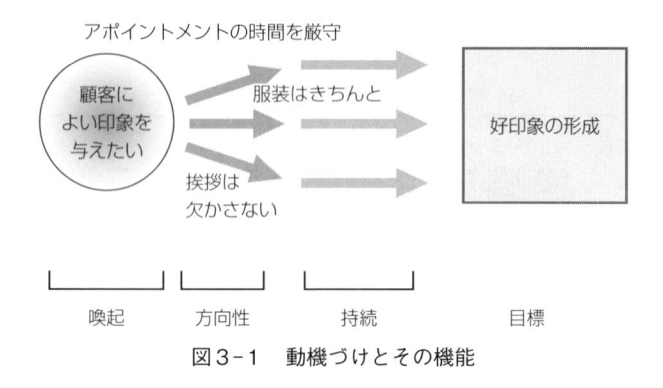

て仕事の話も弾むようになり目的を達する，という具合である。

3-1-1　マズローの欲求階層理論

　マズロー（Maslow, 1954）は，人間の基本的欲求として①生理的欲求，②安全欲求，③所属と愛情欲求，④自尊欲求，そして⑤自己実現欲求という5つをあげ，これらが順に階層構造をなしていると仮定した（図3-2）。生理的欲求とは，空腹，渇き，性衝動による欲求などで生存に不可欠なものへの欲求である。安全欲求とは，恐怖や不安からの自由や危機回避して安全・安定を得ようとする欲求である。所属と愛情欲求は，他者から愛情を注がれたりさまざまな集団に受け入れられることを求める欲求である。自尊欲求とは，他者から尊敬を受けたい，地位を得たいという尊重の欲求と，達成や自律的な行動を願う自己尊重の欲求からなっている。そしてマズローが最高段階に位置づけた自己実現欲求は，自らの内にある可能性を実現して自分の使命を達成し，人格内の一致・統合をめざそうとする欲求である。この欲求は理想的な自己のあり方をめざそうとするものなので，他の欲求とは異なり，完全な充足はなく限りなく新たな行動を生じさせる。これらの5つの欲求は低次から高次へと段階的に構成されていて，最下位に位置しているのが生理的欲求である（図3-2）。マズローの欲求階層理論では，低次の欲求が満たされてはじめて1つ上の欲求が生じると仮定されているので，低次の欲求が満たされない場合は高次の欲求による行動は生じない。したがって自己実現欲求は，欠乏欲求すべてが満たされて初

図3-2 マズロー（1954）による欲求階層理論

めて生じるとされる。

3-1-2 ERG理論

アルダーファー（Alderfer, 1972）は，マズローの欲求階層理論を修正し，生存（exsistance），関係（relatedness），成長（growth）という3つの欲求次元による階層構造を仮定したので，3つの欲求の頭文字をとってERG理論とよばれている。ERG理論における「生存」とは，個人の存在に必要とされる基本的な欲求で，摂水，摂食，生活に必要な金銭などを求める欲求である。「関係」とは，人間関係についての欲求で，家族や友人，同僚といった人びととの良好な人間関係を求める欲求である。「成長」とは，個人の成長や発達を求める欲求である。

ERG理論は，マズローの欲求階層理論のように低次から高次へと欲求次元が階層構造をなしていると仮定している点では同じである。ただ，ERG理論ではこれらの欲求の階層構造は厳格ではない。つまり，マズローの欲求階層理論では低次の欲求が満たされなければ次の階層欲求に進むことができないのであるが，ERG理論では人は同時に2つ以上の欲求を持ちうると仮定しているので，存在と関係の欲求が十分に満たされない場合でも，人は成長の欲求を持つこともある。

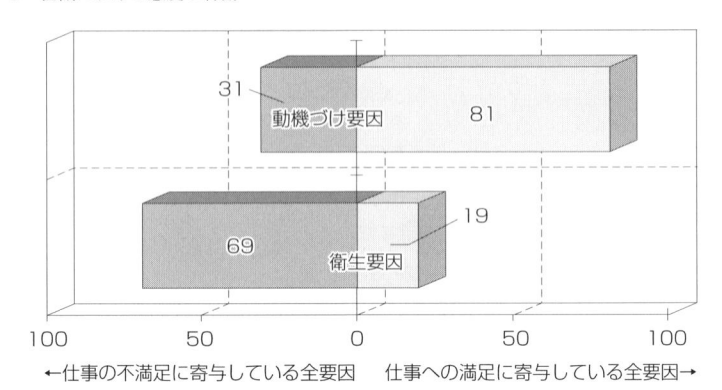

図3-3　動機づけ要因と衛生要因が全体に占める割合（％）
（Herzberg, 1966 ; 1987）

←仕事の不満足に寄与している全要因　　仕事への満足に寄与している全要因→

動機づけ要因：31／81
衛生要因：69／19

3-1-3　動機づけ：衛生要因理論

　ハーズバーグ（Herzberg, 1966 ; 1987）は，職場で満足したと感じた要因と不満を感じた要因を調査した結果，各々の要因が質的に異なっていることを明らかにした。つまり，われわれは「職場の不満がなくなれば，従業員は満足できる」と思いがちだが，それは違うのである。すなわち，不満要因をすべてなくしたとしても，それは「無満足」の状態にすぎない。満足感を得るには，不満要因とは異なる満足要因を満たさなければならないのである。そこでハーズバーグは，従業員が積極的に動機づけられ満足を得られる要因を動機づけ要因，積極的に従業員を動機づけはしないが満たされないと不満の原因になりやすい要因を衛生要因と区分した（図3-3）。動機づけ要因には達成，承認，責任，仕事そのものがあり，衛生要因には会社の政策と経営，監督（のあり方），同僚（部下）との関係，作業条件などがあげられている。

3-1-4　達成動機理論

　達成動機に関する研究で欠かせないのは，マックレランド（McClelland, 1961）とアトキンソン（Atkinson, 1957）の理論であろう。
　(1)　**マックレランドの達成動機理論**　　マックレランドは，職場での従業員

の主要な動機や欲求として,達成欲求(need for achievement),権力欲求(need for power),親和欲求(need for affiliation)を提示した。

達成欲求とは,ある一定の目標に対して,それを十分に達成し成功しようとする欲求のことである。権力欲求とは,他の人びとに影響力を行使し,コントロールしたいという欲求である。親和欲求とは,他の人びとに自分が好まれ受け入れてもらいたい,あるいは友好で親密な人間関係を求める欲求である。そしてこれらの欲求の中で,マックレランドが最も注目したのが達成欲求である。

マックレランドは,達成欲求の高低についての個人差を測定するために,TAT(主題統覚検査;第2章参照)を使って被験者の反応から達成欲求を測定するという方法を考案した。その測定方法によって達成欲求の高い被験者をピックアップし,その特徴を調べた結果,以下のことが明らかになった:①適度な難易度の課題を好む,②自ら目標を設定でき自己責任をとれる事態を好む,③自分の行った課題について具体的で迅速なフィードバックを求める。

さらにマックレランド(1961)は,達成動機が高い人びとの多い国が資本主義経済を発展させると仮定して,1950年に世界各国で使用されていた国語の教科書の内容から達成動機得点を算出し,経済生産指標を1952年から1958年の電力生産増加量として,両者の関連を世界主要国について調べたところ,達成動機を高める教育を施している国ほど経済成長を促進していることを見出している。

(2) **アトキンソンの達成動機モデル** アトキンソンによれば,人はある課題に直面したとき,課題を成し遂げようとする成功動機と失敗を避けたいとする回避動機を持つ。そして達成動機は,これら相反する2つの動機が合成されたものであると仮定される。例えていえば,新しいプロジェクトを実施しようと意気込んでいるビジネスマンの成功動機は高いが,万一プロジェクトが失敗して会社に損害を与えたら大変なのでやめた方がいいかもしれないという回避動機も高く,心理的な葛藤状態を引き起こすかもしれない。実際に行動を起こすか(接近傾向)やめるか(回避傾向)は,さらに期待度(目標達成がどの程度成功するかについての主観的確率)と誘因価(成功したときの喜びや報酬)によっても影響される。これらのことは,以下のような式で表される。

接近傾向=成功動機×期待度×誘因価

回避傾向＝回避動機×期待度×誘因価

達成動機＝接近傾向－回避傾向

3-1-5　衡平理論

　仕事の動機づけを高めるのに欠くことのできないものはお金である。給与，賞与，報酬とさまざまな形態で仕事の対価として与えられるお金は「インセンティブ」などといわれることもある。主として金銭的なやりとりにおける公正の問題を体系的に論じたのが，アダムス（Adams, 1965）による衡平理論（equity theory；公平理論と示されることもある）である。

　まず，従業員に仕事へのやる気をおこしてもらうために報酬を多く与えさえすればよいというものではない。アダムスによれば，動機づけがピークになる報酬額は従業員にとって「フェア」と感じられるものでなくてはならないのである。そのアダムスが提唱した衡平理論によれば，人は自分の仕事や職務に投じたインプット（I）と，その結果として自分が得たアウトカム（O）の間に一定の関係を期待しているという。このことは，自分の報酬に対して感じられる公正さの程度はその人のインプットに対するアウトカムの比率と言い替えられ，しかもそれは同じ条件下にあり比較可能な他者のアウトカム／インプット（O／I）の比率と比較されて生ずるものである。さらに衡平理論の予測するところによれば，人びとが他者との間でO／Iの比率を比較する場合に次の2つのどちらかが生ずるとされる。つまり，比較したときの比率が他者のそれと等しいときに衡平（equity）という均衡状態が生じ，自分のインプットに対するアウトカムの比率が他者のそれよりも低い場合や高い場合に不衡平（inequity）という不均衡な状態が生じる。この不衡平には2通りあって，1つが他者より低い場合での過小支払いによる不衡平であり，もう1つは高い場合における過大支払いによる不衡平である。

　従業員の仕事への動機づけがもっとも高まるのは，もらいすぎの過大支払いのときではなく，ましてや貢献した見返りが十分でない過少支払いのときでもない。貢献した量や質と支払額のバランスがきちんととれている衡平な状態の時に動機づけはもっとも高まるのである。

・パターンA

・パターンB

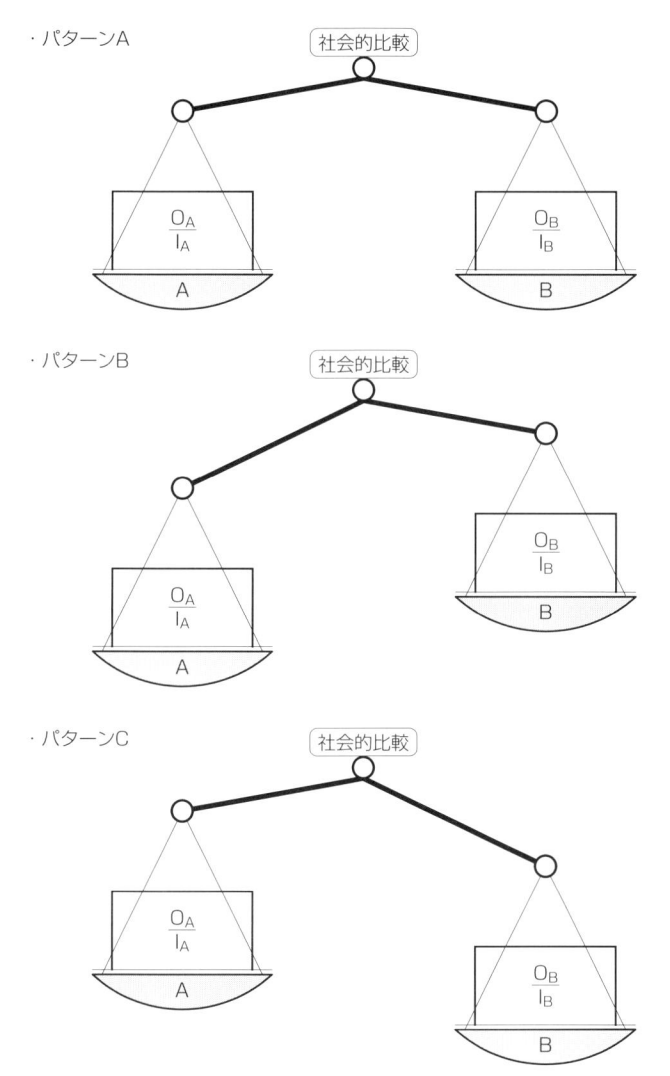

・パターンC

図3-4　アダムス（1965）における衡平（パターンA）および不衡平（パターンB，C）

　例えばここで，ある分配当事者AとBについてその各々の貢献度をインプットA（I_A）とインプットB（I_B）とし，各々が成し遂げた成果をアウトカムA（O_A）とアウトカムB（O_B）とするときの，AとBに関するアウトカム／

インプット比率（O／I）を考えてみる。これまで述べてきた衡平理論は図3-4に示された天秤ばかりで表現できる。

まずAとBのO／Iの比率が等しい（$O_A／I_A = O_B／I_B$）とき，すなわち衡平な状態は，図3-4の天秤ばかりでいえばパターンAで表現される。要するにAとBが釣り合っている状態である。次に，AとBとのO／Iの比率が等しくないとき，すなわち不衡平な状態には2つの場合が考えられる。すなわち，Aにとって過大な報酬支払いとなり，Bにとって過小な報酬支払いとなった場合（$O_A／I_A＞O_B／I_B$）は，図3-4の天秤ばかりではパターンBで表現される。Aの方に天秤が傾いている状態である。さらに今度はBにとって過大な報酬支払いとなり，Aにとって過小な報酬支払いとなった場合（$O_A／I_A＜O_B／I_B$）は，図3-4の天秤ばかりではパターンCであらわすことができる。すなわち，天秤がBの方に傾いている状態である。

さて，図3-4のパターンBやCのような不衡平が生じた場合，このような不衡平な状態は人びとに不快な感情を起こさせる。例えば，過小支払いだった人にとっては，人より多く業績をあげた自分はもっと多くの報酬を得て当然で，他者とさほど変わらない分け前に不満であるかもしれない。一方，過大支払いだった人は（なかには予想以上に多い分け前に預かって上機嫌の人もいるだろうが），他の人と比べてさほど成果をあげなかった自分が思いのほか他者と同じくらいの報酬を得ていることを知って，自分の報酬はあまりに不相応ではないかと不安になるかもしれない。

さらにこの不快な感情によって心理的緊張が引き起こされ，それは不衡平の大きさに比例する。すなわち，不衡平が大きくなればなるほどその緊張も大きくなる。ここでフェスティンガー（Festinger, 1957）の認知的不協和理論の仮説に従うと，こうした心理的緊張が生じた結果，人びとはそれを排除したり軽減しようと動機づけられるとされる。すなわち，人びとがこうした心理的緊張をそのままにしておくことは自分たちにとって不都合なことを抱え込むことでもあるので，なんとかしてそれを矛盾することなく解決しようとするのである。そしてこの緊張が大きければ大きいほど，それを軽減しようとする動機づけも高くなっていく。こうした不衡平という不均衡状態を軽減するための方法としてアダムスは以下の5つをあげている。

① 4つの成分（I_A, I_B, O_A, O_B）のいずれかの現実的な変更が行われる
② 4つの成分（I_A, I_B, O_A, O_B）のいずれかの認知的（あるいは心理的）変更が行われる
③ 不衡平が生じている状況から離れる
④ 不衡平が生じている状況から比較相手を離れさせる（遠ざける）
⑤ 比較する対象となる他者を変更する

3-1-6 期待理論

期待理論では，人間の行動は事前に示された報酬にどれだけつながるかという期待と，結果の誘因性（魅力，価値，好ましさ）によって動機づけられると仮定される。ヴルーム（Vroom, 1964）の期待理論では，ある行動への動機づけ（F）の大きさは，行動によって結果がもたらされる期待（E）の大きさと，その結果の魅力や好ましさ（誘因性：V）の積であらわされる。

このモデルに対してポーターとローラー（Porter & Lawler, 1968）は，どの程度努力すれば業績をあげられるかという期待と，業績がどれだけ結果（例えば報酬）に結びつくかという期待とが考慮されるべきであると考えた。これらの知見を加味すると期待理論の概要は，図3-5のように示される。

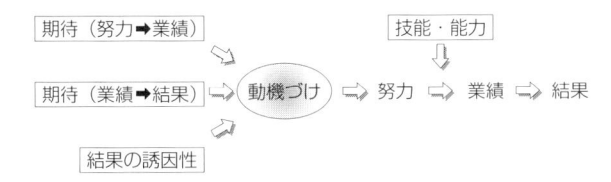

図3-5 期待理論の基本モデル

3-1-7 目標設定理論

前述したマックレランドやアトキンソンが仮定した達成動機の高さと目標設定の関係によれば，達成動機の高い人は他の人がやや困難だと考える水準に目標を設定する傾向があり，その水準は回避動機（失敗しそうだからできれば止

めたい）を上回っている。そうであるならば，逆に目標設定を平均的な業績よりも高い水準に設定することによって，従業員の動機づけが高められるのではないかと考えたのがロックとラサム（Locke & Latham, 1984 ; 1990）である。もし目標が設定されることによって動機づけが起こるとするならば，どのような具体的な目標を設定するかが大きな問題となる。ロックとラサム（1984, 1990）は，抽象的な目標よりも具体的な数字で示された目標の方が高い業績をもたらし，その効果は，目標達成度に関するフィードバックを与えたときにより高まることを示した。

ロックとラサムの考え方は，今日民間企業で一般的に行われている目標管理制度あるいは目標による管理（Management by Objectives : MBO）の基礎となっている[1]（1章，1-4-2参照）。だが目標管理制度が実際に企業で業績向上としての効果をあげるかどうかはまた別の問題であろう。ロジャースとハンター（Rodgers & Hunter, 1991）によれば，ほとんどの事例で目標管理制度による生産性の向上が確認され，目標設定による管理の効果が一貫していることが示された。またロジャースら（Rodgers & Hunter, 1991 ; Rodgers et al., 1993）によれば，目標管理制度の成功は企業のCEOがいかに積極的にコミットしているかにかかっているとされる（1章，1-4-2参照）。

3-2. 職務満足感

組織成員が自分の仕事に対して抱く肯定的な感情を，職務満足感という。組織満足感の定義は多くの研究者によって行われているが，最も代表的なものはロック（Locke, 1976）による定義が有名である。すなわち，職務満足感とは「個人の職務ないしは職務経験の評価から生ずる，好ましく，肯定的な情動の状態」と定義される。

職務満足感は，組織成員がキャリアを構築するうえで重要な要因となる。すなわち，仕事に対して長期的に満足感を維持し続けることができるかどうかが，自分の思い描くキャリア発達の実現へ影響するといえる。

---

[1] ちなみに，奥野（2004）によれば目標管理を経営管理施策としていち早く採用した企業はデュポン社だといわれている。

表 3-1 日本語版ミネソタ式職務満足感尺度短縮版

- やるべき仕事がいつもある
- ひとりきりで仕事ができる機会がある
- その時どきに違った仕事ができる
- 会社で「仕事がよくできる人」「役に立つ人物」として認められる
- 私の上司の部下（私）の扱い方
- 私の上司の物事を判断・決断する能力
- 自分の良心に反しない仕事ができる
- よい仕事をすれば，クビにならずにずっと勤め続けていられる
- 他の人のために何かしてあげられる
- 他の人に何かをするように命令する
- 私の能力を活用して，何かをする機会がある
- 会社の方針に従って自分の仕事をする
- 仕事の量に対する給料の額
- 今の仕事での昇格のチャンス
- 自分自身で（仕事上の）判断ができる自由
- 仕事をするときに，自分独自のやり方を試してみる機会
- 仕事の環境（光熱・換気など）
- 私の同僚（仕事仲間）と，お互いに仲良くやっていくこと
- よい仕事をしたときに受ける賞賛
- 自分の仕事から得られる達成感

注：邦訳は高橋（1999a）による。

3-2-1 職務満足感の測定尺度

(1) **ミネソタ式職務満足感尺度**（Minnesota Satisfaction Questionnaire；MSQ） 職務満足感を測定する尺度は数多いが，その中で多くの人に知られ引用件数も多いのが，ワイスら（Weiss *et al.*, 1967）の開発したミネソタ式職務満足感尺度（MSQ）である。MSQ の原版は100項目からなっているが，通常用いられるのは20項目からなる短縮版である（表 3-1）。各項目は，「非常に不満足である（1点）」から「非常に満足である（5点）」までの5段階評定尺度で回答される。全項目の合計得点が，全般的な職務満足感の指標として用いられる。なお，JTB モチベーションズ研究・開発チーム（1998）は，日本語版 MSQ を開発し，企業診断をはじめとする経営コンサルティングに活用している。

(2) **全体的職務満足感尺度**（Job in General Scale；JIG） この尺度は，回答者の全体的な職務満足感を測定するためにアイロンソンら（Ironson *et*

表 3-2 JIG 日本語版

「今の私の仕事は…」
1. 楽しい。
2. おもしろくない。
3. 理想的である。
4. 時間をむだにするものだ。
5. 申し分ない。
6. 望ましくない。
7. 価値がある。
8. 他の仕事より良くない。
9. 一応満足できる。
10. 他よりは勝っている。
11. 他よりよい仕事だ。
12. 性に合わない。
13. 満足させてくれる仕事だ。
14. 不適切な仕事である。
15. 他よりもすぐれた仕事だ。
16. だめな仕事だ。
17. 楽しめる。
18. 内容が乏しい。

注:邦訳は高橋(1999a)を参照した。

al., 1989)が開発したものである。18項目から構成され,回答方法は,自分の職務について当てはまっているか否かを「はい」「わからない」「いいえ」の3件法で回答するものである(表3-2)。

(3) **職務記述インデックス(Job Descriptive Index; JDI)** スミスら(Smith et al., 1969)は,独自に作成した職務満足感についての5次元モデルに基づいて63項目からなる尺度を開発した。スミスら(1969)による職務満足感を構成する5次元とは,「仕事そのもの(18項目)」「上司(18項目)」「同僚(9項目)」「給与(9項目)」「昇進(9項目)」からなる。回答方法は,自分の職務について当てはまっているか否かを「はい」「?」「いいえ」の3件法で回答するものである。職務満足感尺度の中では,おそらくこの尺度が先行研究で最も多く使用されているといわれる。

3-2-2 職務満足感の理論的考察

(1) 価値充足理論 ロック(1976)は,職務満足感を規定するのは個人の価値観であり,個人の価値観が職務の中で充足されることによって職務満足感が高まり,逆に充足されないときには職務不満足感が生じると考えた。ロック(1976)はこのことを,価値充足理論(Value Fulfillment Theory)として,以下の定式で呈示した。

$$S = (Vc - P) \times Vi$$

S:職務満足感, Vc:価値の欲求量, P:職務によって充足された価値の認知, Vi:価値の(個々人にとっての)重要性

この理論では，人々が今の仕事に対して自分の価値観を充足できる経験を求めていて，さらにその欲求を量的に知覚できて，実際の職務経験で充足された価値も認知できることが前提になっている。

(2) **職務特性理論**　人が仕事にやる気を起こすのは，今携わっている仕事の内容そのものが本人にとって意味があり楽しいためであるかもしれない。ハックマンとオールダム（Hackman & Oldham, 1976）は，このことを職務特性理論（Job Characteristics Theory）で提示した。このモデルによれば，職務満足感を高める職務の特性があり，それらは5つに分類される。すなわち，①スキルの多様性（skill variety）：職務遂行にどれくらい多くのスキルが必要とされるか，②課業同一性（task identity）：仕事の最初から最後まで担当するのか，一部を担当するのか，③課業有意義性（task significance）：担当する仕事が他の人にどの程度影響を与えるか，④自律性（autonomy）：自分の仕事をするのにふさわしい自由裁量の余地があるか，⑤フィードバック（feedback）：仕事の成果の善し悪しがどの程度はっきりわかるようになっているか，の5つである。

(3) **職務満足感の組織行動への影響**　仕事への満足感は人びとの職場での行動にどのような影響を及ぼすのであろうか。スペクター（Spector, 1997）によれば，職務満足（あるいは不満足）感によって以下の潜在的効果が起こるとされる：①職務業績の向上，②組織市民行動の生起（第4節を参照），③従業員の消極的な職務行動の減少や，欠勤率の低下，④離転職率の低下，⑤バーンアウト（燃え尽き症候群）の低減，⑥身体的・心理的な健康の増進，⑦従業員による組織の機能を阻害する行動，すなわち非生産的行動（counterproductive behavior）が起こりにくくなる，⑧生活満足感への相乗効果。

3-3. 組織コミットメント

どの組織においても，組織のために身を粉にして働いてくれる人びと，すなわち「会社人間」がいるものである。「会社人間」が必死で働くのも，彼らに組織に対する強い帰属意識があるからに違いない。昨今のマスコミでは，この「会社人間」は滑稽なまでに組織に同化しようとする時代遅れの人びととして

扱われがちであり，なかには所属企業への過剰なコミットメントは従業員の高業績を阻害するという論調さえある（太田，2003）。だが，本当にそうだろうか。組織にとってはよく言うことを聞いて熱心に仕事をしてくれる貴重な人材であり，職場の同僚にとってもいざとなったとき居てくれないと困る人材である。組織に対する帰属意識は安易に捨て去るべきものではないはずである（本章コラム参照）。この概念についての心理学的研究を見ていくこととしよう。

3-3-1 態度コミットメント，行動コミットメント

組織コミットメント（organizational commitment）は，組織への帰属意識をあらわす概念である。マウディら（Mowday et al., 1979）は，組織コミットメントを以下の3要素，すなわち，
　①組織の目標に対する信頼と受容
　②組織の代表として進んで努力する姿勢
　③組織の一員としてとどまりたいとする願望
によって成り立つ組織への情緒的な愛着としてとらえた。

3-3-2 3次元コミットメントモデル

アレンとメイヤー（Allen & Meyer, 1990）は組織コミットメントを，感情的（affective）コミットメント，継続的（continuance）コミットメント，規範的（normative）要因のコミットメントからなるモデルを示した。感情的コミットメントとは，組織に対する感情的な愛着のことである。言い換えると，これは情緒的に組織に関与したい程度をあらわしている。継続的コミットメントは，組織を辞める際のコストに基づくものであり，辞めると失うものが大きいので経済的な理由から組織に残っていることである。そして規範的コミットメントとは，組織には理屈抜きにコミットすべきであるという，忠誠心を意味している。これは，いわば「組織に関与しなければならない」と義務として感じている程度をあらわしている。

3-3-3 組織コミットメント尺度

(1) **OCQ (Organizational Commitment Questionnaire)** これはマウディら (1979) が前述した組織コミットメントに関する考察に基づいて開発された，15項目からなる尺度である。

(2) **アレンとメイヤーの3次元コミットメント尺度 (Three-component commitment scale)** アレンとメイヤー (1990) は，前述した組織コミットメントの3次元モデルに基づいて，各次元8項目，合計24項目からなる測定尺度を作成した[2]。その後，メイヤーら (Meyer *et al.*, 1993) によって各次元6項目（合計18項目）からなる改訂版の測定尺度が発表されている。

(3) **日本における組織コミットメント尺度**

① **企業帰属意識** 関本・花田 (1985, 1986) はそれまでの組織コミットメント研究と日本的な組織への帰属意識をふまえながら，以下の6つからなる測定尺度を開発した。①目標・規範・価値観の受け入れ：「この会社の社風や組織風土は，自分の価値観や考え方によく合っている」，「この会社のトップ経営者の考え方や経営施策には共感できるものが多い」等の項目から構成されている。②組織のために積極的に働きたいという意欲：「会社にとって必要な残業や休日出勤はすすんで引き受ける」，「この会社にとって本当に必要であるならば，どんな仕事でも，またどんな勤務地にいっても，これまで以上にがんばって働く」等から構成される。③積極的に組織にとどまりたいとする願望：「たとえ現在よりもいい仕事やいい給料が与えられても，この会社が好きなので，よその会社に移る気はない」，「会社の将来がかなり悲観的になったとしても，わたしはこの会社にとどまりたい」等の項目から構成されている。④組織に従属安定したいとする強い願望：「せっかくここまで勤めたのだから，これから先もこの会社で勤めたい」，「この会社にこのまま勤めていれば安心なので，よその会社に移ることなど考えられない」等の項目から構成されている。⑤滅私奉公・運命共同体といった伝統的な「日本的」帰属意識：「この会社に対してたとえ不満が多々あっても，この会社を離れて自分の将来などとても考えられない」，「この会社を発展させるためなら，自分の私生活が犠牲になっても仕

---

2) 高橋 (1999b) は，この測定尺度の日本語版について項目特性を中心とした検討を行っている。

方がない」等の項目から構成されている。⑥会社から得るものがある限り帰属していたいという功利的帰属意識：「この会社で自分にとってやりがいのある仕事を担当させてもらえないなら，この会社にいてもあまり意味がない」，「この会社から得るものがあるうちは，この会社に勤めていようと思う」等の項目から構成されている。

　この尺度の作成者の一人でもある花田（1991）は，その後（1989年）にこの尺度の再調査を行っている。その結果によれば，1985年に報告された結果と比べて，いずれの下位尺度の得点も低下傾向を示し，特に「組織のために積極的に働きたいという意欲」因子の得点が，1985年に報告された結果と比べて著しい低下傾向にある。これらの結果は，花田（1991）がいうように，組織（会社）への帰属意識が大きく変わり始めていることを示唆している。もはや日本の企業で，『自分の組織によかれと思って行動するのは当たり前』という前提は通用しなくなるのかもしれない。ちなみに，花田（1991）の報告から10年近く経過した再々調査の報告（坂田・志水，2003）によれば，「功利的帰属意識」以外は97年，2001年と徐々にではあるが確実に低下している。

　②　**高木ら（1997）による会社への組織コミットメント尺度**　高木ら（1997）は，愛着要素，内在化要素，規範的（日本的）要素，存続的要素の4要因からなる組織コミットメント尺度を開発した。「愛着要素」とは，「他の会社ではなく，この会社を選んで本当に良かったと思う」「もう一度就職するとすれば，同じ会社に入る」といった会社への情緒的な愛着をあらわしている。「内在化要素」とは，「この会社に自分を捧げている」「この会社の発展のためなら，人並み以上の努力を喜んで払うつもりだ」のように，会社の価値が自分の価値と一致しており，会社のために尽力したいという意識をあらわしている。「規範的（日本的）要素」とは，「この会社を辞めると人に何と言われるかわからない」「会社を辞めることは，世間体が悪い」にみられるように，周囲の目が気になるという意識と会社を辞めるべきではないという倫理観をあらわしている。「存続的要素」とは，「この会社にいるのは，他によい働き場所がないからだ」「この会社を辞めたいと思っても，今すぐにはできない」にみられるように，会社を辞めることに伴うコストやリスク回避による帰属意識をあらわしている。

3-3-4　組織コミットメントの結果

　組織コミットメントが従業員と組織にもたらす結果は，おおむね肯定的なものである。組織コミットメントによる影響として頻度の高い，職務遂行，離転職についてみていくこととする。

　(1)　**職務遂行**　　所属する組織に対する感情的コミットメントや規範的コミットメントの高いメンバーは，そうでないメンバーと比較して，熱心に仕事をし良好な業績を示す。さらに，組織戦略や組織目標と一致した職務行動をとれる人ほど，高い感情的コミットメントを有している傾向がある。ただし，職務遂行に及ぼす影響力は統計的にはあまり大きくないとする報告もある（Mathieu & Zajac, 1990）。それ以外のコミットメント次元（存続的コミットメント）については，職務遂行との関連性は強くないようである。

　(2)　**離転職**　　離転職への影響は組織コミットメントのすべての次元と関連はあるものの，特に影響力の強いのは感情的コミットメントである。感情的コミットメントが高い従業員は離転職意思が低く，離転職行動も低い傾向がある。

3-4. 組織市民行動

　職場の中では事前には予測できなかった職務，あるいは誰の役割にも属さない役割が絶えず生じてくるのが常であり，実際に行われている職務に必要なすべての活動をフォーマルな組織図や分掌規程で完全に網羅することは事実上不可能である。例えば，図3-6において職場で生ずるすべての仕事をWで表し，その職場で働く従業員a，b，cが行う仕事をA，B，Cの楕円であらわしてみる。ここで，職務分掌の規定によって，abcの仕事はある程度明確になっている場合，図3-6aのように誰の役割でもない仕事が斜線部であらわされる。だが，この「誰の役割でもない仕事」は，（なすべき仕事である限りは）誰かがやらなければ組織はうまく機能しない。そこでどうしても，組織成員が同僚や部下，上司，あるいは組織全体のためにフォーマルに決められた自己の職務や役割を超えた仕事を自発的にせざるをえなくなる。もし，abcが自発的にそのような仕事もこなすようになるならば，図3-6bの波線で示されるように，

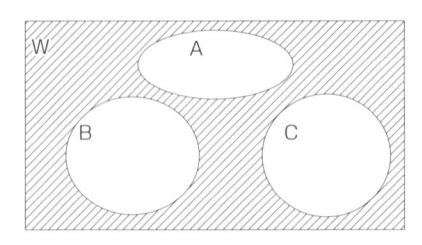

図3-6a　職場内での従業員の職務範囲
：職務分掌が明確な場合

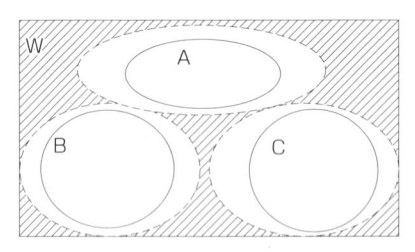

図3-6b　職場内での従業員の職務範囲
：自発的な職務が生じた場合

自分の仕事の範囲が拡がることにより，W内の斜線部はかなり狭くなる。

　オーガン（Organ, 1988）は，そうした従業員による役割外の職務行動を，組織市民行動（organizational citizenship behavior）とよんだ。組織市民行動は，「（組織の）従業員が行う任意の行動のうち，彼らにとって正式な職務の必要条件ではない行動で，それによって組織の効果的機能が促進されるもの（Organ, 1988）」，あるいは「組織に貢献するさまざまな個人的行動のうちで，強制的に任されたものではなく，正式な給与体系によって保証されるものでもないもの（Organ & Konovsky, 1989）」と定義される。

　さらにオーガン（1988）は，面接調査などをもとにして，組織市民行動を誠実性（consciousness），丁寧さ（courtesy），市民としての美徳（civic virtue），スポーツマンシップ（sportsmanship），利他主義（altruism）の5つに分類した。「誠実性」は，出勤，規則への服従，休息をとるといった点で，組織（会社）に関する最小限の役割要件を超えた従業員の任意の行動と定義される。「丁寧さ」は，仕事に関連した問題が他人に起こるのを回避しようとして起こす任意の行動と定義される。「市民としての美徳」は，組織（会社）の生活に責任をもって参加あるいは関与しているか，それを気にかけている人が行う行動と定義される。「スポーツマンシップ」は，従業員が理想的な環境でないことに不満を言わず我慢を厭わないことと定義される。そして「利他主義」は，組織（会社）に関する課題や問題を抱えている特定の他者を援助する効果のある行動と定義される。

　ここで興味深いのは，組織市民行動に関する大多数の研究がアメリカの研究者によって行われ，研究対象もまた職務記述書によって従業員のなすべき職務

コラム 「会社への忠誠心は不要」か？

　組織コミットメントに関しては膨大な研究数を誇るアメリカに比べると（少なくとも数の上で）きわめて貧弱ではあるが，日本でも最近ようやく組織コミットメントの研究が盛んになってきた。過去2,3年に限っても，組織コミットメントに関する学術書が毎年のように世に出ている（鈴木，2002；板倉，2002；高木，2003；中島，2003）。「組織コミットメントの発表が，どうしてこんなに多いのでしょう？」とある学会で産業心理学では著名な先生から尋ねられたことがあったが，そのとき「私だけがそう感じていたのではないのだな」と確信したものだった。

　それでは，なぜ組織コミットメント研究が日本で多くなったのであろうか。それは，やはり日本の組織（殊のほか日本企業）にとって重要だから，ということだろう。それは逆説的な意味でもそうである。本文で述べたように，所属企業へ過剰なコミットメントを求めることが高業績をあげる従業員の足を引っ張っているという論調が，一時期かなり説得力を持っていたことは事実である。ひいては「コミットメント不要」のユートピア論まで登場する（ヘクシャー，1995）。ただし，このような論議には注意が必要だ。

　例えば，高橋（2002）は「組織コミットメント不要論」が以下の点を考慮していない点で不十分であると指摘した。まず，経営環境が変化し組織の規模や形態が変化しても，組織そのものが消滅することはありえず，結局のところ，組織に残った少数の人員が組織により強くコミットしなければならなくなることである。第2に，強弱の差はあれ，個人は自ら関与する対象から心理的安寧を得るものであり，人びとは疎外されることを避けるために所属する組織に対して心理的なコミットメントを形成するのである。第3に，「組織コミットメント不要論」は，組織へのコミットメントが組織や従業員にとって望ましい成果をもたらすという過去行われた数多くの研究で一貫した結果を無視している。第4に，「組織コミットメント不要論」は，コアメンバーをテンポラリー・ワーカーに代替することによる生産性の変化を楽観視しすぎている。アメリカのデータによれば，ダウンサイジングを経てなお削減対象にならず組織に残った従業員の動機づけと生産性は，ダウンサイジング前と比較して確実に下がっている。代替要員のテンポラリー・ワーカーがコアメンバーよりも高い生産性を生み出すかどうかも保証できない。

　そして，今日（2004年11月）のアメリカでは，むしろいかにして企業経営に従業員をコミットさせるかについて，真剣に論議されている。

内容を詳細に記載するアメリカの組織や企業であることである。やはりアメリカでさえも，職務記述書に示されたアイテム以外に自発的に行う仕事の大切さが認識されてきたのだろう。逆に，日本企業では職務分掌が曖昧で組織での役割外行動などかつてはやって当たり前だったゆえか，日本の産業・組織心理学

表 3-3　ポドゥサコフら（1990）による組織市民行動の測定尺度

誠実性
- 仕事中は余分な休息はとらないようにする。
- 不必要に仕事の手を休めないようにする。
- 誰もしていなくても，会社の規定や規則には従う。　他

丁寧さ
- 自分の行動が他の人の仕事にどのように影響を及ぼすかを考慮する。
- 行動を起こす前に，同僚や上司に相談し確認する。
- 他の人の正当な要求や権利を尊重する。
- 同僚に迷惑をかけないようにする。　他

市民としての美徳
- 組織の中の変化には遅れずについていくようにする。
- 命令されていなくても，会社のイメージアップにつながる行事や式典には参加する。
- 会社に関する任意の話し合いや集まりに参加する。　他

スポーツマンシップ
- 会社がやることのあらさがしをしないようにする。
- 自分の部署のやり方や制度を変更することに対して不平を言わないようにする。
- ささいなことに対して，くどくど不平を言わないようにする。　他

利他主義
- 多くの仕事を抱えている人を手助けする。
- 他の人の仕事上のトラブルに対して，自ら進んで手助けを行う。
- 休んでいる人の仕事を手伝う。
- 他の従業員が間違いを犯すのを事前に注意して防ぐ。　他

注：邦訳は西田（1997）によるものである。

で組織市民行動が注目されたのはごく最近である。

3-4-1　組織市民行動尺度

組織市民行動を測定する尺度でもっとも有名で使用頻度の高いのは，ポドゥサコフら（Podsakoff et al., 1990）が作成したオーガンの5次元モデルに基づく組織市民行動尺度である（表3-3）。田中（2002;2004）は，過去の組織市民行動に関する測定尺度を参考にしながら日本版組織市民行動尺度を作成し，その信頼性を検討した。

3-4-2 組織市民行動の規定要因

　組織市民行動が心理学や経営科学で注目され始めたのは1983年頃で，歴史的にはそれほど長くない。にもかかわらず，これまで組織市民行動を生じさせたり高めたりする要因について，多くの研究がなされている。例えば，組織市民行動の規定要因として見出されたものには，組織コミットメント（Morrison, 1994），上司のリーダーシップスタイル（Podsakoff *et al.*, 1990; Niehoff & Moorman, 1993），職務満足感（Moorman, 1993）などがある。

　最近の研究によれば，公正・公平に処遇されていると感じている従業員ほど，組織市民行動を多く行っているようだ。特に，組織において問題を解決するまでの過程や手続きがいかに公正か（すなわち，手続き的公正）が規定要因として重要だとされる（Moorman *et al.*, 1993; Niehoff & Moorman, 1993; Podsakoff *et al.*, 1990）。さらに，対人関係においても公正な対処・処遇をしたかどうか（すなわち，対人的公正）も，組織市民行動を生起させる新たな規定要因として注目されている（Greenberg, 1993; Moorman, 1991）。日本企業を対象とした著者らの研究（田中ら，1998）においても，手続き的公正だけでなく，対人的公正も間接的な効果ながら組織市民行動の規定要因として見出された。

引用文献

Adams, J. S. 1965 Inequity in Social Exchange. In L. Berkowitz (Ed.), *Advances in Experimental Social Psychology, Vol. 2*. New York: Academic Press. pp. 267-299.

Alderfer, C. P. 1972 *Existence, Relatedness, and Growth: Human Needs in Organizational Settings*. New York: Free Press.

Allen, N. J. & Meyer, J. P. 1990 The Measurement and Antecedents of Affective, Continuance and Normative Commitment to the Organization. *Journal of Occupational Psychology*, **63**, 1-18.

Atkinson, J. W. 1957 Motivational Determinants of Risk-Taking Behavior. *Psychological Review*, **10**, 209-232.

Festinger, L. 1957 *A Theory of Cognitive Dissonance*. Row Peterson.
　（末永俊郎監訳　1965　認知的不協和の理論　誠信書房）

Greenberg, J. 1993 Justice and Organizational Citizenship: A Commentary on the State of the Science. *Employee Responsibilities and Rights Journal*, **6**, 245-260.

Hackman, J. R. & Oldham, G. R. 1976 Motivation Through the Design of Work: Test of a Theory. *Organizational Behavior and Human Performance*, **16**, 250-279.

花田光世 1991 オピニオン・サーベイによる経営人事革新 ダイヤモンド・ハーバード・ビジネス, **10**(3), 81-94.

Heckscher, C. 1995 *White-Collar Blues*. Basic Books. (飯田雅美訳 1995 ホワイトカラー・ブルース 忠誠心は変容し, プロフェッショナルの時代が来る 日経BP出版センター)

Herzberg, F. 1966 *Work and the Nature of Man*. Cleveland: World Publishing. (北野利信訳 1968 仕事と人間性 東洋経済新報社)

Herzberg, F. 1987 One More Time: How Do You Motivate Your Employees? *Harvard Business Review*, September-October, 109-120. (ダイヤモンド社編集部訳 2003 モチベーションとは何か DIAMONDハーバード・ビジネス, 4月号, 44-58.)

Ironson, G. H., Smith, P. C., Brannick, M. T., Gibson, W. M. & Paul, K. B. 1989 Construction of a Job in General Scale: A Comparison of Global, Composite, and Specific Measures. *Journal of Applied Psychology*, **74**, 193-200.

板倉宏昭 2002 デジタル時代の組織設計 会社員の組織コミットメントの研究 白桃書房

JTBモチベーションズ研究・開発チーム 1998 やる気を科学する 河出書房新社

Locke, E. A. 1976 The Nature and Causes of Job Satisfaction. In M. D. Dunette (Ed.), *Handbook of Industrial and Organizational Psychology*. Chicago: Rand McNally. pp. 1297-1349.

Locke, E. A. & Latham, G. P. 1984 *Goal Setting*. NJ: Prentice-Hall. (松井賷夫・角山 剛訳 1984 目標が人を動かす 効果的な意欲づけの技法 ダイヤモンド社)

Locke, E. A. & Latham, G. P. 1990 *A Theory of Goal Setting and Task Performance*. NJ: Prentice-Hall.

Maslow, A. H. 1954 *Motivation and Personality*. New York: Harper & Row. (小口忠彦監訳 1971 人間性の心理学 産能大学出版部)

Mathieu, J. E. & Zajac, D. M. 1990 A Review and Meta-Analysis of the Antecedents, Correlates, and Consequences of Organizational Commitment. *Psychological Bulletin*, **108**, 171-194.

McClelland, D. C. 1961 *The Achieving Society*. Princeton, NJ: Van Nortrand. (林 保監訳 1971 達成動機―企業と経済発展に及ぼす影響― 産能大学出版部)

Meyer, J. P., Allen, N. J. & Smith, C. A. 1993 Commitment to Organizations and Occupations: Extension and Test of a Three-Component Conceptualization. *Journal of Applied Psychology*, **78**, 538-551.

Moorman, R. H. 1991 Relationship Between Organizational Justice and Organizational Citizenship Behaviors: Do Fairness Perceptions Influence Employee Citizenship? *Journal of Applied Psychology*, **76**, 845-855.

Moorman, R. H. 1993 The Influence of Cognitive and Affective Based Job Satisfaction Measures on the Relationship Between Satisfaction and Organizational Citizenship Behavior. *Human Relations,* 46, 759-776.

Moorman, R. H., Niehoff, B. P. & Organ, D. W. 1993 Treating Employees Fairly and Organizational Citizenship Behavior: Sorting the Effects of Job Satisfaction, Organizational Commitment, and Procedural Justice. *Employee Responsibilities and Rights Journal,* 6, 209-225.

Morrison, E. W. 1994 Role Definitions and Organizational Citizenship Behavior: The Importance of the Employee's Perspective. *Academy of Management Journal,* 37, 1543-1567.

Mowday, R. T., Steers, R. M. & Porter, L. M. 1979 The Measurement of Organizational Commitment. *Journal of Vocational Behavior,* 14, 224-247.

中島　豊　2003　非正規社員を活かす人材マネジメント　どうすれば組織コミットメントを生み出せるか　日本経団連出版

Niehoff, B. P. & Moorman, R. H. 1993 Justice as a Mediator of the Relationship Between Methods of Monitoring and Organizational Citizenship Behavior. *Academy of Management Journal,* 36, 527-556.

西田豊昭　1997　企業における組織市民行動に関する研究　―企業内における自主的な行動の原因とその動機―　経営行動科学, 11, 101-122.

太田　肇　2003　求む, 仕事人！　さよなら, 組織人　日本経済新聞社

奥野明子　2004　目標管理のコンティジェンシー・アプローチ　白桃書房

Organ, D. W. 1988 *Organizational Citizenship Behavior: The Good Soldier Syndrome.* New York: Lexington Books.

Organ, D. W. & Konovsky, M. A. 1989 Cognitive Versus Affective Determinants of Organizational Citizenship Behavior. *Journal of Applied Psychology,* 74, 157-164.

Podsakoff, P. M., MacKenzie, S. B., Moorman, R. H. & Fetter, R. 1990 Transformational Leader Behaviors and their Effects of Followers' Trust in Leader, Satisfaction, and Organizational Citizenship Behaviors. *Leadership Quarterly,* 1, 107-142.

Porter, L. W. & Lawler, III, E. E. 1968 *Management Attitude and Performance.* Homewood, IL: Dorsey.

Rodgers, R. & Hunter, J. E. 1991 Impact of Management by Objectives on Organizational Productivity. *Journal of Applied Psychology,* 76, 322-336.

Rodgers, R., Hunter, J. E. & Rodgers, D. L. 1993 Influence of Top Management Commitment on Management Program Success. *Journal of Applied Psychology,* 78, 151-155.

坂田哲人・志水聡子　2003　情緒的コミットメントが若年層の就業意識に及ぼす影響～ソシアルキャピタル理論の応用を通じて～　産業・組織心理学会第19回大会発表論文集, 32-35.

関本昌秀・花田光世　1985　11社4539名の調査分析に基づく帰属意識の研究（上）

ダイヤモンド・ハーバード・ビジネス，10(6), 84-96.
関本昌秀・花田光世　1986　11社4539名の調査分析に基づく帰属意識の研究（下）　ダイヤモンド・ハーバード・ビジネス，11(1), 53-62.
Smith, P. C., Kendall, L. M. & Hulin, C. L.　1969　*The Measurement of Satisfaction in Work and Retirement.* Chicago: Rand McNally.
Spector, P. E.　1997　*Job Satisfaction: Application, Assessment, Cause, and Consequences.* Thousand Oaks, CF: Sage Publication.
鈴木竜太　2002　組織と個人　キャリアの発達と組織コミットメントの変化　白桃書房
髙木浩人　2003　組織の心理学的側面　組織コミットメントの探求　白桃書房
髙木浩人・石田正浩・益田　圭　1997　会社人間をめぐる要因構造　田尾雅夫（編著）　会社人間の研究　―組織コミットメントの理論と実際―　京都大学学術出版会　pp. 265-296.
髙橋弘司　1999a　態度の測定（Ⅰ）：職務満足　渡辺直登・野口裕之（編著）　組織心理測定論　項目反応理論のフロンティア　白桃書房　pp. 107-130.
髙橋弘司　1999b　態度の測定（Ⅱ）：組織コミットメント　渡辺直登・野口裕之（編著）　組織心理測定論　項目反応理論のフロンティア　白桃書房　pp. 131-154.
髙橋弘司　2002　組織コミットメント　宗方比佐子・渡辺直登（編著）　キャリア発達の心理学　仕事・組織・生涯発達　川島書店　pp. 55-79.
田中堅一郎　2002　日本版組織市民行動尺度の研究　産業・組織心理学研究，15, 77-88.
田中堅一郎　2004　従業員が自発的に働く職場をめざすために　組織市民行動と文脈的業績に関する心理学的研究　ナカニシヤ出版
田中堅一郎・林　洋一郎・大渕憲一　1998　組織シチズンシップ行動とその規定要因についての研究　経営行動科学，12, 125-144.
Vroom, V. H.　1964　*Work and Motivation.* New York: Wiley.（坂下昭宣・榊原清則・小松陽一・城戸康彰訳　1982　仕事とモチベーション　千倉書房）
Weiss, D. J., Davis, R. V., England, G. W. & Lofquist, L. H.　1967　*Manual for the Minnesota Satisfaction Questionnaire (Minnesota Studies in Vocational Rehabilitation, No. 22).* University of Minnesota, Minnneapolis.

4 組織の構造

4-1. 組織構造

　世の中にはさまざまな企業があり組織の特徴も多種多様で、それらを集約することは困難なように思える。だが、こうした組織のありようについてはマックス＝ウェーバー以来の「古典的」な研究があり、組織の大まかな特徴は共通していると思われる。本節では、組織の持つ構造と形態について概説する。

4-1-1　組織構造の6要因

　組織の中に形成され、定着した役割分化と相互作用のあり方を、組織構造という（上田、2003）。組織構造は、組織の中での職務がどのように分化され、集約され、調整されているかによって成り立っている。ロビンス（Robbins, 1997）は、組織を構成する要素として、職務専門化、部門化、指揮命令系統、管理範囲、集権化・分権化、公式化の6つをあげている。

　職務専門化とは、職務をいくつかの段階に分解して、各々の段階を一人（もしくは二人）の作業者が別々にやりとげることである。しばしば引き合いに出されるのは、フォード式生産システムである。ヘンリー＝フォードは、自動車工場での作業を反復可能で標準化された小さな単位に分割し、各々の作業に必要な技能をもつ作業従事者を割り当てた。いわゆる「流れ作業」を体系的に用いたのである。

　部門化とは、組織の中で必要な多種多様な職務を共通なグループにまとめていくことである。ほとんどの企業で行われているのは、職能別部門化である。

どこの官庁，自治体，企業でも存在する「組織図」は，具体的な形として部門化を表現したものといえるだろう。

　指揮命令系統とは，組織の最高責任者からもっとも低い職階までたどる権限の系統のことである。この系統をたどることによって，組織内で問題が生じたときにその問題解決を誰に問えばよいのか，自分は誰に対して職務上の責任を負っているのかがわかる。指揮命令系統では，誰が何の命令を下して実行されるのか（すなわち権限）が明確にされ，命令系統にいる人びとは誰の命令を実行すべきかが明確にされていなければならない（これを命令系統の一貫性という）。

　管理範囲とは，管理者が指揮・指導できる部下の人数のことである。一般的に，管理範囲が広い組織は管理者が少なくて済むことになり効率的である。いわゆる「組織のフラット化」は，管理者を減らして管理範囲を広くすることで組織の効率化を図ろうとするものである。けれども，管理範囲が大きすぎると管理者が各々の従業員の仕事に目が届かなくなり，かえって職務効率が落ちる。

　集権化・分権化とは，どの程度組織の一点に意思決定機能が集約されているか（集権化），あるいはどの程度下位水準の組織成員に意思決定が委ねられているか（分権化）を示している。集権化されている組織では，上意下達は早くて正確に行われるが，下位のレベルの成員が独自に意思決定を行いにくい。一方，分権化されている組織では，下位水準の従業員でもある程度独自の判断により臨機応変な対応ができるが，系統的な命令伝達を実行するまでに時間がかかることもある。最近では，企業組織を取り巻く環境の変化により柔軟で早い対応力を持たせるために，組織を分権化する傾向が強くなっている。

　公式化とは，組織内の職務がどの程度標準化されているかを示している。公式化が進んでいる組織では，職場で成員は何をなすべきか，どのように行うべきかについて職務記述書（いわゆるマニュアル）に明確に示されているので，成員は職務上の決定権がない代わりに，職務遂行をどうすればよいか悩まなくてもよい。一方，公式化が進んでいない組織では，職務内容が明確になっておらず，何の仕事をどこまでやってよいのか成員はしばしばわからないことがある。ただ一方で，こうした組織は成員が自らの判断で職務内容を具体的に規定できる柔軟性を備えている。

4-1-2 組織形態

　組織形態の特徴の1つとしてあげられるのが，部門化である。これは，組織がいくつかの部門に分かれることである。組織は，その規模が大きくなるに従って，多くの細かい部門に分かれていく。組織の部門化は，専門職能ごとに行われる場合と，組織の達成すべき成果目的に基づいて行われる場合がある（上田，2003）。前者は機能別（あるいは職能別）組織，後者は事業部別組織とよばれている。また，機能別部門化と事業部別部門化が混合した組織をマトリックス組織とよぶ。

(1) **機能別組織**　　機能別（あるいは職能別）組織とは，全体に対して果たす機能に応じて部門化された組織のことである。例えば，ある大手自動車メーカーが自家用小型車および大型車，営業用小型トラックを生産・販売していると想定して考えてみよう。機能別組織では，各機能を担当する部門がすべての車種についての研究開発，生産および販売という特定の機能を果たす（図4-1）。研究開発部でいえば，すべての車種の自動車の研究開発に関わる課がある。生産部や販売部も同様に，すべての車種について課を備えている。

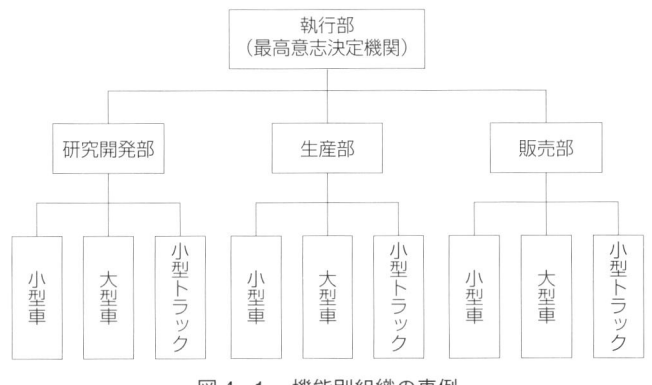

図4-1　機能別組織の事例

(2) **事業部別組織**　　事業部別組織は，独自の自主的な経営単位である事業部で構成されていて，各事業部は研究・企画・生産・販売といった各種の企業機能を包括した権限を持っている（図4-2）。先の例でいえば，自家用小型車，

大型車,営業用小型トラックの各事業部が,それぞれ別個の企業のように自己完結的な機能を持っている。

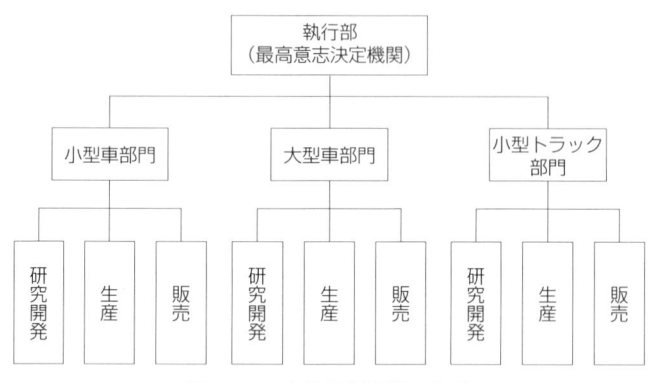

図4-2 事業部別組織の事例

(3) **マトリックス組織**　機能別の部門化と成果目的による部門化とを混合した組織形態を,マトリックス組織という。マトリックス組織の特徴は,機能別の権限と事業別の権限とが格子状になって,セクションを構成していることである(図4-3)。各セクションに所属している人は,機能部門の管理者と事業部門の管理者から二重の責任を負っている。したがって,この組織では管理者が多くなるうえ,二重の命令系統を並列させなければならない。しかし,一

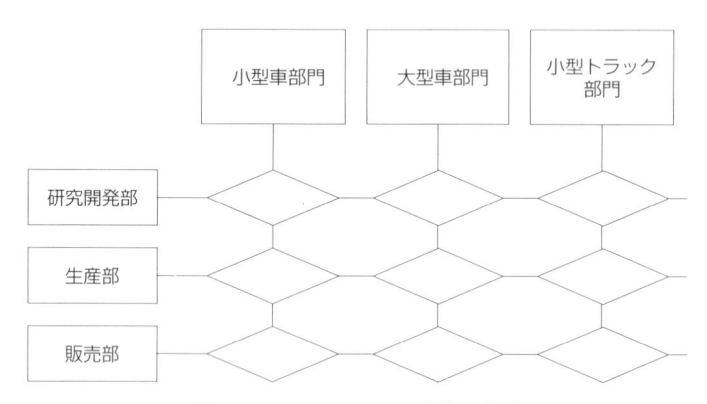

図4-3　マトリックス組織の事例

方で経営環境の変化に対して敏感に反応できる組織形態でもある。一般的に，マトリックス組織は技術革新の変化の激しい業界に取り入れられやすい。

4-2. 組織文化と組織風土

　企業や組織あるいは職場には，それぞれ曰く言い難い独特の「雰囲気」や「空気」を感じることがある。それはまさに，組織や職場の持っている「個性」なのだが，それを具体的に記述して説明しようとするのは実に難しい。それはまるで，霧の中に含まれる水蒸気を集めるような，実にもどかしい思いのする作業である。でも，何とも表現しにくいのではあるが，組織に独特の「個性」があることはたやすく了解されてしまうので，組織心理学ではこれらは組織文化とか組織風土として研究対象になっているのである。

4-2-1　組織文化

　組織文化（organizational culture）には定義がさまざまあるが，本書ではとりあえず「ある組織の中で成員相互に合意され，共有された価値や信念」と定義しておく。

　松尾（1996）によれば，組織文化に関する多くの定義は内容的なばらつきはあるが，代表的な定義は2つに分類される。1つは，組織内の目に見える行動パターンや具体的な事象として組織文化を捉える立場であり，もう1つは，組織内で共有されている価値や仮定といった目に見えない概念を組織文化と考える立場である。

　(1)　**シャインによる組織文化**　組織文化の研究でいまだに影響力を持ち続けているのは，シャイン（Schein, 1985）ではないだろうか。シャインは組織文化を大きく3つ，すなわち具体的に目で見える次元（例えば，企業の従業員の着ているユニフォーム，始業開始前社員全員でラジオ体操をするといった独自の行動様式），目に見える次元に影響する社会化戦略や企業のサクセス・ストーリーなどの明示的形態の次元，明示的形態の背景にある組織の基本的価値基準の次元，でとらえた。

(2) ディールとケネディの「強い文化」　昨今日本ではあまり聞かれなくなったものの,「我が社の良き伝統」を誇る企業は多い。ディールとケネディー (Deal & Kennedy, 1982) は,常に高い業績をあげている企業の特色が「強い文化 (strong culture)」であるという。強い文化とは,企業の従業員が日常いかに行動すべきかを明示する非公式な体系と考えられる。強い文化は従業員が築き育んだものだが,同時に従業員の職務行動に(良い意味で)大きな影響を与え,それが最終的に品質や生産性にまで波及するという。

(3) 加護野による8つの組織文化　加護野 (1993) は50項目からなる組織文化の測定尺度を因子分析して,組織文化の特色が「変化に対する敏感さ」,「分権管理文化」,「漸進主義文化」,「スタッフ主導文化」という4つの因子にまとまることを示した。さらに,それらの4因子の因子得点を基に調査対象となった日本企業を分類した結果,組織文化は以下の8つに分類された。

①企業家的文化：組織内外の変化を積極的に肯定し,ライン主導で,突出することを許容するような文化で,電気や自動車業界の「異端児」的な企業が該当する。

②戦略的チャレンジャー文化：変化に対して肯定的で突出することを許容すると同時に,分権管理的でスタッフ主導的であることを特色とする文化である。サービス業や金融業の新興企業が該当する。

③トップ主導型チャレンジャー文化：トップ主導性が強く,組織内外の変化を肯定し,突出した行動を通じてトップ企業に挑戦しようとすることを特色とする文化である。

④適応型リーダー文化：「企業家的文化」と重なる部分が多いものの,より漸進的な行動を重視することを特色とする文化である。比較的変化のテンポが速い産業でリーダー的存在の企業が該当する。

⑤フォロアー型文化：変化に対しては積極肯定的ではないが,否定的でもない。分権管理型が強いわけでもなく,さりとてスタッフ主導的でもライン主導的でもない。自ら積極的には動かないものの,必要となれば突出して動くことを特色とする文化である。

⑥戦略計画型文化：変化に対してはあまり肯定的でなく,きわめて分権管理型である。また,戦略計画をもとに,スタッフが中心となって環境適応をしよ

うとするのが大きな特徴でもある。旧財閥系の多角化企業や外資系の企業がここに含まれる。

⑦伝統的優良企業文化：変化に対して肯定的でなく，漸進的に適応しようとし社内の和を重んじることを特徴とする文化である。該当するのは，素材産業や食品産業，公益事業といったかつて経済的に比較的安定していた産業の企業である。

⑧ガリバー型文化：「伝統的優良企業文化」とよく似ているが，内外に変化が起きると突出的な動きをするのが特色である。本業で圧倒的なシェアを持つ企業が該当する。

4-2-2 組織風土

組織風土（organizational climate）とは，「成文化されているわけではないが，多くの成員によって実感される，その組織の特徴的と考えられる思考様式や行動規範」（『心理学辞典』，有斐閣）と定義されている。組織風土の研究といえば，まずリトウィンとストリンガー（Litwin & Stringer, 1968）の名前を忘れるわけにはいかない。彼らによる組織風土の6次元は有名である。その6次元とは，以下のとおりである。

①構造：仕事の状況における制約，すなわちどれほど多くの規準，規則および手続きがあるかについて，組織の成員が抱いている感情。

②責任感：すべての意思決定についてチェックを受けなくてもよいと感じる程度，すなわち自分が自分のボスであるという意識。

③危険負担：職務および作業環境での危険と挑戦の意識。

④褒賞：成績をあげた職務に対して報いられているという感情。すなわち叱責や懲罰よりも褒賞の方が重視されているという意識。

⑤温かさと支持：組織内で広がっている良好な仲間意識と相互扶助の感情。

⑥葛藤：異なる見解あるいは葛藤を管理者が恐れていないという意識。すなわち，相互に意見の相違を解決することが重視されているという意識。

日本での組織風土の研究としては，関本ら（2001）が比較的有名である。この研究で示された組織風土尺度は，①権威主義・責任回避，②自由闊達・開放

的，③長期的・大局的志向，④柔軟性・創造性・独自性，⑤慎重性・綿密性，⑥成果主義・競争，⑦チームワークの阻害，という7つの下位尺度から構成されており，②③④⑥は組織変革を推進するのにプラスに働き，①⑤⑦はマイナスに働くとされている。

(1) **倫理的風土** 組織の倫理的風土とは，組織規範に対する組織成員の認知，他者に対して何らかの影響を及ぼす意思決定に対して考慮すべき次元のことである。ヴィクターとカレン（Victor & Cullen, 1988）は，組織の倫理風土に3つの倫理基準（①利己的：個人利益の追求，②博愛，慈善：共同利益への配慮，③原理，原則的：原理，原則の尊重）と3つの準拠枠（①個人，②ローカル，③コスモポリタン）による9つの次元を想定して，36項目からなる組織倫理尺度を作成している。日本では，藤田（1991）がヴィクターとカレン（1988）の尺度を基にして7つの下位尺度からなる組織倫理尺度を作成している。

(2) **安全風土** 原子力産業や交通産業のように，1つの事故や過失が多くの人命や社会的信頼を失ってしまう業界では，常に組織全体が安全性の追求を求められる。ここで大切なことは，組織の安全推進活動がかならずしも組織成員に受け入れられず，マンネリ化や形式化していくことである。福井（2001）は，組織全体に安全推進を志向する風土の必要性を説き，「組織成員を安全の配慮や安全行動へ導く組織の社会環境」を安全風土と定義した。福井（2001）が原子力発電所職員を対象にした調査結果によれば，安全風土は「事故が起こったとき，落ち着いて対応できる自信がある」といった「知識・技能の自信」，「職場の仲間は現場で危険に感じたことは確実に報告している」といった「安全確認・報告」，「発電所の上層部は安全の問題について話し合っている」といった「管理監督者の姿勢」，「職場では安全について話し合うという雰囲気がある」といった「安全の職場内啓発」，そして「職場では仕事の内容や方法について説明がある」といった「業務の明瞭性」という5つの因子から構成されている。

(3) **「属人的」組織風土** 鎌田他（2003）は，日本の組織風土の特徴として「組織の属人思考」を取り上げている。組織の属人思考とは，事柄の評価の際に誰がそれを行っているのかという「人」の情報を重要視する組織風土である。岡本（2001）によれば，このような風土では，社内の会議で新しい企画の

採否を決めるような場合に，その企画の立案者は誰か，その人は社内で誰の派閥に属するのか，といった，企画内容そのものではなく「人」に関する事柄が意思決定に大きな影響を及ぼしがちであるとされる。岡本（2001）によれば，そうした風土をもつ組織は組織ぐるみの違反行為を容認しやすいという。

4-2-3　組織文化と組織風土の違い

　この2つの概念は，対になって論文や書籍に登場することがよくある。その理由は，これら2つの概念の内容に重複するところがあるからだろう。これら2つの概念を明確に区分すべきであるという見解もある（例：田尾，1991）が，決定的な違いといえるものは見当たらない。ルソー（Rousseau, 1988）による両者の違いは以下のようにまとめられる。

　①組織風土に関する研究は記述的理論を志向するが，組織文化に関する研究は規範的な理論を志向する傾向が強い。

　②組織風土はすべての組織に存在するが，組織文化はすべての組織に存在するとは限らない。

　③組織風土の研究は個人レベルを分析の出発点とするのに対して，組織文化の研究は組織全般あるいは集団レベルを基本的な分析対象としている。

　組織文化・組織風土を上位・下位概念としてとらえる立場もある。例えば，松尾（1996）は，組織文化が顕在化したものを組織風土と位置づけ，組織風土を「組織内において共有された行動パターン」と定義している。同様な見解として，組織風土が対象とするのは意識的で自覚された次元での組織文化であり（藤田，1991），組織文化を上位，組織風土を下位の概念ととらえている。

4-3. 組織社会化

　組織社会化（organizational socialization）とは，高橋（2002）によれば「組織への新規参入者が，組織の規範・価値・文化を習得し，期待されている役割を遂行し，職務遂行上必要な技能を獲得することによって組織に適応すること」と定義される。

ところで，著者は（大学教員という立場に変化はなかったものの）何度か職場を変わった。その度に辞令交付を受けるのであるが，ある学校法人の辞令の文面に「…ただし，試用期間を3ヶ月とする。」という付記があった。「一匹狼」のような教員ばかりの大学という組織でさえ，（形式的にではあるが）試用期間が制度として残っていることを知って意外な気がした。ただ，一般の民間企業でいう試用期間は（形式的ではなく）現状に即したきわめて実践的な意味を持っている。すなわち，新規参入者（新入社員，中途採用者）は試用期間には組織の一員としての要求水準を充たせるかどうか「試される」のである。その要求に応えるために，新規参入者は仕事をおぼえて，良好な人間関係を築きつつ，（組織文化に代表される）組織の有り様を学習していくのである。その意味で，企業における試用期間は組織社会化を行うための大切な時期である。

4-3-1　予期的社会化と組織内社会化

組織社会化は，組織参入の前段階である予期的社会化と，参入時以後から始まる組織内社会化の2つの時期に分けられる。予期的社会化では，組織参入者は参入後に課せられる課題を予測したり，それに対する準備を行う。もし，この段階での組織社会化が十分行われれば，参入後の社会化（すなわち組織内社会化）へとスムースにつながるであろう。だが，予期的社会化が十分に行われないと，参入後に組織の現実と自分の抱いていた予測や期待とのギャップに苦しみ（これを「リアリティ・ショック」という），組織への適応が遅れるであろう。最近では，日本の大学でも一般化した企業へのインターンシップ制度は，予期的社会化の促進に貢献している。

組織内社会化では，文化的課題，役割的課題，技能的課題という3つの課題が課せられる（高橋, 2002）。文化的課題とは，組織に特有な形式や儀式に触れながら，「暗黙の取り決め」となっている組織規範を身をもって学ぶことである。役割的課題とは，組織や職場の中で参入者に割り当てられた役割を正しく理解して，求められている職務行動を行うことである。技能的課題とは，職務遂行に必要な技能を獲得していくことである。

4-3-2　組織社会化における課題

　では，新規参入者は組織社会化の過程でいったい何を学んでいくのだろうか。チャオら（Chao et al., 1994）は，組織社会化で学習されることを6つの次元（パフォーマンスの進歩，人間関係，政治，言語，組織の目標と価値観，歴史）で説明した。

　「パフォーマンスの進歩」とは，仕事に含まれる課題について学ぶことであり，何を学ぶ必要があるか見きわめて，組織成員が必要とされる知識，技術，能力に熟達することである。

　「人間関係」とは，組織の既存の成員と友好で確かな仕事上での関係を確立することである。仕事を学べる人や自分の仕事を支援してくれる人を見つけ出すことは，組織社会化において不可欠であるといってよいだろう。

　「政治」とは，公私にわたる既存の成員の人間関係（あの人とあの人は仲が良い（悪い）等）や，組織内での権力構造（○○派，△△グループの存在）についての情報を得ることである。

　「言語」とは，職業に関する専門用語や，自分の所属する組織に特有の略語，俗語等に関する知識を学ぶことである。既存の成員から得た情報を理解し，効果的なコミュニケーションを行ううえでも，組織に特有な言語を使いこなすことは必要となるだろう。

　「組織の目標と価値観」とは，組織の掲げる目標や価値観を理解することである。これらは明文化されたものだけではなく，言葉にされないルールや暗黙の規範（社会心理学でいう集団規範）も含まれる。組織の目標や価値観は，さまざまに異なる職場環境や職務内容を超えて組織成員と組織自体を結びつけるものであるから，これらを理解することは所属する組織の本質を理解することであるといっても過言ではないだろう。

　「歴史」とは，所属する組織の伝統，習慣，伝説，儀礼などといった組織の歴史的なことがらについて理解することである。組織の歴史を知ることは，組織成員としてどのような行動が適切で，不適切な行動とは何かを知る上で大切である。さらに，組織の歴史を理解し諳んじることができれば，既存の組織成員からの信任を得られるだろう。

4-4. リーダーシップ

　私たちのすべてがリーダーになれるわけではないが、リーダーシップ（leadership）にはどういう形であれ日常生活の中で私たちすべてが関わるものである。学校や職場、地域や家庭と、あらゆる場所でリーダーシップを発揮する人がいて、それに従う人がいる。

　リーダーシップとは、集団がその目標を達成しようとする際に、ある個人が他の集団成員や集団の活動に影響を与える過程のことである。

4-4-1　特性論

　このアプローチでは、リーダーシップをとる人はリーダーではない他の集団成員に比べて優れた資質を備えているという前提によって研究される。スタッジル（Stogdill, 1948）は、特性アプローチに基づく研究を総括し、優秀なリーダーは知能、素養、責任感、参加性、地位の点で他の成員より優れているものの、相矛盾する研究結果が多いことを指摘している。現在世に出ている多くの組織論および組織心理学の書籍に示されたリーダーシップの特性論に関する記述は、スタッジルのこの結論を根拠に「資質とリーダーシップとの間に明確な関係は見出されていない」となっている。だが、それほどリーダーの資質には一貫性がないのだろうか。確かに、海外派遣部隊の隊長とシンフォニー・オーケストラの音楽監督とのリーダーシップに質的な違いはあまりに多いが、それでもリーダーになれるなれないの「分水嶺」に資質の問題が頭をもたげてくることも事実である。

　ロードら（Lord *et al.*, 1986）は、スタッジルの調査対象とした文献を再度精査した結果、優れたリーダーの資質にはある程度の一貫性があると結論づけた。すなわち、「知的であること」「支配性」「男性性（女性性）」の特性が優れたリーダーに共通して見出された。

4-4-2 行動論

このアプローチでは，リーダーとなった人はどのような行動をとるかという視点からリーダーシップが考察される。

(1) **リーダーシップスタイルと社会的風土**　ホワイトとリッピット (White & Lippitt, 1960/1970) は，3 つのリーダーシップ・スタイル（民主的リーダー・専制的リーダー・放任的リーダー）を実験的に設定して，それらのリーダーの下で集団の生産性やメンバーの行動，集団の雰囲気などを観察した。その結果明らかになったことは，民主的なリーダーの下では能率的で互いに助け合い集団の雰囲気も陽気であったこと，専制的なリーダーの下では作業量は多いが集団の雰囲気はとげとげしく，仕事をするのはリーダーの見ているときだけであること，放任的リーダーの下では皆仕事をせず能率も悪く仕事への意欲も低いこと，であった。

(2) **三隅によるPM理論**　三隅二不二 (1986) は，P 機能（performance function：目標達成機能）と M 機能（maintenance function：集団維持機能）という 2 つのリーダーシップ機能の視点からリーダーシップ行動の類型化を試みる，PM 理論を提唱した。P 機能とは，集団の目標を達成するための計画を立案したり，成員に指示・命令を与えたりするリーダーの行動や機能を指す。M 機能は，集団自体のまとまりを維持・強化しようとするもので，成員の立場を理解し，集団内に友好的な雰囲気を作り出したりする行動や機能を指す。さらに P 機能と M 機能の高・低によってリーダーシップ・スタイルは，4 類型（pm 型，M 型，P 型，PM 型）に区分される（図 4-4）。この 4 類型に関する研究結果によれば，部下の意欲や満足感は PM 型＞ M 型＞ P 型＞ pm 型の順になり，集団の生産性は PM 型＞ P 型＞ M 型＞ pm 型の順になった。いずれにしても，

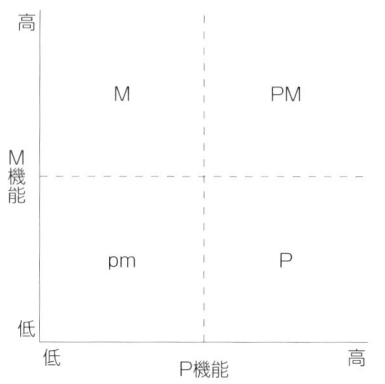

図 4-4　PM 理論によるリーダーシップ類型（三隅，1986）

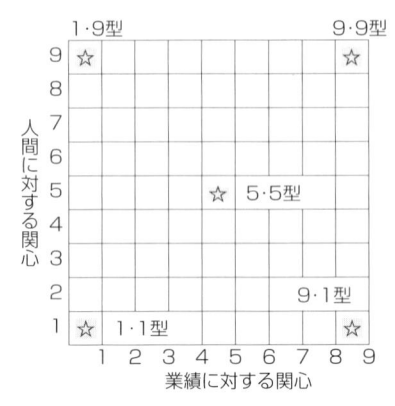

図4-5 マネジリアル・グリッド
(Blake & Mouton, 1964)

PM型が集団にもっとも効果的なリーダーシップであることがわかる。こうした結果を，三隅（1986）はP機能とM機能とが互いに補完して相乗効果を生むためだと説明している。

（3）マネジリアル・グリッド　ブレイクとムートン（Blake & Mouton, 1964）は，組織の管理者に必要とされる行動要件を「業績に対する関心」と「人間に対する関心」の2次元からとらえた。各々の次元を9段階に分けて作られた合計81個のグリッドがマネジリアル・グリッドとよばれる。リーダーの行動はこのグリッドのどこかに位置づけられる。このマトリックスでは，5つのリーダーシップが基本型としてあげられる。それらは，9・9型，9・1型，5・5型，1・9型，1・1型である（図4-5）。9・1型は，業績中心で人間関係には配慮しないリーダーである。1・9型は，業績向上よりも人間関係を良好にするよう働きかけるリーダーである。1・1型は，業績向上にも人間関係にも関心を向けないリーダーで，5・5型は，どちらにもある程度の関心を向けるリーダーである。そして9・9型は，業績向上と人間関係とに関心を持ち両者を調和させるリーダーであり，この5つの中ではもっとも理想的なリーダーシップであるとされる。

4-4-3　状況即応論

このアプローチは，集団の置かれた状況が異なるとリーダーとして必要な役割が異なってくるという立場から，効果的なリーダーシップのあり方を明らかにしようとするものである。

（1）フィードラーによるコンティジェンシー・モデル　フィードラー（Fiedler, 1967）は，集団の業績や生産性が，リーダーシップ・スタイルとリーダーが集団を取り巻く状況をどの程度統制できるかという2つの要因によっ

て決定されると考えた。そしてフィードラーはリーダーシップ・スタイルを，LPC 得点という独自の尺度で把握しようとした。LPC とは，一緒に仕事をするうえでもっとも苦手とする仲間（Least Preferred Co-worker の頭文字）のことである。LPC 得点は，リーダーに今までの経験の中で LPC に該当する人を思い浮かべてもらい，その人物について評定させて得られた値である。LPC 得点が低いリーダーは，仕事に自分の感情を持ちこまない傾向が強いとみなされ，「課題志向型」とみなされる。一方，LPC 得点が高いリーダーは，メンバーの評価をする際に感情的側面を重視する傾向があるとみなされ，「人間関係志向型」とみなされる。

そしてこの2つのリーダーシップ・スタイルは，集団状況の違いによって有効かそうでないかが決まるとされる。そして，集団状況は「リーダーとメンバーの関係の良さ」「課題の構造化（仕事の目標や職務遂行手続きの明確さ）」「リーダーの地位・勢力（どれだけ権限を持っているか）」の3要因であらわされる。これらの要因が満たされていない場合にはリーダーが集団を統制する上で好ましくない状況にあると考えられ，満たされている場合にはリーダーはリーダーの集団統制に好ましい状況にあると考えられる。

従来の研究結果では，集団状況がリーダーにとって適度に好ましい時には LPC 得点と集団の業績は正の相関を示し，人間関係志向型のリーダーシップが有効であることが示された。それに対して，集団状況がリーダーにとって不利な時や有利な時には，LPC 得点と集団の業績は負の相関を示し，課題志向型のリーダーシップが有効であることが示された（図4-6）。

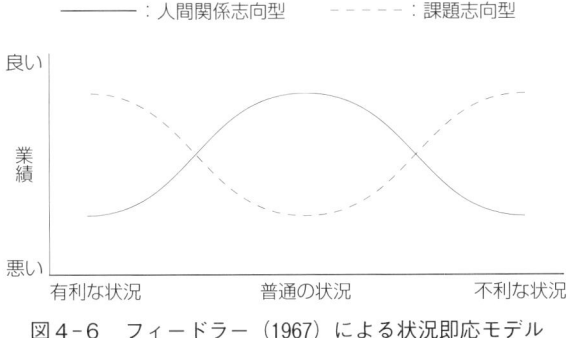

図4-6　フィードラー（1967）による状況即応モデル

	低 課題行動 高	
高 関係行動 低	参加的 リーダーシップ 課題行動：低い 関係行動：高い	説得的 リーダーシップ 課題行動：高い 関係行動：高い
	委譲的 リーダーシップ 課題行動：低い 関係行動：低い	教示的 リーダーシップ 課題行動：高い 関係行動：低い
	高い 仕事に対する成熟度 低い	

図4-7 ライフ・サイクル理論による効果的な
リーダーシップ・スタイル

(2) ハーシーとブランチャードによるライフ・サイクル理論　ハーシーとブランチャード（Hersey & Blanchard, 1977）は，集団成員にとって効果的なリーダーシップとは成員の仕事に対する成熟度に応じて変化すると仮定した。ここでの「仕事に対する成熟度」とは，仕事に必要な能力・知識・経験の修得などを指している。例えば，建設現場を考えてみよう。現場の棟梁は，もし作業員が経験のほとんどない若手ばかりであるならば，指示することは細部にわたり，わかりきっていると思われることでもいちいち作業過程を確認させなければならない。もちろん，指示しても作業員ができなければ徹底して教えなければならない。しかし，ある現場で作業員はみんなベテランの職人ばかりだったならば，当然彼らは自分の仕事を知り尽くしているため，もはや棟梁は特に指示する必要もなく各自に仕事を任せておけばよい。せいぜい棟梁がすることといったら，作業員のやる気を損ねないように気を配るくらいであろう。

　ライフサイクル理論では，このような状況に応じた効果的なリーダーシップについて理論化した。すなわち，この理論では仕事に対する成熟度を4段階に区分し，それぞれの段階に効果的なリーダーシップが示される。ここでのリーダーシップは，関係行動（仕事を支援する行動）と課題行動（仕事を指示・教示する行動）の2次元によってあらわされる（図4-7）。

　まず仕事に対する成熟度がかなり低い場合，課題行動をさかんに行い関係行動を抑えたリーダーシップ（「教示的リーダーシップ」）が効果的である。次に，

仕事に対する成熟度がやや低い場合，課題行動を少し減らし関係行動を徐々に増やしていくリーダーシップ（「説得的リーダーシップ」）が効果的である。さらに，仕事に対する成熟度がある程度高い場合，課題行動を抑えて関係行動をさかんに行うリーダーシップ（「参加的リーダーシップ」）が効果的である。最後に，仕事に対する成熟度がかなり高い場合，課題行動・関係行動ともに抑えて成員の自主性を尊重したリーダーシップ（「委譲的リーダーシップ」）が効果的となる。

(3) パス＝ゴール（通路＝目標）理論　この理論はハウス（House, 1971）によって提唱され，リーダーシップ機能（体制づくり，配慮）は集団成員の行う課題の性質によってその有効性が異なるとする基本仮説に拠っている。すなわち，成員の行う仕事が構造化されていない（課題が複雑で課題解決の方法も多様である）場合，成員はしばしばどのように仕事を進めてよいか解らなくなる。この場合，リーダーが積極的に仕事の方向づけを具体的に指示する「体制づくり」を行う方が効果的である。一方，成員の行う仕事が構造化されている（課題が単純で課題解決方法も自明である）場合，成員は単純な反復作業を強いられがちになる。この場合，リーダーが成員のストレスを緩和し仕事に対する満足感を高める「配慮」を行う方が効果的である。

4-4-4　リーダーシップ論のトレンド

第1項から第3項までのリーダーシップ論は，どの心理学のテキストにも載っているいわば「古典的」リーダーシップ論である。この節では，一般の心理学のテキストではあまりお目にかからない最近のリーダーシップ論の動向について紹介したい。

(1) LMX 理論　「古典的」リーダーシップ研究の特色の1つとして，リーダー自体あるいはリーダー行動の有り様が中心となっていることがある。しかし，淵上（2002）がいうように，現実のリーダー行動はフォロアーが受け入れない限りほとんど効果をあげられない。むしろリーダーシップを「リーダーとフォロアーの認知と行動を含めた双方向的な交互影響関係」（淵上，2002）ととらえ，リーダーとフォロアーの相互影響過程を中心にリーダーシップを考え

ることが必要となる。LMX理論はこうした立場に基づき，グレーン（Graen, G. B.）を中心に提唱された。LMXとはLeader-Member Exchangeの頭文字からとられている。LMX理論では，リーダーとフォロアーは交換関係（リーダーは昇給，昇格，賞賛といった報酬を与え，見返りにフォロアーはリーダーの指示・命令を遂行する）にあるが，この交換はすべての関係で均等に行われないと仮定される。むしろ，リーダーとフォロアーの交換は関係性の質によって個々に形成される。「関係の質」は，表面的関係（仕事に関わる儀礼的な会話を行うだけ）から緊密な関係（仕事以外の会話も含め互いに交流を図る）にわたる。平たくいえば，リーダーは「ミウチ」のフォロアーと部外者のフォロアーを区別して接しており，その違いがフォロアーの組織行動に大きな影響をもたらすのである。LMX理論に関する研究を調査した結果によれば，リーダーとフォロアーの交換関係は，フォロアーの業績，管理に対する満足度，職務満足感，組織コミットメント，役割葛藤，有能感と関連している（Graen & Uhl-Bien, 1995; Gerstner & Day, 1997）。また，バールとアンサリ（Bhal & Ansari, 1996）はリーダーとフォロアーの交換関係の質を測定する尺度を開発している（表4-1）。

(2) **変革型リーダーシップ** 変革型（transformational）リーダーシップは，組織改革を行うリーダーの研究から出てきた概念である。提唱者のバス（Bass, 1998）は，従来の多くのリーダーシップ論で対象となったのは，交流型（transactional）リーダーシップであると考えた。すなわち，経営意思の正確な把握と伝達，自部署の目標管理と実行，活動についての振り返り・総括・報告を行うのが交流型リーダーシップである（山口，2000）。これに対して，「メンバーに外的環境への注意を促し，志向の新しい視点を与え，変化の必要性を実感させ，明確な将来の目標とビジョンを提示して，自らリスク・テイクし，変革行動を実践するリーダー行動」（山口，1994）が変革型リーダーシップとよばれる。バスとアボリオ（Bass & Avolio, 1993）によれば，変革型リーダーシップは「4つのI（アイ）」から構成される。すなわち，①理想化された影響力（Idealized influence）：リーダーは賞賛され，信頼される。フォロアーはそうしたリーダーに同一化しようとして彼らの行動を見習う。②霊的な動機づけ（Inspirational motivation）：リーダーはフォロアーの仕事に対して

表4-1 リーダーとフォロアーの関係の質を測定する尺度

1. 一緒に行っている仕事の責任を，リーダー（フォロアー）はどの程度とりますか。
2. 一緒に行っている仕事の問題解決に，どの程度リーダー（フォロアー）は貢献していますか。
3. 仕事を離れたら，リーダー（フォロアー）とどの程度コミュニケーションを交わしていますか。
4. 個人的なことでリーダー（フォロアー）は，手助けしてくれますか。
5. 一緒に行っている仕事について，リーダー（フォロアー）の努力はどの程度役に立ちますか。
6. 一緒に行っている仕事について，リーダー（フォロアー）の貢献はどの程度効果的ですか。
7. 個人的な問題について，リーダー（フォロアー）からどの程度助言が得られますか。
8. 個人的なことで，リーダー（フォロアー）とどの程度話しますか。
9. 個人的なことで，リーダー（フォロアー）から得られた助言はどの程度重要ですか。

注：バールとアンサリ（1996）を淵上（2002）が邦訳したもの

意味やチャレンジを与えることで発憤させ，動機づけする。③知的な刺激（Intellectual stimulation）：リーダーは今までのやり方に疑問をもち，フォロアーの努力を革新的・創造的なものへと刺激する。④個別的配慮（Individualized consideration）：リーダーはフォロアーの個々の欲求に特別な配慮をする。

さて，①の理想化された影響力は，それ以前には「カリスマ性」とよばれていた。ハウス（1977）によれば，カリスマ的リーダーシップの個人的特性として，①極端に高い水準の自己信頼，②他者からの優位性，③自分の信念の道徳的正義についての強い確信，④他者へ影響力を及ぼすことへの強い欲求，があげられる。次に，行動の特徴として，①役割モデリング（自分の価値観や信念を身をもって示すこと），②イメージ形成（並はずれた天賦の才の持ち主であることをフォロアーに認知させるよう努力する），③リーダーやフォロアーに課せられたビジョンや使命の重要性（厳しい目標を提示し，それが達成できると信頼させること），④目標達成に必要な情緒的状態を喚起する（「やるぞ」という気持ちを起させる演出を行う），があげられる。

(3) **代替論** リーダーシップ代替論というのは，組織に一定の条件がそろえばリーダーはもはや必要ではなくなるという考え方である。カーとジャーマイア（Kerr & Jermier, 1978）によるその「一定の条件」とは，①組織が一定時間経過し，②フォロアーの能力が高まり，豊富な経験を有するようになること，③フォロアーの内発的な意欲が高まること，④課題が構造化され，フォロアー自身が満足するようになること，⑤集団の凝集性が高まること（「まとま

り」ができてくること），である。ただ，代替論の実証を試みた研究には一貫性が認められないという批判（Podsakoff et al., 1993）もある。

（4）**認知論**　リーダーシップ研究も1980年代頃より社会心理学や認知心理学の影響を受けるようになり，その結果，リーダーそのものよりもリーダーを認知する側（すなわちフォロアーの立場）からの研究が行われるようになった。これを「リーダーシップの認知論」とよぶならば，この立場ではリーダーが実際にどのような行動をとるかよりも，フォロアーが有能なリーダーとして認めるかどうかがリーダーシップにとって重要なこととなる。

①**暗黙のリーダー像**　「○○は優れたリーダーである」という言葉は，客観的なデータからみて妥当な評価なのだろうか。そもそも，リーダー行動の測定はリーダーの真の行動を測定できているのだろうか。ロード（Lord, 1985）はこうした疑問に基づき，リーダー評価は客観的な行動で決まるのではなく，「△△という素晴らしい結果を残した人，○○という特徴を備えた人こそがリーダーである」というフォロアーのリーダー像に左右されると考えた。さらに，こうしたフォロアーのリーダー像には典型的な特徴（背が高く，顔立ちが良く，頭が切れ，ユーモアのセンスがあり，弁舌さわやかで，等々）があり，オファーマンら（Offerman et al., 1994）はこうした特徴を「リーダー・プロトタイプ像」とよんだ。すなわち，優れたリーダーはその行動を評価されて出てくるのではなく，フォロアーの頭の中にある「典型的なリーダー像」にあっているかいないかで判断されるに過ぎないのである。

②**リーダーシップの幻想**　認知論は「リーダーシップは，他者によってリーダーとして知覚されることである」（Lord, 1985）と要約できる。1990年頃よりこの考え方をさらに推し進めたのがマインドル（Meindl, 1990）である。彼によれば，リーダーシップという概念そのものが組織に関連したさまざまな現象を意味づけるために使われる。そのため，もしわれわれには因果関係を了解できない出来事や現象があったとき，それらを説明するのにしばしばリーダーシップを使ってもっともらしい説明をすることがあるという。ある種のマスメディアの報道にはよくみられることだが，客観的なデータをろくに精査もせずに経済的な不景気を大統領や総理大臣のリーダーシップ欠如に原因を求めたり，逆に破産寸前の自治体，倒産寸前の企業が交代した知事や社長になってから立

ち直った場合に，すぐに新しい知事や社長に成功の原因を求めて必要以上に持ち上げたりする。このように，組織成員や部外者は組織の業績の向上や低下の原因を，他の要因（組織成員のモチベーションの向上，景気や市場動向の急激な変化，等）以上に組織のリーダーシップに求めることがよくある。マインドルはこのようなリーダーシップへの過剰な評価傾向をリーダシップの幻想（romance of leadership）とよんだ。この考え方からすれば，リーダーシップとは現実のリーダーの有り様ではなく，フォロアーが構成した「心的世界」に他ならない。

③社会的共有物としてのカリスマ的リーダーシップ　「リーダーシップの幻想」を提起したマインドル（1990）が槍玉にあげたのが，カリスマ的リーダーシップである。彼は前述したハウス（1977）の考え方を批判し，カリスマとはフォロアーがもっている心的世界の反映にすぎず，それは成功や勝利にまつわる多種多様な原因を並はずれたリーダーシップに帰属することによってフォロアーが環境を理解しコントロールしたつもりになっているからに他ならない，と論じた。同様に，コンガーとカヌンゴ（Conger & Kanungo, 1987）は，リーダーのカリスマ性はフォロアーの認知によって作り上げられたものであり，その認知はリーダーの技術的専門知識の豊富さ・深さに由来していると述べている。

引用文献

Bass, B. M. 1998 *Transformational Leadership: Industry, Military, and Educational Impact.* NJ: Lawrence Erlbaum Associates.
Bass, B. M. & Avolio, B. J. 1993 *Improving Organizational Effectiveness: Through Transformational Leadership.* Sage Publications.
Bhal, K. T. & Ansari, M. A. 1996 Measuring Quality of Interaction Between Leaders and Member. *Journal of Applied Social Psychology,* **26**, 945-972.
Blake, R. P. & Mouton, J. S. 1964 *The Managerial Grid.* Houston, TX: Gulf Publishing. （上野一郎訳　1965　期待される管理者像　産業能率短期大学出版部）
Chao, G. T., O'Leary-Kelly, A. M., Wolf, W., Klein, H. J. & Gardner, P. D. 1994 Organizational Socialization: Its Content and Consequences. *Journal of Applied Psychology,* **79**, 730-743.
Conger, J. A. & Kanungo, R. A. 1987 Towards a Behavioral Theory of Charismatic Leadership in Organizational Settings. *Academy of Management Review,* **12**, 637-647.
Deal, T. E. & Kennedy, A. A. 1982 *Corporate Culture: The Rites and Rituals of*

Corporate Life. Addison-Wesley. (城山三郎訳　1983　シンボリック・マネジャー　新潮社)
Fiedler, F. E.　1967　*A Theory of Leadership Effectiveness.* McGraw-Hill. (山田一雄訳　1970　新しい管理者像の探求　産業能率短期大学出版部)
淵上克義　2002　リーダーシップの社会心理学　ナカニシヤ出版
藤田　誠　1991　組織風土・文化と組織コミットメント　——専門職業家の場合——　組織科学, 25, 78-92.
福井宏和　2001　原子力発電所における安全風土　電気評論, 86(5), 31-35.
Gerstner, C. R. & Day, D. V.　1997　Meta-analysis Review of Leader-Member Exchange Theory: Correlates and Construct Issues. *Journal of Applied Psychology,* 82, 827-844.
Graen, G. B. & Uhl-Bien, M.　1995　Relationship-Based Approach to Leadership: Development of Leader-Member Exchange (LMX) Theory of Leadership Over 25 Years: Applying a Multi-Level Multi-Domain Perspective. *Leadership Quarterly,* 6, 219-247.
Hersey, P. & Blanchard, K. H.　1977　*Management of Organizational Behavior, 3rd ed,* Englewood Cliffs, NJ: Prentice Hall. (山本成二・水野　基・成田　攻訳　1978　行動科学の展開　人的資源の活用　生産性出版)
House, R. J.　1971　A Path-Goal Theory of Leadership. *Administrative Science Quarterly,* 16, 321-338.
House, R. J.　1977　A 1976 Theory of Charismatic Leadership. In J. G. Hunt & L. L. Larson (Eds.), *Leadership: The cutting Edge.* Carbondale, IL: Southern Illinois University Press. pp. 189-207.
Jermier, J. M. & Kerr, S.　1997　"Substitutes for Leadership: Their Meaning and Measurement"——Contextual Recollections and Current Observations. *Leadership Quarterly,* 8, 95-101.
加護野忠男　1993　組織文化の測定とタイポロジー　加護野忠男・角田隆太郎・山田幸三・(財)関西生産性本部 (編)　リストラクチャリングと組織文化　白桃書房 pp. 65-88.
鎌田晶子・上瀬由美子・宮本聡介・今野裕之・岡本浩一　2003　組織風土による違反防止　——『属人思考』の概念の有効性と活用——　社会技術研究論文集, 1, 239-247.
Kerr, S. & Jermier, J. M.　1978　Substitutes for Leadership: Their Meaning and Measurement. *Organizational Behavior and Human Performance,* 22, 375-403.
Litwin, G. H. & Stringer, R. A. Jr.　1968　*Motivation and Organizational Climate.* Cambridge, MA: Harvard University Press. (占部都美・井尻昭夫訳　1974　経営風土　白桃書房)
Lord, R. G.　1985　An Information Approach to Social Perceptions, Leadership and Behavioral Measurement in Organization. In L. L. Cummings & B. M. Staw (Eds.), *Research in Organizational Behavior,* 7, Greenwich: CT, JAI Press. pp. 87-128.
Lord, R. G., DeVader, C. L. & Allinger, G. M.　1986　A Meta-Analysis Of the

Relation Between Personality Traits and Leadership Perceptions : An Application of Validity Generalization Procedures. *Journal of Applied Psychology*, 71, 402-410.

松尾 睦 1996 組織風土の規定要因に関する研究 産業・組織心理学研究, 10, 75-87.

Meindl, J. R. 1990 On Leadership : An Alternative to the Conventional Wisdom. In B. M. Staw & L. L. Cummings (Eds.), *Research in Organizational Behavior*, 12, Greenwich : CT, JAI Press. pp. 159-203.

三隅二不二 1986 リーダーシップの科学 指導力の科学的診断法 講談社

中島義明ほか編 1999 心理学辞典 有斐閣

Offerman, L. R., Kennedy, J. K. & Wirtz, P. W. 1994 Implicit Leadership Theories : Content, Structure, and Generalizability. *Leadership Quarterly*, 5, 43-58.

岡本浩一 2001 無責任の構造 ―モラル・ハザードへの知的戦略― PHP研究所

Podsakoff, P. M., Niehoff, B. P., MacKenzie, S. & Williams, M. L. 1993 Do Substitutes for Leadership Really Substitute for Leadership? : An Empirical Examination of Kerr and Jermier's Situational Leadership Model. *Organizational Behavior and Human Decision Processes*, 54, 1-44.

Robbins, S. P. 1997 *Essentials of Organizational Behavior, 5th ed.* Prentice-Hall. （高木晴夫監訳 1997 組織行動のマネジメント 入門から実践へ ダイヤモンド社）

Rousseau, D. M. 1988 The Construction of Climate in Organizational Research. In C. L. Cooper, & I. T. Robertson (Eds.), *International Review of Industrial and Organizational Psychology*, 3, New York : Wiley & Sons. pp. 139-158

Schein, E. H. 1985 *Organizational Culture and Leadership*. San Francisco : Jossey-Bass Publishers. （清水紀彦・浜田幸雄訳 1989 組織文化とリーダーシップ ダイヤモンド社）

関本昌秀・鎌形みや子・山口祐子 2001 組織風土尺度作成の試み（I） 豊橋創造大学紀要, 5, 51-65.

Stogdill, R. M. 1948 Personal Factors Associated with Leadership : A Survey of the Literature. *Journal of Psychology*, 25, 35-71.

高橋弘司 2002 組織社会化 宗方比佐子・渡辺直登（編著） キャリア発達の心理学 仕事・組織・生涯発達 川島書店 pp. 31-54.

田尾雅夫 1991 組織の心理学 有斐閣

上田 泰 2003 組織行動研究の展開 白桃書房

Victor, B. & Cullen, J. B. 1988 The Organizational Bases of Ethical Work Climates. *Administrative Science Quarterly*, 33, 101-125.

ホワイト, R.・リピット, R. 1960 三種の「社会的風土」におけるリーダーの行動と成員の反応 カートライト, D.・ザンダー, A.（編） 三隅二不二・佐々木 薫（訳編） 1970 グループ・ダイナミックスⅡ［第2版］ 誠信書房 pp. 629-661. (Cartwright, D. & Zander, A. 1960 *Group Dynamics : Research and Theory*,

2nd ed. Tavistock Publications）
山口裕幸　1994　企業組織の活性化過程　齋藤　勇・藤森立男（編）　経営産業心理学パースペクティブ　誠信書房　pp. 104-116.
山口裕幸　2000　職場集団におけるリーダーシップ　外島　裕・田中堅一郎（編著）産業・組織心理学エッセンシャルズ　ナカニシヤ出版　pp. 133-161.

5 キャリア発達(1)：就学前から就職まで

5-1. 就職までのキャリア発達を説明する理論

5-1-1 キャリア選択とキャリア発達

(1) 職業からキャリアへ　1957年にスーパー（Super, D. E.）が『キャリアの心理学』という本を出版したことにより，職業心理学の分野にキャリアという語が導入されたといわれる（Osipow & Fitzgerald, 1996）。その後1970年代になるとキャリアは職業（Vocation）にかわる語として一般的に用いられるようになり，職業選択，職業的発達，職業教育，職業ガイダンス，職業カウンセリングといった用語は，キャリア選択，キャリア発達，キャリア教育，キャリアガイダンス，キャリアカウンセリングと表現されることが多くなった。今日ではわが国においてもキャリアは耳慣れたことばとなり，多様な場面でさまざまに使われている。しかし，その意味はかならずしも一様ではない。ホール（Hall, 1976）によれば，キャリアには少なくとも4つの意味（①昇進，②専門職，③生涯を通じた職務の連続，④生涯を通じた役割に関する経験の連続）が含まれる。このようなキャリアに含まれる意味の多様性が，キャリアとは何かを説明することを困難にしている。

スーパーは『キャリアの心理学』の中で，キャリアは人の職業生活のコースにわたって保持されるフルタイムの地位の発達的連続として概念化した（Super, 1957）。その後彼自身によってキャリアの定義は，仕事以外の活動や役割を含むものとして拡張され（Super, 1980），仕事上のキャリアを示すワークキャリアに対して，拡張された概念をライフキャリアと表現した。現在では広義

のキャリア概念がより一般的になりつつあるが，その背景には，長寿化や女性の職場参入などによって仕事と家庭の調和や職業以外の生活が重視されるようになったなどの時代的な変化が存在する。とはいえ現在においてもキャリアを仕事に関連することがらに限定する立場も依然としてあり，キャリアと職業を互換的な同意語として使用している場合も多い。

　本章では，キャリアの意味を拡張的にとらえる立場にたち，「生き方の選択あるいは人生全体をみとおした職業選択」をキャリア選択と考える。また，キャリア発達も同様に，「ライフキャリアの発達」という視点から論を進める。

　(2) **キャリア選択とキャリア発達に関する主要理論**　　キャリア選択は文字通り「選ぶ」ということに焦点を当てているが，キャリア発達の一部として論じられることが多い。そのため，キャリア心理学の本には，「キャリア選択とキャリア発達の理論」(Brown & Associates, 2002) のように，両者をセットにしたタイトルもいくつかみられる。ブラウンはこの本のなかで，キャリア選択あるいはキャリア発達の理論がどのように変化してきたかを概観し，表5-1に示した11種類の理論を「心理学を基礎とした主要理論」として提示している (Brown et al., 2002)。以下に，これらの理論を簡単に紹介する。

　20世紀の初期にパーソンズ (Parsons, 1909) は『職業選択』を著し，特性因子理論を提唱した。この時代には各種の心理検査が開発され，知能，性格，適性，興味などの測定が可能となった。また，産業の発展に伴い，若年労働者の職場不適応が社会問題として認識されるようになったという時代背景がある。この理論では，個人の持つ特性（適性，性格，興味関心，価値観など）と職業・職務の持つ要因（因子）が一致すること，すなわち「人と仕事のマッチング」の重要性が指摘された。マッチングにより職場不適応が解消されると考えたからである。その後，特性因子理論は多くのキャリア理論に吸収され，単独の理論としての存在意義を失ったが，キャリア理論を生み出す契機となったことについては高く評価されている。

　ギンズバーグら (Ginzberg et al., 1951) は，心理学を基盤とした大胆なキャリア発達理論を提起し，静的な特性因子理論を打ち崩した。キャリア発達が生涯にわたる発達的過程であると考えた彼らの理論は，その後の発達理論研究の先駆けとなった。

表 5-1 キャリア選択とキャリア発達に関する主要理論

提唱者	提唱年	理論またはモデルの名称
パーソンズ	(1909)	特性因子理論
ギンズバーグら	(1951)	発達理論
スーパー	(1953)	自己概念の発達理論
ロウ	(1956)	パーソナリティ理論
ホランド	(1959, 1973)	キャリア類型理論
ロフキストとデイヴィス	(1969)	職業適応理論
クランボルツ	(1979)	キャリア意思決定の社会学習理論
ゴットフレッドソン	(1981)	職業的アスピレーションの発達理論
ピーターソンら	(1991)	認知的情報処理モデル
レントら	(1994)	社会認知的理論
ブラウンとクレイス	(1996)	職業選択の価値ベースモデル

(Brown & Associates, 2002より作成)

　1953年にはスーパー（Super, 1953）が職業的自己概念を中核概念とするキャリア選択とキャリア発達に関する壮大な理論を提唱した。スーパーは生涯にわたり自らの理論を改訂し続け，時間と役割の次元を取り入れたライフスパン／ライフスペース・アプローチとして体系づけた（Super, 1980）。
　ロウ（Roe, 1956）は，幼児期初期の環境がある種の仕事群に入っていくことを子どもに傾向づけることを理論化した。ロウの理論が刺激となって多数の研究が企画されたが，仮説に対する一貫した支持は得られなかった。
　1959年に，ホランド（Holland, 1959）は職業選択に関する包括的な類型論的モデルを打ち出し，1973年には理論の完全版を出版した（Holland, 1973）。その後改訂された彼の理論は何百もの実証研究にはずみをもたらした。彼が開発したツールは世界中で活用されており，最も影響力のある職業選択モデルとなった。
　キャリア選択とキャリア発達に関するいくつかの新しい理論が1960年代以降に出現した。1969年には，ロフキストとデイヴィス（Lofquist & Dawis, 1969）が職業適応理論を発表した。1979年には，クランボルツ（Krumboltz, 1979）がキャリア意志決定の社会学習理論を打ち出した。2年後に，ゴットフレッドソン（Gottfredson, 1981）は職業的な野心（aspiration）についての発達的理論を発表した。1991年に，ピーターソンら（Peterson *et al.*, 1991）は認知理論と情報処理モデルに基礎をおくキャリア発達理論を打ち出した。1994年には，

レントら（Lent et al., 1994）が社会認知理論（Bandura, 1986）に依拠するキャリア意思決定理論を発表した。1996年には，ブラウンとクレイス（Brown & Crace, 1996）がキャリア意思決定の価値ベースモデルの初版を公表した。

　これらのなかで，スーパーの理論とホランドの理論は，多くの研究者によって「確立された理論」と評価されている。また，クランボルツの理論とレントらの理論は共に社会的学習理論をルーツにしているが，これらの理論への注目度は非常に高く，多数の研究を輩出してきた。以上の理由からこれら4つの理論について，以下の部分で詳しく述べる。

5-1-2　スーパーの発達理論

（1）**キャリア発達の段階**　スーパーはキャリア発達を自己概念の変化としてとらえ，人生におけるキャリア発達の過程を表5-2に示したように，①成長段階，②探索段階，③確立段階，④維持段階，⑤衰退段階の5段階に分けた。スーパーによれば，キャリア発達は人間の一生を通じて各種の役割を同時に果たしながら変化し，キャリアは個人特性とその人が置かれている社会環境との相互作用のなかでダイナミックに発達，形成される。ここでは就職までの発達に関わる成長段階と探索段階を中心に，この時期にどのような課題達成が望まれるのかを考えてみよう。

（2）**成長段階の課題**　成長段階は一般的に4～13歳とされ，職業的自己概念が形成される時期である。この時期には，①関心（職業人としての自分の未来に関心を持つようになる），②統制（職業的活動をコントロールできるようになる），③概念形成（進路選択と職業選択の仕方について概念を形成する），④自信（キャリア選択を改善するための自信を獲得する）が主要な課題となる。

　「人間関係の内的作業モデル（internal working model）」に関する最近の研究は，幼児期の養育者へのアタッチメントが子どもの自己概念および他者概念の形成に影響するだけでなく，それが後の生活一般と職業生活へと拡張される可能性を示唆している（Blustein, 2001；Flum, 2001）。養育者との間に安定したアタッチメントを獲得した子どもは，自己と他者との双方にむけて肯定的な感覚を持ち，安全であるという感覚を持って将来を考えることができる。この

表5-2 Superによるキャリア発達の段階

段階	年齢	特徴
成長段階	0～14歳	自己概念に関連した能力，態度，興味，欲求の発達
探索段階	15～24歳	選択が狭まる暫定的な時期 Tentative
確立段階	25～44歳	仕事経験を通しての試行と安定
維持段階	45～64歳	職業上の地位と状況を改善するための継続的な適応過程
衰退段階	65歳～	退職後の生活設計，新しい生活への適応

(Superら，1996より作成)

安全感は個人がメンターや上司，同僚と積極的に相互作用することを可能にし(Hazen & Shaver, 1990)，職業へのコミットメントと組織への定着をも可能にする(Meyer & Allen, 1997)。

(3) **探索段階の課題** 探索段階は一般的に14～24歳とされ，内的および外的世界を統合することによって自分自身を社会に適合させる時期である。この時期に，社会は青年に自分が何になるかを学ぶことを期待し，青年はキャリア形成に適合的な選択ができるように自己と職業についての情報を獲得する必要がある。

探索段階の第1の課題は「職業的好みの結晶化」であり，社会に存在するさまざまな職業を認知地図へと統合し，その中に自分の職業的自己概念に適合する職業を位置づけることが要請される。これらの暫定的なマッチングは，可能な自己（自己の将来像）のなかで職業的な夢として経験される。

第2の課題である「職業選択の特定化」は，暫定的な好みを深く探索することを意味する。アルバイトなどの仕事経験や旅行などでの見聞を通して，また教育や訓練によって自己と世界を探求し，より系統的な現実吟味が可能となる。

3番目で最後の課題は「職業選択の実現化」であり，実際の行動として職業選択を実現することが要求される。この課題は，特定の職務を試行することを含むので，学校から職場への移行として扱われる。この移行期における職業的コーピング行動（適応のための対処行動）は，その後の職業生活を方向づけるという意味で非常に重要である。

(4) **キャリア発達理論の貢献** キャリア選択が幼児期からのさまざまな経験によって徐々に準備されることをキャリア発達理論は明らかにした。現代では多くの先進諸国において，キャリア選択に問題を持つ若者の増加が深刻な社

会問題となっている。この問題への対策の1つが早期からのキャリア教育であることは広く認識されているが，有効なカリキュラムはかならずしも確立していない。学校教育における適切なカリキュラム作成をはじめ，家庭や地域における養育等に関して，キャリア発達理論は有益な知見を提供する。

5-1-3 ホランドのキャリア類型論

(1) パーソナリティとキャリアの6類型　ホランドは，興味や適性といった個人のパーソナリティ特性と職務環境との一致の程度が職業生活での成功や満足感を決定すると考えた。そして表5-3に示したように，パーソナリティと職務環境のそれぞれを6つのタイプに分類するキャリア類型論を提唱した。

ラウンドとトレイシー（Rounds & Tracey, 1995）は，ホランドのモデルを採用した104の研究を対象に6角形の構造が確証されるかどうかをメタ分析し，米国のサンプルにおいてはほぼ支持されるが，米国以外の文化や米国でも人種的マイノリティー集団では支持されにくいことを明らかにした。このようにいくつかの点で6角形モデルには批判があるものの，最も普及度が高くこの分野の研究に影響力の強いモデルである。

(2) 人と環境の適合　ホランドの理論は，興味や適性といった個人のパーソナリティ特性と職務環境との一致の程度が職業生活での成功や満足を決定すると考えたことから，人-環境適合理論（person-environment fit theory）とよばれる。この理論では第1次的仮説として，①大多数の人がパーソナリティの6類型のどれかに分類されること，②生活環境も6類型に分類できること，③人は自分のスキルや能力が発揮でき，態度や価値を表現できる環境を探求すること，④人の行動はパーソナリティと環境の相互作用によって生起すること，の4つを仮定している。また第2次的仮説として，①一貫性（6タイプ間の相関には一貫性がある），②分化（単一のタイプに分類されるとは限らず，複数のタイプとの類似性が高い人や環境も存在する），③同一性（人や環境に明確な目標や安定性があること），④一致度（各人はタイプに一致する環境を求めるだろう），⑤凝集性（6タイプは関連しあっており凝集性がある），という5つを仮定している（Holland, 1997）。

表 5-3 ホランドによる人のスタイルと職業環境

人のスタイル	テーマ	職 業 環 境
攻撃的, 具体的な仕事課題を好む 基本的には社会性に欠け, 対人的な相互作用に乏しい	現実的	電気や機械の操縦などの技術的な職業 飛行機整備士, 写真家, 製図技師などのテクニカルな技術
知的, 抽象的, 分析的, 独立的 時に過激で, 課題志向的	研究的	化学者, 物理学者, 数学者といった科学者 研究技術者, コンピュータプログラマー, などの技術者
想像的, 審美的価値, 独立的 芸術を介しての自己表現を好む	芸術的	芸術家, デザイナーといった芸術の仕事 音楽の教師, オーケストラ, 音楽家, 編集者, 作家, 批評家といった文学者
社会的な相互作用を好む, 社会問題や宗教, 地域福祉に関心がある, 教育活動に興味がある	社会的	教師, 教育委員会, 大学教員といった教育的環境, 社会福祉士, 社会学者, カウンセラー, 看護師といった社会福祉
外交的, 攻撃的, 冒険好き, リーダーになることを好む, 支配的言語的スキルに長けている	企業的	人事, 製作所, 営業マネージャーといった管理的職業。生命保険や障害保証, 自動車セールスなど, さまざまなセールスの仕事
実際的, 自制心のある, 社交的, どちらかといえば保守的, 構造化した仕事を好む。社会への適合を好む	慣習的	時間管理, ファイリング, 会計, 秘書, 受付などの事務的な仕事

(Holland, 1973より作成)

(3) **ホランド理論の貢献** ホランド理論がキャリア心理学の研究と実践に及ぼした影響には測りしれないものがある。その1つとして, ホランドが自らの理論に基づいていくつかの職業尺度を考案したことがあげられる。彼が開発したVPI (Vocational Preference Inventory) は世界中で広く活用されている。わが国でもVPIの日本版であるVPI職業興味検査は, 定評のある職業興味尺度として長期にわたり利用されている。この検査では6つの職業領域(現実的, 研究的, 芸術的, 社会的, 企業的, 慣習的)への興味の程度と5つの心理的傾向(自己統制, 男性―女性, 地位志向, 稀有反応, 黙従反応)を測定できる。ホランドの開発した尺度は, 職業選択の重要なステップである自己理解を促し, 適切なアドバイスをするための客観的資料を提供する。

5-1-4 社会的学習理論をルーツとするキャリア理論

(1) **クランボルツの社会的学習理論** キャリア意思決定の社会的学習理論(SLTCDM:Social Learning Theory of Career Decision Making)は, バン

デューラ（Bandura, 1969；1986）の学習理論に基づき，キャリア選択がどのように行われるのかを社会的学習理論を用いて説明する。クランボルツは，キャリア発達やキャリア選択は学習の結果であると考え，個人のキャリア意思決定に影響を及ぼす要因として，①遺伝的要素と特殊な能力（人種，性別，知的能力など），②環境的条件と出来事（育った地域，文化的背景，家族の特徴など），③道具的学習と連合学習の経験（モデリングや観察学習などさまざまな学習を通して獲得したキャリアのスキル），④課題にアプローチするスキル（選択肢の設定，情報探索，計画などのスキル），の4つをあげた（Krumboltz, 1979）。

さらにクランボルツは，カウンセラーが人のキャリア決定をどう支援しうるかを説明するための理論として，キャリアカウンセリングの学習理論（LTCC：Learning Theory of Career Counseling）を提唱した。LTCCの基本的な手法は，①強化，②ロールモデル，③シミュレーションである。クランボルツ自身がキャリアカウンセリングの実践家としても活躍しており，LTCCに基づくカウンセリングを展開している。

(2) **キャリア発達への認知的アプローチ**　　ハケットとベッツ（Hackett & Betz, 1981）は，バンデューラ（1977）の提唱した社会的学習理論を職業選択の領域に応用し，社会認知的理論（social cognitive theory）を構築した。社会的学習理論では，社会経済的状況や産業組織の変化といった社会的な力や，仕事や訓練の機会，社会政策，技術の開発，家族とコミュニティ，教育システムなどの環境的な要素が，職業選択と職業的発達に影響を及ぼすことを指摘してきたが，これらの要素に加えて認知的要因が職業行動に及ぼす役割を強調するのが社会認知的理論である。この理論は，認知的要因のなかでも特に自己効力感（self-efficacy）が，女性のキャリア発達を理解し促進するために重要な要因であることを明らかにしてきた。ここでいう自己効力感とは，「ある課題や行動をうまく遂行する能力に関わる信念」のことで，「ある課題や行動に対する自信」といってもよい。これまでの研究知見によれば，自己効力感は職業選択や職業決定に強力で中心的な影響を与えるだけでなく，関心，価値，目標など職業選択の中心的な予測因子の推移に大きな影響を及ぼすことが示唆される。職業に関する自己効力感の高い人は，職業興味の幅が広く，粘り強く学業

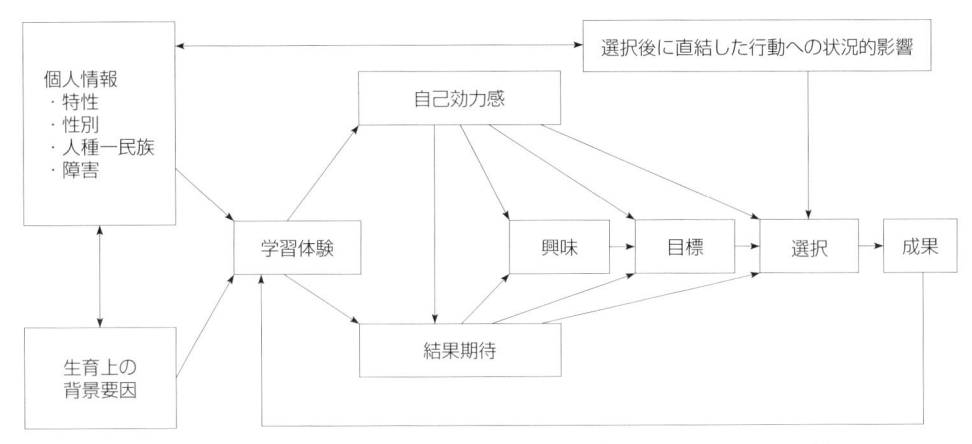

図5-1 キャリア選択に影響する要因のモデル（Lent *et al.*, 1994より作図）

に取り組み，よい成績をおさめた。さらに職業選択に際して考慮する職業の幅の広さと，積極的な就職活動とも関連する。

その後この理論はさらに発展し，社会認知的キャリア理論（SCCT : Social Cognitive Career Theory）（Lent *et al.*, 1994）としてモデル化された。図5-1に示されるように，このモデルは自己効力感・結果期待・目標設定といった社会認知的変数と，外的サポートや障害などの環境変数，性別・人種・身体的健康などの背景変数が，職業上の興味，選択，遂行をどのように説明するかを明らかにしている。例えば，あることがらへの自己効力感が高く，自分にとって価値のある結果が得られることが期待できるとき，人はそのことへの興味を高め，高い水準の目標を設定するだろう。

(3) **わが国における研究**　社会的学習理論に基づくキャリア研究は，わが国でもこれまでに多数蓄積されている。多くは女性の職業行動における自己効力感の影響力に焦点をあてている。浦上（1996）は，進路選択に対する自己効力感と就職活動の関連を検討し，高い自己効力感が積極的な就職活動を導くことを明らかにした。また安達（2001）は，進路選択に対する自己効力感と結果期待が就職動機を介して探索意図と探索行動へ影響を及ぼすプロセスを検討し，SCCTで設定された進路発達の流れが概ね支持されることを確認している。これらの自己効力感に関する研究から示唆されるのは，自己効力感を高めること

がキャリア発達を促進させるうえで非常に重要だということである。特に，将来の進路に対する探索的活動を促すためには，自己効力感に焦点をあてた援助・介入の有効性が指摘されている（安達，2001）。

5-2. キャリア選択の現状

5-2-1 職業人への移行が困難な現代の若者

(1) 若年無業者の増加 仕事に就く意志があるにもかかわらず就職できない若者が増えている。2002年の労働力調査によれば，15～34歳の完全失業者は約168万人にのぼる。このうち15～24歳の失業率を学歴別にみると，大学・大学院卒5.7％，短大・高専卒7.3％，中学・高校卒12.2％であり，低学歴者ほど失業率が高いことがわかる。これら失業者の中には，学校を卒業しても就職も進学もしない新卒無業者も含まれ，新卒無業者は確実に増加している。大学卒業後の進路を1992年と2002年で比べると，1992年の就職者数は約35万人（その年の卒業者数全体の約80％）であったのが2002年には約31万人（同じく約57％）に減少している。一方，新卒無業者は1992年の約3万人（6％）から2002年の約12万人（22％）へと大幅に増加している。今や大学卒業者の4人に1人が就職も進学もせず，卒業後の進路が決まらないという事実がある。

最近では，ニート（NEET: Not in Education, Employment, or Training）と呼ばれる「教育，雇用，職業訓練のいずれにも参加しない若年層」の増加も問題視されている。ニートは25歳以下に限っても2000年に17万人，2003年には40万人に達すると推計される。玄田・曲沼（2004）はニートの多様であいまいな姿を描きながらも，あえて共通の特徴をあげるならば「孤立した人間関係」「自分に対する自信の欠如」「中学・高校時代からの状況の継続」だという。これらニートと呼ばれる人たちの一部は「社会的ひきこもり」の状態にある可能性も指摘される。社会的ひきこもりとは，自宅にひきこもって学校や会社に行かず，家族以外と密接な対人関係がない状態が6ヶ月以上続いている人たちのことを指す。ひきこもり人口は把握しにくいが，少なくとも日本全国で40万世帯におよぶと試算されており，ひきこもり期間の長期化傾向が懸念される。

表5-4 高校・大学卒業後の進路
(単位%)

	1980	1985	1990	1995	2000	2002
高校就職者比率	41.6	39.8	34.4	24.9	18.2	16.8
高校フリーター比率	12.9	10.8	13.1	22.1	35.4	38.4
大学就職者比率	75.3	77.2	81.0	67.1	55.8	56.9
大学フリーター比率	11.3	10.4	7.4	18.9	32.3	31.3

(厚生労働省,2003)

(2) フリーターの増加　働き方の多様化が進行する今日の職場では,フリーターや派遣社員といった非正規社員が年を追うごとに増加し,この現象は若者の働き方にも反映している。国民生活白書の定義によれば,「フリーターとは,学生と主婦を除く15歳から34歳の若者のうち,パート,アルバイト,派遣などで働く人たちと,働く意思のある無職の人たち」のことを指し,1982年には50万人であったのが,1992年には101万人,2003年には209万人と推計されている。すなわち,この20年間で4倍に増加したことになる。

表5-4は,高校・大学卒業時の就職者比率とフリーター比率について,1980年から2002年までの推移を示したものである。1980年の時点では高校卒業者も大学卒業者もフリーター率は1割程度であったが,2000年になると3割を超えるまでに増加し,特に高校卒業者で増加傾向が著しい。

日本労働研究機構(2000)は,97人のフリーターにインタビューした結果から,彼らを①夢実現型(27.9%:特定の職業に対する明確な目標を持っていてアルバイトをしている者),②モラトリアム型(39.2%:フリーターとなった当初に,明確な職業展望を持っていなかった者),③やむをえず型(33.3%:労働市場の悪化や家庭の経済事情,トラブルなどの事情によってフリーターとなった者)の3つに分類した。この他にもフリーターの類型化はいくつか試みられているが,それらはいずれもフリーターになった理由や経緯には多様性があることを示している。

下村(2004)は,フリーターの共通点として「やりたいこと」志向の重視を指摘しており,それは学校卒業時に世間的に高く評価される進路を選ぶことができない八方塞がりの状況を打破するために選び取られた価値観ではないかと推論する。フリーターのデメリットを小杉(2004)は,①職業能力の蓄積がで

きない，②キャリアの展望が持てない，③社会の中に自分の居場所を確保しにくい，④経済的自立ができず個人の生活設計が困難，とした。このように明白なデメリットがあるにも関わらず，多くの若者は自分からフリーターを選んでいるようにみえる。こうしたフリーターや無業者の増加をはじめとする，学校から職業への移行が困難になった背景について，次に考えてみよう。

5-2-2 職業人への移行が困難になった背景

(1) **先進諸国に共通の現象** 欧米先進国では若年層の失業率の高さは今に始まったことではなく，成果主義が一般的である社会において職業的な能力や技術が未熟な若者が労働市場から締め出されるのはむしろ当然の事態である。多くの国において，低年齢・低学歴層はこの傾向が特に著しい。アメリカでは2003年4月の統計で，失業率は16～19歳が18％，20～24歳が10.1％と，日本以上に高い。ドイツでも2002年9月の統計で，25歳以下の失業率は13％とかなり高い。英国でニートが最初に問題として認識されたのは，若年失業者のなかに社会とのつながりを持たない人が高い割合で出現する傾向にあるからだといわれる。アメリカでは低学歴者にはマイノリティーの割合が高いが，不況下で雇用が最も不安定となるのはマイノリティーの若者である。高校進学がほぼ一般化した日本では，高校に進学しない人や高校を中退する人は，家庭や本人に問題をかかえている場合が多いと推測される。多くの先進国では雇用の機会から取り残された一群の若者が存在し，彼らには単に仕事を斡旋すれば問題が解決するという単純な事態ではないところに，この問題の深刻さがある。

(2) **職業人への移行が困難な理由** フリーターや無業が増加した背景について，小杉（2004）は労働力需要側の要因と供給側の要因の両面から論じている。需要側の要因としては，新卒者に対する労働力需要の減少と非正社員型雇用の拡大をあげ，これらは長引く経済不況が産業界の必要とする労働の質を変化させたからだと分析する。供給側の要因としては，若者自身がフリーターや無業を選ぶ傾向もあることから，若者の意識・行動の変化を指摘している。そしてフリーターを選ぶ高校生の特徴を，「やりたいこと」にこだわる自己実現の価値観と，「自由で気楽で気軽に収入を得たいから」という意識とした。

大久保（2002）は，新卒無業者が生まれる過程に4つの段階を想定した。第1の段階は「高校から大学への接続」であり，もともと大学進学を考えていなかった人が進路を変更して大学へ進学したが，大学になじめず学生生活から遠ざかる。第2段階は「就職活動が始まる頃」であり，キャリアデザインが描けず，就職活動を始めない。第3段階は「就職活動でのリタイア」であり，1，2社受けて不採用であきらめる。第4段階は「就職活動の中盤」であり，周囲の内定獲得をみて取り残される。このように，新卒無業者といってもいくつかの異なるタイプの存在が示唆されるが，共通点をあえてあげるならば進学や就職へのレディネスが育っていないこと，就職活動に対する粘り強さや自信が欠如していることがあげられよう。

ニート問題が社会的ひきこもりと関わりがある可能性についてはすでに述べたが，若者がなぜひきこもり，長期にわたって社会に出て行けないのかを解明することはニート問題への理解の一端を前進させると思われる。学校を卒業する年齢に達しても仕事の場に出て行けないということは，実は社会での自分の居場所を見出せないことであり，家族以外の人との関係を築くことができないことと深く関わっている。就業機会の減少という社会経済的な要因に加え，現代青年のかかえている人格形成上の問題や生活力の低下を見逃すわけにはいかない。

5-3. キャリア選択からキャリアデザインへ

5-3-1　新しいキャリア理論の出現

(1) **積極的不確実性理論**　1990年代には新しい発想を伴ったキャリア理論がいくつか出現した。その1つがジェラット（Gelatt, 1989）により提唱された積極的不確実性理論（positive uncertainty）である。この理論では，不確実な将来をポジティブに考えることが鍵となる。彼は，「未来は存在せず，予測できないものである。それは創造され発明されるのである。合理的なストラテジーはもはや効果的とはいえない」と述べ，これまでの情報に依存した意思決定のあり方に警告を発した。ジェラットは，①情報は限られており，変化し，

表5-5 伝統的な意思決定と積極的不確実性理論の比較

伝統的な意思決定が重視する方略	積極的不確実性理論の方略
明確な目標設定により焦点をしぼる	焦点をしぼると同時に柔軟であること
関連事項の収集による気づき	自覚的であれ，同時に慎重であれ
結果予測による客観性	客観的であると同時に楽観的であれ
行動の合理的選択による実践性	実践的であると同時に魔力的（magical）であれ

(Gelatt, 1991より作成)

常に客観的だとは限らない，②意思決定は目標に近づくと同時に，目標を創造する過程でもあると述べ，情報が氾濫し先を予測することが難しい不確実性の高い現代社会では，過去志向より未来志向であること，合理的判断だけでなく直感的判断を取り入れること，積極的で創造的な思考パターンがキャリア選択やキャリアデザインを助けると主張する。

　表5-5は，これまでの伝統的な意思決定理論において重要とされる方略の特徴と積極的不確実性理論で重視される方略を比較したものである。この比較から，積極的不確実性理論では創造的でプラス思考，なおかつ逆説的な方略が強調されていることがわかる。また左脳を働かせる合理的思考から，右脳を働かせる直感的で非合理的な思考の活用を勧めている。

　(2) **計画された偶発性理論**　キャリア開発とキャリア選択に関する社会的学習理論を提唱したクランボルツは，予期せぬ出来事がキャリアの機会に結びつくとする「計画された偶発性理論」(planned happenstance theory) を1999年に発表した（Mitchell, Levin & Krumboltz, 1999）（6章，6-4参照）。クランボルツはこの新しい理論のなかで大きく発想を転換し，変化が激しく先行きのみえにくい社会では，常に柔軟な適応力が必要となるため，いろいろな事に興味を広げ，学習意欲や探求心を持ち続けることが大切であると主張する。この理論によれば，偶然をキャリア発展のチャンスに結びつけるには，①好奇心（新しい学習の機会を開拓する），②執着心（粘り強くチャンスを待つ），③柔軟性（意識や環境を変えることを躊躇しない），④楽観性（新しいチャンスを肯定的に受け止める）⑤リスクを恐れない（先行きが不明確でも行動を起こす）といったスキルが求められる。

　(3) **統合的人生設計の重視**　ハンセン（Hansen, 1997）は，『統合的人生

設計』(*Integrative Life Planning*)を著し，人生を意味あるものとするためには4つの要素（仕事，学習，余暇，愛）がうまく統合される必要があると主張した。また，キャリア選択やキャリア開発を行う際には，個人的な関心や満足だけに焦点を当てるのではなく，「自分にも社会にも共に役立つ意味ある仕事」を追求するという視点が重要であるとし，自分の興味や適性にとらわれすぎるこれまでの適合理論を批判している。ハンセンはキャリアプランのための重要な課題として，①広い視野にたってキャリア選択をする，②人生のパッチワークを創造する，③男女の共同と共生をめざす，④多様性を生かす，⑤仕事に精神性を見出す，⑥個人のキャリア転換と組織変革に上手に対処する，という6つを提示した。

(4) **新しいキャリア理論の共通点**　以上にみてきた最近のキャリア理論にはいくつかの共通点がある。1つ目は，変化に対応する柔軟性である。先行きのみえにくい，不確実性の高い今日の社会では，過去の情報から未来を予測することが難しくなっており，変化のただなかでキャリアデザインやキャリア選択を繰り返す必要が生じている。2つ目は，未来を肯定的に楽観的にとらえるという姿勢を重視している点である。特に，ジェラットとクランボルツはこの点を共に強調している。3つ目は，創造性である。これまでのキャリア理論では選択や意思決定という用語が示すように，可能な選択肢がなにかを正しく理解し，その中から選ぶということを暗黙の前提としてきた。しかし新しいキャリア理論はいずれも，開拓すること，創造することを奨励している。すなわち21世紀を生きる若者には，キャリアを前向きに自由に創造的にデザインすることが求められているのだ。

5-3-2　キャリアデザインの支援

(1) **早期からの系統的なキャリア教育**　学校教育に系統だったキャリア教育ないしは進路指導を組み入れることの必要性は，わが国でも1970年代から専門家によって提言されてきたが，現状では進路先決定の指導や就職指導に重点がおかれている。キャリア教育の推進に関する総合的調査研究協力者会議報告書(2004)は，キャリアを「個々人が生涯にわたって遂行する様々な立場や役

表5-6 学校段階別に見た職業的（進路）発達段階，職業的（進路）発達課題

小学校段階	中学校段階	高等学校段階
〈職業的（進路）発達段階〉		
進路の探索・選択にかかる基盤形成の時期	現実的探索と暫定的選択の時期	現実的探索・試行と社会的移行の準備の時期
〈職業的（進路）発達課題〉		
・自己及び他者への積極的関心の形成・発展 ・身のまわりの仕事や環境への関心・意欲の向上 ・夢や希望，憧れる自己イメージの獲得 ・勤労を重んじ目標に向かって努力する態度の形成	・肯定的自己理解と自己有用感の獲得 ・興味・関心等に基づく職業観・勤労観の形成 ・進路計画の立案と暫定的選択 ・生き方や進路に関する現実的探索	・自己理解の深化と自己受容 ・選択基準としての職業観・勤労観の確立 ・将来設計の立案と社会的移行の準備 ・進路の現実吟味と試行的参加

（キャリア教育の推進に関する総合的調査研究協力者会議，2004）

割の連鎖及びその過程における自己と働くことの関係付けや価値付けの累積」と定義したうえで，「児童生徒一人一人のキャリア発達を支援し，それぞれにふさわしいキャリアを形成していくために必要な意欲・態度や能力を育てる教育」をキャリア教育としている。そして実りあるキャリア教育を実現するためには，①従来の教育のあり方を幅広く見直す必要があること，②発達段階やその発達課題（表5-6）をふまえて全人的な成長・発達を促すこと，③関連する諸活動を体系化し計画的，組織的に実施すること，の3点を提言している。

(2) **多様なニーズに対応する支援** 職業未決定に関する多くの研究が明らかにしているように，職業を選べない若者はいくつかのタイプに分類される。下山（1986）は，大学生を職業未決定尺度の得点から，①「混乱」，②「未熟」，③「安直」，④「猶予」，⑤「模索」，⑥「決定」に分類し，自分がどの程度確立しているか（自分の確立尺度を使用）を6群で比較した。その結果から，類型によって自分の確立度が異なるので，各タイプごとに異なる内容でのカウンセリング援助が必要だとしている。例えば，自分の確立度が特に低い「混乱」と「未熟」タイプに対しては，自我の成長を促すことをカウンセリングのテーマにする必要がある。

宗方（2005）は，①職業レディネス，②職業能力感，③ワークスタイル，④職業興味の4尺度を女子学生745人（同一大学に在籍）に実施し，クラスター分析により以下の6群を抽出した。第1クラスター（マスコミ・デザインクラ

スター）には全データのうちの106名（14.2%）が属し，マスコミ職やデザイン分野への興味が高いという特徴がみられた。第2クラスター（福祉・教育クラスター）には135名（18.1%）が属し，特徴は福祉・教育分野への興味の焦点化と自己実現志向と社会貢献志向の高さにあった。第3クラスター（受身的事務職クラスター）には146名（19.6%）が属し，特徴は，事務・営業と公務・法務領域への関心は高いものの職業レディネスの全般的な低さにあり，職業選択がかならずしも主体的で客観的なものとならない可能性が推測された。第4クラスター（消極的拡散クラスター）には147名（19.7%）が属し，職業レディネスと職業能力感，職業興味のいずれも非常に低いレベルにあるという特徴がみられた。第5クラスター（個性追求クラスター）には103名（13.8%）が属し，特徴は，能力感の高さと独自性志向の高さであった。今回使用された興味項目への得点は全体に低かった。第6クラスター（積極的模索クラスター）には108名（14.5%）が属し，能力感と職業興味が全般的に高得点であることから，興味やワークスタイルの好みが拡散している状態にある。以上のクラスター分析の結果から，同一大学に学ぶ女子学生であっても職業意識には準備度や興味焦点化の程度にかなりの多様性がみられ，それぞれの特徴に応じた支援の必要性が示唆される。図5-2は，各クラスターごとの平均下位尺度得点を折れ線グラフで示し，第4クラスター（消極的拡散クラスター）を面で塗りつぶしたものである。第4クラスターのようにすべての下位尺度が低得点であるような学生には，まずレディネスを高めること，能力感の向上を図ること

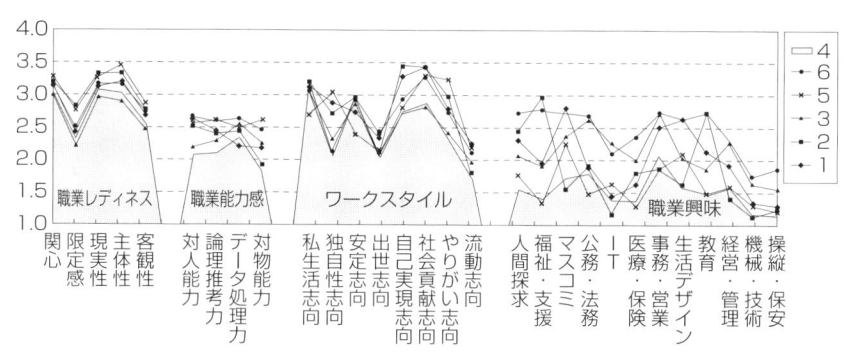

図5-2　第4クラスターに注目した平均下位尺度得点（宗方，2005）

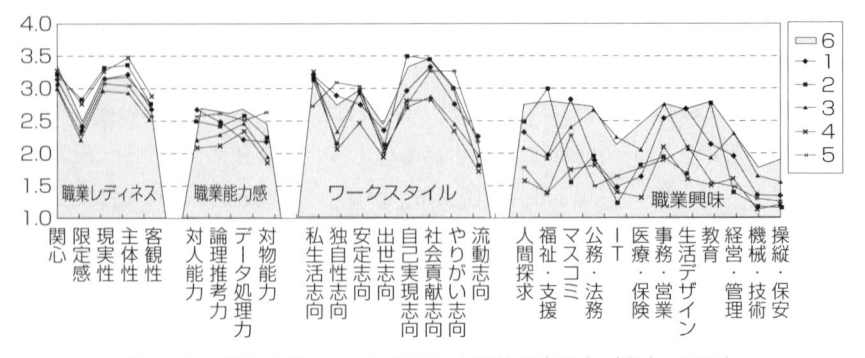

図5-3　第6クラスターに注目した下位尺度得点（宗方，2005）

が当面の支援目標となる。一方，図5-3に示した第6クラスター（積極的模索クラスター）のように能力感は高いが職業興味が焦点化していない群に対しては，職業や生き方を絞り込むことが課題であり，職業情報の提供や職場体験が支援目標となる。このように学生たちが有している個別の多様なニーズに適切に応答していくことが，キャリア支援を効果的にする鍵をにぎると考える。

(3) ワン・ツー・ワン支援の充実　　現在多くの大学では，従来の就職課にかわるキャリアサポートセンターが設置されるなど，きめ細やかなキャリア支援が試みられている。集団で実施される就職ガイダンスの強化，正規授業科目へのキャリア科目の取り入れ，卒業生や就職内定者によるアドバイスなどが積極的に活用されている。ウィストンら（Whiston, Sexton & Lasoff, 1998）は，どんなタイプのキャリア支援が効果的かを明らかにするため先行研究にメタ分析をほどこした。その結果，最も効果的な支援は「個人に対するカウンセリング」であることが明らかとなった。2.5時間程度のキャリアカウンセリングで十分に高いプラスの成果が現れ，キャリア関連の授業，ワークショップ，コンピュータを用いた支援に比べ，受け手にとって効率のよい方法であることがわかった。

　ドイツでは25歳以下の長期失業者に対して専門のアドバイザーが個人的に助言し，キャリア開発計画（この中には社会的な能力の改善，借金の削減，中毒治療の実施，家庭環境の整備を含む）を作成し，その上で必要と思われる職業教育訓練を提供するというプログラムが実施され，大きな効果が報告されてい

る（労働政策研究・研修機構，2003）。わが国でも2004年6月に若者自立・挑戦プランが発表され，その一部には「各都市にジョブカフェを配置し，職業理解の促進から就職後の定着までをマンツーマンで一貫指導する」という計画も盛り込まれている。

　学校から職場への移行時期にある青年たちにとって就職はきわめて重大なイベントであるが，今日の経済社会的状況において，それは個人で取り組むにはあまりにも過重な課題となっているのではないだろうか。今，人生の転機に個人のキャリア選択やキャリアデザインを支援するキャリアカウンセリングへの要請と期待が高まっているが，若者を対象としたキャリアカウンセリングは特に大きな意味を持つと思われる。本章で紹介した理論の提唱者は，多くがキャリアカウンセリングの実践家でもあり，各理論は実践への応用可能性という視点からも十分に検討されている。進路選択や職業選択といった重大な移行期には，一人ひとりのニーズに合致した個別の支援を可能にするために，今後ますますキャリアカウンセリングの果たす役割に期待が寄せられるであろう。

引用文献

安達智子　2001　進路選択に対する効力感と就業動機，職業未決定の関連について――女子短大生を対象とした検討――　心理学研究，**72**, 10-18.

Bandura, A. 1969 Principles of behavior modification. New York : Holt, Rinehart & Winston.

Bandura, A. 1977 Self-efficacy : Toward a Unifying Theory of Behavioral Change. *Psychological Review,* **84**, 191-215.

Bandura, A. 1986 *Social Foundations of Thought and Action : A Social Cognitive Theory.* Englewood Cliffs, NJ : Prentice Hall.

Betz, N. E. & Hackett, G. 1981 The Relationship of Career-Related Self-Efficacy Expectations to Perceived Career Options in College Women and Men. *Journal of Counseling Psychology,* **28**, 329-410.

Blustein, D. L. 2001 The Interface of Work and Relationships. *The Counseling Psychologist,* **29**, 179-192.

Brown, D. & Associates. 2002 *Career Choice and Development, 4th ed.* San Francisco : Jossey-Bass. pp. 85-148.

Brown, D. & Crace, R. K. 1996 Values in Life Roles Choices and Outcomes : A Conceptual Model. *Career Development Quarterly,* **44**, 211-223.

Dunkel, C. 2000 Possible Selves as a Mechanism for Identity Exploration. *Journal of Adolescence,* **23**, 519-529.

Flum, H. 2001 Relational Dimensions in Career Development. *Journal of Voca-*

tional Behavior, **59**, 1-16.
Gelatt, H. B. 1989 Positive Uncertainty: A New Decision-Making Framework for Counseling. *Journal of Counseling Psychology,* **36**, 252-256.
Gelatt, H. B. 1991 *Positive Decision Making Using Positive Uncertainty.* Los Altos, CA: Crisp Publishing.
玄田有史・曲沼美恵 2004 ニート フリーターでもなく無職でもなく 幻冬舎
Ginzberg, E., Ginsburg, S. W., Axelad, S. & Herma, J. L. 1951 *Occupational Choice: An Approach to General Theory.* New York: Columbia University Press.
Gottfredson, L. 1981 Circumscription and Compromise. *Journal of Counseling Psychology,* **28**, 545-579.
Hackett, G. & Betz, N. E. 1981 A Self-Efficacy Approach to the Career Development of Woman. *Journal of Vocational Behavior,* **18**, 326-339.
Hall, D. T. 1976 *Careers in Organizations.* Glensvies, IL: Scott, Foresman.
Hansen, L. S. 1997 *Integrative Life Planning: Critical Tasks for Career Development and Changing Life Patterns.* San Francisco: Jossey-Bass.
Hazen, C. & Shaver, P. R. 1990 Love and Work: An Attachment-Theoretical Perspective. *Journal of Personality and Social Psychology,* **59**, 270-280.
Holland, J. L. 1959 Making Vocational Choice. *Journal of Counseling Psychology,* **59**, 35-45.
Holland, J. L. 1973 *Making Vocational Choice: A Theory of Careers.* Englewood Cliffs, NJ: Prentice-Hall.
Holland, J. L. 1997 *Making Vocational Choices: A Theory of Vocational Personalities and Work Environments, 3rd ed.* Odessa, FL: Psycological Assessment Resources.
小杉礼子 2004 フリーターの登場と学校から職業への移行の変化 寺田盛紀（編）キャリア形成・就職メカニズムの国際比較―日独米中の学校から職業への移行過程― 晃洋書房 pp. 100-111
厚生労働省 2003 平成15年度版 国民生活白書 国立印刷局
厚生労働省職業能力開発局 2003 若者の未来のキャリアを育むために ～若年者キャリア支援政策の展開～ 若年者キャリア支援研究会報告書
Krumboltz, J. D. 1979 A Social Learning Theory of Career Decision-Making. In A. M. Mitchell, G. B. Jones & J. D. Krumboltz (Eds.), *Social Learning and Career Decision-Making.* Cranston, RI: Carroll Press.
キャリア教育の推進に関する総合的調査研究協力者会議 2004 キャリア教育の推進に関する総合的調査研究協力者会議報告書～児童生徒一人一人の勤労観, 職業観を育てるために～の骨子 http://www.mext.go.jp/b_menu/shingi/chousa/shotou/023/toushin/04012801.htm
Lent, R. W., Brown, S. D. & Hackett, G. 1994 Toward a Unifying Social Cognitive Theory of Career and Academic Interest, Choice, and Performance. *Journal of Vocational Behavior,* **45**, 79-122.

Lofquist, L. & Dawis, R. V. 1969 *Adjustment to Work.* East Norwich, CT: Applenton-Century-Crofts.
Meyer, J. & Allen, N. J. 1997 *Commitment in the Workplace: Theory, Research, and Application.* Thousand Oaks, CA: Sage.
Mitchell, L. K., Levin, A. S. & Krumboltz, J. D. 1999 Planned Happenstance: Constructing Unexpected Career Opportunities. *Journal of Counseling and Development,* 77, 115-124.
宗方比佐子 2005 女子学生に対するキャリア開発支援の試み(1)―クラスター分析による職業意識の分類 金城学院大学論集（人文科学編）, 1, 166-177.
室山晴美 1997 自己の職業興味の理解と進路に対する準備度が職業情報の検索に及ぼす効果 進路指導研究, 18, 17-26.
日本労働研究機構 2000 フリーターの意識と実態：97名へのヒアリング結果より JIL調査研究報告書, 136.
日本労働研究機構 2001 大都市の若者の就業行動と意識 広がるフリーター経験と共感 JIL調査研究報告書, 146.
大久保幸夫 2002 新卒無業 東洋経済新報社
Osipow, S. H. & Fitzgerald, L. F. 1996 *Theories of Career Development, 4th ed.* Needham Height, MS: Ally & Bacon.
Parsons, F. 1909 *Choosing a Vocation.* Garett Park, MD: Garret Park Press.
Peterson, G. W., Sampson, J. P. Jr. & Reardon, R. C. 1991 *Career Development and Services: A cognitive Approach.* Pacific Grove, CA: Brooks/Cole.
Roe, A. 1956 *The Psychology of Occupation.* New York: Wiley.
労働政策研究・研修機構 2003 先進諸国の挑戦 ビジネス・レーバー・トレンド, 11, 20-23.
Rounds, J. & Tracey, T. J. 1995 The Arbitrary Nature of Holland's RIASEC types: A Concentric Circles Structure. *Journal of Counseling Psychology,* 42, 431-439.
Super, D. E. 1953 A Theory of Vocational Development. *American Psychologist,* 30, 88-92.
Super, D. E. 1957 *The Psychology of Careers.* New York: Harper & Row.
Super, D. E. 1980 A Life-Span, Life-Space Approach to Career Develop-Ment. *Journal of Vocational Behavior,* 16, 282-298.
Super, D. E., Savickas, M. L. & Super, C. M. 1996 The Life-Span, Life-Space Approach to Careers. In D. Brown, L. Brooks & Associates (Eds.), *Career Choice & Development, 3rd ed.* San Francisco: Jossey-Bass. pp. 121-178.
下山晴彦 1986 大学生の職業未決定の研究 教育心理学研究, 34, 20-30.
下村英雄 2004 調査研究からみたフリーター――フリーターの働き方と職業意識 現代のエスプリ, 427, 32-55.
浦上昌則 1996 女子大生の職業選択過程についての研究―進路選択に対する自己効力，就職活動，自己観念の関連から― 教育心理学研究, 44, 195-203.
Whiston, S. C., Sexton, T. & Lasoff, D. L. 1998 Career-Intervention Outcome: A

Replication and Extension of Oliver and Spokane (1988). *Journal of Counseling Psychology*, **45**, 150-165.

6 キャリア発達(2)：就職後から退職まで

6-1. K大学の太郎と次郎の話 ❖❖❖❖❖❖❖❖❖❖❖❖❖❖❖❖

　本章のテーマは，人の生涯にわたるキャリアの中で，「就職後から退職まで」に生じるさまざまな発達現象を理解することである。したがって，ここでは主に仕事領域におけるキャリアを問題にする。その際，キャリアの定義は，ホール（Hall, 1976）が述べるように「生涯を通じた数々の仕事関連の個人的に知覚された一連の態度であり行動の連続」である[1]。この定義ではキャリアは「態度」と「行動」という2つの側面からとらえられていることに注意したい。前者は働くことに対する感情や態度といった主観的な変化の連続を，後者はポストや職位，あるいは業績など客観的な変化の連続を指し，両者は相互に影響しあう。そして人は一人では仕事ができないから，このような変化が起こる「場」の多くは組織である。ここで組織の単位を1つの経営組織（多くは企業）と見立てたとき，キャリア発達の「場」が1つの企業に限定されれば組織内キャリア（intra-organizational career）となり，複数の企業を移動（転職）しながら発達すれば組織間キャリア（inter-organizational career）となる。このように考えるとキャリアとは単一ないし複数の企業で特定の役割を獲得していく軌跡ともとらえられるから，キャリアを経営組織の仕組みや人事管理に関連づけながら，主観的側面と客観的側面の相互作用を理解することが大切となってくる。以上のような問題意識のもとに，はじめに次のような物語を設定しよう。

---

[1] ホールが定義したキャリアは次の4つに分けられる。①階層の中の昇進，②定型化された地位の経路，③職務の生涯にわたる連続，④役割に関連した諸経験の生涯にわたる連続。

K大学の太郎と次郎はゼミもサークルも一緒の大の仲良しだ。就職活動も連携をとり，二人そろって第一志望のメーカーX社に採用された。入社オリエンテーションも無事に終わり，太郎は営業部に，次郎は製造部に配属された。両君はいよいよ企業社会で生きていくのだと幾分高揚しながら，これからも励ましあい頑張ろうと誓いあった。さて，やっと職場にも慣れたかなと感じ始めた7月，最初のボーナスが支給された。二人とも同額だ。金額は少ないけれど嬉しかった。そして街にクリスマスムードが漂いはじめた12月，冬のボーナスがでた。またもや同額だ。ところが同じ新入社員の三郎は5万円も多くもらったらしい。両君はどうにも合点がいかない。それで連れ立って人事部の先輩にわけを聞きに行った。すると「君たちは人事考課が平均のCランク，しかし三郎はBランク，新入社員であっても人事考課の結果が賞与の金額に反映されるよう，当社も成果主義を徹底しているから」と説明してくれた。残業も厭わず頑張ったと自負している両君であったが，太郎は思う「次は良い評価がもらえるように仕事のやり方を工夫してみよう」。次郎は思う「上司が無能だからちゃんと評価してくれない」。

　このころ次郎はこの会社で自分のやりたいことを実現できるであろうかと悩み始めていた。というのは，英語が得意な次郎は将来アメリカに駐在したいという夢があった。この会社を選んだのも会社案内パンフレットにアメリカ法人で生き生きと働く先輩社員の自己紹介が掲載されていたからだ。会社説明会でもリクルーターが将来は海外駐在員にもなれると言っていた。しかし折からの業績不振でアメリカ法人の人員削減は進んでいて実現は難しいようだ。さて次の年の冬のボーナス，太郎は新規顧客を開拓したことが大いに評価されてAランクを獲得。次郎は相変わらずCランク。5年後，太郎は同期で一番早く主任に昇進。次郎は主任昇進試験に熱が入らないから準備不足で不合格になった。

　10年後，太郎は主任として部下の管理能力が評価されてマーケティング部の課長になった。次郎は「頭はよいが周囲との人間関係をうまくつくれない」と評価され物流部に異動になった。というのは，製造部は生産工程において他部署との細々とした調整が必要で対人関係能力が欠かせないからだ。相変わらず役職昇進はない。物流部に着任した次郎はここでまたショックを受けた。前の上司から，今度の仕事はサプライチェーン・マネジメントの企画であると聞いていた。しかし次郎に与えられたのは商品の未着や遅納に対する苦情処理。アメリカ駐在の夢は遠のくばかりだ。太郎は思う「この会社で頑張ろう」。次郎は思う「もうこの会社は辞めよう」。

6-2. 客観的キャリアと主観的キャリア

　さて，キャリア発達という観点でこの物語を整理してみよう。
　表6-1に整理された事柄は，人事情報として記録されるような外から観察される客観的なキャリアである。ちなみに，④の太郎のように部門が変わらな

6-2 客観的キャリアと主観的キャリア

表6-1 太郎と次郎のキャリアの整理

項　目	太　郎	次　郎
①初任配属	営業部	製造部
②1年目の冬季人事考課	Cランク	Cランク
③2年目の冬季人事考課	Aランク	Cランク
④5年目の異動	主任に昇進	据え置き
⑤10年目の異動	マーケティング部課長	物流部平社員

いまま昇進することを「タテのキャリア」の移行といい，⑤の次郎のように職位が変わらないまま部門が変わることを「ヨコのキャリア」の移行という。⑤の太郎の場合は主任から課長へ昇進し，かつ部門も変わっているからタテとヨコのキャリアの移行が同時に起こっている。つまり，企業のなかのキャリアは職能の幅の広がり（ヨコのキャリア）と職位の上昇（タテのキャリア）の時間的経路としてとらえることができる。いい換えれば，時間の経過に沿って仕事経験が分化しその束が増えていく現象がキャリア発達であるといえる。しかし，キャリアにはこのような客観的事実とは別に，本人が何を考えどう感じたのかという主観的な事柄もある。1年目の人事考課の結果に対する人事部の説明を聞いて：太郎＝「仕事のやり方を工夫してみよう」，次郎＝「上司がちゃんと評価してくれない」，10年目の異動の際：太郎「この会社で頑張ろう」，次郎＝「もうこの会社は辞めよう」が該当する。心に思ったことは他人からはうかがい知れない。しかし，「そう思った」ことも事実であることには相違ない。裁判であれば客観的な事実を重視するだろう。しかし，組織成員のキャリア発達を支援しようとすれば主観的な事実も大切な観察対象である。

シャイン（Schein, 1978）は，このような組織内のキャリアの軌跡を3つの次元で構成されるキャリアのコーン（円錐）としてとらえた（図6-1）。

1つめの次元は「階層」に沿っての移行である。人は一定の昇進を繰り返しながら階層の次元を上っていく。人によってはコーンの頂上まで上りつめるし，ある人はキャリアの初期から上昇しない。組織によってはこの階層はピラミッドのように多重であるしフラットでもある。2つめの次元は「職能」に沿っての移行である。製造，販売，マーケティングあるいは人事や財務など職能を越

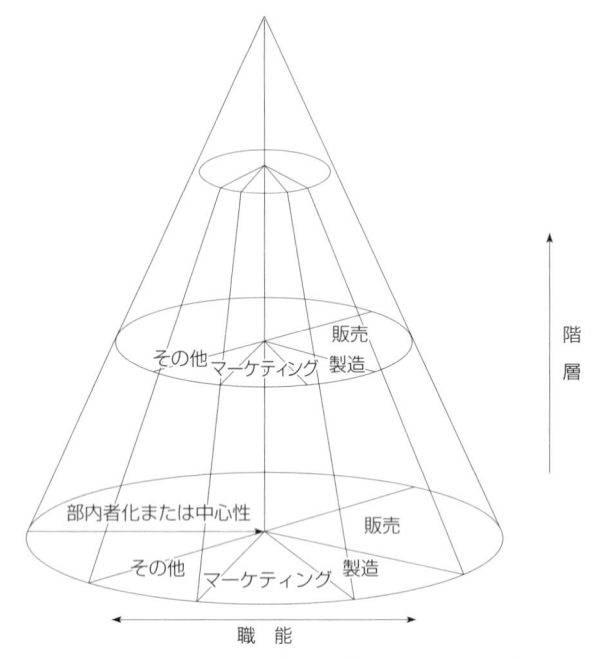

図6-1 組織の3次元モデル

出所:Schein (1978), 邦訳 p. 41

える移行を指す。頻繁に職能を越える移行を繰り返す者がいるし，1つの職能にとどまる者もいる。もとより1つの職能の中には多数の仕事がある。例えば，人事職能であれば採用，給与計算，福利厚生，要員管理，就業条件管理，人事制度設計，労使交渉などさまざまである。1つの職能の中でいくつの仕事を経験するかもこの次元の移行としてとらえられる。3つめの次元は「中心性」である。これはその人の仕事の内容がより組織にとって中心的で重要なものへ移行していく過程である。具体的には組織の中にある特別な情報や秘密を知ることや重要な決定に参加していくことである。これは階層の次元と密接であるが，一定の階層にとどまったとしても，経験を積み周囲から一層信頼されるにつれ中心性は増す。逆に階層が上がっても「祭り上げられる」という表現のとおり，仕事の内容はさして重要ではなく周辺に居続けることもある。

企業の人事管理では「階層」と「職能」の次元に関わる移行はふつう「異

動」とよばれる。異動は権限に基づく組織からの命令によって発令され，人事データとして記録される。つまり客観的なキャリアの分化である。他方，「中心性」の次元役割の範囲や責任・権限の増加など客観的な側面もあるが，同時には個人の認知にも関わっている。祭り上げられているか，中心的な存在となっているかは個人の主観的な認知もに依存する。すなわち，キャリアの客観的側面には地位や給与あるいは業績などの変化があり，主観的側面には職務満足や信念，態度，将来の見通し，自尊感情，有能感などが含まれるのである。キャリアを理解しようとすれば，個人と組織の相互作用の過程において表出する両方の側面が観察対象となる。

6-3. 組織内キャリア発達の規定因

　太郎と次郎の10年後のキャリア結果を分けた「もの」は何であったのだろうか。ここではそれを「組織内キャリア発達の規定因」とよぶことにしよう。規定因は大きくマクロとミクロの因子に分けられる。前者には社会的因子（性別・家庭環境・教育など）と経済的・一般的因子（景気変動・技術革新・戦争・自然災害など）がある（Super & Bohn, 1970）。これらは個人にとってはコントロールできない事柄なので偶然に左右される。太郎と次郎が男として生まれたことは自分では決められない偶然の産物である。職場にIT（情報技術）が導入されるのに伴って電卓が駆逐され表計算ソフトが必須スキルになってしまったことも何ともしがたい。

　一方，ミクロ因子には個人の内的因子（能力・適性・価値観・欲求・関心・キャリア志向など）と組織による因子（戦略・組織・職務・職場・上司との関係など）が考えられる。しかも両者は互いに独立した存在ではなく相互に影響しあう。これらミクロ因子はマクロ因子と同様に偶然の要素も高いものの個人の側から能動的に働きかけて変化させることも可能である。特に個人の内的因子は本人の意思によってコントロールできる部分が大きい。図解してみよう。

　図6-2をみればキャリアを分析するとき，"T_0, T_1, T_2, T_3…T_n"といった時間軸が背骨になっていることがわかる。因子を変数化すれば，一定の時間軸の中で組織成員の一人ひとりがどのような移行過程を経たのか，そしてその

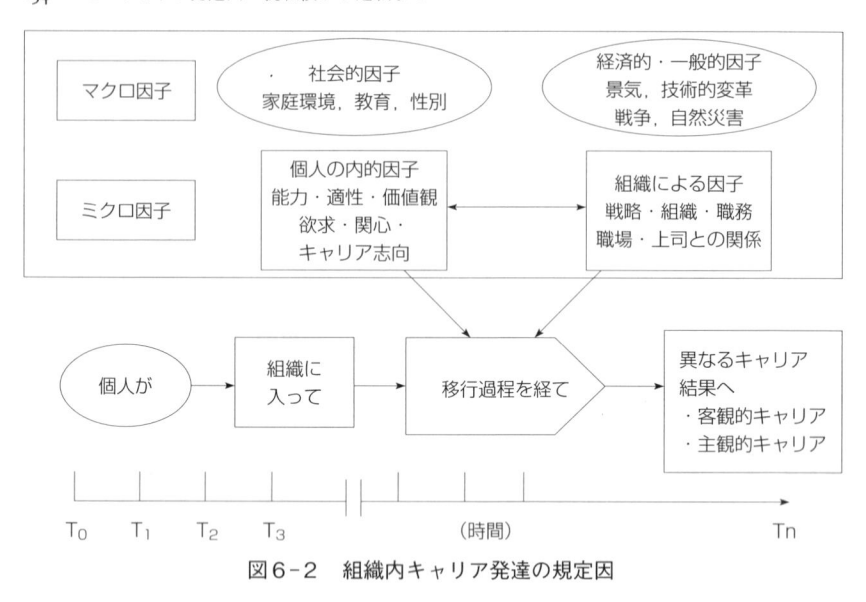

6 キャリア発達(2)：就職後から退職まで

```
マクロ因子  ・社会的因子          経済的・一般的因子
           家庭環境，教育，性別     景気，技術的変革
                                戦争，自然災害

ミクロ因子  個人の内的因子         組織による因子
           能力・適性・価値観      戦略・組織・職務
           欲求・関心・          職場・上司との関係
           キャリア志向
```

```
個人が → 組織に → 移行過程を経て → 異なるキャリア
        入って                   結果へ
                               ・客観的キャリア
                               ・主観的キャリア

T₀  T₁  T₂  T₃      (時間)          Tn
```

図6-2　組織内キャリア発達の規定因

プロセスにおいて個人の内的因子と組織による因子がどのように作用したのかを観察することができる。キャリア結果を人事考課における，入社2年目に太郎はA，次郎はCと異なっている。その際の時間軸は2年である。キャリア結果を昇進における，10年たった時点で太郎は課長，次郎は平社員と差がついている。同様に次郎はこの会社をもう辞めたいと思い，太郎はますますがんばろうという心理も1つのキャリア結果である。組織内キャリア発達の規定因を探ることは，時間の経過とともにこのような差異はなぜ起こったのかを，個人の内的因子と組織による因子の相互作用から把握することに通じる。そして組織心理学はこのような移行過程とキャリア結果の関係を考察するためにさまざまなコンセプトを生み出してきた。

6-4. 移行過程とキャリア結果に対する組織心理学のアプローチ

6-4-1　Transition論とPlanned Happenstance論

現在，組織心理学において移行過程に関する主なパースペクティブは2つあ

る。1つはTransition（移行）論であり，もう1つはPlanned Happenstance（計画された偶然性）論である（花田・宮地・大木，2003）。

　Transition論は移行過程に生じる転機ないし節目に注目し，その際の選択に関わる意思決定のあり方を中心に議論してきた。例えば，シャイン（Schein, 1990）は移行期に何度か生じる岐路の選択はキャリアに対する欲求や価値などの不動点としてのキャリア・アンカー（career anchor）に導かれると述べている。ニコルソンとウエスト（Nicholson & West, 1988）が提示したトランジション・サイクル・モデルは，移行過程を①新しい世界に入る準備段階，②いろいろな新しいことに遭遇する段階，③新しい世界に徐々に順応していく段階，④もうこの世界は新しいとはいえないほど慣れて安定した段階の円環ととらえた。キャリアはこのサイクルが何回も周回していく「分化」の軌跡としてとらえられる。その際，Transition論はサイクルの移行期でこれまでのキャリアの来し方を回顧し，そこに意味ある一貫性を見出しながら将来のキャリアを展望することの大切さを強調する。というのは，Transition論では，サイクルの終焉をきちんと意識し，その経験を次のサイクルに意味づけ統合することが適応力に富んだキャリア発達を促す（できなければ停滞する）と考えるからである（Bridges, 1980）。そこからキャリアの節目において自分なりにデザイン──過去の経験を意味づけ，その上で将来の計画を練る──すべきであるという含意を得ることになる。Transition論に依拠して行われた「一皮むけた経験」に関わる一連の調査（金井・古野，2001；金井，2002）は，節目において経験を意味づけることの重要性を，多くの経営幹部のキャリアの物語の聞き取りから明らかにしている。

　これに対してミッチェルとレビンとクランボルツ（Mitchell, Levin & Krumboltz, 1999）が主唱するPlanned Happenstance論は，節目というより日常の能動的な態度変容の大切さを訴える。というのは，キャリアは偶然におきる予期せぬ出来事に規定されると考えるからである。偶然性とは個人のコントロールを超えた事柄とか条件を意味する。図6-2に示したキャリア発達のマクロ因子は，実際にキャリア・パターンや職業上の選択決定にとって目に見えない決定因となっている。しかし同じような偶然に遭遇しても結果は同じにはならない。なぜなら「個人自身のなかに統合の役割があって，それが，選択

をなす人に選択肢の比較と諸要因のウエイトかけを可能にする」からである（Super & Bohn, 1970）。そして予期せぬ偶然はその前に本人がとったさまざまな行動によって導かれることが多い。したがって，むしろその予期せぬ出来事を積極的にキャリア発達に取り入れようとすれば，日常の能動的な行動変容とともに意義ある偶然を見逃さないように常に「心を開いておく」ことが要請される。

　Transition 論と Planned Happenstance 論の違いは，移行過程の時空において前者が節目を重視するのに対して後者が日常重視，そして移行過程の行動において前者が計画を重視するのに対して後者が試行重視と，パースペクティブの重点の置きようにある。むろんキャリアがすべてデザインしきれるものではないという当たり前のことは Transition 論でも前提となっている。他方で Planned Happenstance 論も，それをカウンセリングに応用すればキャリアの計画を練ることがテーマとなる。むしろ，キャリアは計画と偶然の間で，理想の自己と現実の自己に折り合いをつけながら進化的に決まるという両者共通のパースペクティブに注意しておくべきであろう。

6-4-2　リアリティ・ショック

　理想の自己と現実の自己の間の葛藤や折り合いのつけ方に対する組織心理学のアプローチもさまざまにある。例えば次郎が，この会社でアメリカ駐在の夢をかなえることは難しいと知ることをリアリティ・ショックという。リアリティ・ショックとは，自分の期待や夢と仕事や組織での所属の実際とのギャップにはじめて出会うことから生じるショックのことである（Schein, 1978）。同時にこれは期待と現実の落差に対する幻滅感でもあるから離職の原因ともなる。というのはリアリティ・ショックが組織コミットメント——当該組織に対する一体感や関与の強さ——を低下させ，それが離職率に影響を与えるからである（Mowday, Porter & Steers, 1982）。次郎の夢はアメリカ駐在員として国際的な舞台で活躍することであり，それが理想の自己である。しかし10年経ったいま，物流の苦情処理係という現実の自己の延長にアメリカ駐在のチャンスはないとリアルに認識している。それゆえ離職の意図は高まった。リアリティ・シ

ョックは理想の自己と現実の自己のギャップの認知によって心理的な緊張状態が高まった状態といえるだろう。

リアリティ・ショックは組織への参加の際のみではなく、キャリアの長期プロセスの節目においても発生する。小川（2003）は、先のシャインのキャリア・コーンの3次元に即して、リアリティ・ショックを①エントランス・ショック（入社時に生じる）、②クロス・ファンクショナル・ショック（職能を越える配置転換時に生じる）、③中心性変化によるショック、④ランキング・ショック（昇進時に生じる）と4つに分類した。つまり、理想の自己と現実の自己に埋めきれないギャップを認識してあれこれ悩むのは、なにも新人のときばかりではなくキャリア中期においても起こりうる。

6-4-3 キャリア・プラトー

中年期に生じるリアリティ・ショックにはどのようなものがあろうか。スーパー（Super, 1957）は、生産性を縦軸に年齢を横軸において、中年期は成長・維持・衰退の分水嶺の時期であると考えた。限りなく昇進を続けるような理想の自己を夢見る人が、もうこれ以上の昇進が見込めない現実の自己を認識すれば心の葛藤が生じる。このような状態をキャリア・プラトー（キャリアの高原）とよぶ。これもリアリティ・ショックの1つである。

日本企業の昇進構造の特徴は遅い昇進と幅広い専門性である。もう少し具体的にいえば日本の大企業の典型社員の人事管理の特徴はアメリカと比較して次のように様式化できよう。その基本システムはランク（資格）のヒエラルキーを構造化した職能資格制度であり（Aoki, 1988）、社員の長期にわたる組織コミットメントと学習意欲を引き出すインセンティブとして機能している（Itoh, 1994）。それと補完的関係にあるのが長期的雇用関係である（Hashimoto & Raisian, 1985）。昇進構造はキャリアの初期は一律年功型で、中期で昇進スピード競争型に移行し、課長クラスになってトーナメント型になる重層型である（今田・平田、1995）。それゆえ、第一次選抜の時期やキャリアのプラトー化の時期はアメリカに比べて遅い（日本労働研究機構、1998）。

キャリア・プラトーが近年注目されるようになった背景には組織のフラット

化に伴う昇進構造の変化があると考えられる。すなわち管理職職位を積極的に増加させようとする企業は少ない（奥林ら，1994）。あるいは社員を格付ける人事等級の数を減らして大括りにする（ブロードバンディング化）企業も多い（平野，2003）。目的は，前者は管理組織における管理の決定権を管理組織の末端に委譲することで，顧客ニーズに機敏に対応できるよう意思決定のスピードを高めることにある。このような組織改革はエンパワーメントとも称される。後者はその人の担っている役割もしくはその人の能力に対応する人事等級の数を減らして社員の配置や任用を柔軟に行おうとすることが狙いである。その際，人事等級を職務や役割で決めれば職務（役割）等級制度となり，人の能力によって決めれば職能資格制度となる。日本の大企業の多くは職能資格制度であるが，近年これを職務（役割）等級制度に転換するところも少なくない。人事等級のブロードバンディング化は，経験重視の年功的な処遇をあらため，若手であっても実力のある人材を柔軟に重要な仕事につけていこうとするものである。いずれにしても組織のフラット化は現象的には管理職職位の数を減少させることであるから，キャリア・プラトーに至る人はこれまでより年齢的に前倒しになると予想される[2]。

　日本企業におけるキャリア・プラトー現象を質問紙調査から丹念に分析・検証した山本（2001）によれば，それは「組織の従業員（管理職および非管理職を含む）が組織内の職階において，現在以上の職位に昇進する可能性が将来的に非常に低下する現象」と定義される。その際，キャリア・プラトーも1つのキャリア結果であるから主観的な側面と客観的な側面がある。前者は「昇進可能性の認知」，後者は「職位の停滞」のことである。その際，両者は表裏一体とはいえない。例えば，山本（2001）によれば，職能資格滞留期間は主観的プラトー化（昇進可能性の認知）とは関係がないが，客観的プラトー化（職位歴が長い）には影響する。同様に平野（1999）のある小売業に勤務する43歳の社員（120名）を対象にした調査でも，職能資格におけるハイトップ昇格者と標準的昇格者の比較において，階層の次元の将来の見通し（昇進可能性に対する

---

[2] しかし，山本（2001）が行った質問紙調査の結果によれば，管理職階層数の数とキャリアプラトー現象との関係性は否定されている。すなわち階層数が減少するほどプラトー化（昇進可能性の認知の低下および職位の滞留年数）が進展するとはいえない。

認知）の両者の差は僅かである。しかし職位歴の滞留期間（客観的キャリア・プラトー）は標準昇格者のほうが長い。

6-4-4 認知的不協和の和解

このように客観的にはプラトー化しているにもかかわらず，主観的にはプラトー化していないという現象は「認知的不協和」（cognitive dissonance）の問題に関わっている。認知的不協和とは，2つの要素だけを考えて，1つの要素の逆の面が他の要素から帰結されるとき，これら2つの要素が不協和の関係になることをいう。というのは，個人は自己の内部に矛盾がないように努力するからである。不協和の状況に陥ると人は認知的一貫性が保たれず不快な状態になるのでそれを低減するように動機づけられる。つまり「能力高い─昇進」という認知があったとすれば客観的プラトー化（昇進しない）から無能が帰結する。このままでは不協和の関係が起きるので，人はそれを解消しようとする。フェスティンガー（Festinger, 1957）は不協和を解消する方法は3つあると述べている。もっとも容易な方法は，行動に関する認知要素を変えてしまうことである。次郎のケースでは，この会社における認知「能力高い─昇進」は離職によって解消されるだろう。しかし行動を変えることによって不協和を除くことは常に可能であるとは限らない。現実に離職しても失業が長引けば，「能力高い─転職」と「再就職できない」は新たな不協和の関係を生む。

第2の方法は，環境に関する認知要素を変えることである。昇進できないのは本人の「能力高い」から帰結されるのではなく，上司の「能力低い」から帰結すると考える。本人にとっての否定的な結果に対する原因を環境（外部）に帰属させることによる解決である。次郎が人事考課Cランクの理由を「上司が無能でちゃんと評価してくれない」に求めたことを想起されたい。ストー（Staw, 1980）は「不協和の実験の多くは，認知的一貫性よりも，むしろ自己正当化の欲求を喚起する」と述べている。というのは，人びとは，環境は自らの力によって努力しだいでコントロールしうるという有能性動機（competence motive）を抱くから，成功は内部帰属（当人の努力や能力への帰属）され，失敗は外部帰属（運や課題特性など環境属性への帰属）することが多いか

らである（金井，1984）。客観的プラトー化は，人びとの有能でありたい，有能であると周囲に認めさせたいという心理と不協和の関係となる。したがって昇進できないという認知を内部に帰属させるのではなく，上司との相性の悪さや仕事の難度に帰属しようとする。外部へ帰属すれば，上司や仕事が変われば再び昇進のチャンスが訪れるだろうと期待する。つまり客観的プラトー化の原因を環境に帰属すれば主観的プラトー化を回避することができるのである。しかし環境に対する認知要素を変更しようとすることと，実際に環境を操作することとは異なる。結局この方法は現実の状況に目をつぶるのみであるから本質的な解決にはならない。例えば「ある人が雨の中に立って，みるみるうちにずぶ濡れになったとしよう。そのとき，たとえ雨が降っているという認知を除去しようとする圧力がいかに強くても，彼は確実にその認知を持ちつづけるであろう」（Festinger, 1957）。

　第3の方法は，新しい認知要素を付加して不協和な2つの要素を「和解」させることである。竹内（1995）は，昇進と選抜の間に発生する不協和において「能力多元論」による和解戦略が可能であると述べている。すなわち，能力にはいろいろあり，それぞれ価値があるという基準の複数化によって「能力高い」の認知を維持していくことができる。人びとの有能性動機は組織の生産性に影響するから，企業は能力多元論を組織のマネジメントに組み込む努力をする。例えば，対人関係能力という会社が重視する能力が高かったから昇進したが，そのような能力ばかりが会社に貢献するとは限らないというパースペクティブを組織の中に組み込むことによって組織成員の有能性を失わないように工夫する。次郎は「頭はよいが周囲との人間関係をうまくつくれない」という評価から物流部に異動になったが，ここで「頭のよさ」と「対人関係能力」が切り離されていることに注意されたい。次郎の「能力高い」は，「頭はよい」によって部分的に救済されている。能力多元論的なパースペクティブを人事制度の中に構造化することもある。例えば企業規模の大きい製造業では，技術者を，高度技術専門職として処遇して動機づける昇進制度＝テクニカル・ラダー（technical ladder）を，部下を率いて仕事をする社員を対象にした管理職昇進（managerial ladder）と別に設定することがある。このような人材の能力基準の複数化はデュアル・ラダー（昇進階層の複数化），ないし専門職制度とよばれ

る。あるいは，組織のヒエラルキーを組織図に描くとき，顧客と直接接触する営業所や「もの造り」を行う工場を最上位に示して，営業や生産現場に対する敬意を表明する企業もある。このような事例は，逆転させた偉さの序列を可視化して組織風土の中に能力多元論を組み込もうとする工夫ともとらえられよう。

6-4-5　中年期の危機

　個人の側からの能力多元論的な和解戦略は，昇進とは異なる新しいキャリア目標を再設定することである。こういった局面はとりわけ中年期において切迫するだろう。というのは，この時期にトーナメント型に移行する日本企業の昇進構造が，もはや昇進というキャリア目標にすがって今を凌ぐことを許さないからである。このような客観的なキャリアの変化（昇進構造）に加えて，中年期にはそれ固有の心理的な変化がある。岡本（1997a）は中年期の心理的変化の特徴を次のようにまとめている。①身体的変化（体力・気力の低下），②残り時間が少ないという限界感の高まり（時間展望のせばまりと逆転），③これ以上の出世や業績は望めないという感覚（生産性における限界感の認識），④老いと死の不安，といった否定的な変化である。中年期の入り口において体験されるこのような否定的な自己意識は「本当に自分の人生はこれでよかったのか，本当に自分のやりたいことは何なのかという自己の生き方，あり方そのものについての内省と問い直しをせまる」（岡本，1997b）。したがって中年期はいったん確立したと思っていた自己イメージを軌道修正しながら，新たなアイデンティティを再体制化する時期である（金井，1997）。夢の再吟味と軌道修正，言い換えれば自分らしさを内面化した新しいキャリア目標が再設定されれば，引き続き適応性の高いキャリア発達を促す。しかしそれに失敗すれば停滞する。ここに中年期の危機がある。エリクソン（Erikson, 1982）の漸成説（epigenetic theory）とよばれる生涯発達段階では中年期の課題は生殖性もしくは世代性（generativity）である。より若い世代にこれまで自分が習得してきた知恵や技能を伝承していくなど，世話（care）という美徳を身に付けていくことが新しいキャリア目標として自覚されるのもこの頃である。

　アイデンティティの再体制化とは自己の内面にある対立項を統合していく過

程でもある。レビンソン（Levinson, 1978）は，40歳から45歳の中年の時期は，夢の再吟味と修正が求められる人生半ばの過渡期であり，次のような対極的にあるものを統合していかなければならないという。第1に若さと老いである。もう若くはないという人生の有限性を自覚するのみであれば，若さと老いは対立する。そうでなく若いエネルギー，想像力，大胆さと中年の賢さ，成熟とを結びつけていくことができれば人の発達は適応性を増す。第2に破壊と創造である。自分の人生をもっと意義あるものに有らしめたいとする創造のエネルギーは，自分の破壊性を認め，それに責任を持つことでことによって強まる。第3に男らしさと女らしさである。中年期は，競争を好み任務を達成することに邁進するような男性性と，情緒的で暖かく慈愛にみちた女性性を対立させるのでなく再統合できる時期である。このような統合は30歳代では難しい。第4に愛着と分離である。外界にあるもの（例えば会社）に浸りきっていた中年は，ここで，外にあわせるための野心，依存心，情熱などにあまり支配されることなく自己を見つめてみたい。これまで自分が愛着していた対象を除いたとき，それでもまだ自分が愛着するものは何であるのか。分離を高めることが愛着を高度化することにつながる。

6-5. キャリア発達課題としての分化に応じた統合

エリクソンの漸成説の最後の発達課題である「統合」は，「ライフサイクルにおけるこれまで生きてきた過去と，これから生きられるべき未来との，ライフサイクルの両面が現在の意識のなかに存在している」（鑪, 2002）状態である。言い換えれば，統合とは過去の経験を肯定的に回顧し，未来を構想する意味づけのパターンである。そして未来の構想は過去との一貫性を要請するのであろう。ハンセン病患者との交流に生涯を捧げた精神科医の神谷美恵子（1980）は，戦時中に被爆して顔面裂傷，左目失明した広島の動員女学生の手記を紹介しながら，生きがいを求める心とは「意味と価値への欲求」であると述べている。わが身に降りかかった理不尽で悲惨な体験も，「平和への礎になるならその代価として意味がある。ぜひ意味あらしめたい」が多くの被爆者の願いである。すなわち，人間は皆自分の過去の経験（否定的なものも肯定的な

6-5 キャリア発達課題としての分化に応じた統合

ものも含めて）を，「今この生」に統合したい（意味づけたい）という欲求がある。平野（1999）は，キャリアの「分化に応じた統合」というテーマにおいて，過去の経験の束を紡ぐキャリアの「回顧」からキャリアをどのように意味づけ，その延長においていかに未来に向けて発達の方向と可能性を「展望」するのかという内面的な問題に答えるため，キャリア・ドメイン（一見非連続な職歴の集積であっても，そのキャリアを貫くテーマ性）というコンセプトを概念化している。

「回顧」は，長いキャリアの歩みにおいて「今−この」節目を起点に，組織特性などの外的な影響を受けつつ，自己概念など内的要素に照らして過去のキャリアの流れの中に潜んでいる一定のパターンを読み取り，秩序立てた意味を形成することである（Weick, 1979）。つまりキャリアは客観的には同じような経験を積んだとしても（客観的キャリア），経験をどのように意味づけたのかによって，さらにサイクルの終焉をキャリアの節目と認識するかどうかによって異なる（主観的キャリア）。それゆえ「回顧」はまず節目を認識することから始まる。そして，節目の経験から得られた教訓は，今この仕事にうまく統合されて生かされてこそ，その人の適応力あるキャリア発達を促す（金井, 1996）。

「展望」は職位・職務に対する目標（Will）と職位・職務を手に入れることに対する自己効力感（Can）の積和である（平野，2005）。また，目標・自己効力感ともに，その人にとって所与のものではなく，キャリアの進展に応じて徐々に形成されてきたものであるから「回顧」の延長線にある。そこにはキャリアを貫くテーマ性があったほうがよい。しかも，その際，組織内キャリアであれば，組織から要請される役割期待（Should）についての洞察が伴わなければならない（Schein, 1995）。Will・Can・Should の重なり合う領域にあってこそ自律した個人のあるべきキャリア選択となる（本城・山田，2000）。

要するに中年期におけるキャリアの発達課題とは，これまでの分化した経験を回顧して，今この仕事に意味づけながら将来を肯定的に展望することである。この一連の心理的メカニズムを「統合」とよぼう。「統合」を構成する次元は「回顧」と「展望」であって，後者は前者によって規定される。「回顧」は，節目の認識ができたか，経験から教訓を得たか，教訓を「今この仕事」に生かし

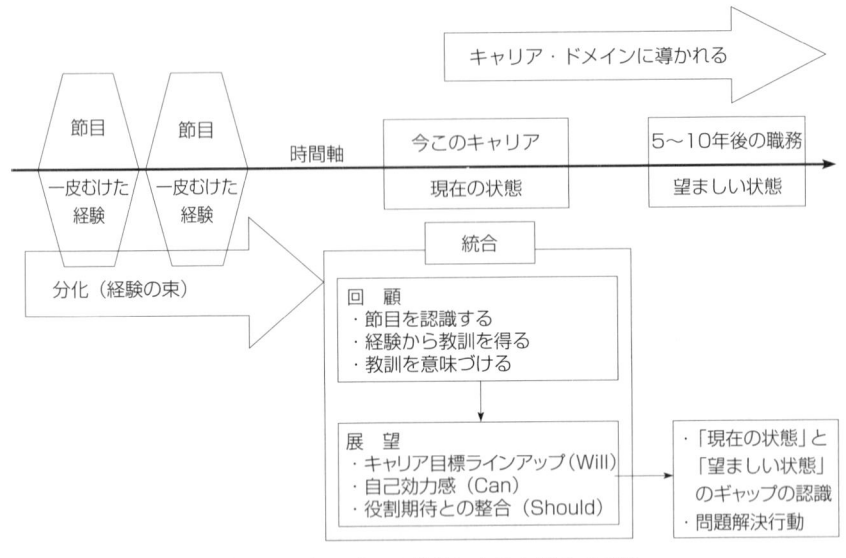

図6-3 キャリアの分化に応じた統合モデル

たかに関わっていよう。他方,「展望」は選択する職位・職務に対する目標（Will），それを手に入れていけるという自己効力感（Can），組織から期待されている将来の役割に対する認識（Should）によって構成されよう。その際，時間軸はさまざまに設定されようが長期（5～10年）が望ましかろう。その上で，現在と望ましい将来の状態のギャップの認識ができよう。あとは偶然の機会にうまく対応しながら能動的に問題解決を実践していけばよい。図6-3のようにモデル化できよう。

6-6. キャリア発達を視座においた人事管理

個人の内的因子と組織による因子の相互作用でキャリア結果が変化するのであれば，その変化を個人にとっても組織にとっても望ましい方向に導いていくしくみが必要になる。企業におけるしくみとは制度設計と運用の双方を意味するが，その良し悪しが経営パフォーマンスに直結する。言い換えれば企業経営では「組織の効率」と「個人のキャリアの適応的な発達」を両立させるしくみ

が要請される。

6-6-1 キャリア開発プログラム

　金井らの「一皮むけた経験」調査では、これまで習得してきた能力や技能がまるで通用しない非連続な職務に再配置されたとき一皮むけたと自覚するケースが多く報告されている。ふつう企業における配置転換は人的資源の需給調整という観点から行われる。すなわち、特定の職務にある役割期待、その人材が保有する職務遂行能力、報酬の3つをマッチングさせることである。しかし配置転換には人的資源の需給調整とは異なる人材育成という観点も盛り込まれるから、たとえ能力が足りなくともその職務に配置することがある。というのは、職務遂行能力は実際の仕事経験、言い換えればOJTによって習得させることができるからである。このような人材育成の観点が盛り込まれた配置転換の連続をジョブ・ローテーションとよぶ。

　キャリア開発プログラム（CDP：Career Development Program）とは教育訓練、キャリア・パス、キャリア・カウンセリングなどが包含された体系的なプログラムのことであるが、その中核はジョブ・ローテーションのパターンを決めることである。その際、CDPの有り様は人材タイプによって異なる。というのは、ジョブ・ローテーションは、仕事経験から得られる技能の発展という便益から、不慣れな職務に再配置することによって生じる生産性の一時低下という費用を控除して得られるレントが常にプラスになるように決まるからである。例えば、生産現場のブルーカラーの場合は、多能工化という考え方のもとに、隣接業務に徐々に配置転換するようなジョブ・ローテーションがかかる。というのは配置転換による生産性の一時低下をできるかぎり短くしながら、同時にふだんと違う例外事項への対応力といった「知的熟練」（小池，2005）を高め、生産性を向上させようとするからである。

　他方で、次世代経営者候補の早期選抜育成では、まるで非連続な職務を連続して与え、技能の伸長を図るといったCDPを施す。例えばアメリカのゼネラル・エレクトリック（GE）社では、若手の有望株はストレッチ（背伸び）・アサインメントがかけられる。30歳前後の若手を対象にした「リーダーシップ・プ

ログラム」は，まるで分野が異なる職務を半年ごとに経験させるよう，2年間で4回のジョブ・ローテーションがかかる。うち1回は海外勤務が課せられる。目的は特定の職務に長期に携わることで陥る安住（コンフォート・ゾーン）を防ぎ，新職務における限界への挑戦を課し，潜在能力を顕在化させながら学習スピードを高めることにある（村上，2003）。このような取り組みは日本企業においても徐々に始まっている（守島，2003）。

その際，問題はこのような非連続な仕事経験を着実に技能発展に結び付けていく人材の選抜にある。選抜アセスメントのポイントは，本人にとって未知の領域にある職務に要求される能力を早く習得することにあるから，マッコールとランバードとモリソン（McCall, Lombardo & Morrison, 1988）がいう「経験から教訓を得てそれを能力に変えていく学習力」に関わる。あるいは，ブリスコとホール（Briscoe & Hall, 1999）がいうメタ・コンピテンシー（他のコンピテンシーを獲得するための個人の能力に影響を及ぼす非常に強力なコンピテンシー）の高い人材である。彼らはキャリア発達のメタ・コンピテンシーはアイデンティティと適応力であるとする。適応力を有する人は，将来のパフォーマンスにとって何が重要であるかを識別し，ニーズに応じて必要とされる自己変革をすることができる。しかし適応力だけでは不十分であり，「自分の関連するフィードバック情報を収集し，正確な自己認識を確立し，適切に自己概念を変革する能力」であるアイデンティティを確立しなければならない。双方が備わることによりはじめて「学習の仕方を学ぶ」ことができる。このような学習重視の人材開発とキャリア発達を結びつける視座は，先に述べた「分化に応じた統合」である。

6-6-2 社内公募制度

日本企業に最近見受けられる人事管理のもう一方の変化は，「キャリアは個人のもの」と考え，キャリアの「選択」の幅を広げようとする動きである。というのは，事業部制からカンパニー制さらには分社化など経営機構改革や，人（能力）主義の職能資格制度から職務主義で序列づける職務等級制度への転換といった変化が，人事権（昇格や配置転換の企画と決定権）をラインに委譲す

るからである（平野，2005）。したがって，先に述べた次世代経営者候補など一部の人材を除いて，人事部が社員のCDPに関わることが少なくなってきている。それゆえ，個人の側からキャリア・パスを企画し異動するような自律型キャリアが奨励されるようになってきた。具体的には，企業のなかでやってみたい職種やめざすポストを自分で申告して，それにチャレンジすることを奨励する動きである。教育も全員一律に行うのではなく，キャリア目標に応じてカリキュラムを選択できるような形式が増えてきている。つまり個人の側からキャリアの「選択」の自由度を高めていこうとする。

もちろん組織の側には，限られたポストに誰を昇進させるか，誰をその職務につかせるかという「選抜」の原理があるので，個人が手前勝手にデザインしきれるものではない。ここに「選択と選抜の調和」という人事管理の新しい課題がでてくる。これを社内をあたかも1つの労働市場と見立てて，しくみで解決していこうとするのが「社内公募制度」である。

6-6-3 メンタリング・プログラム

このように個人の側からのキャリア選択が構造的に要請されるようになるのであれば，同時に主体的にキャリアを発展させていこうとするキャリア意識を醸成し，行動を促進するような組織的な支援が必要となるであろう。その取り組みの1つがメンタリング・プログラムである。メンター（mentor）とは人生経験豊富な指導者ないし支援者のことで，ホメロス（Homer）による叙事詩『オデュッセイア』の登場人物であるメントルを語源とする。メンターから指導や支援を受ける人はメンティー（mentee）ないしプロテジュ（protégé）と呼ばれ，メンターがプロテジュに対して行うさまざまな支援行動がメンタリングである。

Kram（1988）によれば，メンタリング行動は機能的に「キャリア的機能」と「心理・社会的機能」の2つあり，さらに両機能は表6-2に示すような具体的な行動によって構成される。

人びとはキャリアの移行過程でこのような支援行動を行うメンターと出会う。それは現在の上司，前の上司，先輩など組織の中のヒューマン・ネットワーク

表6-2 メンタリング機能

キャリア的機能[a]	心理・社会的機能[b]
スポンサーシップ	役割モデリング
推薦と可視性	受容と確認
コーチング	カウンセリング
保　護	交　友
やりがいのある仕事の割り当て	

a　キャリア的機能は，キャリア面での上昇を促進する関係性の一側面である。
b　心理・社会的機能は，専門家としての役割においてのコンピテンス，アイデンティティ，有効性を高める関係性の一側面である。
出所：Kram (1988), 邦訳 p.28

に存在するかもしれないし，学生時代の恩師など社外の人かもしれない。しかし良きメンターに出会い，自発的にメンタリングが行われるか否かは偶然に左右される。そこで「メンタリングを人為的に発生させ，制度的にメンタリングを活用する試み」（公式メンタリング）が，外資系企業が先導するかたちで日本においても取り入れられるようになった（久村，2002）。公式メンタリングではプロテジュに対するメンターは組織によって指名され，同時に「メンター―プロテジュ」の関係を継続する期間も定められる。その中で展開されるプログラムは目的に応じてさまざまである。例えばイオン（日本の大手小売業）では専門職人材の育成を企図した企業内大学の学習期間（1年間）に，職場の問題解決をレポートするアクション・ラーニングが課せられ，そのテーマにもっともふさわしい幹部社員がメンターに指名される。メンターはアクション・ラーニングを効果的に行えるようにアドバイスし，また自らがロール・モデルになってキャリア目標の設定をアドバイスする（平野，2004）。帝人（繊維事業を中心とする日本のグループ企業）では女性活躍推進のテーマのもとにメンタリングが組みこまれている。具体的には，毎年10～15名の経営幹部候補に指名された30歳代の女性社員のCDP――役職昇進をゴールとする3～5年間のジョブ・ローテーションと研修を組み合わせたプログラム――の一環として，一人ひとりに執行役員クラスが公式メンターに指名される。メンターは会社幹部として責任を負うことの厳しさに加えて，大きな権限を持つことの醍醐味を彼女らに伝えることを期待されている（田井，2004）。メンタリングはこのようなコア人材や専門職の育成支援のみならず，組織に新しく加わった新人の適応

支援のためなどさまざまな目的で展開されるようになってきている。

　他方で，メンタリングはプロテジュのみならずメンター側にもメリットがある。というのはメンターとしての役割を担えるようになることは中年期の発達課題と重なり合うからである。久村・渡辺（2003）は後期キャリア（40歳から定年まで）の発達課題である，①自己能力の維持と開発，②対人関係能力の維持，③年長者としてのメンター／リーダー役割の確立，④次世代の育成と世代間継承は，成熟したメンターになっていく過程で達成されると述べている。つまり，メンターとして成熟することは中年期における能力多元論的なキャリア目標となりうる。そして，メンタリングが組織の中で浸透することは，人材育成を重視する風土に転換するように組織の文化や理念を修正することにもつながる。公式メンタリングは，組織における多様な役割や能力を等しく尊重する能力多元論的な価値を組織に注入する組織開発の手段としても有効であろう[3]。

6-6-4　再就職支援活動

　CDPには組織からの「退出」のマネジメントも含まれる。その際，問題は定年など予定された退出ではなく雇用調整によってもたらされる非自発的失業である。雇用調整とは必要な労働量と保有する労働量を調整することであり，その手段は，ふつう残業規制→配置転換→出向→中途・新卒採用抑制→一時帰休→解雇の順で選択される。日本では判例法理により解雇制限が確立しているので解雇は雇用調整の最終手段である[4]。したがって，企業は解雇される社員のやる気・モラールを落とさず，かつ訴訟を起こさないようにするために再就職支援に費用をかける。例えば，退職金の早期退職割増優遇，独立自営の金銭的援助，特別有給休暇の付与，転職支援サービスを提供するアウトプレースメント会社と連携した再就職支援などである。他方で，このように企業が再就職活動に費用をかけることは，解雇の対象とはならなかった社員に雇用は引き続き保障するというメッセージを提供することにつながるから，残った社員の組

3）　しかし，メンタリングが好ましくない結果をもたらすこともある。たとえばメンタリングがかえってメンターおよびプロテジュの感情的軋轢を引き起こし，自信，自尊心を損失させることがある。詳しくは久村（2002）を参照されたい。

4）　逆に雇用保障の維持を目的にした配置転換など使用者の人事上の裁量権は広い。

織へのコミットメントを高めるように作用する（蔡，2002）。

　再就職支援活動とは「精神的な支援」と「職探しの支援」である。ここで精神的な支援が要請されるのは，非自発的失業という客観的キャリアの変化が主観的キャリアの危機をもたらすからである。坂爪（2003）は再就職を果たしたさまざまな年代の非自発的失業者に対するインタビューを通じて，非自発的失業者が行う再就職活動プロセスにおいて対処する6つの心理的課題を抽出した。①前所属企業に対するネガティブな感情（不満や憤り），②再就職に対する不安（再就職活動を行うプロセスに感じたさまざまな不安の総称），③看板はずし（社名を看板とした自身のアイデンティティの喪失），④働き方の再確認（今後どのように働いていこうかということについての自分なりの再度の意思決定），⑤居場所の確保（毎日の一定時間をすごす物理的な空間），⑥配偶者との課題の共有（コミュニケーションを通じた認識の相互理解）である。非自発的失業者はこの6つの課題のうちの複数を経験するが，その中核は前職での職務経験を基盤にしながらも新たな職務内容へ希望職種を展開しキャリアを再構築する「働き方の再確認」である。働き方の再確認は外部労働市場の評価に戸惑いながらも自身の職務経験や技能を再確認し，理想の自己と現実の自己を融合していくプロセスである。このような作業は内省的な活動であるが，他者とのコミュニケーションに大いに影響を受ける。例えば，外部労働市場の情報を持つアウトプレースメント会社のカウンセラーのアドバイスによって希望職種が絞り込まれる。また再就職の面接では，これまでどのような仕事をしてきてどのような成果を上げたのか，そしてその成果の再現可能性が問われる。求職者はその問いに答えていかなければならない。言い換えれば，再就職活動とは過去のキャリアを回顧して節目の経験とそこから得た教訓が「今の自分」にどのように統合されているかを「語り」（story telling），希望職種へと展開していくプロセスである。その意味で，再就職支援の課題はキャリアの「分化に応じた統合」を支援することである。

6-7. 結び

　企業を取り巻く環境は，「市場と競争の変化」と「制度と規制の変化」の両

6-7 結び

面にさらされている。市場と競争の変化は，ビジネスモデルやサイクルタイムの違いに応じた事業ドメインの再定義，M&A・提携，合従連衡，アウトソーシングといった経営組織の修正を促す。資金調達の多様化，株主構成の変化，商法・税法制改革といった制度と規制の変化は，そのような経営組織の変革をやりやすくしている。したがって，働く人びとが出向，転籍，解雇，転職といった客観的キャリアの転機に遭遇する確率は高まっている。さりとてアメリカ産業社会の文脈において主張される「1つの仕事・会社・キャリアパスにしがみつくことなくキャリア競争力を高めていく」(Warterman, Warterman & Collard, 1994) ことをよりよい実践としてそのまま日本に受け入れることはできないだろう。というのはキャリアは先に述べたように経済的・一般的因子によっても規定される。すなわちキャリア発達のパターンは日本の労働市場の特質や厳しい解雇法制といった一国の社会システムと制度的補完性があるからである。現実に，日本の労働市場の流動化はそれほど進んでいない（例えば，樋口，2001；三谷，2003）。しかし単体でなく関連会社を含めたグループ内異動（出向・転籍）を含めれば，これまでの安定した組織内キャリアと異なり組織間キャリアを展開する人びとも多くなろう。企業を変わればそこで新しい職場への適応や能力不足の自覚など主観的なキャリアの危機に遭遇する。しかし，危機はアイデンティティの再体制化のチャンスでもある。夢の再吟味と軌道修正を「個性化」(individuation) した自己像に結び付けたい。それは過去の経験を肯定的に意味づけ，自分らしい将来のキャリアを主体的に展望することである。能力多元論を基礎として，組織や社会，何よりも自分自身に意味のある働き方を選択することは，キャリアの分化に応じた統合に関わっている。そして臨床組織心理学は，学問としての理論や概念の提供，それを応用したカウンセリングなどの実践を通じてかかる状況を支援するという役割があると再認識しておきたい。

コラム 組織と個人の「分化に応じた統合」のクロスレベル・イシューとしてのキャリア・ドメイン

　個人のキャリア発達課題として本章で強調した「分化に応じた統合」は，組織の成長（発達）においても重要なキーワードである。ここで個人のキャリアが組織で展開されることに鑑みれば，組織と個人各々の「分化に応じた統合」がどのように関わりあうかを議論しておくことは有意義であろう。組織のコンティンジェンシー論の命題は「唯一最善の組織はなく，それは環境に依存する」である。しかし環境適応力が高い組織設計の考え方には普遍性がある。ローレンスとローシュ（Lawlence & Lorsch, 1967）は，分化と統合を基本命題とし，その同時極大化，すなわち「分化に応じた統合」が環境適応性の高い組織をつくると述べている。組織を取り巻く環境の不確実性が増大するにつれ，組織はそれを構成する部門の構造や組織成員の態度や行動を環境に合わせて多様化しなければならない。しかし，このような分化だけでは統制された組織的なパワーは発揮されないままである。分化が進めば進むほど質の高い統合が必要となる。その際，組織において統合の機能を果たすものは経営理念とそれと首尾一貫した事業ドメインの定義である。事業ドメインとは，事業内容が複雑化し多角化が進展してもなお，市場あるいは技術を軸に「わが社の事業は何か，いかなるミッションを達成したいのか」を定めることである。多角化（分化）していく企業は事業分野の拡大を果たしつつもグループとしてのまとまりを欠くリスクが常にあるが，事業ドメインは企業が経営資源を展開すべき機会集合の関連範囲を特定するから多角化範囲を規定する。したがって事業ドメインの定義はただ広ければよいというわけではない。たしかにドメインの定義を広くしておくことによっていろいろなビジネスチャンスをとらえる可能性が高くなる。一方で，自社の資源とかけ離れた事業までも無統制に始めてしまい経営効率の悪化を招くこともよく見受けられる。それゆえ，事業ドメインの定義には過去からのパターンを読み取り未来に向けた発展の方向を示す戦略意図が内在されなければならない。優れた事業ドメインの定義は組織成員の注意の焦点を絞り，同時に組織への一体感をつくる。

　個人のキャリアの発達課題としての分化と統合は事業ドメインに影響を受ける。組織成員は事業ドメインに応じて組織的に社会化されるし，発展させるべき技能が方向づけられる。また事業ドメインの変化に応じて，出向，転籍，解雇などの転機がもたらされる。それゆえ組織都合で生じるキャリア転機に流されるままでなく，主体的に適応していくためには，労働市場における自分自身のキャリアの存在領域と使命，すなわちドメインを定めることは有意義であろう。このような考え方をキャリア・ドメインとよぶ。キャリア・ドメインが定まっていればキャリアに秩序だったパターンを持つことができるし，これまでの経験の束を統合し未来に向けた展望を戦略的に行えるようになるであろう。

引用文献

Aoki, M. 1988 *Information, Incentives and Bargaining in the Japanese Economy*. Cambridge: Cambridge University Press.（永易浩一訳 1992 日本経済の制度分析—情報・インセンティブ・交渉ゲーム— 筑摩書房）

Bridges, W. 1980 *Transition: Making Sense of Life's Changes*. Reading MA: Addison-Wesley.（倉 光修・小林哲郎訳 1994 トランジション—人生の転機— 創元社）

Briscoe, J. P. & Hall D. T. 1999 Grooming and Picking Leaders Using Competency Frameworks: Do They Work?: An Alternative Approach and New Guidelines for Practice. *Organizational Dynamics*, Autumn, 37-52.

蔡 芒錫 2002 心理的契約の違反と人的資源管理システムの変革戦略 組織科学, **35**(3), 73-82.

Erikson, E. H. 1982 *The Life Cycle Completed: A Review*. New York: Norton.（村瀬孝雄・近藤邦夫訳 1989 ライフサイクル, その完結 みすず書房）

Festinger, L. 1957 *A Theory of Cognitive Dissonance*. Stanford, CA: Stanford University Press.（末永年郎監訳 1965 認知的不協和の理論 誠心書房）

Hall, D. T. 1976 *Careers in Organizations*. Glenview, IL: Scott, Foresman and Company.

花田光世・宮地夕紀子・大木紀子 2003 キャリア自律の新展開 一橋ビジネスレビュー, **51**(1), 6-23.

Hashimoto, M. & Raisian, J. 1985 Employment and Wage Systems in Japan and Tenure and Earnings Profiles in Japan and the United States. *American Economic Review*, **75**, 721-735.

樋口美雄 2001 人事経済学 生産性出版

平野光俊 1999 キャリア・ドメイン—ミドル・キャリアの分化と統合— 千倉書房

平野光俊 2003 キャリア発達の視点から見た社員格付け制度の条件適合モデル—職能資格制度と職務等級制度の設計と運用の課題— 経営行動科学, **17**(1), 15-30.

平野光俊 2004 イオンの戦略連動型人材開発制度 奥林康司・平野光俊（編著）フラット型組織の人事制度 中央経済社 pp. 53-72.

平野光俊 2005 自律型キャリア発達と人的資源管理改革 産業カウンセリング研究, **7**(2), 1-12.

本城 賢・山田英夫 2000 「選択と選抜」の人材マネジメント Works, **40**, 38-43.

今田幸子・平田周一 1995 ホワイトカラーの昇進構造 日本労働研究機構

Itoh, H. 1994 Japanese Human Resource Management from the Viewpoint of Incentive Theory. In M. Aoki & R. Dore (Eds.), *The Japanese Firm: The Source of Competitive Strength*. Oxford: Oxford University Press, 233-264.

神谷美恵子 1980 生きがいについて（神谷美恵子著作集1） みすず書房

金井壽宏 1984 実験主義組織におけるコミットメント 神戸大学経営学部研究年報, **30**, 171-306.

金井壽宏 1996 統合概念にまつわるクロス・レベル・イシュー—個人, 集団, 組織

の発展における「分化に応じた統合」— 組織科学, **29**(4), 62-75.
金井壽宏 1997 キャリア・デザイン論への切り口—節目のデザインとしてのキャリア・プランニングのすすめ— Business Insight（ビジネスインサイト）, **5**(1), 現代経営学研究学会, 34-55.
金井壽宏 2002 仕事で「一皮むける」—関経連「一皮むけた経験」に学ぶ— 光文社
金井壽宏・古野庸一 2001 「一皮むける経験」とリーダーシップ開発 一橋ビジネスレビュー, **49**(1), 48-67.
小池和男 2005 仕事の経済学（第3版） 東洋経済新報社
Kram, K. E. 1988 *Mentoring at Work : Developmental Relationships in Organizational Life.* Lanham, MD : University Press of America.（渡辺直登・伊藤知子訳 2003 メンタリング：会社の中の発達支援関係 白桃書房）
久村恵子 2002 メンタリング 宗方比佐子・渡辺直登（編著） キャリア発達の心理学—仕事・組織・生涯発達— 川島書店 pp. 127-153.
久村恵子・渡辺直登 2003 メンタリングから見たキャリア発達論 一橋ビジネスレビュー, **51**(1), 36-49.
Lawlence, P. R. & Lorsch, J. W. 1967 *Organization and Environment : Managing Differences and Integration.* Boston : Harvard Business School Division of Research.（吉田 博訳 1977 組織の条件適応理論 産業能率短期大学出版部）
Levinson, D. J. 1978 *The Seasons of Man's Life.* New York : Alfred A. Knopf.（南 博訳 1992 ライフサイクルの心理学（上・下巻） 講談社）
McCall. M. W. Jr., Lombardo, M. M. & Morrison, A. M. 1988 *The Lessons of Experience : How Successful Executive Develop on the Job.* Lexington, MA : Lexington Books.
三谷直紀 2003 賃金の「市場化」と賃金制度 日本労務学会第33回全国大会研究報告論集 日本労務学会編 pp. 25-32.
Mitchell, K. E., Levin, A. & Krumboltz, J. D. 1999 Planned Happenstance : Constructing Unexpected Career Opportunities. *Journal of Counseling & Development,* **77** Spring, 115-124.
守島基博 2003 新しい人事の潮流と選抜的能力開発 小野原正巳・鎌田義之・山尾研一（企画・編集） 次世代リーダー・幹部育成のための戦略的選抜教育と人事改革 企業研究会 pp. 3-22.
Mowday, R. T., Porter, L. M. & Steers, R. M. 1982 *Employee-Organization Linkages : The Psychology of Commitment, Absenteeism, and Turnover.* New York : Academic Press.
村上和子 2003 ゼネラル・エレクトリック：次世代経営幹部の育成 小野原正巳・鎌田義之・山尾研一（企画・編集） 次世代リーダー・幹部育成のための戦略的選抜教育と人事改革 企業研究会 pp. 97-112.
Nicholson, N. & West, M. A. 1988 *Managerial Job Change : Men and Women in Transition.* Cambridge : Cambridge University Press.
日本労働研究機構 1998 国際比較：大卒ホワイトカラーの人材開発・雇用システム

—日，米，独の大企業(2)　アンケート調査編（No.101）　日本労働研究機構
小川憲彦　2003　大卒者のキャリア初期段階における衝動的離職プロセス　六甲台論集—経営学編—，**50**(2), 49-77.
岡本祐子　1997a　中年からのアイデンティティ発達の心理学—成人期・老年期の発達と共に生きることの意味—　ナカニシヤ出版
岡本祐子　1997b　中年期のアイデンティティの危機と発達—中年の危機をキャリア発達にどう生かすか—　Business Insight（ビジネスインサイト），**5**(1), 現代経営学研究学会, 20-33.
奥林康司・庄村　長・竹林　明・森田雅也・上林憲雄　1994　柔構造組織パラダイム序説　文眞堂
坂爪洋美　2003　キャリアの危機としての非自発的失業者の再就職活動—臨床心理学的アプローチに基づく心理的課題の探求—　組織科学，**37**(1), 31-43.
Schein, E. H.　1978　*Career Dynamics : Matching Individual and Organizational Needs.* Reading, MA : Addison-Wesley.（二村敏子・三善勝代訳　1991　キャリア・ダイナミクス　白桃書房）
Schein, E. H.　1990　*Career Anchors : Discovering Your Real Values. Revisited edition.* San Diego, CA : Pfeiffer.（金井壽宏訳　2003　キャリア・アンカー—自分の本当の価値を発見しよう　白桃書房）
Schein, E. H.　1995　*Career Survival : Strategic Job and Role Planning.* San Diego, CA : Pfeiffer.（金井壽宏訳　2003　キャリア・サバイバル—職務と役割の戦略的プランニング—　白桃書房）
Staw, B. M.　1980　Rationality and Justification in Organization Life. In B. M. Staw & L. L. Commings (Eds.), *Research in Organizational Behavior,* **2**, Greenwich CT : JAI Press, 45-80.
Super, D. E.　1957　*The Psychology of Careers.* New York : Harper.
Super, D. E. & Bohn, J. Jr.　1970　*Occupational Psychology.* Belmont : Wadsworth Publishing Co.（藤本喜八・大沢武志訳　1973　職業の心理（企業の行動科学6）ダイヤモンド社）
田井久恵　2004　テイジンの女性活躍推進とWINDプログラム　奥林康司・平野光俊（編著）　フラット型組織の人事制度　中央経済社　pp. 35-52.
竹内　洋　1995　日本のメリトクラシー—構造と心性—　東京大学出版会
鑪　幹八郎　2002　アイデンティティとライフサイクル論　ナカニシヤ出版
Warterman, R. H., Jr., Warterman, J. A. & Collard, B. A.　1994　Toward a Career-Resilient Workforce. *Harvard Business Review,* **72**(4), (July-Aug), 87-95.
Weick, K. E.　1979　*The Social Psychology of Organizing, 2nd ed.* Reading, MA. : Addison-Wesley.（遠田雄志訳　1997　組織化の社会心理学（第2版）文眞堂）
山本　寛　2001　昇進の構造（改訂版）—キャリア・プラトー現象の観点から—　創成社

7 職場におけるストレスとその影響

　文化庁による平成14年度「国語に関する世論調査」では,「ストレス」という語を「見聞きしたことがある」という認知率,「意味がわかる」という理解率,「使ったことがある」という使用率のすべてが90％を超え,外来語120語の中で1位であった。また,厚生労働省による平成14年度「労働者健康状況調査」では,仕事上の「強い不安,悩み,ストレスがある」と回答した人が61.5％に達した。このようにストレスはすでに,大いに馴染み深いものになっている。

　心身共に健康で,持てる能力を十分に発揮して就業することは,働く個人にとっても,雇う企業にとっても望ましいことであろう。しかしストレスが高いと,健康が蝕まれたり,本来の能力が損なわれたりする。ストレスの影響は,ちょっとした疲労感や効率の低下といった軽度のものから,大きな健康障害,過労死,自殺といったものまでさまざまである。

　ラザルスとフォルクマン（Lazarus & Folkman, 1984）は,心理的ストレスを害／喪失（harm／loss）,脅威（threat）,挑戦（challenge）の3つに区別した。害／喪失は自己評価や社会的評価においてすでに起こった損失であり,脅威はまだ起こっていないが起こりうる害や喪失のことをいう。最後の挑戦は,数々の困難はあるが利得をもたらしうるものである。このように,心理的ストレスは過去や未来の損失を主とするが,かならずしも悪い影響を与えるものばかりではない。成功の難しい仕事は心身の緊張や疲労を招くが,やりがいや達成感をもたらすし,うまくいけば評価が高まって地位や収入の増加に結びつく。

　したがって心理的ストレスは,仕事や環境から一方的に与えられるのではなく,人がそれにどう関わるかによる。地位の上昇を望む人は難しい仕事の成果や上司の評価に関心があるが,やりがいの問題と捉える人は自分が十分に生か

されているかどうかが重要だろう。金銭を得る手段とだけ考えている人は，解雇されない程度にしか仕事に関わらないようにするかもしれない。ストレスとは人と環境との間の特定の関係であり，人が環境から何かを望まなければ，その関係がストレスフルになることはないのである（Lazarus, 1999）。

とはいえ，環境と独立して人が存在することができない以上，そこで何も望まないということはまずありえず，現実には厳しい就労を余儀なくされる人も多い。したがって，個人に対してにせよ，組織や環境に対してにせよ，ストレスに対する何らかの対策を講じる必要がある。

本章ではまず，仕事状況に限らない一般的なストレス理論を取り上げ，その後，職務ストレスに対象を絞って，その内容を説明する。

7-1. ストレスの理論

以下の3つのストレス理論は，それぞれ大きく性格が異なるが，いずれも生体が生存や適応のために費やすエネルギーや，そのためにどう対応するかに焦点を当てている点で共通している。すなわちストレスの本質は，外部刺激そのものやそれによる損傷ではなく，健康を回復しようとしたり，問題を解決しようとしたりする生体自身の努力にあるといえる。

7-1-1 セリエのストレス学説

セリエ（Selye, 1976）（初版1956年）によれば，ストレスとは「生物組織内に，非特異的に誘起された，あらゆる変化からなる特異な症候群の示す状態」である。彼は生理学者として，もともとは新種のホルモンを発見しようという意欲に燃えていた。ある実験で彼がラットに卵巣や胎盤の抽出物を注入したところ，副腎皮質の肥大，胸腺リンパ系の萎縮，胃壁の潰瘍という既知のホルモンでは説明できない3つの変化が生じた。そこでセリエは，抽出物から新ホルモンだけを取り出そうとしたのだが，それには成功せず，それどころか他の臓器からの抽出物や，毒物の注入でも同じ結果を観察することになった。

結局，彼は新ホルモンの発見をあきらめ，損傷に対する一定の反応メカニズ

ムを明らかにすることをめざすようになる。そして、いかなる疾病、寒冷、暑熱、外傷、心理的苦痛、過激な運動であっても、同じ３つの変化がみられることを確かめ、生体へのあらゆる要求に対応しようとするこうした共通の反応を、汎適応症候群（General Adaptation Syndrome：GAS）と名づけたのである。

セリエはGASを３つの期間からなるものと考えた。それは顕著な急性徴候を示す警告反応（alarm reaction）、それに続いて徴候が消失する抵抗期（stage of resistance）、抵抗を完全に失って生体が崩壊する疲憊期（stage of exhaustion）である。通常のストレスは抵抗期の間に解決するが、もっとも激しいストレスにさらされたときには適応のためのエネルギーを失い、最終的には死に至る。

セリエのストレス学説は、個々の疾病ではない病気全般に共通する本態を見出し、さらには生体の適応のメカニズム全体をとらえようというものであった。刻々と変化する環境に生体が適応しようと思えば、ストレス状態を完全に避けることはできない。しかし、ストレス刺激に対する身体的・精神的反応が過剰であったり不完全であったりすると、その防衛的適応反応によってむしろ高血圧・心臓発作・胃潰瘍といった障害（適応病）が生じるというのである。

7-1-2 ホームズとレイの生活事件研究

ホームズとレイ（Holmes & Rahe, 1967）は、事の良し悪しにかかわらず、日常生活に変化を生じさせる事件に遭遇した後で、もとの生活に戻るためにどれくらいの時間やエネルギーが必要かという点からストレスをとらえようとした。そして394人の健康なアメリカ人に、結婚を500点とするという基準の下でさまざまな出来事の主観的な得点を求め、その平均値を10で割って得られた得点からなる社会的再適応評価尺度（Social Readjustment Rating Scale：SRRS）を作成した。

SRRSには、得点が大きい事件として、配偶者の死（100点）、離婚（73点）、自分のけがや病気（53点）、妊娠（40点）などがあり、軽微なものには、休暇（13点）、クリスマス（12点）などがある。仕事状況に関係する生活事件は多く、失業（47点）、退職（45点）、ビジネスの再調整（39点）、他の仕事への変更

(36点),職場での責任の変化（29点），上司とのトラブル（23点），労働時間や労働条件の変化（20点）がある。そして，過去一年間の生活事件の合計が150～199点なら37％，200～299点なら51％，300点以上なら79％の人に，その後10年の間に大きな健康変化が生じていたことを見出し，生活事件が疾病を生み出すことを明らかにしたのである（Holmes & Masuda, 1974)。

ホームズらの研究は，その後のストレス研究に多くの影響を与えた。しかし，SRRSは①めったに経験しないようなまれな人生事件を扱っているし，完全な生活事件のリストを作るのが難しい（例えば，SRRSには子どもの死などの項目がない)，②病気との実際の相関が予想以上に低く，同じように強烈なインパクトを受けていても，病気を発症するかどうかに個人差があることを説明できない，③同じ出来事であっても個人がそれをどのようにとらえるか（例えば，離婚を悲しむ人もいれば喜ぶ人もいる）や，そこで生じるプロセスの違い（書類に印鑑を押すだけで済むこともあれば，長期の裁判に至ることもある）を考慮していないことが問題であるとされ，こうしたアプローチへの関心は衰退した（Lazarus, 1999）。

7-1-3　ラザルスの認知的ストレス理論

配偶者の死や失業のような事件は，確かに生活を大きく揺るがすだろうから，そのために健康を害することになったとしても不思議はない。しかし現実には，日常の小さな煩わしい出来事が積み重なることで，心身の健康が蝕まれることも多い。また大きな事件は，同時に日常の小さな問題を増やすことも多い（例えば，離婚によってそれまで分担していた家事の負担が増すなど)。ラザルスはこうした日常的混乱（daily hassles）こそが，心理的ストレスの本質であると考えた。そして外部刺激に遭遇しても，個人がそれをどう受け止めるかが重要であるとして，「問題となっている，賭けられている」(at stake) と感じる程度を一次的評価（primary appraisal）と名づけた。

さらにラザルスは，「賭けられている」と感じた事態にどう対処（coping）するかという感じ方や考え方を，二次的評価（secondary appraisal）とよんだ。遭遇した事態がどのような影響を及ぼすかは，一次的評価と二次的評価の

相互作用から決まるが、ラザルスは特に後者の役割を重視した。対処は「個人の資源に重い負担をかけたり超えてしまうと評価される、特別な外的ないし内的な要求を適切に処理しようとする、絶えず変化していく認知的あるいは行動的努力」と定義されている（Lazarus & Folkman, 1984）。

対処には大きく分けて、苦痛をもたらす問題を処理し、変化させていくという問題中心型（problem focused）と、苦痛をもたらす問題に対する情動的な反応を調節していく情動中心型（emotion focused）がある。例えば、情報を集めたり、計画を立てたりすることは問題中心型対処であるが、問題について考えるのを避けたり、自分の気持ちをなだめたりすることは情動中心型対処である。

ストレスを引き起こす原因自体をなくすことができれば根本解決に至ることから、通常は問題中心型対処の方が有効であると思われる。しかし、解決不能な問題に遭遇したときは、それに取り組んで疲労するよりも、情動の調整や逃避の方が健康に好ましい影響を与えることも知られている（Folkman & Lazarus, 1985など）。すなわち、どのような対処方法が、いかなる効果を持つかは、ストレスの性質やそれが生じた文脈による（Oakland & Ostell, 1996）。

ラザルスの理論は、人間と環境との相互作用を重視している点が特徴であり、心理的ストレス研究の中心となった。また彼の考えはその後、①ストレスを引き起こす状況で怒り、羨望、嫉妬、不安、恐怖などの情動が生じること、②対処が情動的覚醒のプロセスの不可欠な一部分であることから、ストレスと対処を含む情動を上位においた、統一的な理論として発展した（Lazarus, 1999）。

7-2. ストレスの影響

ストレスが生活を乱したり、さまざまな疾病をもたらしたりすることが、一般にもよく知られるようになってきた。ここでは、身体、心理、判断・行動の3側面から、ストレスの影響について説明する。

7-2-1 身体面への影響

　ストレスを感じると，脳は自律神経系や内分泌系を通じて身体器官の活動を変化させる。自律神経系には交感神経と副交感神経があり，消化，栄養摂取，酸素吸入といった生存に不可欠な内臓の働きを調整する。ストレスによって交感神経系が緊張すると，心臓の動きが速くなって酸素を多く取り込み，通常よりも糖分の多い血液が筋肉に送り込まれる。また血圧が上昇し，血液凝固時間は短縮する。一方，副交感神経系が緊張すると，血液が消化管や内臓に集まり，呼吸は安らかになる。慢性的なオーバーワーク状態は交感神経系の緊張を持続させるため，心臓発作や脳卒中の原因になる高血圧などを招く。

　内分泌系はストレスに対応するために，コルチゾルなどのホルモンを血液に分泌して，免疫・筋肉機能など各器官の働きを促す。神経系は神経伝達物質によって迅速で短期の反応が生じるが，ホルモンの影響はそれより遅く達し，長期間作用する。ストレスが持続するとホルモンの分泌が過剰になり，高血圧，筋組織の損傷，糖尿病，不妊症，免疫系の機能低下などの悪影響を生体に及ぼす。

　免疫系は，体内に侵入した自分以外の異物を識別して破壊・排出を行う。しかし持続的なストレスを受けている人は免疫の働きが弱くなり，風邪などにかかりやすくなる（Cohen et al., 1998）。また怒りなどの否定的な感情を抑制する人の方が，がんの発生率が高いことも知られている（古宮，2001）。

　ストレスによって，身体的な障害が生じたのが心身症である。心身症には，循環器系（本態性高血圧など），消化器系（消化性潰瘍など），呼吸器系（過呼吸症候群など），泌尿器系（頻尿など），皮膚系（アトピー性皮膚炎など）など，さまざまな部位の疾患が含まれる。心身症は体の病気であるが，心理・社会的な原因が絡んでいるため，心と体の両面への対応が必要である。

7-2-2 心理面への影響

　心理面としては恐怖，動揺，緊張，怒り，混乱，焦燥などの情動が生じる。また不安や抑うつが長期化して，日常生活に支障をきたすようになることもある。うつ病などの精神疾患を理由として，2003年度に労働基準監督署に出され

た労災補償の請求数は438件にのぼり，そのうち108件が労災認定された。この数はどちらも過去最高であり，近年うつ病が増加していることをうかがわせる。

うつ病の特徴は，落ち込みや憂うつといった抑うつ気分，絶望感，悲哀感であるが，睡眠障害（入眠困難，中途覚醒，早朝覚醒），意欲や気力の低下，食欲不振もよく認められる。また，頭痛や腹痛などの身体症状を伴うことも多い。さらに，うつ病は自殺につながることがある。1990年代後半から，わが国では中高年の自殺者が増加している。これは企業の倒産やリストラ，経済状況の悪化，過労などから，うつ病の発症が多くなったことと関係すると考えられている。治療は休養と薬物療法がもっとも重要であるが，うつ病のタイプによっては認知療法（cognitive therapy）などの心理療法も有効である。

7-2-3　判断・行動への影響

ストレスによって，食事や睡眠などの生活習慣が乱れることは多い。また，アルコールや喫煙の増加，ギャンブルへの耽溺がみられることもある。仕事関係では，意欲が低下する，遅刻や欠勤が多くなる，ミスが増えるなどがある。

ストレスによって不安や動揺が生じると，安定を欠いた内部状態への対応に追われて外部への対応に十分に力を注げなくなる（池田，1986）。そのために，判断や決定のプロセスの質が低下する。例えば，ストレス状況下では非ストレス状況下よりも，順序を考えずに選択肢を手当たり次第に検討したり，すべての選択肢を検討する前に判断を下したりするようになり，その結果，正答数が少なくなる（Keinan, 1987）。したがって問題解決に役立たなかったり，ミスをして新たなストレス事態を生み出したりするという悪循環を招くことがある。

7-3. 職務ストレスのモデル

職務ストレスと健康との関係は，原因が明確でなかったり，複合的であったりして，はっきりととらえられないことも多い。しかしストレスへの効果的な介入を考えるためには，要素間の関係をモデル化して把握することが有益である。

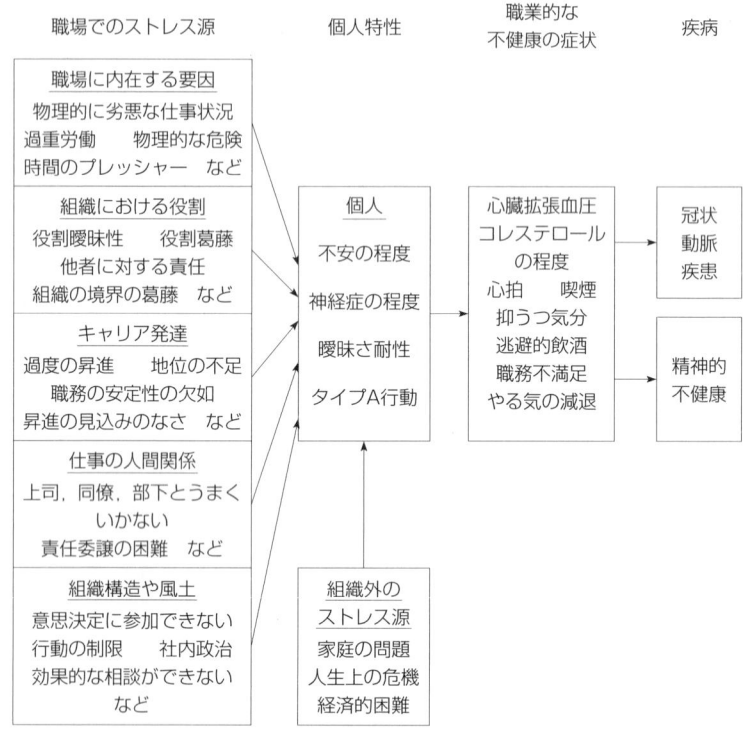

7 職場におけるストレスとその影響

```
職場でのストレス源          個人特性      職業的な         疾病
                                    不健康の症状

┌─────────────────┐
│ 職場に内在する要因        │
│  物理的に劣悪な仕事状況   │
│  過重労働  物理的な危険   │
│  時間のプレッシャー  など │
├─────────────────┤      ┌──────┐    ┌──────┐    ┌──────┐
│ 組織における役割         │      │ 個人  │    │心臓拡張血圧│   │ 冠状  │
│  役割曖昧性 役割葛藤     │      │不安の程度│    │コレステロール│  │ 動脈  │
│  他者に対する責任        │      │      │    │の程度    │    │ 疾患  │
│  組織の境界の葛藤  など   │─→  │神経症の程度│→ │心拍 喫煙 │→ └──────┘
├─────────────────┤      │      │    │抑うつ気分 │   ┌──────┐
│ キャリア発達             │      │曖昧さ耐性│    │逃避的飲酒 │   │ 精神的 │
│  過度の昇進 地位の不足    │      │      │    │職務不満足 │   │ 不健康 │
│  職務の安定性の欠如       │      │タイプA行動│   │やる気の減退│  └──────┘
│  昇進の見込みのなさ など  │      └──────┘    └──────┘
├─────────────────┤
│ 仕事の人間関係           │
│  上司, 同僚, 部下とうまく │
│   いかない              │
│  責任委譲の困難 など     │
├─────────────────┤      ┌──────┐
│ 組織構造や風土           │      │組織外の│
│  意思決定に参加できない   │      │ストレス源│
│  行動の制限 社内政治      │      │家庭の問題│
│  効果的な相談ができない   │      │人生上の危機│
│      など              │      │経済的困難│
└─────────────────┘      └──────┘
```

図7-1　クーパーとマーシャルの因果関係モデル
（Cooper & Marshall, 1976より作成）

7-3-1　因果関係モデル

　クーパーとマーシャル（Cooper & Marshall, 1976）は，先行研究のレビューから仕事のストレスを説明する因果関係モデルを提案した（図7-1）。このモデルは，組織内外のストレス源が個人特性によって調整されて不健康の徴候に至り，最終的には心臓病や精神的不健康などに結びつくと考えている。

　クーパーとマーシャルのモデルは，広範囲に及ぶ組織ストレスを含む包括的なものであり，多くの研究を生み出した。またこのモデルを修正する形で，いくつかの異なるモデルが作成されることになった。しかし，モデルとしての厳密さに欠けていて検証の対象にならないことから，その有用性には疑問が持た

れている（渡辺・矢冨, 1999）。

7-3-2　個人-環境適合モデル

個人-環境適合モデル（person-environment fit model; French, Rodgers & Cobb, 1974）では，ストレスは人と環境との不適合によって生じると考えている。例えば，職務が要求する仕事の質や量が個人の能力を上回っていたり，逆に高い能力に見合った仕事が与えられなかったりするとストレスになる。

環境と人は，個人の知覚による主観的な報告と，それとは独立した客観的な測定によってとらえることができる。したがって，①客観的な個人と客観的な環境，②主観的な個人と主観的な環境，③客観的な環境と主観的な環境，④客観的な個人と主観的な個人の4つの適合が問題となる。当初はこの4つの適合の程度が高いほど精神的に健康であると考えられていたが，後に修正され，主観的な個人と主観的な環境の適合だけが強調されるようになった（Edwards *et al.*, 1998）。

7-3-3　要求-コントロールモデル

要求-コントロールモデル（job demand-control model; Karasek, 1979）は，仕事の量や時間的制約といった仕事の要求度（job demand）と，それに対して決定権や能力をどの程度持っているかという裁量度（job decision latitude）との関係から，ストレス反応が決められると考えている。すなわち，要求度が低くて裁量度が高いとストレス反応は低くなり，逆に要求度が高くて裁量度が低いとストレス反応が高くなる。北岡ら（2004）はバーンアウト（7-5-2参照）研究から，仕事の多さやプレッシャーなどの要求が疲弊感を高めるが，裁量権や自身の技能の活用といったコントロールは，疲弊感や仕事から距離を置こうとする態度を減少させ，職務に対する効力感を向上させることを報告している。

7-4. 職務ストレスの諸要因

図7-1にあげられたストレス源のいくつかを、もう少し詳しく見てみよう。

7-4-1 労働環境

　物理的な職場環境として、光や空気、温度や湿度が不快なものであれば、ストレスを感じるのは当然である。これらは心理的にも生理的にも就業者に害を及ぼすことになる。また仕事の量が多すぎたり（量的負荷）、難しすぎたり（質的負荷）することは疲労や緊張を増大させる。長時間労働は単純に休息時間の短縮化を招く。十分に回復しないまま仕事を続けなければならないとしたら、心身共に疲労が蓄積するのも当然である。

　わが国の労働時間の長さは、過労死を導くとして大きな社会問題になってきた。寶珠山（2003）によれば、過重労働が死亡を引き起こしたり、死亡リスクを増大させたりすることを直接示した研究はないものの、血圧上昇や心電図異常などとの関連は示されている。また突然死の発生が4月や決算期といった繁忙期に多いことからも、過重労働がその原因であることがうかがわれる。

　製造業や病院など多くの産業では、夜勤やシフトワークが実施されているが、夜勤の数や長さが増えると身体的疲労が激しくなり、家族や友人との関係を良好に維持することが困難になる（Daus *et al.*, 1998）。また福川ら（2003）は、日勤のみの看護師よりも交替勤務に従事する看護師の方が、睡眠時間や疲労・混乱といった気分の変動が大きいことを報告している。

　近年、携帯電話やモバイルコンピューターの普及によって、就労時間外でも仕事から完全に解放されないという状況が生じるようになった。シフトワーカーとして位置付けられていない働き手にも、実質的に不規則で長時間の就業を強いるため、こうしたストレスの問題は今後さらに強まるものと思われる。

7-4-2 職場の人間関係

　厚生労働省による平成14年度「労働者健康状況調査」では，強い不安，悩み，ストレスの内容として，「職場の人間関係の問題」が35.1%に達し，「仕事の量の問題（32.3%）」や「仕事の質の問題（30.4%）」を退けてトップであった。また近年，いじめやセクシュアル・ハラスメントが大きな社会問題になっている（8章参照）。職場はさまざまな年代，多様な役割や立場の異なる人間が集まることから，人間関係の葛藤が生じやすい。ただし人間関係はストレスの原因になると同時に，ソーシャル・サポート（7-6-2参照）の源泉にもなる。

　宝酒造が2004年3月に発表した「ライフスタイルと飲酒」に関する調査によると，独身者が一緒にお酒を飲みに行く相手は，男女とも「学生時代からの友人・知人」が6割以上を占めてトップで，「同じ部署の上司」は2割弱と少なかった。かつては「ノミュニケーション」が世代間の交流の場となっていたが，今日では宴会や社員旅行といった職場の延長での私的な交流を設けることで，人間関係を維持・改善することは期待できない。

　村上（2003）は職場でのストレス対策として，積極的傾聴（active listening）を管理監督者が学ぶことを薦めている。積極的傾聴ではただ相手の話を受身的に聴くのではなく，話し手と話の内容に強い関心を持ち，生じた感情を否定せずに受け入れる。こうした姿勢があると，部下は個人として尊重されているという意識が高まり，職場の雰囲気が変わる。このような仕事に直接関わる交流の中で，人間関係を改善していこうとすることが有効であると思われる。

7-4-3 役割曖昧性と役割葛藤

　期待された役割に伴うストレスには，役割曖昧性（role ambiguity）と役割葛藤（role conflict）の2つがある（House & Rizzo, 1972）。役割曖昧性とは期待される役割が明確でないことで，そのために自身の行為の結果やその予測がはっきりしなくなる。特に新しい職務は，どのような役割を果たすべきかについての経験が蓄積していないため，曖昧になりやすい。

　一方，役割葛藤とは役割に伴う期待が矛盾していたり，不一致であったりす

ることから生じる。これは，同時に複数の役割に従事し，それらが両立しないような状況で起こりうる。例えば中間管理職の場合，上司の部下としての役割と自分の部下のリーダーとしての役割を同時に果たさなければならず，板挟みになりやすい。金井・若林（1998）では，役割曖昧性が企業における個人の充実感ややりがいを損ない，役割葛藤がうつ傾向や不安傾向と関連していた。

フォンタナ（Fontana, 1989）によれば，役割葛藤も役割曖昧性も共に二重拘束（double-bind）的である。役割が不明確であると，自ら率先して行動しなかったときに「それはあなたがするべきだった」と責められる。しかし逆に率先してやると「越権行為だ」などと非難されたりする。また生産性の向上やコストダウンと，安全性や品質の向上といった2つの要求を同時に満たすことは難しく，葛藤が生じる。これらの場合，どちらの行動を取っても，結果はだめであるということになるので，不可避的にストレスが生じるのである。

また役割が曖昧であると，組織の成員はできるだけ責任から逃れようとするようになる。そのため，周囲からの非難・怒り・疑い・不信を招き，組織内の対人関係が悪化する（Erera, 1992）。一方，会議のような組織における決定機会に参加できると，職場環境の変化に関われると感じるようになって役割葛藤が低下したり，自分の役割を他者がどのくらい理解しているかがわかるようになって役割曖昧性が低くなったりする（Jackson, 1983）。単なる参加だけでなく，自分が周囲に受け入れられているとか，組織に貢献しているということがわかれば，役割ストレスはより低下するだろう。

7-4-4　家庭生活との葛藤

仕事と家庭の両立が難しく，どちらか一方の要求がもう一方における達成を阻害する状況をワーク・ファミリー・コンフリクト（work-family conflict）とよぶ。金井（2002）の研究では，ワーク・ファミリー・コンフリクトは，男性よりも女性に多く，家事と仕事の両立が難しいことがうかがえるものの，一方が他方に流出する（spillover）ことでメンタルヘルスが悪化するという証拠はほとんどみられなかった。しかし小泉（2004）は，仕事のために家族とくつろぐ時間がなくなったというような仕事から家庭への負の流出は，「夫婦間の

意見不一致」や「子育てストレス」を高めることで，間接的に抑うつ傾向を悪化させると述べている。わが国では共働き家庭が増えているが，伝統的な性役割観から完全に脱しきれたわけではなく，家庭から職場へ進出していく立場の女性の方が，ワーク・ファミリー・コンフリクトの深刻な影響を受けている。

なお小泉（2004）の研究は，仕事のストレスは就業者本人だけでなく，家族や周囲にも影響することを示唆している。ジャクソンとマスラック（Jackson & Maslach, 1982）も，バーンアウト（7-5-2参照）に陥った警察官が，家で狼狽，怒り，緊張，不安を示し，家族と離れて時間を過ごすことが多いことから，家族が仕事のストレスの犠牲になっていると述べている。家族へ悪影響が及ぶと，結果として家族からの支援を失うことになるので，さらにストレスを増すという悪循環を招いて事態が深刻化する。

7-5. 現代社会における新たな職務ストレス

OA化やIT化の進展によって，コンピュータを用いる作業が増えている。また高齢化の進展に伴って，医療・福祉領域の就労者が急増している。ここではコンピュータプログラムという論理性を第一に求められる仕事と，理屈がかならずしも通らない人間相手の仕事という，対極的な特徴をもつ職種のストレスについて説明する。

7-5-1　テクノストレス

テクノストレスには，論理的に割り切れるもの以外は受けつけないというように，コンピュータの思考様式に過剰適応したテクノ依存症（techno-centered）と，技術革新についていけず，取り残されるのではないかというテクノ不安症（techno-anxious）がある（Brod, 1984）。これらは共に，コンピュータにのめり込みすぎて，人と情緒的に接することを嫌うようになるという特徴が見られるが，依存症ではそれを当たり前として受け入れてしまうのに対して，不安症では苦痛に感じ，何とかしようと焦るという違いがある。

朝倉（2002）は，ソフトウェア技術者の主なストレス源を以下のようにまと

めた。それは，①仕事の量的負担（長時間労働を余儀なくされる），②時間的切迫（締め切りに追われる），③仕事の質的負担（技術的に難しかったり，一回性の仕事が多くて経験を次に生かしにくかったりする），④技術革新の速さと広がり，技術の細分化（次々に生み出される新しい技術に遅れないようにしなければならない），⑤仕事の自由裁量の低さ（本人の意向や技術特性を無視して仕事が配分されたりする），⑥キャリア・将来像の未確立（会社での昇進や将来性への見通しが持てない），⑦仕事から得られる報酬の不足（技術者としての誇りが得られなかったり，給与決定や業績評価が公正でなかったりする），⑧プロジェクト・チームの管理・運営とサポート体制整備の難しさ（複数人により異なる技術を組み合わせてソフトウェアを開発するので，仕事の配分・進行の管理が難しい），⑨ユーザーとの関係の難しさ（ユーザーがソフトウェア開発について十分に理解していないことがある），⑩パーソナリティ特性（ミスが許されないことからくる強迫性がある）である。これらを原因として，抑うつなどの精神的健康の問題が生じているが，ソフトウェア技術者は小規模事業所に勤めていることが多いため，ストレス対策がなされにくいのが現状である。しかし今後は，労務管理制度を充実させたり，メンタルヘルスやキャリア形成のための教育機会を設けたりするなどの対策を進める必要がある。

　なお，コンピュータを用いる業務が多くなったことからソフトウェア開発者でなくても，長時間にわたってコンピュータ画面を見つめるVDT作業に携わる者が増えている。そのために，視機能に関する症状（視力の低下，目の疲れやかすみなど）や筋・骨格系に関する症状（頭痛，こりなど）に加え，時間の感覚がなくなったり，邪魔されることに我慢できなくなったりする「のめりこみ」といった状態が，多くの作業者にみられるようになっている（林，2002）。VDT障害に関しては，職場の物理的環境の改善や長時間労働への対策を講じることで，身体的負担を少なくすることが必要である。

7-5-2　バーンアウト

　医療・保健・福祉といった対人援助の仕事は，自らに生じた問題を独力で解決することが難しい人びとに対して，何らかのサービスを提供する。しかしそ

の問題はしばしば曖昧でとらえがたく，明快に解決しないことも多い。また援助者が最適と考える方策と利用者の希望とが一致するとは限らず，さらには限られた資源を配分することが求められるので葛藤が生じやすい。加えて，こうした仕事は一般に労働時間が長かったり，不規則であったりする上に，多職種からなるために，人間関係の問題も生じやすい。このように対人援助の仕事には，7-4節に示した職務ストレスの諸要因が数多く存在する。

　こうした職業のストレス症状として，バーンアウト（burnout）が知られている。バーンアウトは，人を相手に働く過程で心理的なエネルギーを使い果たしたという情緒的疲弊感（emotional exhaustion），サービス利用者の人格を尊重せず，冷淡な態度を示すようになるという非人間化（depersonalization），するべきことを成し遂げたという気分が感じられないという個人的達成感（personal accomplishment）の低下の3次元からなるとされる（Maslach & Jackson, 1981）。対人援助職は利用者の苦しみや悲しみにさらされることから，相手の感情に敏感であったり，自分の本当の感情を抑えることが求められたりする。荻野ら（2004）は看護・介護職での調査で，感情への敏感さが情緒的疲弊感と，本音と異なる感情を表出することが非人間化と関連することを報告している。

　ただし，看護職を対象に研究を行った東口ら（1998）は，わが国では労働条件が悪いために心よりもまず身体が先に疲労すると述べている。バーンアウト研究は，ストレスの悪影響が働く人自身だけでなく，そのサービスを受ける人にも及ぶことを指摘した点で意義深い。しかし，その概念や測定の仕方に問題があるとの批判がなされていることから，今後研究を一層精緻化し，援助者と被援助者の双方を守るための対策を充実させる必要がある（増田，1999）。

　なおバーンアウト概念は当初，対人援助職だけを対象にしていたが，今日ではサービスの受け手と直接接触のないような職種にも適用されるようになった。この場合，バーンアウトは疲弊感（exhaustion），仕事から距離を置くシニシズム（cynicism），職務効力感（professional efficacy）の3次元で構成される（北岡ら，2004; Maslach et al., 1996）。

7-6. ストレス・マネジメント

ストレスのプロセスは，図7-2のように単純化してあらわすことができる。ここではこの図式に沿って，ストレス・マネジメントについて簡単に説明する。

7-6-1 個人への介入

以下にあげたストレス・マネジメントの方策には，ストレスに悩む人を治療者が一方的に治すというのではなく，セルフコントロールの方法を当事者が積極的に学習するという姿勢がある。私たちは生活を営む上で，ストレスを生じさせる問題を完全に避けることはできないし，必ずしもそうすべきではない。むしろストレスは解決できるものであることを学び，問題が出たらそこで解決してゆけばよいという考えを身につけることで，ストレスによる悪影響を被ることなく，建設的な生き方をめざすことが望ましい。

(1) **ストレス反応への介入** ストレス状況下では精神・身体面での緊張がみられる。そこで自らの力でこの緊張を解き，リラックス状態を導くことで，ストレスの悪影響を減じたり，予防したりすることができる。まず，ストレス

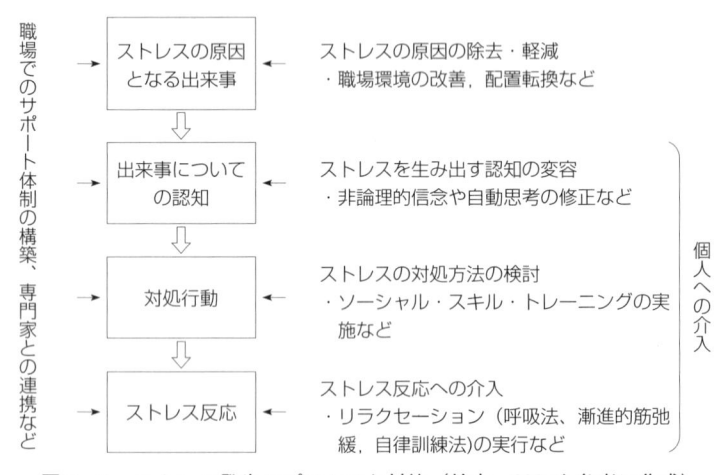

図7-2 ストレス発生のプロセスと対策（鈴木，2004を参考に作成）

状況下では呼吸が速くなったり，酸素を十分に吸入できなくなったりする。そこでゆっくりと安定した腹式呼吸を学ぶことでリラックスを得ることができる。

次にストレスがあるときには，体の各部位の筋肉の緊張やこわばりがある。これを1つずつほぐしていくのが，漸進的筋弛緩（progressive muscle relaxation）である。また自律訓練法（autogenic training）では自己暗示の公式を用いて，心身のリラクセーションを導く。こうしたリラクセーション法の具体的な習得・実行の仕方は，五十嵐（2001）に詳しい。

(2) **認知への介入**　認知の変容に焦点を当てた心理療法では，特定の認知パターンがストレスを生じさせると考えている。例えばエリスによる論理情動行動療法（rational emotive behaviour therapy）では，人を悩ませるのはストレスの原因となる出来事それ自体ではなく，その人が習慣的に用いている非論理的な信念（irrational belief）であると主張している（Abrams & Ellis, 1996）。

非論理的信念とは，事実に基づかなかったり，論理的な飛躍があるような考え方である。例えば，「絶対に〜すべき」という考え方にとらわれると，現実は往々にしてその通りにならないために苦しむことになる。これを「〜にこしたことはない」という柔らかい考え方に変えると，実現しなくても極端に自分を追い詰めることはない。すなわち非論理的な信念は自分で自分を苦しめる思考のパターンであり，これを修正して現実的で柔軟な見方を身に付けることで，ストレスを軽減させようというのである（9章，9-3-2参照）。

(3) **対処方法の検討**　ストレスを生み出すような不適切な社会的行動は，基本的には学習によって獲得したものであり，適切なスキルを学び直すことで解決することができる。例えばストレスに悩む人は，言いたいことが言えなくてネガティブな感情を内に溜めてしまったり，うまく伝えられないことで対人関係を悪化させたりすることが多い。しかし，自分の意見や気持ちを我慢せずに，その場に合った適切なやり方で表明するスキル（アサーション）を身につければ，対人場面でのストレスにうまく対処できるようになる。

ソーシャル・スキル・トレーニング（social skill training）では，教示（重要性に気づかせながらことばでスキルを教える），モデリング（スキルの見本を見せて真似させる），ロールプレイ（頭の中や実際の行動で何度も繰り返し

て練習する），フィードバック（やってみたことを褒めたり，修正したりして，やる気を高める），ホームワーク（練習したスキルを実際の場面で使えるようになるために宿題を課す）という一連のセッションを通じて，こうしたスキルを学習する（渡辺, 1996）。

7-6-2 職場のサポート

シャインら（Shinn et al., 1984）は，仕事のストレスに対しては個々人の対応では限界があり，組織的集団的な支援の方が効果があると述べている。ストレスが健康に大きな影響を与えることが知られるようになり，また労働者の精神障害や自殺に対して労災認定を求めることが増えたことから，企業でも対策を講じるようになってきた。10章で企業による職場復帰支援などについて説明しているので，ここでは予防という点から特に重要な，ソーシャル・サポート（social support）と危機介入（crisis intervention）について取り上げる。

(1) ソーシャル・サポート　職場の人間関係が良好であることは，組織活動を順調にし，個人の健康や適応にも好ましい影響を及ぼすだろう。まず，どのような人から受けるサポートが効果的であるかについては，同僚，配偶者，友人よりも，上司による支援がもっとも有効であるという報告が多い（Etzion, 1984; Russell et al., 1987など）。すなわち上司のリーダーシップ（4章，4-4参照）のあり方が，部下のストレスに影響を与えるのである。

ソーシャル・サポートの内容は，道具的サポートと社会情緒的サポートの2つに大別できる（浦, 1992）。道具的サポートは，ストレスを解決するのに必要な資源を提供したり，その人が自分でその資源を手に入れることができるよう情報を与えたりするような働きかけである。そして，社会情緒的サポートは，ストレスに苦しむ人の傷ついた自尊心や情緒に働きかけてその傷を癒し，自ら積極的に問題解決にあたれるような状態に戻そうとする働きかけである。

ソーシャル・サポートがどのように働くかについては，ストレスに伴う困難や苦悩を直接和らげたり，予防したりするという直接効果説と，ストレスが高いときに症状を悪化させないという緩和効果説がある。サポート提供者がいるかどうかや，その人数の多少といったネットワークサイズは直接効果を，サポ

ートの入手可能性の期待についての知覚は緩和効果を示す傾向がある（Cohen & Wills, 1985）。ただし，ストレスレベルが高すぎると，サポートの効果がなくなるという限界があることも指摘されている（浦，1992）。

職場での支援関係は，組織全体の影響を受けたり，逆に組織の雰囲気に影響を与えたりするだろう。職場不適応の説明として「社風に合わない」ということばがしばしば発せられるように，就業者に感じられる組織の雰囲気もまたストレスと関係する。金井・若林（1998）では，メンタルヘルスへの理解が浸透している職場では，役割葛藤が高くても成員のストレス反応が高くならないという結果が得られた。したがって，教育や知識の普及によって，こうした組織風土（4章，4-2-2参照）を醸成していくことが，職場のストレス対策として有効である。

(2) **危機介入**　昇進による責任の増大や配置転換などの変化は，時に強いストレスになることがある。こうしたストレスに対して人はまず，以前から用いてきた対処方法で解決しようとするが，それがうまくいかないと，緊張，不安，無力感が増大して危機（crisis）に陥ることになる。危機そのものは病気ではなく，それを乗り越えることで好転するか，慢性化して病的状態へと陥ってしまうかの分かれ目である。しかし，自分ではどうすることもできないという心細い気持ちになって，通常より効果的な行動がとれなくなる（山本，1986）。

危機状態は時間的に短く，せいぜい5，6週間ぐらいまでであるが，当人が適切に行動できなくなっているので，周囲の迅速なサポートがないと病的状態に進みやすくなる。危機について十分に理解していれば，専門家でなくてもある程度の介入が可能であるが，職場がメンタルヘルスに対して理解があれば，専門的援助に早期に結びつけることができ，より効果的な予防が可能になる。

危機介入は，危機状態にいる人の心の内面を深く探って根本的に問題を解決するというよりは，その人のパーソナリティ資源のポジティブな側面と，ソーシャル・サポートなどの外部資源を積極的に利用することで，とりあえず以前のような均衡を回復させることをめざしている（山本，2000）。こうした均衡に戻ることで，多くの人が再び自力で自分の問題を解決できるようになるのである。

7-6-3 さいごに

ストレスに悩まされることは，かならずしも自己管理の欠如を示しているわけではない。それどころか，なまじストレスマネジメントがそこそこできて，過酷な状況に耐え続けることができたために，長期的にはかえって心身に深刻なダメージを負ってしまうこともある。またセルフケアだけを強調して，組織や環境の改善を怠ることは，問題の再発，悪化，長期化を招くことにもなる。

本来，セルフケアはセルフコントロールの増大をめざしており，それは環境に合わせて適応するだけでなく，より良い環境を選び取ったり，改善していったりする能力を向上させることも含んでいる。個々人が自分の可能性を十分に発揮して働いていこうとすれば，周囲との軋轢が生じることもあるだろう。このとき，環境と個人の両方に働きかけることで不適合を改善し，双方にとってより良いあり方を探っていくことがめざされなければならない。

コラム　タイプA

本稿では取り上げなかったが，図7-1に示されているような，ストレスに関連する個人特性についても多くの研究がなされている。その中で，特に仕事状況と関連が深いのはタイプA（type A）であろう。タイプAは，狭心症や心筋梗塞などの虚血性心疾患になりやすいパーソナリティとして，フリードマンらによって提唱されたもので，次のような特徴がある（Friedman & Rosenman, 1959）。

①目標を達成するための強い，持続的な衝動
②競争への深い傾倒と熱望
③承認と昇進への一貫した欲求
④締切りに常に追われることによる，複数の多様な役目への絶え間ない没入
⑤身体的・心理的機能の遂行のテンポを増大させようとする習慣的傾向
⑥異常なまでの用心深さ

こうした特性を持った人は，時間に追われながら，完全無欠な結果を自らに要求するので，ストレスが昂じやすい。そしてその結果，血清コレステロール値が高くなったり，血液凝固時間が短くなったりするなどして，心疾患の危険性が高まると考えられているのである。しかし，フリードマンとローゼンマン（Friedman & Rosenman, 1974）によると，彼らがタイプA研究に至り，周囲に認められるようになるまでの経緯は決して簡単なものではなかったようである。

彼らは心臓専門医として，1940年代から患者を診ており，他の医者と同様に，動物性脂肪やコレステロールが低い食事，運動，禁煙を患者に指導してきたのだが，これらは十分な効果をあげなかった。そして，この間にある患者が自分の病気の本

当の原因はストレスにあるのではないかと述べたり、クリニックの待合室の椅子を修理した職人が、（おそらく患者が苛立って動くことで）「椅子の前端だけが擦り切れている」と述べた事を大して気に留めなかったという。

その後彼らは、食事のコレステロールや脂肪分と虚血性心疾患の発症との関係について、否定的な結果を得た研究がかなりあることに気が付く。また彼ら自身の研究でも、白人男性の方が白人女性よりも虚血性心疾患の発症率が高い理由を、食事内容の違いに求めることができないという結論を得た。さらに周囲に心臓発作を起こした人がいる人に、発作前に認められた現象や習癖について尋ねたところ、「過度の競争と締切りに間に合わせること」と回答した人が70％に及ぶという結果を得たことから、ようやくストレスを疑うようになるのである。

そしてフリードマンらは、納税期限が迫った会計士（すなわち時間の切迫感が高まった人たち）に、虚血性心疾患に関する危険な徴候が見られたことを学会で報告するのだが、他の研究者たちはこれに対して懐疑的であり、もしその主張が正しいのなら、虚血性心疾患の兆しが認められない人たちから、誰が将来発病するのかを予測できるはずだといった意見が出されるのである。

フリードマンらはこれを受け、さまざまな企業で働く人々を10年近く追跡調査した。すると、タイプA行動パターンを示す人たちの方が、そうでない人たちよりも2倍以上も虚血性心疾患にかかっていた。そしてその後のさまざまな研究から、すでに虚血性心疾患を患っている人々にタイプA行動がしばしばみられることや、タイプA傾向のある者に冠状動脈の生化学的な異常が多く認められ、実際に発症する者が多いことを明らかにしていくのである。

こうして、タイプA行動が虚血性心疾患に影響することは確実であると思われるようになり、大きな注目を浴びることになったのである。しかし近年、タイプAと虚血性心疾患との関係を否定する研究が目立つようになり、また、タイプA行動全体ではなく、その中の敵意だけが危険因子であるといった報告がされるようになって、今やタイプA研究は衰退してきている。

タイプA行動は、自らに時間のプレッシャーをかけ、多くの仕事をこなそうとすることから、職業人として望ましいことに思われるかもしれない。しかし、リスクを冒しやすかったり、目の前の仕事をきちんと終える前に次の仕事にも取り組もうとしたりするので、仕事の質が常に高いとは限らない。むしろタイプAは、現代の資本主義社会が効率を過度に重視し、大量生産・大量消費を良しとすることに対する、個人の過剰な適応であるといえる。

最近、「スローライフ」という語がマスコミで目につくようになったが、これはタイプAの反対で、急がず焦らず怒らない生活を心がけようというものである。仮にタイプAが健康と何ら関係がないという結論が得られたとしても、こうした行動傾向の有無について自らを問うことは、生きることや働くことの意味を見直す良い機会になると思われる。

引用文献

Abrams, M. & Ellis, A. 1996 Rational Emotive Behaviour Therapy in the Treatment of Stress. In S. Palmer & W. Dryden (Eds.), *Stress Management and Counseling : Theory, Practice, Research and Methodology.* Cassell Ltd.（内山喜久雄監訳　2002　ストレス治療と論理情動行動療法（REBT）ストレスマネジメントと職場カウンセリング　川島書店　pp. 77-96.）

朝倉隆司　2002　産業・経済変革期の職場のストレス対策の進め方　各論4．事業所や職種に応じたストレス対策のポイント　ソフトウェア技術者のストレス対策　産業衛生学雑誌，**44**, 117-124.

Brod, C. 1984 *Technostress.* MA : Addison-Wesley.（池央耿・高見浩訳　1984　テクノストレス　新潮社）

文化庁　2002　平成一四年度国語に関する世論調査

Cohen, S. & Wills, T. A. 1985 Stress, Social Support, and the Buffering Hypothesis. *Psychological Bulletin,* **98**, 310-357.

Cohen, S., Frank, E., Doyle, W. J., Skoner, D. P. & Rabin, B. S. 1998 Types of Stressors that Increase Susceptibility to the Common Cold in Healthy Adults. *Health Psychology,* **17**, 214-223.

Cooper, C. L. & Marshall, J. 1976 Occupational Sources of Stress : A Review of the Literature Relating to Coronary Heart Disease and Mental Ill Health. *Journal of Occupational Psychology,* **49**, 11-28.

Daus, C. S., Sanders, D. N. & Campbell, D. P. 1998 Consequences of Alternative Work Schedule. *International Review of Industrial and Organizational Psychology,* **13**, John Willy & Sons. pp. 185-223.

Edwards, J. R., Caplan, R. D. & Harrison, R. V. 1998 Person-Environment Fit Theory : Conceptual Foundations, Empirical Evidence, and Directions for Future Research. In C. L. Cooper (Ed.), *Theories of Organizational Stress.* Oxford University Press. pp. 28-67.

Erera, P. 1992 Social Support under Conditions of Organizational Ambiguity. *Human Relations,* **45**, 247-264.

Etzion, D. 1984 Moderating Effect of Social Support on the Stress-Burnout Relationship. *Journal of Applied Psychology,* **69**, 615-622.

Folkman, S. & Lazarus, R. S. 1985 If it Changes it Must Be a Process : Study of Emotion and Coping during Three Stages of a College Examination. *Journal of Personality and Social Psychology,* **48**, 150-170.

Fontana, D. 1989 *Managing Stress : Problems in Practice.* The British Psychological Society and Routledge.（高山巖・岡安孝弘訳　1996　実践ストレスマネジメント　金剛出版）

French, J. R. P. Jr., Rodgers, W. L. & Cobb, S. 1974 Adjustment as Person-Environment Fit. In G. Coelho, D. Hamburg, & J. Adams (Eds.), *Coping and Adaptation.* New York : Basic Books. pp. 316-333.

Friedman, M. & Rosenman, R. H. 1959 Association of Specific Overt Behavior

Pattern with Blood and Cardiovascular Findings. *Journal of American Medical Association,* **169**, 1286-1296.

Friedman, M. & Rosenman, R. H. 1974 *Type A : Behavior and Your Heart.* New York : Alfred A. Knopf（河野友信監修　1993　タイプA-性格と心臓病　創元社）

福川康之・中島千織・坪井さとみ・齊藤伊都子・小杉正太郎・下方浩史　2003　交替勤務スケジュールが看護師の気分変動に及ぼす影響　心理学研究，**74**，354-361.

林　剛司　2002　産業・経済変革期の職場のストレス対策の進め方　各論4．事業所や職種に応じたストレス対策のポイント　オフィスのストレス対策　産業衛生学雑誌，**44**，175-179.

東口和代・森河裕子・三浦克之・西条旨之・田畑正司・由田克士・相良多喜子・中川秀昭　1998　日本版MBI（Maslach Burnout Inventory）の作成と因子構造の検討　日本衛生学雑誌，**53**，447-455.

Holmes, T. H. & Masuda, M. 1974 Life Change and Illness Susceptibility. In B. S. Dohrenwend & B. P. Dohrenwend (Eds.), *Stressful Life Events : Their Nature and Effects,* New York : Wiley. pp. 45-86.

Holmes, T. H. & Rahe, R. H. 1967 The Social Readjustment Rating Scale. *Journal of Psychosomatic Research,* **11**, 213-218.

寶珠山務　2003　過重労働とその健康障害：いわゆる過労死問題の現状と今後の課題について　産業衛生学雑誌，**45**，187-193.

House, R. J. & Rizzo, J. R. 1972 Role Conflict and Ambiguity as Critical Variables in a Model of Organizational Behavior. *Organizational Behavior and Human Performance,* **7**, 467-505.

池田謙一　1986　緊急時の情報処理　東京大学出版会

五十嵐透子　2001　リラクセーション法の理論と実際——ヘルスケア・ワーカーのための行動療法入門　医歯薬出版

Jackson, S. E. 1983 Participation in Decision Making as a Strategy for Reducing Job-Related Strain. *Journal of Applied Psychology,* **68**, 3-19.

Jackson, S. E. & Maslach, C. 1982 After-Effects of Job-Related Stress : Families as Victims. *Journal of Occupational Behaviour,* **3**, 63-77.

金井篤子・若林　満　1998　企業内のメンタルヘルス風土に関する研究　実験社会心理学研究，**38**，63-79.

金井篤子　2002　ワーク・ファミリー・コンフリクトの規定因とメンタルヘルスへの影響に関する心理的プロセスの検討　産業・組織心理学研究，**15**，107-122.

Karasek, R. A. 1979 Job Demand, Job Decision Latitude, and Mental Strain : Implications for Job Redesign. *Administrative Science Quarterly,* **24**, 285-308.

Keinan, G. 1987 Decision Making under Stress : Scanning of Alternatives under Controllable and Uncontrollable Threats. *Journal of Personality and Social Psychology,* **52**, 639-644.

北岡（東口）和代・荻野佳代子・増田真也　2004　日本版MBI-GSの妥当性の検討　心理学研究，**75**，415-419.

小泉智恵　2004　仕事と家庭のストレス　糸井尚子・渡辺千歳（編）　発達心理学エチュード　川島書店　pp. 245-264.

古宮　昇　2001　心理的要因が身体的健康に及ぼす影響　心理学評論, **44**, 369-383.

厚生労働省　2003　平成14年労働者健康状況調査の概況

Lazarus, R. S. & Folkman, S.　1984　*Stress, Appraisal and Coping*. New York: Springer.（本明　寛・春木　豊・織田正美監訳　1991　ストレスの心理学 – 認知的評価と対処の研究　実務教育出版）

Lazarus, R. S.　1999　*Stress and Emotion*. New York: Springer.（本明　寛監訳　2004　ストレスと情動の心理学 – ナラティブ研究の視点から　実務教育出版）

増田真也　1999　バーンアウト研究の現状と課題—Maslach Burnout Inventoryの尺度としての問題点—　コミュニティ心理学研究, **3**, 21-32.

Maslach, C. & Jackson, S. E.　1981　The Measurement of Experienced Burnout. *Journal of Occupational Behaviour*, **2**, 99-113.

Maslach, C., Jackson, S. E. & Leiter, M. P.　1996　*Maslach Burnout Inventory Mannual, 3rd ed*. Palo Alto, CA: Consulting Psychologists Press.

村上千恵子　2003　職場におけるストレス・マネジメントの取り組み　荒木紀幸・倉戸ツギオ（編）　健康とストレス・マネジメント　ナカニシヤ出版　pp. 143-162.

Oakland, S. & Ostell, A.　1996　Measuring Coping: A Review and Critique. *Human Relations*, **49**, 133-155.

荻野佳代子・瀧ヶ崎隆司・稲木康一郎　2004　対人援助職における感情労働がバーンアウトおよびストレスに与える影響　心理学研究, **75**, 371-377.

Russell, D. W. Altmaier, E. & Velzen, D. V.　1987　Job-Related Stress, Social Support, and Burnout among Classroom Teachers. *Journal of Applied Psychology*, **72**, 269-274.

Selye, H.　1976　*The Stress of Life (revised edition.)* New York: McGraw-Hill. （杉靖三郎・田多井吉之助・藤井尚治・竹宮隆訳　1988　現代社会とストレス［原書改訂版］　法政大学出版局）

Shinn, M., Rosario, M., Morch, H. & Chestnut, D. E.　1984　Coping with Job Stress and Burnout in the Human Services. *Journal of Personality and Social Psychology*, **46**, 864-876.

鈴木伸一　2004　ストレス研究の発展と臨床応用の可能性　坂野雄二（監修）嶋田洋徳・鈴木伸一（編）　学校，職場，地域におけるストレスマネジメント実践マニュアル　北大路書房　pp. 3-11.

浦　光博　1992　支えあう人と人　ソーシャル・サポートの社会心理学　サイエンス社

渡辺直登・矢冨直美　1999　ストレスの測定：組織ストレス　渡辺直登・野口裕之（編著）　組織心理測定論　—項目反応理論のフロンティア—　白桃書房　pp. 155-178.

渡辺弥生　1996　ソーシャル・スキル・トレーニング　日本文化科学社

山本和郎　1986　コミュニティ心理学　東京大学出版会

山本和郎　2000　危機介入とコンサルテーション　ミネルヴァ書房

参考文献
中野敬子　2005　ストレス・マネジメント入門—自己診断と対処法を学ぶ—　金剛出版
横山博司・岩永誠（編著）　2003　ワークストレスの行動科学　北大路書房

8 職場での不適応行動

　職場での従業員の不適応行動は，本人だけでなく周囲の人々や組織全体にとっても大きな問題になりかねない。一言に「不適応行動」といってもさまざまで，本章でこれらすべてを網羅するわけにはいかない。本章は，内容的に大きく2つに区分される。1つは，主として組織を管理する側に原因のある不適応行動，もう1つは従業員自身の側に原因のある不適応行動である。前者については，セクシュアル・ハラスメントと，リストラによる失業者と残された従業員への影響が取り上げられ，後者については不安障害，パーソナリティ障害，感情障害，統合失調症，不適応行動への対処行動が取り上げられる（なお，ストレスに関連する不適応の問題については7章で取り上げられる）。

8-1. セクシュアル・ハラスメント

　日本でセクシュアル・ハラスメントということばが一般化したのはいつの頃だろうか。今や，「セクハラ」というだけで意味が通ってしまうようになったが，おそらくこのことばが世の人びとにはっきりと認識されるようになったきっかけは，これが1989年の「流行語・新語大賞」にノミネートされたことと，かなり大規模な労使紛争に発展した「米国三菱自動車工業セクハラ事件」の一連の報道（毎日新聞，1996a，1996b，1996c）だろう。
　セクシュアル・ハラスメントは，今でこそ学校教育場面の問題としても取り上げられるようになっているが，基本的に職場の問題として扱われてきたといってよい。またセクシュアル・ハラスメント被害者にかなりの心理学的ダメージがあることは容易に想像できるだけに，この問題に心理学が関与する余地はあるはずである。しかし現実には，（アメリカを例外として）研究課題として

セクシュアル・ハラスメントへの心理学の貢献はかならずしも大きいとは思えない。日本も例外ではない。例えば，書籍のインターネット販売の大手アマゾン（Amazon.co.jp）のデータによれば，日本語で書かれたセクシュアル・ハラスメント関連の書籍は2004年1月21日付で42冊検索されたが，これらのうち心理学関連書籍は1冊もない。とはいえ，心理学的な視点から（特に女性にとっての）職場でのさまざまな問題を考えるうえでセクシュアル・ハラスメントは避けて通ることができないだろう（例として，坂田，2003；宗方，2001）。

8-1-1　セクシュアル・ハラスメントとは何か：その定義

(1) **法学における定義**　セクシュアル・ハラスメントの法的定義としては，アメリカ合衆国連邦政府・雇用機会平等委員会（the Equal Employment Opportunity Commission：EEOC）が1980年11月10日に提示した「性による差別に関するガイドライン」の中の「セクシュアル・ハラスメント」という項の記述が，現在のところもっとも広く受け入れられている。日本語訳は以下のようになっている（東京都立労働研究所（1987）を参照）。

> 不快な性的接近，性行為の要求ならびに性的請求をもつ口頭もしくは身体上の行為は，以下のような場合，セクシュアル・ハラスメントを構成する：(1)かかる行為への服従が明示もしくは黙示にかかわらず，個人の雇用条件を形成する場合。(2)かかる行為への服従もしくは拒否がその個人に影響する雇用上の決定の理由として用いられる場合。(3)かかる行為が個人の職務遂行を不当に阻害し，または脅迫，敵意もしくは不快な労働環境を創出する目的もしくは効果を持つ場合。

ちなみに日本では，労働省委託研究である「女子雇用管理とコミュニケーション・ギャップに関する研究会報告書」（21世紀職業財団，1993）による定義が比較的有名である。その定義によれば，セクシュアル・ハラスメントとは以下のようになる。

相手方の意に反した，性的な性質の言動を行い，それに対する対応によって仕事を遂行する上で一定の不利益を与えたり，またそれを繰り返すことによって就業環境を著しく悪化させること。

(2) **心理学的定義**　セクシュアル・ハラスメントの法学的な定義は，訴訟や紛争問題への対処のためには重要な意味があると思われるが，これらは心理学で必要とされる操作的定義とはなっていない。したがって，心理学的研究を実際に進めていくうえではこれらはあまり役に立たない。フィッツジェラルド(Fitzgerald, 1990) もセクシュアル・ハラスメントを心理学的にとらえるに際して，この操作的定義が十分でなく，またそれがかなり困難であることを指摘した。そして，彼女はセクシュアル・ハラスメントについて以下のような操作的定義を試みている（邦訳は著者による）。

　　セクシュアル・ハラスメントは，公的な権限が異なる状況の下で，性差別的もしくは性的な見解・要求・必要条件を導入したり強制することによって，道具的な関係を男女関係に代えることによって成立する。いやがらせ（ハラスメント）はまた，もしある行動がある女性にとって不快なものであれば，公的な地位の差が存在しなくとも起こりうる。

　もう1つ，心理学的定義として参考になるのがアメリカ心理学会が公表している心理学者の行動指針についてのマニュアルである。これは正式には「サイコロジストのための倫理要領および行動規範（*Ethical principles of psychologists and code of conduct*）」といわれ，心理学者の研究と実践活動において人間として護らねばならない基本的な倫理綱領と行動規範を具体的に示したものである（American Psychological Association, 1992）。この中の倫理基準の「一般基準」の中に「性的いやがらせ」（これは sexual harassment の訳語）という項がある。ここでのセクシュアル・ハラスメントの定義は，できる限り具体的な行為を引き合いに出しながら行われており，わかりやすい。以下にその定義が示される。

1.11 性的いやがらせ

(a)サイコロジストは，性的ないやがらせを行わない。性的ないやがらせとは，サイコロジストの活動との関連性，またはサイコロジストの役割との関連で生起する，性的な誘惑，肉体関係への誘い，言語的または非言語的に性的な性質をもつ行為で，それが(1)嫌である，不快である，または敵意のある環境を作りだしており，当該サイコロジストがそれについて知っているか，または告げられている，または(2)その内容に関して，常識のある人にとって虐待にあたるほどに深刻または強烈である場合を指す。性的ないやがらせは一度かぎりであっても強烈ないし深刻な行為，または度重なる執拗なあるいは広範囲にわたる行為のいずれからも成立する。

(b)サイコロジストは，性的ないやがらせの告発をした人とされた人の双方に尊厳と敬意をもって接する。サイコロジストは，その人が性的いやがらせで告発した，またはされたということだけで，その人の学界への受け入れ，または昇級，就職，終身的地位（テニュア）の獲得，ないし昇進を拒否するような事態には参画しない。しかしこれはこうした法的手続きの結果に基づいて，または他の適切な情報を考慮に入れて，行動することを妨げるものではない（邦訳は冨田・深澤（1996）による）。

これらセクシュアル・ハラスメントの定義に共通している点は，当該行為を受けた側の抱く否定的感情（例：嫌い，不快，敵意のある）に焦点を当てて概念づけられていることである。このことは，セクシュアル・ハラスメントを研究する上での問題とも関連している。セクシュアル・ハラスメントの問題はどうしても被害者の認知，知覚，ときには情緒の問題に還元されてしまわれがちであり，さらにはセクシュアル・ハラスメントの定義自体が当該行為に対する個人の受け取り方を重視するある意味で「主観的」な要因に依存している。

8-1-2 セクシュアル・ハラスメントの区分

(1) **古典的区分：対価型（地位利用型）と環境型**　これはアメリカのEEOCなどが用いていた従来からのセクシュアル・ハラスメントの区分であ

る。まず対価型（地位利用型）セクシュアル・ハラスメントとは，職務上の地位を利用し，または何らかの雇用上の利益の代償あるいは対価として性的要求が行われるもの，とされる。具体例としてよくあげられるのは，昇進や昇給，魅力的な仕事内容，雇用の継続などへの配慮を条件に性的な関係を強要することである。次に環境型セクシュアル・ハラスメントとは，はっきりとした経済的な不利益は伴わないにしろ，それを繰り返すことによって職務の円滑な遂行を妨げる等，就業環境を悪化させる性的言動のことを指す。この環境型は，さらに3種類に区分されることがある（例：井上，1996）。すなわち，身体的ハラスメント（例えば，不必要な身体への接触や，じろじろと身体をみること），言語的ハラスメント（例えば，猥褻な言辞や風評の流布），視覚的ハラスメント（例えば，職場にヌード写真を掲示する）である。

(2) Fitzgeraldらによる区分　心理学的定義において登場したフィッツジェラルドと彼女の協力者ら（Fitzgerald, 1990; Fitzgerald *et al.*, 1988）はセクシュアル・ハラスメントを，ジェンダー・ハラスメント（gender harassment），誘惑行動（seductive behavior or seduction），性的収賄行為（sexual bribery），性的強制（sexual coercion），性的強要あるいは脅威（sexual imposition or threat of punishment）の5つに分類した。ここで「ジェンダー・ハラスメント」とは，通例化した性差別的な見解や行動を指している。具体的な行為としては，露骨な性的見解，性（あるいは性行為）を示唆する話や不愉快なジョーク等がこの分類に該当する。「誘惑行動」とは，不適切で不愉快であるが基本的には拘束力を持たない性的接近を指している。具体的な行為としては，個人的あるいは性的なことがらについての不愉快な性的関心，望まないのにしつこくデートや飲み会に誘う等が該当する。「性的収賄行為」とは，報酬を約束することで性的活動やその他性に関連する行為を要求することを指している。具体的な行為としては，直接報酬を申し出ること，報酬を約束することによって望まない性的行為を行うように約束すること等があげられる。「性的強制」とは，罰すると脅して性的な活動を強制することを指しており，具体的な行為としては，性的関係に非協力的なことについて直接的もしくは間接的に脅すことや，性的行為に非協力的であったため実際に否定的な結果を経験させられること等が相当する。最後に「性的強要あるいは脅威」は，はなはだし

い性的強要あるいは攻撃のことであり，具体的には力ずくで身体に接触したり抱きしめたりすること等の行為を指している。

その後，フィッツジェラルドらはこの分類を少しずつ修正している。フィッツジェラルドとヘッソン-マックインニス（Fitzgerald & Hesson-McInnis, 1989）では，フィッツジェラルドら（Fitzgerald *et al.*, 1988）による5分類に基づいて作成された性的経験質問票（sexual experience questionnaire；SEQ）を社会人および学生に評定させ，その結果を多次元尺度解析によって再検討した結果，「ジェンダー・ハラスメント」以外の4カテゴリー（誘惑行動，性的収賄行為，性的強制，性的脅威）が判別可能となった。この結果から，フィッツジェラルドらは4分類のモデルを考えていたようであるが，その後この分類は「ジェンダー・ハラスメント」「望まない性的注意（unwanted sexual attention）」「性的強制」という3分類に修正されている（Fitzgerald *et al.*, 1995）。

8-1-3　セクシュアル・ハラスメント行動の知覚に関する性差の研究

性差の研究では，意外にも結果がかならずしも一貫していない。セクシュアル・ハラスメントに該当する行為に対する評価に性差が顕著にみられたとする研究（例：Gutek *et al.*, 1983；Tata, 1993）もあれば，部分的か（例：Gutek & Cohen, 1987；Konrad & Gutek, 1986）あるいはほとんど差がみられないとする研究（例：Baker *et al.*, 1989；Terpstra & Baker, 1987）もある。タープストラとベーカー（1987）は，セクシュアル・ハラスメント場面に対する評価は，男女差よりもむしろ働く女性と女子学生の間で大きかったと報告している。男女差が生じる原因として考えられるのは，男女間でのセクシュアル・ハラスメント行為に対する認知のズレかもしれない。ソール（Saal, 1996）によれば，セクシュアル・ハラスメントの問題の所在は，男性がセクシュアル・ハラスメントに該当する行為を女性に対する親しみや友愛の気持ちから生じたとみなす誤った知覚（misperception）をしやすいことにある，と述べている。

8-1-4　被害者の対処方法についての研究

　グテックとコス（Gutek & Koss, 1993）によれば，セクシュアル・ハラスメントを受けた女性従業員は，欠勤，労働生産性の低下，キャリア志向の変化，職務満足の低下といった形をとりながら，職場から遠ざかっていくことが示された。さらにこの研究では，あまり深刻でないとみなされやすいセクシュアル・ハラスメント行為であっても，それを受けた女性はストレスによる疾患や抑うつ傾向になりやすいことが指摘されている。また，直接的にセクシュアル・ハラスメントを体験していなくても，間接的な体験をした（すなわち，同僚がセクシュアル・ハラスメントを受けている現場を見たり受けたという話を聞いた）だけでも，職務満足の低下や心理的ストレス反応をもたらすことが報告されている（Glomb *et al.*, 1997）。

　セクシュアル・ハラスメントがもたらすこうした心身へのネガティブな影響を回避するために，どのような対処法がとられているのであろうか。マラマットとオファーマン（Malamut & Offerman, 2001）は，セクシュアル・ハラスメントの対処方法をナップ（Knapp *et al.*, 1997）の研究を元に4つ（回避―拒否，対決―交渉，社会的対処，擁護者探し）に分類して，どの対処法が採用されやすいかをアメリカ陸・海軍の隊員を調査対象に検討している。具体的な対処法は，「回避―拒否」では，セクシュアル・ハラスメント行為を無視したり，行為者を拒んだりすることが該当し，「対決―交渉」では（セクシュアル・ハラスメント行為を）止めるように本人に通知すること，「社会的対処」では医療機関，カウンセリング機関を探す，ホットラインに電話するなどが該当する。そして，「擁護者探し」では，（セクシュアル・ハラスメント行為について）誰かに話す，外部機関や公的機関に話したり相談する，などが具体的方法に相当する。その結果，4種類の対処方法は，職階，性別，組織風土，行為の種類や頻度，職務上の権限といった要因によって使用頻度に差が出ることが明らかにされた。

8-1-5 セクシュアル・ハラスメントをしやすい男性の態度および認知的特性に関する研究

セクシュアル・ハラスメントに関するこれまでの多くの心理学的研究では，主として被害を受ける女性を対象に調査したものがほとんどで，男性被験者のデータはもっぱら女性被験者との比較のために用いられるのが常だった。しかしながら，加害者の大部分は男性であることから，セクシュアル・ハラスメント行動を起こす男性の心理学的メカニズムに関する研究が，最近になってようやくみられるようになった。例えばプライアーら（Pryor et al., 1993）によれば，セクシュアル・ハラスメントは，女性に対して勢力もしくは権限（power）を持っていると考えている（あるいは，伝統的な女性の役割を支持している）加害者（主として男性）が当該行為を行っても問題ない（許される）場面であると判断するとき生じる，とされている。またプライアー（Pryor, 1987）は，セクシュアル・ハラスメントを起こしやすい男性を判別するための尺度（Likelihood to Sexual Harassment scale : LSH scale）まで作成している。バージとレイモンド（Bargh & Raymond, 1995）も，セクシュアル・ハラスメントは男性加害者が魅力的な女性被害者に対して持っている心理的な勢力・権限を「素朴に濫用する」結果として生じると考えている。これらと同様な視点による研究は，それ以外にもバージら（Bargh et al., 1995），プライアーら（Pryor et al., 1995）などがあげられる。

8-1-6 セクシュアル・ハラスメントが起きやすい組織の条件についての研究

セクシュアル・ハラスメントが起こりやすい職場というのはあるのだろうか。組織の側に何かしら問題があってセクシュアル・ハラスメントが起こりやすいことは経験的に知られていた。ハリンら（Hulin et al., 1996）は，セクシュアル・ハラスメント生起要因として組織風土と職務状況をあげているが，やはり職場で起こるセクシュアル・ハラスメントには組織的要因を無視するわけにはいかない。このカテゴリーに該当する研究は，90年代後半から次第に多く行われるようになってきた。例えば，職場での男女間の接触頻度の多さがセクシュ

アル・ハラスメントを起こしやすくするという研究がある（Gutek *et al.*, 1990）。組織風土に関しては，職場がセクシュアル・ハラスメントを許容しやすいほどセクシュアル・ハラスメントの生起頻度が高くなる傾向は一貫しており（Fitzgerald *et al.*, 1997; Glomb *et al.*, 1997, 1999; Wasti *et al.*, 2000），さらにそうした風土では，セクシュアル・ハラスメントへの被害者の対処行動が相手へ働きかけるよりも自分に焦点を当てた対処（当該行為者を拒む，当該行為や行為者について誰かに報告する，外部機関に連絡したり相談したりする，等）が多くなることも見出されている（Malamut & Offerman, 2001）。佐野・宗方（1999）の研究では，日本の職場での男女不平等の風土がセクシュアル・ハラスメントの頻度にかなりの影響を及ぼすことが示された。すなわち，職場での男女不平等の風土が強い企業ほど，女性がセクシュアル・ハラスメントを被る頻度が高くなった。

　さらに，オファーマンとマラマット（Offerman & Malamut, 2002）は被害者の上司のリーダーシップに注目している。自分の所属機関のリーダーがセクシュアル・ハラスメント行為者に対して行為の停止を働きかける努力を行っていると評価されているほど，組織成員がセクシュアル・ハラスメントの報告をしやすくなり，命令系統に対して不満が少なく，組織コミットメントも高かった。

8-1-7　ラベリングの問題

　セクシュアル・ハラスメントに該当する行為を受けてもそれを「セクハラ」と受け止められない場合がある。心理学の視点からは，この問題はラベリングというキーワードでとらえることができる。ラベリングとは，ある対象や行為に対して名称を与えることである。具体的にいえば，セクシュアル・ハラスメントに該当する行為を受けた人が当該行為を「セクシュアル・ハラスメント」と認知し命名することに相当する。だが，セクシュアル・ハラスメントの被害者によっては，他者から促され説得されてもなお，当該行為をセクシュアル・ハラスメントとラベリングできない場合があるようだ。マグレイら（Magley *et al.*, 1999）は，職場でセクシュアル・ハラスメントに該当する行為をどの程

度の頻度で受けたかと、当該行為を「セクシュアル・ハラスメント」とラベリングできたか否かによって、被害者（女性）の心理的側面への影響を検討した。その結果、全体的にはラベリングできなかった女性回答者は、ラベリングした女性回答者よりもネガティブな心理学的徴候（職場や職務での引きこもり、PTSDの兆候、抑うつ状態）を示しやすかった。そしてもっともネガティブな心理学的兆候を示したのは、セクシュアル・ハラスメントに該当する行為を受けた頻度が高いにもかかわらず、当該行為をラベリングできなかった女性回答者であった。マグレイら（1999）の調査結果は、調査対象となった企業によって違いはあるものの、セクシュアル・ハラスメントに該当する行為をラベリングできないことが、被害者の心理的側面に悪い影響を与えることを示している。マグレイら（1999）によるラベリングに関する知見は、マンソンら（Munson et al., 2001）によって軍隊組織でも追試され確認されている。

8-2. リストラは職場に何をもたらしたか：心理学の視点からダウンサイジングを考える[1]

「リストラ」とはいつの間にか日常語となったが、正式にはリストラクチャリング（restructuring）である。この語はもともと組織機能の無駄を廃し効率化するために再構築するという意味であったが、いつのまにやら「人員整理」を意味することばになって普及した。

かつてはレイオフ（強制的な一時休業）とか大量失業というのは欧米での話で、「終身雇用」が原則の日本にはあまり関係ないと思われがちであった。不況による人員整理のために多くの従業員が突然解雇通告を受けるなどということは、（現在ならいざ知らず）1990年以前だったら考えもしなかったであろう。ところが「バブル経済」以後の時代には、中高年層を中心にその「考えもしなかった」ことが日本で現実のものになっている。

いうまでもなく、レイオフや失業に関する心理学的研究が多く行われているのはアメリカである。特に1980年代後半、日本が空前の好景気を謳歌していたとき、アメリカ経済は深刻な不況に苦しんでいた。当時多くのアメリカ企業で

---

1) この節は、田中（2005）の内容に基づいている。

は，不況への対策の一環として組織の効率や生産性，競争力を向上させることを目的に，計画的に職務や管理職のポストを削減するダウンサイジング（downsizing）が実施された。その結果，職場に残った人びとは業務過重によって過酷な日々を強いられた。こうした事情から，企業のダウンサイジングが従業員に及ぼす心理学的影響の研究も多くなされたわけである。日本では最近になって，失業やレイオフによる従業員の心理的・行動的側面への影響が注目され始めた（坂爪，1999，2002；横山，2003）ものの，まだまだ研究が進んでいるとはいい難い。

ここでは，組織のダウンサイジングが従業員にもたらした心理的・行動的側面について行われた多くの先行研究を展望し，今後の研究課題について論じる。

8-2-1 ダウンサイジングの犠牲となった人々：失業の心理学

(1) **失業による心理学的影響** 失業による心理学的にネガティブな影響は，最近頓に深刻な問題となっている。失業によるネガティブな影響は，本人の健康状態をはじめ，配偶者や家族にまで及ぶ。失業によって労働者は自尊心の低

＜個人への影響＞
1．心理学的側面
（1）増大するもの：敵意，抑うつ・不安，ストレス反応，アルコール摂取量，暴力行為，怒り・恐れ，孤独感，など
（2）低下するもの：自尊心，肯定的感情，自己への満足感，集中力，向上心，アイデンティティ，など
2．身体的側面
　頭痛，胃痛，睡眠障害，体調の悪化，不定愁訴，心疾患，高血圧，気管支喘息，など

＜家族への影響＞
1．配偶者への影響：生活上のストレス，婚姻関係の解消，抑うつ状態，暴力行為，など
2．子供への影響：虐待行為，攻撃性，親への否定的感情，など

図8-1　失業がもたらす悪影響（Hanish（1999）に基づいて著者が作成）

下，抑うつ状態，不安，不眠症状を示し，病理学的な根拠が見出せないまま頭痛や身体の慢性的な痛みを訴える（不定愁訴といわれる）。対人関係においては，神経質になり，集中力が低下し，アルコール摂取量が増える（その他，図8-1を参照）。配偶者や家族においては，夫婦関係の悪化，家庭内の雰囲気の悪化，家庭成員間の葛藤，別居・離婚の増加が失業によってもたらされる（その他，図8-1を参照）。

(2) **失業への対処行動**　失業による最悪なシナリオを避けるためにも，せめて失業者自身による失業への対処行動が重要になってくる。まず，ここでいう対処行動とは「コーピング（coping）」ともよばれ，『特定の環境からの要求や自分自身の内部において生じた要求によって引き起こされたストレス反応を低減することを目的とした，絶えず変化していく認知的または行動的努力のプロセス』（『心理学辞典』有斐閣より）と定義される。ラザラスとフォルクマン（Lazarus & Folkman, 1984）によれば，ストレス反応を軽減させる対処行動には，情動中心の対処行動と問題中心の対処行動とがある。情動中心の対処行動とは，ストレスの原因（ストレッサー）によって生じた感情的な苦痛を和らげようとする試みのことである。こうした対処行動の例としては，友人や家族に愚痴を聞いてもらうといったさまざまなサポートを求める，再就職までに必要な金銭的援助を求める等があげられる。問題中心の対処行動とは，ストレッサーそのものを排除したり，制御しようとする試みのことである。こうした対処行動の例には，再就職に有利になる資格取得のための再教育を受ける，雇用状況が他の地域と比べて良いところへ転居するといったことがあげられる。ベンネットら（Bennett et al., 1995）によれば，失業を強烈な出来事と感じ強い怒りを感じた場合には，失業者は情動中心の対処行動を行うとされる。さらに，失業について自己非難しがちな失業者ほど，情動中心の対処行動を行いやすい（Bennett et al., 1995）。一方，失業したことに対して強い怒りを感じず楽観的な失業者は，問題中心の対処行動を行いやすいとされる（Leana et al., 1998）。

(3) **失職に至る過程の公正さ**　ダウンサイジングを実施せざるをえない場合に大切なのが，実施までの過程における公平性である。これは「手続き的公正」とよばれ，社会心理学や産業・組織心理学では重要な研究課題の1つになっている。レベンサール（Leventhal, 1980）は，手続き的公正が達成されるた

めの6つのルールを提示した。それらのルールとは、一貫性、偏見の抑制、正確性、修正可能性、代表性、倫理性である。一貫性とは、人と時間に左右されない手続きの一貫性のことである。例えば、人事担当者が変わっても人員整理の対象になるかならないかを決定する際には、同じ問題や論点が考慮されなければならない。偏見の抑制とは、自己利益や（個人的な偏見を含む）思想的な偏りを避けるべきことである。例えば、人事担当のCEOは個人的な経済的利害や人間関係に関わる人事問題を決定することはできるかぎり避けるべきである。正確性とは、正確な情報を得て合理的な判断をすることを意味している。例えば、人員整理の対象になるかどうかは、正確に集められた人事評価のデータをもとに論理的に判断されるべきである。修正可能性は、異議申し立てによっては決定を修正したり、覆したりする機会を与えることである。このことは、人員整理の対象となった従業員や所属部署の責任者からの不服申し立ての制度が機能していることに相当する。代表性とは、評価や審議の過程の全局面において、関係者全員の関心、価値観、見解を考慮することである。例えば、「この人がウチの職場からいなくなっては困る」と多くの同僚や部下が考えている就業者を、人員の効率的運用だけを理由に転出させることは好ましいとはいえない。倫理性とは、決定された結果が基本的道徳観や社会的倫理観に一致していることである。例えば、事前通告をしない一方的な解雇は組織の規約上可能であったとしても道義的には許されない。

失業者の手続き的公正の認識について検討したビーズ（Bies *et al.*, 1993）によれば、レイオフの通告を受けた従業員が企業側の人員整理対象者の選定方法が公正だと認めた（手続き的公正を高く評価した）場合、レイオフを通告された従業員はレイオフされるまでの勤務において、与えられた職務の他に役割外の仕事さえも自発的に行いやすかった。

8-2-2 会社のリストラから逃れられた人々の憂うつ：レイオフ・サバイバーの心理学的特徴

ダウンサイジングやそれに伴うレイオフによる心理学的影響はレイオフを宣告された人びとは無論のこと、犠牲を免れて職場に残された従業員（レイオ

フ・サバイバー（layoff survivors）とよばれる）にもさまざまなところで波及することが明らかになってきた。カスキオ（Cascio, 1993）は，レイオフ・サバイバーが示す特有の心理的反応を「サバイバー・シンドローム」とよんだ。

レイオフ・サバイバーはいわば組織における「勝ち組」なのであるから，ダウンサイジング後に職場や組織に対して実際に肯定的な反応を示すこともある。例えば，ダウンサイジング前よりも彼らの仕事へのモチベーションが向上し，仕事に対する関与を強める（Brockner, 1988），自分の所属する組織に対するオーナーシップを意識するようになる（O'Neill & Lenn, 1995），自発的に自分の役割外の仕事も行う（Bies et al., 1993）といったことが報告されている。しかしながら，多くの研究ではレイオフ・サバイバーがダウンサイジング後に組織あるいは自分自身に対して否定的な反応を示すことが報告されている。ブロックナー（1988），カスキオ（1993），およびケッツ・ド・ブリースとバラツ（Ket'z de Vries & Balazs, 1997）は，その否定的反応として，①同僚の解雇に対する手続き上の不正・不公平に対する怒り，②抑うつ，③次は自分が解雇される番かもしれないという不安，④（同僚が解雇されたにもかかわらず）自分が雇用され続けていることについての罪悪感，⑤上級管理者に対する不信感，⑥自信喪失，⑦会社への帰属意識（組織コミットメント）の低下，⑧モチベーションの低下，⑨職務に対する自覚の欠如，⑩人員削減による個人あたりの作業負荷の増大や「サービス残業」に代表される長時間労働によって，バーンアウト（燃え尽き症候群）が生じ，結果的に作業能率の低下を招くこと，などがあげられている。もっとひどい例では，英語の辞書にも原語で載るくらい有名になった過労死がある（7章，7-4-1参照）。ちなみに，厚生労働省の統計によれば，2002年度に労働基準監督署が過労が原因と認めた死亡例は，脳・心疾患に限っても160名（前年度の約2.2倍）で，このことは「リストラなどの労働強化の実態が顕在化した」ことによるものとみられている（毎日新聞，2003）。

(1) **ダウンサイジングと従業員の病欠率**　ダウンサイジングが従業員の身体的・心理的側面に影響を及ぼすことは経験的に知られていたが，グランバーグら（Grunberg et al., 2001）はこのことをアメリカ西海岸にある製造工場に勤める2,000名以上の従業員を対象に検証した。調査の対象となった工場では，過去10年間に2度大規模なレイオフが行われ，後半5年間で27％の従業員が失

職した。従業員はレイオフされる前に事前に警告されたりレイオフ通知をうけるが，レイオフ通知や警告を受けた従業員は，何の連絡もなかった従業員に比べて自分の仕事が不安定であると感じやすく，健康状態に不具合を訴え，抑うつ的で，食事の摂取量に（通知・通告前と比べて）変化が大きかった。この結果からもわかるように，ダウンサイジングが従業員の身体的・心理的側面に良くない影響を及ぼすことは明らかである。そうした影響の結果，従業員は会社を休みがちになる。キヴィメキら（Kivimäki et al., 1997）は，フィンランドのある地方自治体に勤める従業員を5年間にわたって調査した。フィンランドは1992年から第1次世界大戦以来という未曾有の経済的な低迷を経験し，93年の年間失業率は17.9％に達した。地方行政組織もまた組織再編を迫られ，調査対象となった自治体では93年度に全職員の7.8％が人員整理され職を失っている。調査の結果，経済的凋落の前（1990～91年）と凋落後（1994～95年）において従業員の医療機関で病欠と認められた欠勤率を比較したところ，凋落後の欠勤率の方が有意に高かった。特に女性の欠勤率がより高くなった。この調査結果も，大規模な人員整理がレイオフ・サバイバーの欠勤率を上昇させることを示している。

 (2) **人員整理対象者への処遇の（不）公正とレイオフ・サバイバーの態度変化**　具体的な研究例を見てみよう。「失職に至る過程の公正さ」でも述べたように，レイオフされた同僚に対する管理者側の対処が公正かどうかが，レイオフ・サバイバーにも影響を及ぼすことが示されている。ブロックナーら（Brockner et al., 1987）の研究では，被験者に校正作業を行わせる実験（研究1）で，被験者とは別の作業者がレイオフされる際にその補償が示される条件と示されない条件，そしてレイオフされた人と被験者がよく似た態度をもっていた条件と態度が似ていない条件が設定された。その結果，レイオフされる際にその補償が示されず，なおかつレイオフされた人と態度が似ていた条件で，被験者の作業量はもっとも低くなり，レイオフされた作業者への扱いも公正でないと評定された。一方，補償が示され，かつレイオフされた人の態度と似ていた条件では，被験者の作業量はもっとも高くなり，レイオフされた作業者への扱いももっとも公正であると評定された。また，この研究で行われたフィールド実験（研究2）でも同様な結果が示された。レイオフを免れた従業員の組

8 職場での不適応行動

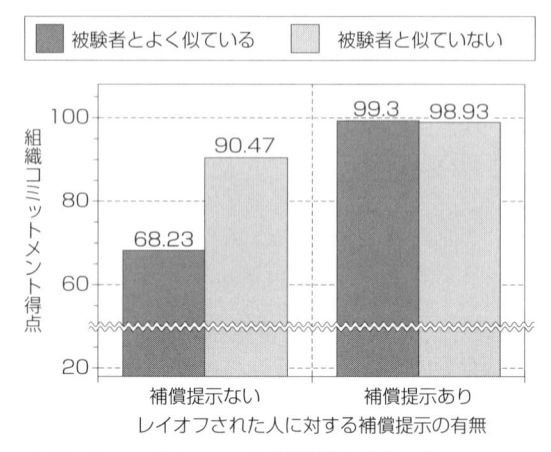

図8-2 レイオフへの補償提示の組織コミットメントへの影響（Brockner et al., 1987）

図注：組織コミットメント得点は，18項目（6段階評定）の得点を合計した値であり，レンジは18〜108である。

織コミットメントがもっとも低かったのは，やはりレイオフされる際にその補償が示されず，なおかつレイオフされた人が自分と態度がよく似ていた場合であった（図8-2）。やはり，この実験結果から同僚のレイオフが手続き上納得いかない不公正なものであった場合，レイオフ・サバイバーが組織に対する帰属意識を低下させることがわかる。

レイオフに限らず組織の方針を転換する場合には，その決定に至った過程を明示して公正な手続きをふまえること（すなわち手続き的公正を担保すること）が大切である。もしその手続き的公正が損なわれた場合，レイオフ・サバイバーの組織に対する思いが劇的に変化することに注意が必要である。ブロックナーら（Brockner et al., 1992）の研究によれば，従来までの組織コミットメントがさほど高くなかった従業員よりも，従来まで組織コミットメントの高かった従業員に対して企業が不公正な扱いをした場合には，その従業員の組織コミットメントは有意に低くなり，会社に対する不公正感がより大きくなって転職の意向も有意に強くなった。

(3) **レイオフ後の時間的経緯による影響** レイオフを実施した直後の従業員に及ぼす影響はいうまでもなく大きいに違いないが，レイオフから時間が経

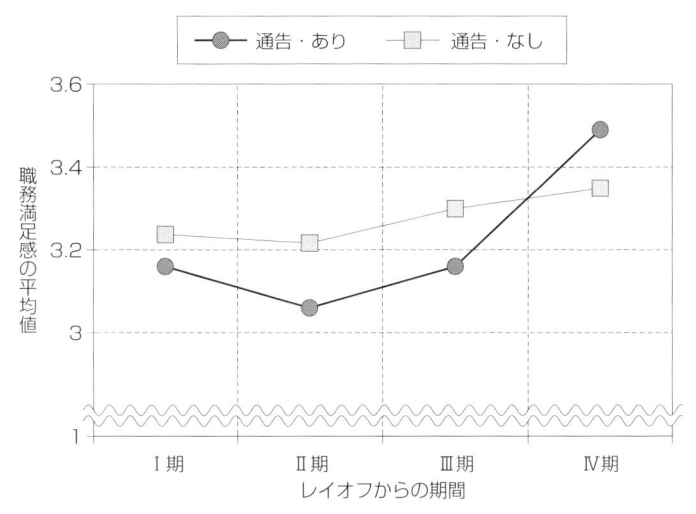

8-2 リストラは職場に何をもたらしたか：心理学の視点からダウンサイジングを考える

図8-3 余剰人員と通告された就業者の心理的変化
(Armstrong-Stassen, 2002)

図注：I期：ダウンサイジング直後，II期：（ダウンサイジングから）6ヶ月後，III期：1年6ヶ月後，IV期：3年後

った頃のレイオフ・サバイバーにとってその影響はどの程度持続しているものだろうか。"Time is the best medicine"（「時は最良の良薬」）という諺は，ここでも当てはまるものだろうか。レイオフ・サバイバーについて継続調査を行った研究結果はこのことをある程度支持しているようである。

アームストロング=スタッセン（Armstrong-Stassen, 2002）の研究では，会社の中で余剰人員であると通告を受け人員整理の対象者となったものの，なお職場に居続けた就業者を対象に調査が行われた。人員20%規模のダウンサイジングの直後からしばらくの期間こそ職務満足感は低下するが，20ヶ月経つと余剰人員と通告されなかったグループよりもむしろ高くなっていた（図8-3）。

また，カーナンとハングス（Kernan & Hanges, 2002）の研究結果によれば，レイオフの手続きが公正であったかどうかについてのレイオフ・サバイバーの評価は，彼らのその後の組織コミットメント，職務満足感，退職の意向，経営方針への信頼のいずれにも影響を及ぼしているが，その影響は特に組織再編から時間が経った頃（約1年後）に顕著になっている。このことは，ダウンサイ

ジング実施の過程で公正さが担保されていれば、実施後しばらくした後の従業員の心理的状態や会社や組織に対する態度も変化せず、それなりに肯定的であることを示唆している。

しかしながら、時間的経緯がすべてを解消するというのは、中高年にとってはレイオフのインパクトが大きすぎるが故に当てはまらないかもしれない。カナダの就労者（平均年齢48.6歳）を対象とする調査結果によれば、リストラから20ヶ月経過した時のレイオフ・サバイバーは、レイオフ直後に比べて今後レイオフされる危機感は感じなくなったものの、組織コミットメントは下がり、自分の仕事の将来について決定を自分自身で決められないという実感（sense of powerlessness）が高まった（Armstrong-Stassen, 2001）。

(4) レイオフ・サバイバーの職務特性と職務転換による影響　組織変革とは冷酷なもので、ダウンサイジングを乗り切ったレイオフ・サバイバーでも、変革前と同じ仕事をあてがわれるという保証はない。やりがいのある仕事ならよいが、面白くもない仕事をあてがわれて過ごす日々は解雇されるよりも過酷かも知れない。ブロックナーら（Brockner et al., 1993）は、レイオフ・サバイバーが職務内容に興味を持っているか否かによる会社や組織に対する意識の

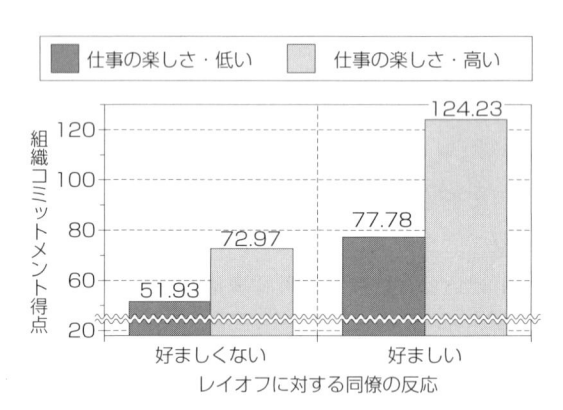

図8-4　仕事の楽しさとレイオフへの同僚の反応が組織コミットメントに及ぼす影響
（Brockner et al., 1993）

図注：組織コミットメント得点は、18項目（6段階評定）の得点を合計した値であり、レンジは18〜108である。

違い,異動による職務内容の変化によって仕事量がどう変化するかについて検討した。その結果,仕事が楽しいと感じ,レイオフに対して同僚が肯定的な意見を持っている場合に,レイオフ・サバイバーの組織コミットメントが特に高くなった。そして,仕事に興味がなくレイオフに対する同僚の意見が否定的な場合に,組織コミットメントがもっとも低くなった(図8-4)。

(5) **レイオフ・サバイバーの職場ストレッサーとストレス反応**　「失業への対処行動」でもストレスへの対処行動について述べたが,レイオフ・サバイバーについてもストレスの問題は避けて通れない。レイオフを過去に経験したことだけでなく,将来のレイオフが予想されることによる影響が見逃せない。カリモら(Kalimo *et al.*, 2003)によれば,レイオフ・サバイバーにとって過去のレイオフ経験よりも将来のレイオフに自分が関与するかどうかの方がストレス反応を引き起こしやすかった。

(6) **レイオフ・サバイバーの怒りと反社会的行動**　ブロックナーらの研究(例;Brockner *et al.*, 1987; Brockner, 1990; Brockner *et al.*, 1993)において,ダウンサイジングがレイオフ・サバイバーの職務遂行に悪影響を及ぼすことが示されている。プロスト(Prost, 2002)による研究では,実験場面でレイオフされそうな参加者は,そうでない参加者に比べて量的な生産性は高いものの,作業の質は低く,実験作業の際に守らなければならない安全規則に違反する回数が多かった。

だがもっとひどい場合では,組織の機能を阻害する行動や反社会的行動がダウンサイジングによって多発しやすいという報告もある。ダウンサイジングに伴う同僚の解雇の正当性に問題がある場合,多くの人は怒りを感ずる。その怒りが,怠業や非生産的行動を引き起こす(Brockner, 1988)のである。当然,従業員のこうした行動は,結果として企業や組織の業績低迷や機能不全を引き起こすだろう。

8-3. 不安障害

8-3-1 神経症について

　不安障害はいわゆる神経症（ノイローゼ）の1つである。神経症とは，「おもに心因によって生ずる精神および身体の両面にわたる機能的な障害であり，特有のパーソナリティを前提とし，かついくつかの状態像を呈する可逆的な障害」と定義できる。ただし，この神経症というよび名は，今日の精神医学の正式な診断基準のリストから姿を消してしまった。今日よく用いられているアメリカ精神医学会のDSM（Diagnostic and Statistical Manual of Mental Disorders）の第4版（DSM-Ⅳ, 1994）では，従来の神経症は病型によっておおむね4つに分類し直されている。それらは，「不安障害 Anxiety Disorders（従来の神経症名［以下同じ］：不安神経症，恐怖症）」，「身体表現性障害 Somatoform Disorders（心気症，ヒステリー）」，「解離性障害 Dissociative Disorders（離人神経症）」，「気分障害 Mood Disorders（抑うつ神経症）」である。なお，強迫神経症は，「不安障害」の中の下位分類「強迫性障害 Obsessive-Compulsive Disorder」に位置づけられている。

　このように神経症は今日後退した概念となっているようであるが，それでも神経症の定義や概念について理解しておくことは，職場でのさまざまな心理的問題と対処方法を理解する上で，きわめて有用である。

　そこでまず，神経症の特徴を整理してみる。次の6つの点があげられる。

　①心因性の障害であること　　心因とは心理的原因のことであり，急激な精神的衝撃や持続的なストレス，精神的葛藤や対人的葛藤，幼児期にまでさかのぼる過去の生活史の中で形成された性格の歪みなどを含んでいる。

　②機能的な障害であること　　機能的とは，非器質性という意味であり，機能上障害は認められるが，その原因は身体過程に存在しない。

　③障害は心身両面にわたってあらわれる場合が多いこと　　心理的原因によって生ずるといっても，身体症状を呈することが多い。不安神経症（不安障害）においては，心悸亢進や血圧上昇をきたすし，ヒステリー（身体表現性障

害)においては心理的な葛藤が身体に転換される機制によって下肢の麻痺や知覚障害など,さまざまな身体化,身体表現をきたす.

④特有のパーソナリティが認められること　心理的原因による圧迫が十分に強いときは誰もが神経症に罹患しうることになる.しかし,現実には同程度のストレス,同じような葛藤下にあっても,神経症になる人とならない人がいる.したがって,個体によって神経症に罹りやすい準備性がさまざまな程度に備わっていて,その準備性にふさわしい強さや種類の心因が加わったときに発症すると考える方が現実的である.

⑤特徴的な状態像を呈すること　神経症者と正常者の心理には連続性があり,その間に明確な区別はつけ難い.症状そのものにせよ,その基礎にある心理機制にせよ,正常者においても同じように認められる(目上の人への緊張感やガス栓の確認など).しかし,質的には同一であっても,量的には平均的基準からは隔たっており,その意味で異常な状態にある.したがって,不安などの内容は理解できるものの,その強さについては想像を絶する.また,神経症者は一般に病識があり,自分の状態が常ならぬものであることをはっきり認識している.しかし,その反面,病気の苦痛を過大に執拗に訴えることが多いのも事実である.一日も早く治してほしいと訴えながら,病気にしがみつき逃避しているように映る場合もある.極端な場合には,病気になることによってある程度願望を充足したり現実的な利益を得たりしているようにみえることすらある.これを疾病利得という.

⑥可逆性の障害であり,軽快ないし治癒した後に機能の欠損や人格の欠陥は残さないこと　しかしこれは原則であり,例えばヒステリーのような心因性の失立失歩が長く続いて,下肢筋の廃用性萎縮が起こり,歩行障害が残る場合もないわけではない.

このように,環境に対する心理的に異常な適応状態が神経症という状態であり,その原因はあくまでも心因性なのだが無意識化され慢性化され習慣化されてしまって,悩みとなる症状のみが意識化された状態であるといえる.身体の器質的病変によってではなく,心理的原因によって起こる一時的な精神症状であり,病識を有するという点で狭義の精神病とははっきり区別される,単数または複数の症候群からなる障害である.これらの症状がその個体にさまざまな

苦痛を与え，その本人によって受け入れ難い自我違和的なものとなるが，現実検討機能は大まかな意味で健全である。したがって，神経症に罹っていない"健常者"と神経症者との間には連続性があり，現実生活を営む誰もが状況如何によって神経症ないし神経症的状態になりうるということになる。

8-3-2 不安神経症としての「不安障害」

さて，不安障害とは，従来的にいう不安神経症である。DSMでは，「パニック障害（広場恐怖を伴うもの，伴わないもの）」ないし「全般性不安障害（GAD：Generalized Anxiety Disorder）」に分類される。なおここで不安（anxiety）とは，本人が原因をわかっていない場合をいい，恐怖（fear）は，なぜそれが怖いかがわかっているものをいう。不安障害の患者は，こうした不安（適応困難な破局の切迫感）とそれに伴うさまざまな身体症状を呈する。

いわゆる恐怖症が不安や葛藤を心理的に象徴化した症状であったり，ヒステリーが不安や葛藤を身体的なある症状に転換した症状であったりするが，そのようなメカニズムを経ずに不安がより生の形で症状形成にあずかったものが不安障害の症状である。

その症状には，不安（不安，緊張，神経質，切迫感，のぼせ，落ち着きのなさ，興奮，おびえ，取り越し苦労など），身体症状としては，声が震える，動悸がする，息苦しい，脈が速まる，血圧が上がる，胃が痛む，下痢が止まらない，などのいわゆる循環器，呼吸器，消化器における自律神経症状をあらわすが，多くの不安障害患者は，身体症状よりも心的な不安そのものを強く訴える。

また，不安障害には2つの側面がある。その1つがDSMでいう「パニック障害」に伴う不安発作（anxiety attack, panic attack）である。急性の不安発作，つまり理由もなく激しい不安に襲われ，しばしば死の恐怖や苦悶が生ずる。自律神経の興奮のため，心悸亢進，冷や汗，過呼吸，手足のしびれ，意識レベルの低下や失禁，下痢，口渇，失神発作などが起こることがある。こうした不安発作のために，病院の救急外来を受診する者も多い。さらにこの不安発作の結果，また発作に襲われるのではないかという予期不安が生じ，臨場恐怖，乗り物恐怖などの恐怖症状態に陥ることもある。例えば，混み合って身動きのと

れない通勤電車の中で急に不安発作に襲われ救急外来に救急車で運ばれたエピソード以降，また電車に乗るとあの発作に襲われるのではないかという強い予期不安によって電車に乗れなくなったり出勤できなくなったりする状態に及ぶ例は少なくない。

　もう1つが慢性不安状態であり，これは，DSMでの「全般性不安障害」に相当する。漠然とした何か悪いことが起きるのではないかといった予期不安とその不安の対象がいろいろと変動する浮動性不安を中心とする慢性の不安状態である。この状態像は，より古典的な診断名としての「神経衰弱状態」と多く重なる。絶えず緊張し，表情は不安そうで，手指のふるえ，精神性発汗があり，心悸亢進，不眠に悩む。注意力障害なども起こり，このような不安傾向が慢性に持続してパーソナリティ化してしまう。一人でいると異常に不安になり，常に誰かにそばにいてもらわないと不安になると訴える人もいる。そうなるとさらに，些細な身体症状や不安を武器に周囲を動かそうとするヒステリー性格傾向と神経質，強迫，恐怖傾向に発展するものがある。

8-3-3　神経症の治療

　神経症の治療としては，薬物療法と心理療法があげられる。薬物療法は，不安，緊張，抑うつ感，不眠，心悸亢進などには有効であり，抗不安薬，抗うつ薬，抗精神病薬がある。不安障害においていわゆる過呼吸症状，過換気症状（hyperventilation）を有し，不安症状がこれのみである場合には心理療法の適用とはならないだろう。この場合，むしろ生物学的な要因の関与が大きいとみなされる。今日，生物学的精神医学の進歩によって，不安症状と脳内神経伝達物質との関係の解明が進んでいる。

　しかし，不安はかならずしも薬物療法のみで対応できるものではなく，心理療法が適用である場合が少なくない。特に，抑圧された思考や願望をめぐる不安が不安症状に置き換えられていると見立てられる場合などには，精神分析，精神分析的心理療法，来談者中心療法，森田療法，内観療法，箱庭・描画・遊戯療法，行動療法，家族療法，自律訓練法，催眠療法など，多くの技法的アプローチが適用となる。

そこでの留意点としては，主訴を十分にとらえること，クライエントの心理的背景を把握すること，そこにどのような心理機制が働いているかについての仮説を立て，クライエントに対してどのような援助が可能か，効果的かなどを検討するといった，後述するアセスメントが不安障害に限らず心理療法全般に求められる。いずれにしろ，クライエント自身がこの不安を自分の問題ととらえて自分で解決する必要があると認識できる動機づけが心理療法に際して重要となり，それを高めていくことが治療者の仕事でもある。

8-4. パーソナリティ障害

8-4-1　DSM-Ⅳにおけるパーソナリティ障害

　パーソナリティ障害は人格障害ともよばれることが多いが，昨今，「人格障害」というよび方は「"格"が悪い」との響きを与え差別的であるとのことからパーソナリティ障害と呼称されることの方が多くなっている。

　このパーソナリティ障害をめぐっては，従来からさまざまな議論がある。その概念，その形成メカニズム，治療におけるアプローチ，いずれにおいても一致した見解は得られていないのが現状である。例えば，パーソナリティ障害の概念については，①正常と精神病との中間段階という考え方，②正常からの極端な偏りという考え方，③発達障害であるという考え方といった3つの考え方がある。

　いずれにしろ，パーソナリティとは，その個体に特徴的で一貫性のある認知，感情，行動のあり方であるが，それが大きく偏り，固定化したために不適応を呈している状態をパーソナリティ障害とよぶ。

　DSM-Ⅳでは，次のようなタイプに分類されている。

(1)　奇妙で風変わりであることを特徴とするA群

　①妄想性パーソナリティ障害（paranoid personality disorder）　他人の動機を悪意のあるものと解釈するといった不信と疑い深さの様式。

　②シゾイドパーソナリティ障害（schizoid personality disorder）　社会的関係からの遊離および感情表現の範囲の限定の様式。

③失調症型パーソナリティ障害（schizotypal personality disorder）　親密な関係で急に不快になること，認知的または知覚的歪曲，および行動の奇妙さの様式。

(2)　演技的で感情的であることを特徴とするB群

①反社会性パーソナリティ障害（antisocial personality disorder）　他人の権利を無視しそれを侵害する様式。

②境界性パーソナリティ障害（borderline personality disorder）　対人関係，自己像，感情の不安定および著しい衝動性の様式。

③演技性パーソナリティ障害（histrionic personality disorder）　過度な情動性と人の注意を引こうとする様式。

④自己愛性パーソナリティ障害（narcissistic personality disorder）　誇大性，賞賛されたいという欲求，および共感の欠如の様式。

(3)　不安と恐怖を特徴とするC群

①回避性パーソナリティ障害（avoidant personality disorder）　社会的制止，不適切感，および共感の欠如の様式。

②依存性パーソナリティ障害（dependent personality disorder）　世話をされたいという全般的で過剰な欲求のために従属的でしがみつく行動をとる様式。

③強迫性パーソナリティ障害（obsessive-compulsive personality disorder）　秩序，完全主義，および統制にとらわれている様式。

8-4-2　境界性パーソナリティ障害

ここではその中で，職場でも問題になることが多いと思われ，心理臨床や精神科診療における現代的課題といわれてすでに久しい，境界性パーソナリティ障害に注目してみる。

若い女性を中心として，リストカット，大量服薬，人や物に対する暴力，くり返す対人関係のトラブル，過食や嘔吐，アルコールや薬物などへの過度の依存などの行動化を伴うケースの多くが境界性パーソナリティ障害の持ち主であるとみなされることが多い。従来いわれている"ボーダーライン"あるいは

"境界例"である。精神病ほど重くはないが神経症ほど軽くない，その中間に位置する病態といわれている。境界性パーソナリティ障害にはさまざまな症状がみられる。症状だけでみれば，神経症やうつ病，その他のパーソナリティ障害でみられる症状のどれもが生じる可能性がある。DSM-Ⅳでは，次のように記述されている。

　対人関係，自己像，感情の不安定および著しい衝動性の広範な様式で，成人期早期までに始まり，種々の状況で明らかになる。
　以下のうち5つ（またはそれ以上）によって示される。
①現実に，または想像の中で見捨てられることを避けようとするなりふり構わない努力。
②理想化とこき下ろしとの両極端を揺れ動くことによって特徴づけられる，不安定で激しい対人関係様式。
③同一性障害。著明で持続的な不安定な自己像または自己感。
④自己を傷つける可能性のある衝動性で，少なくとも2つの領域にわたるもの（例：浪費，性行為，物質乱用，無謀な運転，むちゃ食い）。
⑤自殺の行動，そぶり，脅かし，または自傷行為のくり返し。
⑥顕著な気分反応性による感情不安定性（例：通常は2～3時間持続し，2～3日以上持続することはまれな，エピソード的に起こる強い不快気分，いらいら，または不安）。
⑦慢性的な空虚感。
⑧不適切で激しい怒り，または怒りの制御の困難（例：しばしばかんしゃくを起こす，いつも怒っている，取っ組み合いの喧嘩をくり返す）。
⑨一過性のストレス関連性の妄想様観念または重篤な解離性症状。

　このように，まず自分の自己像が定まらず，自分というものが希薄で自分自身の存在感を感じにくいために，自分が何をしたらいいのかわからなかったり，将来のイメージや展望を思い浮かべることができなかったり，他人のいうとおりに動いてしまったりする。いわゆる同一性の障害が主たる特徴の1つである。
　また，マイナスの感情に翻弄されやすく少しのことで傷ついてしまうなど，

寂しさや怒りの感じ方や取り扱い方が独特である。そのため，対人関係をうまくやっていくことができず，特定の人と密接な二者関係を作り，依存的にしがみつくか相手を縛りつけるような支配的な表現をとる。つまり，見捨てられまいと躍起になるのである。気分の変化もめまぐるしく，友好的にふるまっていたかと思うと，相手が自分を見捨てるのではないかと勘ぐり，突然烈火のごとく怒り出したりする。相手を理想化して尊敬や親愛の情を示していたのが，少々自分の意に沿わないことをされただけで，今度はその相手を裏切り者であるかのように激しい怒りをもってこき下ろし，最低の人物に貶めたりもする。ここから，対人関係が不安定であり，周りの人を知らぬ間に巻き込んでいくのがこの障害のもう1つの特徴といえる。不安や葛藤を自分の心の中の体験として心理的に抱え持つことが難しいために，行動化によって自らの不安や葛藤を現実の対人関係の中で繰り広げ処理していこうとする。

　さらに，極端なストレス下では，一過性に妄想様観念などの精神病的症状や解離症状を起こすことがある。なお，この境界性パーソナリティ障害は後述する気分障害としばしば合併するが，両方の基準を満たす場合にはその両方を診断できる。

　このようなパーソナリティ障害の人は一般に，他者に対する不信感が強く情緒的に動揺しやすいので，そのような人が医療などの専門機関を訪れた場合には安定した関係を作ることが何よりも重要となる。援助を求めることで多少とも依存的になると，相手と親密になる恐怖が強まることによって，相手を逆恨みして攻撃的になる可能性を予測しておく必要がある。また，患者ないしクライエントとなる人は自分の言動に対する問題意識や内省力が低く，周囲の人に"連れて来られたり"，不眠など他の症状に悩んで受診していることが多いため，治療の動機は全般に低い。したがって，専門家は個々の具体的な問題について本人とじっくり話し合って治療関係を形成することが求められる。翻せば，こうした特徴から，障害を持った本人が医療機関などの専門機関を自ら問題意識を持って援助を求める例はむしろ少なく，職場や学校などの場で周囲の人が困り果ててしまう場合が少なくないといえるだろう。

8-5. 感情障害

8-5-1　気分障害

　感情障害は今日 DSM-Ⅳ において気分障害（mood disorders）と呼称されている。前景に認められる一次的な動機のない気分の障害によって特徴づけられる。基本的な経過としては，抑うつ状態（悲哀的な気分）と躁状態（発揚的な気分）が交互に周期的に表われる［双極性］。うつ状態だけを経過するもの，躁状態だけを経過するものもある［単極性］。中年以降はうつ病型の方が多い。躁とうつが循環的に出現するので，循環性精神病とか回帰性精神病ともよばれていた。後述する統合失調症よりもはるかに予後は良好である。つまり，エピソードが終われば，原則として発病前の状態に戻る，"治る病気"である。しかし，再発をくり返す例は少なくない。10人に1人はうつ病エピソードを1度は体験するという報告もあり，きわめて頻度の高い病気である。

　(1)　**うつ状態（depressive state）**　悲哀感と貧困感を中心とした気分の低下した状態。思考と行動の抑制が見られる。胸に悲しみのある状態を訴えることが多い。また，睡眠障害，食欲不振，性欲低下，疲労感などの身体症状を伴う。つまり，うつ状態では，睡眠，食欲，性欲など，生物としての人間の基本的な機能が低下する。逆に，食欲亢進，過眠などを呈する場合もある。自責感，劣等感，虚無感，厭世観（憂うつ感や寂しい感じ：抑うつ），億劫感や無気力（制止），イライラや焦り（不安焦燥感）が強くなる。物事に興味が持てず，仕事や勉強になかなか取り組めなかったり，根気が続かなかったりする。自殺企図には注意を要する。自殺者の20〜30％はうつ状態にあるといわれている。典型的には朝の気分が最悪で，夕方になるとやや回復する傾向にある（日内変動）。

　(2)　**躁状態（manic state）**　うつ状態とは対照的な病像を呈する。すなわち生きるエネルギーが充満しているかのような状態を呈し，気分爽快，観念奔逸，精神運動興奮によって特徴づけられる。一種の生命感が湧き上がっており，何をしても成功する感じを持ち，頭がさえわたっている感じになり思考の

テンポもいたって速い。仕事も素早くこなし、記憶力に優れ、疲れを知らない。睡眠障害があって眠れないのだが、眠らなくても活動できる。しかし、進行すると観念が跳び、思考はまとまりを失ってくる（観念奔逸）。思考内容が現実離れしてくると、気分は楽天的であるが、誇大妄想が出てくる。情動が高まり、自信に満ちた誇大的な気分に酔ってしまう。態度が尊大になり話も大風呂敷になる。気分爽快で上機嫌が続く場合もあるが、逆に些細なことで怒ったり興奮したりすることがあり（易刺激性）、しばしばトラブルを引き起こす。カードで浪費したり、人間関係をむちゃくちゃにしたりする。

このような気分障害の要因としては、遺伝的要因、心理社会的要因、神経化学的な要因などが複合的に関与していると考えられている。遺伝的要因に関わるものとして家族歴が高頻度にみられる。心理社会的な要因としては、離別、転居、出産、転勤といった慣れ親しんだ秩序からの離脱に関わるライフイベントが対象喪失となって発症の誘因となることが多い。神経化学要因としては、モノアミン仮説が提唱されている。

治療としてはまず薬物療法が採用される。三環系抗うつ剤が開発されて以降、心理療法は禁忌であるとさえいわれた時期があった。しかし、今日的にみると、薬物療法だけでいいかというとかならずしもそうでないケースが増えている。薬物療法が効かない慢性的な抑うつ状態にあるケースなどがそれである。また、薬物療法で抑うつ状態が軽減しても、心理的な抑制が残遺して、社会復帰がままならないケースも増えている。いわゆる軽症の抑うつである。また、こうした慢性の抑うつ、軽症の抑うつのほかに、パーソナリティ障害との合併による抑うつも近年多く指摘されている。

8-5-2 抑うつと対象喪失

いずれにしろ、抑うつの心理的特徴としては、悲哀を悲哀と体験できない点があげられる。発症の契機には何らかの対象喪失の事態が関与していることが多いとされているが、そうした事態に際して、健康な悲哀の場合はあくまでも外的な対象を喪った事態であるのに対し、抑うつの病的な悲哀は対象喪失が同時に自己の一部を喪う体験となっている。そして、その喪失自体に気づいてい

ないか，重要な喪失を体験していることに気づいていても，自分がそこで何を喪ったか，どのような対象喪失であったかに気づいていない。通常われわれは一人の対象に対して愛と憎しみのアンビバレンスを向けているものだが，うつの場合，喪った対象，すなわち，自分を見捨てた対象に対する憎しみが本人に自覚されておらず，無意識に抑圧されている。この憎しみを防衛するために，自分で自分を非難する形がとられる。対象と合体したい願望が強く，いつも対象と一体化しているという空想が形成されている。発達的には，自と他が分化していない自己愛の水準に停滞していることになる。

　そのような理解から，例えば精神分析的な心理療法を行う場合，その目標として，自己愛の水準から対象愛の水準へと発達を促進することがあげられる。自己愛水準にある抑うつのクライエントは"人は自分のことをわかるはずがない"と考えているために，相互関係が起きてこない。実のところ，自分の内的な悩みを語り相談するという構えを持てないのである。無意識的には，自分が考えているように相手である治療者も考えているだろうと思っている。そこで治療者の方が欲求不満となり，つい乱暴なことや支配的なこと，たとえば「薬をちゃんと飲みなさい」などと反応してしまう。するとクライエントの自虐性は満足され，ますます一体化してしまうことになる。このように，理想化と惚れ込みとその裏での復讐が，相互関係の特徴となる。ときに，無能力な治療者であるゆえにクライエントとしての自分は救われないという悪循環的な治療関係に陥ることになる。これはクライエントの対象関係（その人が元来持っている対人関係の雛型）の特徴が転移されたものである。役立たず，寄る辺なさ，救われない感じ，これらは抑うつの主要感情であり，また対象関係の特徴である。しかるに，自分勝手な思い込みの自己愛水準から，治療者とクライエントが共に悩むことができるように，他者としての治療者に対して悲しみを表現したりコミュニケートしたりできる対象愛水準になること，すなわち，お互いに情緒的にわかりあう体験ができるようになることが課題となる。その過程では，次第に怒りを伴った情緒が表現されてくる。薬物療法のみでは，自虐的な面が変わらない。

　自殺行動への対処も臨床では重要な問題である。これにはよほどの覚悟が必要となる。必ず何でも話すという条件をのませ，契約する。その上で治療を引

き受ける。クライエントが自殺したいという考えを正直にオープンに出せることが大切になる。治療者にも治せないものがあって普通だという治療者側の現実検討が大事であり、「死にたくなったときにどうする？」とオープンにダイレクトに訊く。死にたいという気持ちを言語的にコミュニケートしているときにはわりと安全で、これをクライエントが隠すようになったら危険であると考える。治療者は、背景にある激しい憎しみに負けないこと、脅えないことが肝要となる。

8-6. 統合失調症

8-6-1 統合失調症の病態と定義

　精神科に入院している人の多くがこの統合失調症（schizophrenia）である。青年期から成人期に発病し、多くは慢性に経過して社会的能力を失い、働き盛りを病院で過ごす人も少なくない。かつては「精神分裂病」とよばれていた。「分裂病」と聞くと何か異質で了解不能なものとか、あたかも人格が分裂しているかのような誤解や偏見を人に与えがちであり、病気の実態を表わす病名としても不適切であるといわれ、日本精神神経学会の決議により、日本での呼称は2001年に「統合失調症」と改変された。

　その発症は唐突なものではなく、一人の人間が生きてきた延長線上にあり、遺伝、環境、脳生理学、心、性格、育て方、精神的葛藤、すべてが関与することによって、人間ゆえに起こり得るごく身近なものである。思春期から30歳頃までに発病するきわめて頻度の高い病気であり、およそ130人に1人くらい（100人から200人に1人）の率で発病する。

　統合失調症は明らかに医学的な病気の1つである。先祖の祟りだとか魔術的なものではなく、医学的な治療法が明確にある病気である。ただし、この病気は身体面には何の症状も見られず、精神面の症状だけが出るところに特徴がある。血液検査、レントゲン、CTスキャン、脳波検査など、いずれの検査においても異常はみられない。しかし、早期の診断と治療によって回復も早くなり、決して不治の病ではない。原因はわかっているところもあれば、わかっていな

いところもある。統合失調症は血友病や筋ジストロフィーのような遺伝病ではない。ただし，発病のしやすさという点では，例えば親が統合失調症の場合，子どもが統合失調症になる危険率は一般の人の危険率よりも高まるということがある。しかし，それでもなお，統合失調症を発病させない可能性は少なくとも90％から95％に及ぶという。発病のしやすさの遺伝は，動脈硬化症や糖尿病でもよくいわれているので，統合失調症だけを特別視することは正しくない。性格と病気については，病前性格と症状形成にはある関係が認められているが，特にこの病気になりやすい性格というのはない。従って，一定の性格とストレス要因が明らかに発病の原因であるならば，統合失調症とは異なる病気（心因反応）ということになる。

　統合失調症の生物学的病態をごく単純化していえば，ドーパミンという神経伝達物質が過剰になっている状態ということになる。人間の脳には約140億個の神経細胞があり，それぞれの細胞から繊維ができているが，すべて切れていてつながっていない。神経の刺激が伝わるには，ある物質がその間隙に放出され，次の神経に受け取られることで伝えられるしくみになっている。今では30種類以上の神経伝達物質が知られている。高齢者にしばしばみられるパーキンソン病は，この物質が減少している病気なので，ちょうど逆の関係にある病気といえる。なぜドーパミンが多くなっているかについては，神経系の発達異常によると思われるが，そこから先はまだよくわかっていない。

　発病の仕方は，素因（体質）的に発病することが多い。発病には個人の素因と，人それぞれにさまざまな環境因子が関わっているものと考えられている。発病に先立ち，進学や就職，対人関係や恋愛の問題などが認められることもある。それゆえ，例えば学校時代にいじめにあったとか，受験のときに親が無理強いしたとか，両親の教育方針の不一致などが発病の原因であると確信的に思い込み，自責の念にとらわれる人が多いが，それらを含め，親に責任のない病気といってよい。

　統合失調症は，病気の活動時には，妄想，幻覚，多方面にわたる精神機能の障害がみられる疾患である。多くは，精神医学的残遺症状や社会生活機能の障害を残して，慢性的な経過をたどる。

8-6-2 統合失調症の症状と型

　一般に，統合失調症の症状は「何か変だ」という妄想気分を基本症状として持つ。それが発展して具体的な内容を持つ頃に幻聴が現れる。統合失調症を確定することは症状の多種多様性や個人差が激しいことから慎重を要する。特に青年期においては，発達途上にあり，識別が難しい。統合失調症として確定できる症状は，陽性症状と陰性症状に分けられる。

　陽性症状は幻覚・妄想を主体とする。幻覚は，実際には存在しないものが知覚されることである。中でも声が聞こえるということが多く（幻聴），自分に対する悪口や噂，テレパシー，命令が聞こえると訴える。自分の行動を先回りして言ってきたり，その声と独りでに対話したりすることもある（独語）。幻聴は患者にとって非常に不気味で苦しい。幻覚のほかに，異様な匂いがする（幻臭），体に電波がかかるなどの異常感覚（体感幻覚），幻視などが幻覚として訴えられる。また妄想とは，異常な精神状態から生じる訂正不能な判断の誤りをいう。誤った信念，意味づけを絶対的なものと確信している。他人に特別な目でみられている，いつも見張られている，後をつけられている（注察妄想，追跡妄想），他人があてつけをしている，テレビや新聞が自分のことを報道している，盗聴される，自分を誰かが陥れようとしている（被害関係妄想）がよくみられる。

　また，陰性症状には，社会的な引きこもりや自発性の欠如，感情の平板化，思考の貧困化，自己と周囲への無関心，意欲障害などがある。

　統合失調症のおもな病型として，ここでは破瓜型（hebephrenic type）と妄想型（paranoid type）をあげる。

　(1) **破瓜型**　破瓜とは16歳の女性をさす言葉であり，この病型が14～15歳から徐々に発病するところから，このようによばれている。統合失調症の7～8割を占めるといわれ，主症状は自閉である。何となく内気になって部屋に閉じこもりがちになり，また無口になってくる。家族は性格の変化といったものとして感じる程度である。第2反抗期の頃に起こってくるので家庭では反抗期ととらえられ気にされないことが多いが，次第に情動や意思の鈍麻が目立ってくる（無表情，無口，無為に日を過ごす）。24～25歳になると異常な言動をと

るようになる。この頃に精神科を受診することが多い。破瓜型は非常に緩徐な経過をたどっていくが、被害妄想や関係妄想などの妄想体験を生じることも稀ではない。自閉状態から自発性欠如、無為状態に至る過程の基本的体験内容は妄想気分であり、それが徐々に幻覚妄想の形を示してくる。放置すれば、やがて人格荒廃に結びつく。

(2) **妄想型**　発病年齢が遅く、20代後半から30代前半とされる。発病の上限も、破瓜型や緊張型が50歳前半であるのに対し、妄想型は65〜70歳に及ぶ。人格障害は比較的軽く、健常人と変わらない生活を送るが、幻覚・妄想にとらわれた場面では極度に興奮し、多動性を帯びてくる。比較的長い経過ののち、精神荒廃に至る。後述する抗精神病薬の服用により幻覚・妄想に無関心となれる状況を作り出せるので、服薬を続ければ日常生活における障害は比較的少ない。妄想には、被害妄想、関係妄想、追跡妄想などがあり、特に被害的になるために服薬を極度に恐れ、治療し難いケースも多い。妄想のみが明確な場合はパラノイアとよび、区別する。

8-6-3　統合失調症の治療

　統合失調症の治療において、まず選択されるのは薬物療法である。1952年にドーパミンの過剰伝達をブロックする作用を持つ物質が発見されて以来、向精神薬の開発はめざましく進んでいる。薬物療法においてはこの向精神薬のほか、抗不安薬、気分調整剤、睡眠導入剤などが組み合わされる。しかし、統合失調症は素因（体質）的に発病する生物学的な病気といえるが、その治療は、検査をして薬を投与して様子を見るといった単純なものではありえない。

　ここで35歳会社員A氏の例をあげる。

　学生時代から友人によると興味が偏っており「変わり者」であった。上司からは「能力はあるが協調性に欠ける」と評価されていた。30歳時、コンピューターのプログラム設計や係長への昇進試験が続き不眠がちであった頃より、「自分が神様になった」という誇大妄想を抱き、同時に自分の部屋から布団を投げ捨てるなどの奇異な行為がみられた。「スパイに監視されているような気分」であったといい、被注察感を認めた。このため会社の同僚に連れられて病

院を受診した。以後，半年の入院治療を経て，通院を続けた。会社復帰後も同じコンピューターのプログラム設計の仕事を続けたが，特に仕事の能力が低下したという自覚はなかった。症状はほぼ消失（寛解）していた。35歳時，毎月の受診のために有給休暇を消化することが不満となり，通院を自己中断した。それに伴い服薬も不定期となり，やがて中断した。しかし，その10ヶ月後，不況のため一時帰休を命じられた。この命令は突然であり，たいへんショックだった。金銭面での不安が強くなり，不眠が再び始まった。翌日兄に相談の電話をしたが，この時すでに話にまとまりを欠き，何度も同じ話をくり返したため，兄に連れられ病院を再受診した。「再び自分が神様になった感じ」が出現した。医師に「どこが変ですか？」と問われたとき，「変から when になって屁になって…と続けて頭に出てくるんです」と思考障害を認めた。また，「耳が良くなりすぎた気がします」と聴覚過敏も訴えた。直ちに再入院となり，退院まで約1年間を要した。

　このA氏の例は決して珍しい例ではない。薬物の効果によって症状が自覚できなくなったとき治ったと思って，服薬や通院を自己判断で中止してしまうことは少なくない。しかし，その後の強い状況ストレスによって再発してしまい，再発をくり返すごとに症状は重くなり，またストレスに対する耐性も低下してしまう。このように，薬物療法にしても長期的な服薬の継続が必要となるので，それには疾病受容が大きな鍵となる。

　また，薬物療法にも限界がある。陽性症状を沈静したのちの意欲障害を主とした陰性症状には，デイケア，作業療法などの精神科リハビリテーション治療が適応となる。また，統合失調症の疾病受容や生活障害に対して，個人カウンセリングや家族療法も有効である。

8-7. 不適応行動への対処方法

　ここまで，神経症，パーソナリティ障害，気分障害，統合失調症と，精神医学における主要な診断分類に従って記述してきた。それでは，職場などでこのような疾患ないし症候群が疑われる事例に遭遇した場合，どうすればよいだろうか。

それにはまず，問題となった事例において何が起きているのか，現象を整理し，その事例の問題となっている中心の人物がいかなる不適応状態にあるのか査定（アセスメント）する作業が求められる。

不適応行動ないし症状を呈している人について，その後の援助につなげられるように，その人がどのような状態にあるのか，どのような病理があると考えられるのか，それに対してどのような援助をするのがふさわしいのか，何をするべきではないのかなどを判断するための情報を得ることがアセスメントの過程となる。これを欠くと適切な対処ができない。

(1) 何が問題になっているのか。　本人がその問題に自覚的な場合は，その問題は"主訴"とよんでよいだろう。例えば「最近不眠がちで朝起きるのが辛く，欠勤が多い」B子さんの事例の場合，B子さん本人が不眠症状のために生活に支障をきたしており，この状態を改善しなければならないと認識しているとすれば，それは"主訴"となる。不適応は，この訴えの本人に完結している。この場合，"主訴"，すなわちその人のおもな嘆きを安全な設定の中でよく聴くようにする。安全な設定とは，この場合のB子さんにとって誰が聴き役になるのがふさわしいか，容易に声が漏れない安心して話せる物理的空間はどこか，といったことを吟味して選択されるべきものである。往々にして職場の関係者に自分の個人的な悩みを相談することにはさまざまな面で抑止がかかるものであり，それを故あるものとして理解しながら関わりを持つ態度が求められる。またさらに，この嘆きは理路整然とした話ではないことの方が多い。これをじっくりきめ細かく聴き取ることができるとよい。これができると，その話の中にその人の「どうなりたいか，どうしたいか」という思いが含まれてくる。

ただし，職場のあるセクションにおいて対人関係のもつれが問題となっている事例の場合，例えばそのトラブルの火種となっていると思われるCさんが「同じ課のDさんが自分の悪口を言い始めている，自分を陥れようとしている」と騒ぎ立てているような場合，この訴えの主Cさんにしてみれば，問題の原因は「悪口を言っているDさん」にあるということになり，状況は込み入ってくる。実際にDさんが悪口を言っているのか，それはこの訴えの主の被害念慮・被害妄想といった精神症状によるものなのか，このあたりの鑑別を念頭に置きつつ対処を考えることが必要となる。ここをなおざりにして「それはあなたの

思い込みによるのでは？」「被害妄想だから治療を受けたら？」とCさんを諫めたとしたら，後の事態はこじれる可能性が高くなる。

　(2)　**問題はいつから起こり，どのくらい続いているか。**　苦痛や不安の程度はどれほどか。なぜそのような問題が今この時期にこうした形で浮上し顕在化してきたのか，また，その問題に対して，その人はどのように取り組んできたか，周囲の人はどうしてきたか，それを本人がどのように評価しているかなどを聴取したり，周囲から情報を集めたりする。これは臨床場面における「現病（現症）歴」に相当する。さらに可能であれば，これまでの人生において，現在の問題と同様の状態になったことがあるか，またより広い，これまで本人を取り巻いてきた環境（家庭での生い立ち，学校や職場での適応）および対人関係のあり方や家族関係を理解するとともに，健康で楽しい体験や趣味などについても整理し，問題の所在を明らかにする手がかりを得る。

　(3)　**当事者の身体面にも十分な注意を払う。**　現在の問題が身体面に影響をもたらしていることがあるか。睡眠・食欲・消化・排泄・性欲などに変調をきたしていないか。また，これまで大きな病気などに罹ったことはあるか，何か慢性の病気などを持っているか，この点はいわゆる「既往症」である。このような点から，本人のストレス対処の特徴を知ることができる場合もある。

　ここで例えば，上の「同じ課のDさんが自分を陥れようとしている」と頑なに訴えるCさんの問題に関して，事実関係を調べてみてもそのような事実が判明せず，Cさんが精神的に変調をきたしている可能性が考えられる場合，Cさんに対して身体面の状況を尋ねてみることも一案となる。精神病状態やその前駆状態にある人には睡眠障害など身体面の変調を随伴していることが少なくない。訴えの内容をむやみに否定せず，訴えにまつわる不安を汲み取りながら，そのうえで例えば「そのような苦境への対処を落ち着いて考えるためにも，まず身体面のコンディションを整えておくこと，十分な睡眠を確保しておくことが肝要である」などと説明し，医療機関受診などにつなげて本人の治療の適否の判断を専門家に委ねるように展開できる場合がある。

　ただし，こうした介入を職場内で行うには，よほど慎重な配慮がなされないと，本人にとって良かれと思って行うことであっても後にプライバシー・人権問題などに発展する可能性があることを承知しておくべきである。多くの場合，

(1)「何が問題になっているのか」のレベル，すなわち問題の明確化を手伝う作業ができるとよい。援助行動は常にこの問題と背中合わせになっている。

いずれにしろ，適切な対処には適切なアセスメントが求められる。上記に加え，緊急性や危機介入の要不要に関するアセスメントも必要となる。こうしたアセスメントは本来，精神科医，臨床心理士や精神保健福祉士のような専門職，ないしそのような職種が配置されている専門機関によってなされるものであるが，実際にはそのような援助的介入につなげることが難しい状況も少なくないだろう。職場組織においてどのようなシステムがあるかによってケースバイケースとなるが，このような問題に対して組織の中の誰がそれに対応するか，対応する者はそのことを誰にどのように報告したり相談したりすればよいか，こうした体制づくりを日ごろから心がけておくことが望まれる。

引用文献

American Psychiatric Association 1994 *Diagnostic and Statistical Manual of Mental Disorders, 4th ed.* American Psychiatric Association, Washington D. C. （高橋三郎・大野 裕・染谷俊幸訳 1995 DSM-Ⅳ 精神疾患の分類と診断の手引き 医学書院）

American Psychological Association 1992 Ethical Principles of Psychologists and Code of Conduct. *American Psychologist,* **47**, 1597-1611. （冨田正利・深澤道子訳 1996 サイコロジストのための倫理綱領および行動規範 財団法人日本心理学会）

Armstrong-Stassen, M. 2001 Reactions of Older Employees to Organizational Downsizing: The Role of Gender, Job Level, and Time. *Journal of Gerontology,* **56B**, 234-243.

Armstrong-Stassen, M. 2002 Designated Redundant but Escaping Lay-off: A Special Group of Lay-off Survivors. *Journal of Occupational and Organizational Psychology,* **75**, 1-13.

Baker, D. D., Terpstra, D. E. & Cutler, B. D. 1989 Perceptions of Sexual Harassment: A Re-examination of Gender Differences. *Journal of Psychology,* **124**, 409-416.

Bargh, J. A. & Raymond, P. 1995 The Naive Misuse of Power: Nonconscious Sources of Sexual Harassment. *Journal of Social Issues,* **51**, 85-96.

Bargh, J. A., Raymond, P., Pryor, J. B. & Strack, F. 1995 Attractiveness of the Underling: An Automatic Power→Sex Association and Its Consequences for Sexual Harassment and Aggression. *Journal of Personality and Social Psychology,* **68**, 768-781.

Bennett, N., Martin, C. L., Bies, R. J. & Brockner, J. 1995 Coping with Layoff: A Longitudinal Study of Victims. *Journal of Management,* 21, 1025-1040.

Bies, R. J., Martin, C. & Brockner, J. 1993 Just Laid off, but Still a Good Citizen? Only If the Process is Fair. *Employees Rights and Resposibilities Journal,* 6, 227-238.

Brockner, J. 1988 The Effects of Work Layoffs on Survivors: Research, Theory, and Practice. In B. M. Staw & L. L. Cummings (Eds.), *Research in Organizational Behavior,* Greenwich, CT: JAI Press, 10, pp. 213-255.

Brockner, J. 1990 Scope of Justice in the Workplace: How Survivors React to Co-worker Layoffs. *Journal of Social Issues,* 46, 95-106.

Brockner, J. & Greenberg, J. 1990 The Impact of Layoffs on Survivors: An Organizational Justice Perspective. In J. Carroll (Ed.), *Applied Social Psychology and Organizational Settings,* Hillsdale, NJ: Lawrence Erlbaum Associates, pp. 45-75.

Brockner, J., Grover, S., Reed, T., DeWitt, R. & O'Malley, M. 1987 Survivors' Reactions to Layoffs: We Get by with a Little Help for Our Friends. *Administrative Science Quarterly,* 32, 526-541.

Brockner, J., Tyler, T. & Cooper-Schneider, R. 1992 The Influence of Prior Commitment to an Institution on Reactions to Perceived Unfairness: The Higher They are, the Harder they Fall. *Administrative Science Quarterly,* 37, 241-261.

Brockner, J., Wiesenfeld, B. M., Reed, T., Grover, S. & Martin, C. 1993 Interactive Effect of Job Content and Context on the Reactions of Layoff Survivors. *Journal of Personality and Social Psychology,* 64, 187-197.

Cascio, W. F. 1993 Downsizing: What Do We Know? What Have We Learned? *Academy of Management Executive,* 7, 95-104.

Fitzgerald, L. F. 1990 Sexual Harassment: The Definition and Measurement of a Construct. In M. A. Paludi (Ed.), *Sexual Harassment on College Campuses: Abusing the Ivory Power,* State University of New York Press, pp. 25-47.

Fitzgerald, L. F., Drasgow, F., Hulin, C. L., Gelfand, M. J. & Magley, V. J. 1997 Antecedents and Consequences of Sexual Harassment in Organizations: A Test of an Integrated Model. *Journal Applied Psychology,* 82, 578-589.

Fitzgerald, L. F., Gelfand, M. J. & Drasgow, F. 1995 Measuring Sexual Harassment: Theoretical and Psychometric Advances. *Basic and Applied Social Psychology,* 17, 425-445.

Fitzgerald, L. F. & Hesson-McInnis, M. 1989 The Dimensions of Sexual Harassment: A Structural Analysis. *Journal of Vocational Behavior,* 35, 306-326.

Fitzgerald, L. F., Shullman, S. L., Bailey, N., Richards, M., Swecker, J., Gold, A., Ormerod, A. J. & Weitman, L. 1988 The Incidence and Dimensions of Sexual Harassment in Academia and the Workplace. *Journal of Vocational Behavior,* 32, 152-175.

Gabbard, G. 1994 *Psychodynamic Psychiatry in Clinical Practice, The DSM-IV Edition.* American Psychiatric Press, Washington D. C. (大野　裕監訳　1997　精神力動精神医学②臨床編：Ⅰ軸障害　岩崎学術出版)

Glomb, T. M., Munson, L. J., Hulin, C. L., Bergman, M. E. & Drasgow, F. 1999 Structural Equation Models of Sexual Harassment : Longitudinal Explanations and Cross-Sectional Generalizations. *Journal of Applied Psychology*, **84**, 14-28.

Glomb, T. M., Richman, W. L., Hulin, C. L., Drasgow, F., Schneider, K. T. & Fitzgerald, L. F. 1997 Ambient Sexual Harassment : An Integrated Model of Antecedents and Consequences. *Organizational Behavior and Human Decision Processes*, **71**, 309-328.

Grunberg, L., Moore, S. Y. & Greenberg, E. 2001 Differences in Psychological and Physical Health among Layoff Survivors : The Effect of Layoff Contact. *Journal of Occupational Health Psychology*, **6**, 15-25.

Gutek, B. & Cohen, A. G. 1987 Sex Ratios, Sex Role, Spillover, and Sex at Work : A Comparison of Men's and Women's Experiences. *Human Relations*, **40**, 97-115.

Gutek, B., Cohen, A. G. & Konrad, A. M. 1990 Predicting Social-Sexual Behavior at Work : A Contact Hypothesis. *Academy of Management Journal*, **33**, 560-577.

Gutek, B. & Koss, M. P. 1993 Changed Women and Changed Organizations : Consequences of and Coping with Sexual Harassment. *Journal of Vocational Behavior*, **42**, 28-48.

Gutek, B., Morasch, B. & Cohen, A. 1983 Interpreting Social-sexual Behavior in a Work Setting. *Journal of Vocational Behavior*, **22**, 30-48.

Hanish, K. A. 1999 Job Loss and Unemployment Research from 1994 to 1998 : A Review and Recommendation for Research and Intervention. *Journal of Vocational Behavior*, **55**, 188-220.

Hesson-McInnis, M. S. & Fitzgerald, L. F. 1997 Sexual Harassment : A Preliminary Test of an Integrative Model. *Journal of Applied Social Psychology*, **27**, 877-901.

Hulin, C. L., Fitzgerald, L. F. & Drasgow, F. 1996 Organizational Influences on Sexual Harassment. In M. S. Stockdale (Ed.), *Sexual Harassment in the Workplace : Perspectives, Frontiers, and Response Strategies*, Thousand Oaks, CA : Sage, pp. 127-150.

井上　健　1996　企業のリスクマネジメントとしてのセクハラ対処法　エコノミスト (7月9日号), 91-94.

Kalimo, R., Taris, T. W. & Schaufeli, W. B. 2003 The Effects of Past and Anticipated Future Downsizing on Survivor Well-being : An Equity Perspective. *Journal of Occupational and Health Psychology*, **8**, 91-109.

Kernan, M. C. & Hanges, P. J. 2002 Survivor Reactions to Reorganization : Antecedents and Consequences of Procedural, Interactional, and Informational

Justice. *Journal of Applied Psychology,* **87**, 916-928.
Ket'z de Vries, M. F. R. & Balazs, K. 1997 The Downside of Downsizing. *Human Relations,* **50**, 11-50.
Kivimäki, M., Vahtera, J., Thompson, L., Griffiths, A. & Cox, T. 1997 Psychological Factors Predicating Employee Sickness Absence during Economic Decline. *Journal of Applied Psychology,* **82**, 858-872.
Kivimäki, M., Vahtera, J., Griffiths, A., Cox, T. & Thompson, L. 2000 Sickness Absence and Organizational Downsizing. In R. J. Burke & C. L. Cooper (Eds.), *The Organization in Crisis : Downsizing, Restructuring, and Privatization.* Oxford, UK : Blackwell, pp. 78-94.
Konrad, A. M. & Gutek, B. G. 1986 Impact of Work Experiences on Attitudes toward Sexual Harassment. *Administrative Science Quarterly,* **31**, 422-438.
Knapp, D. E., Faley, R. H., Ekeberg, S. E. & Dubois, C. L. Z. 1997 Determinants of Target Responses to Sexual Harassment : A Conceptual Framework. *Academy of Management Review,* **22**, 687-729.
Lazarus, R. S. & Folkman, S. 1984 *Stress, Appraisal, and Coping.* New York : Springer Publishing. （本明 寛・春木 豊・織田正美監訳 1991 ストレスの心理学　認知的評価と対処の研究　実務教育出版）
Leana, C. R., Feldman, D. C. & Tan, G. Y. 1998 Predictors of Coping Behavior after Layoff. *Journal of Organizational Behavior,* **19**, 85-97.
Leventhal, G. S. 1980 What Should Be Done with Equity Theory? New Approaches to the Study of Fairness in Social Relationships. In K. Gergen, M. Greenberg & R. Willis (Eds.), *Social Exchange : Advances in Theory and Research.* New York : Plenum Press, pp. 27-55.
Magley, V. J., Hulin, C. L., Fitzgerald, L. F. & DeNardo, M. 1999 Outcomes of Self-labeling Sexual Harassment. *Journal of Applied Psychology,* **84**, 390-402.
毎日新聞　1996a　米国三菱セクハラ問題　問われた日本的なもの（5月9日付朝刊），12面
毎日新聞　1996b　セクハラ問題 EEOC と交渉開始　米三菱自，反発拡大気配で（5月12日付朝刊），26面
毎日新聞　1996c　米三菱自セクハラ事件　険しい信頼回復への道（5月12日付朝刊），11面
毎日新聞　2003　過労死：過去最多の160人を認定　厚労省の02年度まとめ（6月10日付朝刊）
Malamut, A. B. & Offerman, L. R. 2001 Coping with Sexual Harassment : Personal, Environmental, and Cognitive Determinants. *Journal of Applied Psychology,* **86**, 1152-1166.
宗方比佐子　2001　職場における暗黙のシナリオ　諸井克英・宗方比佐子・小口孝司・土肥伊都子・金野美奈子・安達智子　彷徨するワーキング・ウーマン　北樹出版　pp. 73-90.
Munson, L. J., Miner, A. G. & Hulin, C. L. 2001 Labeling Sexual Harassment in

the Military : An Extension and Replication. *Journal of Applied Psychology*, **86**, 293-303.

21世紀職業財団 1993 女子雇用管理とコミュニケーション・ギャップに関する研究会報告書

Offerman, L. R. & Malamut, A. B. 2002 When Leaders Harass : The Impact of Target Perceptions of Organizational Leadership and Climate on Harassment Reporting and Outcomes. *Journal of Applied Psychology*, **87**, 885-893.

O'Neill, H. M. & Lenn, D. J. 1995 Voice of Survivors : Words that Downsizing CEO's Should Hear. *Academy of Management Executive*, **9**, 23-33.

Prost, T. M. 2002 Layoffs and Tradeoffs : Production, Quality, and Safety Demands under the Threat of Job Loss. *Journal of Occupational Health Psychology*, **7**, 211-220.

Pryor, J. B. 1987 Sexual Harassment Proclivities in Men. *Sex Roles*, **17**, 269-290.

Pryor, J. B., Giedd, J. L. & Williams, K. B. 1995 A Social Psychological Model for Sexual Harassment. *Journal of Social Issues*, **51**, 69-84.

Pryor, J. B., LaVite, C. M. & Stoller, L. M. 1993 A Social Psychological Analysis of Sexual Harassment : The Person/Situation Interaction. *Journal of Vocational Behavior*, **42**, 68-83.

Saal, F. E. 1996 Men's Misperceptions of Women's Interpersonal Behaviors and Sexual Harassment. In M. S. Stockdale (Ed.), *Sexual Harassment in the Workplace : Perspectives, Frontiers, and Response Strategies*. Thousand Oaks, CA : Sage, pp. 67-84.

坂田桐子 2003 女性の就業と課題 横山博司・岩永 誠（編著） ワークストレスの行動科学 北大路書房 pp. 27-58.

坂爪洋美 1999 ストレス理論に基づく失業研究の展望 —失業が個人の心理的状態に及ぼす影響— 日本労働研究雑誌, **466**, 77-88.

坂爪洋美 2002 失業とその影響 宗方比佐子・渡辺直登（編著） キャリア発達の心理学 仕事・組織・生涯発達 川島書店 pp. 229-248.

佐野幸子・宗方比佐子 1999 職場のセクシュアル・ハラスメントに関する調査 経営行動科学, **13**, 99-111.

田中堅一郎 2005 リストラは職場に何をもたらしたか：心理学の視点からダウンサイジングを考える 日本大学大学院総合社会情報研究科紀要, **6**, 173-184.

Tata, J. 1993 The Structure and Phenomenon of Sexual Harassment : Impact of Category of Sexually Harassing Behavior, Gender, and Hierarchical Level. *Journal of Applied Social Psychology*, **23**, 199-211.

Terpstra, D. E. & Baker, D. D. 1987 A Hierarchy of Sexual Harassment. *Journal of Psychology*, **121**, 599-605.

東京都立労働研究所 1987 諸外国の男女平等施策をめぐる現状と課題

Wasti, S. A., Bergman, M. E., Glomb, T. M. & Drasgow, F. 2000 Test of the Cross-Cultural Generalizability of a Model of Sexual Harassment. *Journal of*

Applied Psychology, 85, 766-778.
横山敬子　2003　仕事人間のバーンアウト　白桃書房

9 カウンセリングの基本的技法

9-1. カウンセリングの基本原理と技法

9-1-1 カウンセリングとは

　臨床心理学において，面接はカウンセリング（counseling）または心理療法（psychotherapy）と称されることが多い。両者の違いは，それぞれの出発点が異なることによっている。カウンセリングは，日本における「カウンセリング活動」の普及に大きく寄与したロジャーズ（Rogers, C.）の流れを汲んでおり，一方の心理療法は精神分析の開祖フロイト（Freud, S.）を出発点としている。ロジャーズの提唱したカウンセリングは本邦ではおもに学校教育場面で導入され広まったものであり，精神分析はフロイトが元々神経学者で，医療における一技法として創案したものであるため，両者の相違が強調されがちであるが，実際の面接場面での態度は，ロジャーズとフロイトとの間に決定的な違いはないとされている。ここでは，いわゆる臨床心理面接全般をカウンセリングとよぶことにする。

　カウンセリングは，「何らかの情緒的問題を持つことによって基本的に自らの有り様に問いを投げかけ，そのための援助を求めているクライエントと，一定の訓練を通してクライエントとの間に望ましい対人関係を確立することができるカウンセラーとの対人関係を通して，クライエントの持つ心理―身体―行動面における症状や障害を取り除くだけでなく，さらにクライエントの心理的成長や発達を促すための営み」と定義できる。

　この定義は，いわゆる医学―病理モデルに基づくものではない。医学は基本

的に自然科学に基づき，疾病の治療を行う学問である。医師が医学的知識に基づいて病理を診断し，その病因を薬物や身体的処置によって除去，管理することが医学治療の基本的な手続きとなる。それに対しカウンセリングは，臨床心理学モデルに基づいている。臨床心理学は，病気の治療を目的とした学問ではない。広く心理的問題の解決や改善援助をするための学問である。症状を呈していなくても，心理学的な援助を必要としている人は少なからずいる。精神病理を抱えている人に対しても，その病理を抱えてどのように生きるのかという心理面での問題解決を援助することがテーマとなる。この相違は，対象とするものの違い，すなわち，疾患（disease）と，クライエントの病理体験としての病（illness）の違いにつながる。

9-1-2 共感的コミュニケーション

　上記したカウンセリングの定義において「対人関係」と記したが，これはコミュニケーションのことである。コミュニケーションとは，相手の話すことをよく聴き，それを理解できれば理解したと返し，理解できなければ相手にわからないと伝え，さらに話を聴いていくというくりかえしである。こうしたコミュニケーションは簡単なようだが，日常場面では意外とみられない。互いに自分のいいたいことをいい合い，実は相手のいうことをあまり聴いていないというのが実情なのではないだろうか。これは雑談に近い。その是非をここでいうのではなく，日常の対人関係の多くはそういうものである。カウンセリングとは，このコミュニケーションを安定した枠組みの中でしっかりと行うということであり（松井，1997），ここにおいてコミュニケーションを共感的関係と換言できる。

　この共感を考えるにあたり，人間関係の出発点ともいえる乳幼児と母親との関係を取り上げてみたい。母親はことばを持たない乳幼児の何らかの行動に対して子どもの情動を察して，その状態を照らし返すことをくりかえしていく。例えば母親は，泣いている子どもがなぜ泣いているのかについて，おなかが空いているからなのか，おむつが汚れて不快だからなのか，抱っこしてほしいからなのかなどを読み取って対応していく。その読み取りには，ことば以前の表

情，態度，声などのサインが手がかりとなる。子どもの発するそうしたサインを読み取り，それにふさわしい対応を返していくことを通して，子どもは人と共にある体験をし，自分が1つのまとまった存在であると実感できるようになる。これが共感の基本型である。しかし，完全な読み取りができる母親は存在しない。試行錯誤しながらそのサインの意味するところを探っていくことをくりかえさなければならない。その意味で，子どもが母子関係のペースを決めていくといえる。その子どもなりのやり方が母子間のコミュニケーションを通してできていくことで子どもの自己が動き出してくる。

こうした関係性こそが，カウンセラーがクライエントに提供するコミュニケーションの理想である。ここで「理想」としたのは，実際の母親がそうであるように完全な共感というのはあり得ないからである。むしろ，相手の話を聴いて，わからないことを曖昧なままにせず，わからなさを大切に抱えていくこと，そしてその意味を探っていくこと，すなわち，共感できないことを投げ出さずに関わっていくことがカウンセリングにおけるコミュニケーションの基本といえる。もし，完全な読み取りのできる母親が実際にいたならば，その子どもはいつまでも母親の完全な庇護のもとから抜け出せなくなってしまう。クライエントも同様で，いつまでも万能的に共感してくれるカウンセラーの庇護のもとに居続けなければならなくなる。万能感からほどよく覚めていくことが心理的成長には必要なのである。

9-1-3　ロジャーズの3原則

ロジャーズは来談者（クライエント）中心療法の提唱者として名高い。ロジャーズは，セミナーに出席するなどして精神分析の一学派に親しんだ時期を持っていた。そこで彼が確信したのは，カウンセリングにおける対人関係での自己洞察・自己受容の重要性であった。そして，心理的な悩みや障害を生み出すメカニズムとして，人は「本当の自分（有機体）」と「自分で思い込んでいる自分（自己概念）」の2つの自分を持っており，「本当の自分」を無視したままでいると悩みや葛藤が生じ，不適応行動や症状などの障害を呈することになると考えた。

そこで，この有機体と自己概念を一致させること，すなわち自己実現を目的としたのが来談者中心療法である。来談者中心療法は，人はみな自己実現する力を持っているという考えを基盤に，カウンセリングにおいてカウンセラーが「カウンセラーの純粋性」「無条件の積極的関心」「共感的理解」という3つの条件を提供すること，すなわちカウンセラーとの深い情緒的関係によって，クライエントが自己実現に向けて洞察していく過程を援助する方法である。この3つの条件とは，「ロジャーズの3原則」ともいわれる。来談者中心療法に限らず，どのようなアプローチのカウンセリング技法であっても，この3原則は適用されると考えられる。この3原則に即してカウンセラーが適切な環境を作ることができれば，そして，カウンセラーが3原則を体験できていれば，おのずからクライエントは自己実現への成長プロセスを生起させることができるとするものである。

　①「カウンセラーの純粋性」とは，他の2条件の前提となる条件であり，カウンセラーがクライエントのその瞬間のあり方に深く敏感であり，その瞬間の経験から生じる自らの感情を否定せずに知覚できることをいう。カウンセラーがクライエントとの関係に真実（real）であることを重視した指摘である。

　②「無条件の積極的関心」とは，クライエントの示すいかなる内容の話，いかなる感情に対しても，決してその一部だけを取り上げたり否定したりして歪めることなく，まったく同じようにそのまま受け止めて尊重しようと，カウンセラー自身が自己の有り様を模索することである。カウンセラーがクライエントを大切に思い，一人の分離独立した人間として思いやりを持って関わっていることを条件にあげている。

　③「共感的理解」とは，クライエントが体験しつつある過程に対して，一般常識や価値観，理論といった既成の外的な準拠枠に従って理解しようとするのではなく，クライエントが体験し感じているままに理解しようと，やはりカウンセラー自身が模索することである。共感的コミュニケーションの原理については上述したが，クライエントの内面をその内側から，その人の目で見ることができるかどうかを問うものである。これが果たされていれば，その場でカウンセラーとクライエントの両者は類似の体験をすることになる。双方が実感として「ピンときている」状態になる。しかし，このようないわば深いレベルの

共感が起きるには相応の時間経過が必要であり，それはカウンセラーとクライエントの相互関係の間に知らずと訪れるものである。カウンセラーが安易に理解，共感したと思い込み，またそれをクライエントに安易に表現して返すことのないよう留意しなければならない。それがかえって真の理解を妨げることになってしまう。そもそも"真の理解""ほんとうの共感"などあり得ない。自分の感情と他者の感情を同じものと体験することは不可能なことである。共感は情緒的な過程であり，情緒は意図して発生させたり操作したりできるものではない。藤山（2003）は「私たちが相手に共感していると感じているとき，相手の別の側面を置き去りにしている可能性は高い」と述べ，"共感しようと努力する"意識的な態度がもたらす危険性を指摘し，さらに「共感が意図的に達成できない以上，治療者は自分が目指そうとしているものとして共感という言葉を用いるのをやめ，回顧的にそれが達成できたかどうかを吟味するときにのみ用いることが適切であろう」と提唱している。

9-1-4 ラポール

ラポール（rapport）というフランス語は，臨床心理学や精神科臨床でよく使われることばだが，疎通性（accessibility）とも意訳される。カウンセラーとクライエントの相互において生じる自然で抵抗のない良好な関係であるとか親和感という意味合いで，そのままラポールあるいはラポートとよばれることが多い。カウンセリングや精神療法の場面構成において留意すべき基本的な心得をいうときに使われる。カウンセリングが治療的に展開するための必要条件が上記ロジャーズの3原則であるが，それらのさらなる前提がこのラポールということになる。

カウンセラーとクライエントとの出会いの場であるカウンセリングの初回ないし初期過程は，相互の無意識レベルでの交流を含めて次のセッションへと続く良い疎通性・コンタクトが形成されなければならない重要な場面である。平たくいえば，相談に訪れるに際して「この悩みはただ単に自分の意思が弱いからなのではないか，話してもそういわれてしまうのではないか」などと内心ひどく不安を感じているクライエントが，「ここに来て良かった」「ここで何か期

待できそうだ」と素朴に感じられ，次回もカウンセリングの場に足を運ぶ気になるような雰囲気を与えることである。そもそもクライエントがカウンセリングの場に来なければカウンセリングは成立しない。カウンセラーはここでクライエントをサポートする態度で場に臨み，不注意な忠告や決めつけなどを慎む必要がある。クライエントの表情や素振り，態度などを観察しつつ抵抗の度合いをはかり，不要な質問は避け，良い疎通を保つようにする。クライエントが"カウンセリングの場では自分がサポートされる"という体験を得られることが，その後の展開のための重要な出発点となる。もっとも，カウンセリングが本格的に展開すると，いろいろな敵対的な感情やカウンセラーへの怒りの感情が表明されることは少なくなく，そのような負の感情を出せること自体治療的な意義を持つものとされるが，それにしても，そうした表明はカウンセリングの場やカウンセラーへのほどよい信頼が土台にあってこそ可能となるものである。

9-1-5 傾聴技法のいくつか

　ラポールを土台としてカウンセリングは継続されていく。クライエントは自分の問題を解決したい動機を持ってカウンセリングの場を訪れ，そこでさまざまに自分のことをカウンセラーに話す。しかし，そうした動機だけでは継続しない。日常の対人関係においても，私たちは，自分のことをわかってほしい，この人ならわかってもらえると思える相手を選別している。素朴に自分のことをこの相手に理解してほしいと思う動機もあるから話ができるものである。上記3原則は，クライエントがそのような動機を維持しながら，自己理解を促進するための条件であるが，より具体的には，そうした基本的な聴く態度に加えて，クライエントの話を理解する力と，その理解をクライエントに伝える力がカウンセラーに求められてくる。ここではそのための具体的な表現様式としての技法について触れる。しかし，この技法という点では，技法を身につけさえすれば誰でもカウンセリングが可能であるというものではない。カウンセリングは本来カウンセラー個人の独自の資質や特徴が反映されるものであり，その上にクライエントの問題に対する適切なアセスメントがあって有効に展開する

ものである。単なる型としての技術を身につけることは意味がないことを述べておきたい。

①うなずきや相槌：無言でただ聴くのでなく、聴き手が適宜うなずきや相槌を入れると話し手は聴いてもらっているという実感を持つことができ、話をさらに続けていける。

②感情の反射：いわゆるリピートである。クライエントの話した感情をそのまま受け取り、ことばで伝え返す。「私は生きていてもしようがないと思うんです」と述べたクライエントに対し、「生きていてもしようがないと思われるのですね」と返していく。"技法"としてはきわめて単純だが、このリピートが劇的な変化を起こすこともあり得る。それにはやはりカウンセラーがクライエントのどの表現に対してリピートを与えたかが鍵となる。クライエントにとっては、それまで黙って聴いていたカウンセラーが自分のこのことばに対してだけ反復したとなれば、その自分のことばは重要であるということになり、それについて連想が発展していく。したがってこの技法も、機械的にむやみにおうむ返しするものとして使われるのであればまったく無意味である。技法が効果を持つためには、その技法を使う箇所を的確に掴んでいる必要があり、それにはカウンセラーのクライエント理解、すなわちアセスメントの力が影響因となる。

③感情の明瞭化：例えば「自分でも嫌になってしまう。このごろ仕事でミスばかりして、よく注意されるんです。夜眠るときにもその場面ばかりくりかえし思い出されて、なかなか眠れないし、寝不足のボーっとした頭で翌朝出勤して、なんだか悪循環になって…。もっとちゃんとやらないと申し訳ない。こんな状態なら辞めてしまいたい。でも収入がないと生活していけないし…」というクライエントの話に対して、「たいへんな状態ですね」とか「ミスのことを思い出すと辛いでしょうね」などと、クライエントの感じている感情をカウンセラーが受け止めて言葉で伝え返す。そこではクライエントのことばだけでなく、非言語的な表現も手がかりにして伝え返す。伝え返す際の声の調子や抑揚もクライエントのそれらに一致していることが望まれる。さらに「もっとしっかりしなければと思うけど、これ以上やれないという感じなのでしょうか」などと返すと、これは「感情の明確化」となる。通常クライエントは決して理路

整然とまとめて話をするものではない。それをカウンセラーがまとめて返し，そのような理解で正しいかどうかをクライエントに確認することで，クライエントの話をさらに促すことができる。

　ほかにも，カウンセラーがクライエントの話を聴いて感じた感情を伝える"自己開示"，その回のクライエントの話を要約して返す"サマライズ・コメント"，「そのことについてもう少し思い浮かぶことを話してくれませんか」と求める"促し／リード"などがある。

　また，カウンセラーがクライエントの話を聴いて理解しがたく思ったことや違和感を持ったことを開示して伝えることが効果的な場合もある。例えば「あなたの話を理解しようと聴いていてもどうもうまくイメージできない」という思いをカウンセラーが率直に伝えることで，「心の中で感じていることをうまく言葉であらわしきれない」クライエント自身が持っている自己不一致感や，「ほんとうは苦しくて辛いのに軽い調子でしゃべってしまう」クライエントの中核的な葛藤に響いて，逆に理解してもらえたという実感をクライエントが持てるようになることもある。このようなカウンセラーの反応は"クライエントの話を共感しなければならない"と自縛的になって，上記原則の1つである「カウンセラーの純粋性」，すなわち「カウンセラーはその瞬間の経験から生じる自らの感情を否定せずに知覚できること」を脇においてしまっていてはできないものである。こうした例を出せば，上述した「単なる型としての技術を身につけることは意味がない」ことがあらためて理解されるだろう。

　以上，来談者中心療法の創始者ロジャーズの考え方を中心に述べてきたが，これらの点は，来談者中心療法のみにとどまらない，以下にあげるその他の治療的技法にも必要とされる，対人援助のための基本的な心得であると考えるべきである。

9-2. アサーション・トレーニング

9-2-1 「アサーション」とは

　アサーション（assertion）は一般に「主張」「断言」と訳されるが，ここで

は「自己表現」が近い。「自分の意見，考え，気持ち，相手に対する希望などを自分で確かめて，それを相手に伝えたいときに，なるべく率直に正直に，しかも適切な方法で伝えようとする自己表現」ということになる。また，ここでの「適切な方法」とは，「自分も相手も大切にする」意味となる。そのため，通常日本語にあえて訳さず，そのまま「アサーション」「アサーティブ」と用いる。いずれも，自分のことを表現して，自分を大事にして，相手も大事にするコミュニケーションをどのように作ることができるかを考える1つの鍵概念として利用するものである。

　そもそもコミュニケーションとは容易なものではない。私たちは日本語を使って不自由なく会話をしているつもりでも，意思の疎通がかならずしもすべてうまくいくとは限らない。コミュニケーションにおけるアウトプット過程である"表現"にしても，自分の伝えたいことをいつも十分表現できているかというと意外とできていないことの方が多い。同じく"伝える"にしても，聞く側である相手が自分の表現をどのように受け止め理解しているかはわからないことの方が多い。

　平木（1993）によれば，自己表現には3つのタイプがある。

　①「攻撃的」な自己表現：アグレッシブ（aggressive）な自己表現。自分は大切にするが相手を大切にしない自己表現をいう。自分の意見や考え，気持ちははっきりといい，自分の権利のための自己主張はするが，相手の意見や気持ちは無視したり軽視したりする。結果的に相手に自分を押しつけることになる。［私はOK，あなたはOKではない］

　これには，相手の表現を聴く耳を持たない態度も含まれる。②の「非主張的」な自己表現がたまって「攻撃的」に転じることもある。また，ある場面では「非主張的」であり，他の場面で「攻撃的」になる場合もある。これはいわゆる八つ当たりである。

　②「非主張的」な自己表現：ノン・アサーティブ（non assertive）な自己表現。相手は大切にするが，自分を大切にしない自己表現をいう。自分の気持ちや考え，信念を表現しなかったり，し損なったりするために，自分で自分を踏みにじることになる。自分の気持ちを言わないばかりか，曖昧に，遠まわしに，言い訳がましく言うことも含まれる。相手に配慮しているようでいて，実

は相手に対して率直でなく，自分に対しても不正直な行動である。［私はOKでない，あなたはOK］

　これはよく「日本人的」といわれている。揉めごとや葛藤を避けようとするとこのような「非主張的」自己表現になりやすい。その場を収めるには有効かもしれないが，これが積み重なると欲求不満が溜まり，誤解が生じやすい。そのため，①の「攻撃的」に転ずることもある。

　③「アサーティブ」な自己表現：自分も相手も大切にした自己表現をいう。自分の考えや気持ちを率直に，正直に，その場に適った適切な方法で表現する。互いを大切にしあう相互尊重の精神と相互理解を深めようとする精神のあらわれといえる。ただし，アサーティブになれたら自分の欲求が通るものでもない。互いの意見や気持ちの違いによって葛藤が起こることもあるが，そこで安易に妥協せずに互いの意見を出しあい譲りあいながら歩み寄り，それぞれに納得のいく結論を出そうとする過程を大事にする。そのように話し合いを大事にするため，自分が表現すると同時に相手にも表現するように勧めるのもアサーティブなあり方といえる。この意味で，「聴く」こともアサーションとなる。［私もOK，あなたもOK］

　葛藤が起きてもそれを当たり前のこととして引き受けていくのが「アサーティブ」の特徴である。しかし，いつでもどこでも「アサーティブ」になれるわけではなく，自分の気持ちがわからないと，また，自分に余裕がないと「アサーティブ」になりづらい。抱え込まずに早めに「助けてほしい」と救援を求めるのも「アサーティブ」の1つである。

9-2-2　アサーション・トレーニングのはじまりとその基本原理

　発祥の地はアメリカであり，1960年代以降の公民権運動（人種差別・性差別撤廃運動）を背景に，「人間には皆，誰しも自分が表現したいことを表現してよいという生まれつきの権利がある」「この権利は他者の権利を侵さないかぎり，自由に行使されてよい」との認識が高まってきた。そのなかで，それまで社会的に弱者とされていた人びとのための自己表現に関する教育やトレーニングが開発されるようになった。日本には，約20年前に平木典子氏によって伝え

られた。

　現在日本でも，人権を大事にしようとする機運が高まっている。ドメスティックバイオレンス防止法や虐待防止法なども成立している。これは翻せば，人権が保障されていない現状や，自分や他人の気持ちを汲み取らずに生活している者が増えている現状の反映ととらえられるかもしれない。

　このトレーニングの基本は行動療法であり，行動療法が発展させた対人スキルや社会的技能の改善や向上のための援助プログラムの1つに，このアサーション・トレーニングがあった。行動療法は，心理学の学習理論，特に条件づけ理論に基づき，カウンセラーがクライエントの言動に直接働きかけて，苦痛で取り除きたい言動に代わる，より有効で望ましい言動の学習を促し，問題や悩みを克服する方法を獲得させていくものであるが，アサーション・トレーニングは当初，非主張的な自己表現をアサーティブな自己表現に変えることを主に援助するものとして創案された。その創案者は行動療法家のウォルピ（Wolpe）であるとされている。

9-2-3　アサーション・トレーニングの実際

　アサーションをある一定の順序と方法で学ぼうとする人のための訓練プログラムがある。それはグループで実施される。平木（1993）の実施しているアサーション・トレーニングは，基礎コースとアドバンス・コースに分けられている。以下，平木（1993）を引用する。

　基礎コースは，アサーションの全体像を多少の体験学習をまじえて理解してもらうためのものであり，アドバンス・コースは，日常生活の中でアサーションを生かせるようになるための実践的なコースである。基礎コースでは，①「アサーション理論」，②「自己信頼とアサーション権」，③「考え方のアサーション」，④「言語レベルのアサーション」，⑤「非言語レベルのアサーション」の各領域について，講義，理論を理解するための話し合い，実習がそれぞれ行われる。実習では，各参加メンバーの苦手な自己表現の場面，改善したい自己表現などについて，小グループでロールプレイを行う。参加者は各自が実際に難しいと感じている場面を選び，他の参加者に相手をしてもらいながら，

ロールプレイによって試行錯誤しながら練習し，新たな自己表現を身につけていく。互いに助け合いながら，また他の人の練習場面を観察したり参加したりして実践的にアサーションを身につけていく。

そのほか，学校の教師やスクールカウンセラーによって，児童生徒に適した形でアサーション・トレーニングを行う例であるとか，医師・看護師・福祉職・カウンセラーなど「人の役に立ちたい」との動機で対人援助職に従事している人たちが日常業務で味わう「自分が思っているほど相手は変わらない現実に対する徒労感，"燃え尽き"」を予防するために，「相手を大事にすることはもちろんだが，もう少し自分のことも大事にして長い目でみていこう」とする考えを示唆するためにアサーション・トレーニングを行う例などがある。いずれも，それぞれの対象者に合わせたプログラムが工夫されている。

9-2-4　職場内コミュニケーション向上のためのアサーション・トレーニング

職場内の対人関係は好き嫌いで選ぶことができない。その職場に応じた役割関係もある。しかし，当然ながら対人関係でのコミュニケーションの良くない職場では仕事が円滑に進まない。仕事の基盤となる対人関係を確立するためには，さまざまな配慮が必要となる。

そのため，職場では対人関係やこころの健康を維持するためのアサーションが大切になる。職場の社員研修の一環としてのアサーション・トレーニングでは，参加者が社員である前に互いにまず同じ人間であるという共通基盤を実感する。同時に，一人ひとりがまったく異なる個性を持った人間であることや，同じ事柄をどのように認知し，どのような感情を抱き，どのように対応するかは，一人ひとり実に異なるのだということに気づくようになる。他者の長所や能力を認め，それを相手に伝えたり褒めたりすることの大切さも実感される。

また，職場では絶えず業務に関わる課題や葛藤が生ずるが，その課題解決に「DESC 法」が用いられることがある（平木，1993）。

D（describe）：描写する。状況や，対応する相手の言動を客観的に描写する。「会議が始まって 1 時間経ったのでこの部屋はタバコの煙でいっぱいですね。」

E（express）：表現する。状況に対して自分が感じていることを表現する。「私はタバコを吸わないので，頭がボーっとしてきました。タバコを吸わないと集中しにくい人もいると思いますが。」

S（specify）：提案する。相手，または自分の特定の言動の変化について提案する。「少し休憩にして窓を開けて空気を入れ替えませんか。」

C（consequences）：結果・成り行き。提案した言動が実行されたとき，あるいは実行されないときの結果について述べる。「そうすれば皆が気持ちよく会議を続けられると思います。」

このように，表現に困ったとき，この「DESC法」を使って考えてみることが推奨される。これは，これにそって対処していくことで効果的な解決方法を見出せるという一案である。

9-3. 認知行動療法

9-3-1　認知行動療法とは

クライエントが抱えている悩みや問題には，その人自身が悩みや問題をどのように考えているか，どのような価値観や思い込みを持っているかが大きく関係している。悩みや問題の背景について，クライエントが現実とはかけ離れた考え方や，誤ったものの見方（認知）を持っていることが多い。このような視点からこころの問題をとらえ，解決していこうとするのが認知行動療法である。クライエントの考え方や認知をカウンセリングを通して変えることによって，問題を別の考え方で理解することや，悩みの解決や改善につなげていくものである。

この認知行動療法は，アカデミックな心理学から得られた知見に基づいて理論が洗練され，介入方法が体系立てられ，有効性が実証されてきたところに特徴がある。また，これはある一人の創始者による単一の理論に始まったわけではなく，行動療法と認知療法の2つを源流としている。

まず行動療法は，その理論的基盤を学習理論においている。学習理論においては，例えば神経症のような障害は，不適切な学習を形成する条件づけの過程

によって生じたものと，社会的に望ましい習慣を条件づける過程が生じなかったものとの2種類に分けられるととらえられている。具体的には，クライエントの症状や不適応状態を具体的な行動としてみていき，それを簡潔に記述できるまでよく観察する。そして，それを「刺激―反応―刺激」の枠組みで把握する。つまり，「どのようなとき―どのようにして―どうなったか」というパターンをみつけ出していく。そのうえで，技法としては，クライエントにとってより不安の少ない刺激から，筋肉弛緩をさせてリラックスした状況の中でイメージによる刺激を与えていくことで徐々に不安刺激への抵抗力をつけていく「系統的脱感作法」，カウンセラーが共にその場にいるという条件で不安や恐怖を生じさせる刺激にクライエントを直接さらして慣れさせていく「フラッディング法」，望ましい行動をカウンセラーが直接クライエントに示して行動修正を促す「モデリング法」などがあり，クライエントの問題や症状にふさわしい方法が選択される。

しかし，人間の複雑な行動はこのような理論的枠組みだけでは十分に説明することができない場合が多い。刺激が同じであるにもかかわらず，人によって異なった反応が生じることもある。このような事態を説明するために，刺激と反応の間に人の認知（知覚・認識・理解・判断・推論・思考）など表にあらわれにくい内的プロセスを考える必要が生じ，認知的要因を組み入れた新しい行動理論が展開されてきた。この理論を背景に，不適応行動の理解と治療のための認知行動療法が発展したのである。

9-3-2 エリスのA―B―Cモデルと論理療法

人の悩みが生まれるしくみについて，認知行動療法の1つに位置づけられる論理療法の創始者，エリス（Ellis）はA―B―Cモデルを提出した。例えば，失恋のショックは恋人に振られたことが悲しいのだと考えがちである。しかし，この理論では，恋人に振られた"出来事"（A：activating event）が悲しい気持ちという"結果"（C：consequence）の直接の原因ではない。その間にある「誰からも好かれなくてはいけない」という"信念"（B：belief）が間違った不合理なもの（irrational belief）であるために，絶望的な気持ちや結果を生み出

しているとするものである。

　エリスは後に，このA─B─Cモデルを発展させてA─B─C─D─Eモデルとし，より治療に即したモデルを打ち立てた。例えば，この試験に落ちて不眠や食欲不振に陥った場合でも，問題や悩みC（不眠や食欲不振）は，A（試験に落ちたこと）によって生じたのではなく，B（試験には絶対落ちてはならない，落ちた人間は価値がない）という不合理な思い込みの影響で引き起こされていると考える。そこで，その思い込みBをD（dispute）で"論破"する。すなわち，「試験に落ちる人もいれば受かる人もいる。絶対合格しなければならないという証拠はどこにあるのか，落ちた人は価値がないとはいったい誰が決めたのか」と，そのBを修正させることにより，E（effective new philosophy）という"効果的な新しい人生哲学"が得られるものとする。ここでのEは，「試験に受からなくてもまた次のチャンスがある，ずっとその試験に落ち続けたとしても，他の分野で自分の力を発揮できるはずだ」という合理的信念（rational belief）である。このモデルに基づいて，不合理な信念を論破する技法を中心に行われるのが論理療法である。

9-3-3　ベックの認知療法

　気分障害としてのうつ病は，生物学的要因による一次的な気分や感情の障害がその人のものの見方や考え方（認知）や行動の障害を二次的に引き起こすと考えられてきたが，ベック（Beck, A.）は，認知の歪み理論を提出し，気分や感情が認知によって障害されると考え，従来の理解を逆転させた。いわば感情に対する認知先行説である。

　ベックもエリスと同じように，抑うつ感情（C：consequence）を引き起こすものは，出来事（A：activating event）ではなく，その出来事にまつわる認知（B：belief）であると考えた。つまり，抑うつという不快な感情は，引き金となった不快な出来事によって生じるのではなく，その出来事をどう解釈するかによって決まると考えるのである。そのような解釈はひとりでに頭に浮かぶため，自動思考と呼ばれる。自動思考とは，こころの表層にあり，自分の意思とは無関係に意識にフッと浮かんでくるものである。例えば，抑うつ状態にあ

る会社員が，仕事をテキパキとこなしている同僚をみて，「自分は無能でダメな人間だ，何のとりえもない」「消えてしまいたい」といった内容のことを考えていたとする。これは"自分を信用できない"否定的認知による自動思考である。この否定的認知は次の3つの領域に分けて考えることができる（大野，1990）。

①自分自身に対する否定的な考え：「自分には人を指導する資格なんてない」など，心理的に，かつ身体的に自分の存在を否定してしまう。

②周囲との関係についての否定的な考え：自分に自信が持てないのと表裏一体の関係で，「こんな自分のことなど誰も本気で相手をしてくれないだろう」などと，対人関係に自信を持てなくなり，周りの人たちに対して疑い深くなる。

③将来への希望の喪失：自分の能力に不安を感じ，人間関係に自信を持てなくなると，「何をやっても失敗するに決まっている」などと，将来についても絶望的になってくる。

さらに，自動思考の原因として，推論の誤りおよび抑うつスキーマというメカニズムが考えられている。推論の誤りにはまず，証拠もないのに否定的な結論を引き出してしまう「恣意的推論」がある。これは例えば，「友だちが誕生日に電話をくれなかった」→「友だちに嫌われたにちがいない」とするものである。また，わずかな経験から広範囲のことを恣意的に結論する「過度の一般化」という思考パターンもある。例えば，「英語の試験に失敗してしまった」→「他の試験もみんな失敗してしまうはずだ」というものである。さらに，良いか悪いか，白黒どちらかで，中庸を許さない極端な考え方をする「二者択一的思考」もある。このような思考パターンには，スキーマというメカニズムが働いていると仮定される。スキーマとは，人がそれぞれに暗黙のうちに保持している信念またはルールのことをいい，パーソナリティ特性に近い，その人において比較的変わりにくい概念である。

このように，認知といっても，自動思考のような自分でもわかりやすい表層のレベルのものから，スキーマのように自分ではなかなか気づけない暗黙的な深いレベルのものまであると考える。治療に際しては，このような階層的なモデルを念頭において介入する。自動思考，推論の誤り，スキーマを修正することを目標に，ベックの治療法は行動的技法と認知的技法の2段階に分けて行わ

れる。

9-4. 精神分析療法

9-4-1 精神分析療法と「精神分析的立場に立つカウンセリング」

　精神分析療法とはフロイトの創始した自由連想法と同義である。この自由連想法とは，個室にある寝椅子にクライエントが仰向けに横たわり，その状態でクライエントが自分の心に浮かんできたことを自由に取捨選択なく，背後の椅子に腰掛けているカウンセラーに話すという方法である。

　このようなセッティング（治療構造）のもと，カウンセラーはクライエントの連想をあるところまでじっくり聴いていく。すると，クライエントの側で話していくうちに抵抗が起こってくる。無意識を意識化するときに起こってくる苦痛や不安を避けるために意識すまいとする，治療とは逆方向の動きである。その抵抗こそが，しこりとなった無意識の悩みや葛藤をあらわしているととらえ，カウンセラーが取り上げて言葉で伝え，解きほぐしていく。これが解釈である。その際，クライエントが母親や父親などの幼少期の意味深い人物に向けていた思いがカウンセラーに向けられていく転移とよばれる現象が生じるが，これも抵抗として大切に取り上げていく。この過程では，ある種の幼児がえりが進んでいるようにもみえる。これを退行という。

　このように抵抗を取り上げてしこりをほぐしていくと，意識と無意識の間の風通しがよくなり，それまで無意識のうちにとどまり種々の症状と化していた悩みや葛藤が意識化されてくる。これを洞察という。このようにして抵抗や転移を取り扱い，現在の症状の背景にある無意識を意識化して理性の統制下におくことによって症状を取り除いていく。

　以上が精神分析の治療技法である自由連想法の基本的概略である。精神分析は，人間の行動を理解するにあたって，無意識が重要な要因となっているという基本的な考え方を特徴としている。また精神分析では，親子関係の中での不快な体験や，その年齢で受け止めることのできない出来事は，無意識の中に抑圧されると考える。そしてそれは無意識の中に沈殿しているために本人は気づ

かないが，いろいろなきっかけで人を動かすということである。私たちは，体験したくない，あるいは記憶したくない体験の抑圧に非常なエネルギーを使うことがある。フロイトはこれを「抑圧」と呼び，抑圧された体験は神経症のもとになることもあると考え，このような自由連想法を創案したのである。自由連想法の対象は神経症圏のクライエントであり，週に4～5日の実施を基本としている。

　この自由連想法を基本として，対象とする範囲の広がりなどに伴って技法的な修正が施されてきた。これを「精神分析的立場に立つカウンセリング」であるとか「精神分析的心理療法」とよぶ。現在は狭義の精神分析療法である自由連想法よりも，広く実施されている。

　この特徴は，心の無意識的な領域が人間の生活に大きな影響を及ぼしているとの基本的な考えに立ち，上記したような抵抗，転移，退行などの鍵概念に加え，防衛，心的外傷体験，固着などの基礎的概念を認め使用することにある。しかし，洞察を直接の目的として操作することはせず，基本的には支持的姿勢を維持する。

　面接の方法としては，自由連想法のような寝椅子を使わず，対面あるいは側面で，通常のカウンセリングの方法を用いる。この「精神分析的立場に立つカウンセリング」と自由連想法の違いは，対面で行う「精神分析的立場に立つカウンセリング」の場合，クライエントはカウンセラーと向き合って話すので，どうしても日常会話と似たような心理状態がクライエントに続く。治療的退行の度合いも浅い。自由連想法の場合，クライエントはひたすら天井や壁に向かって自由に話し続けるので，だんだんと現実離れしてきて治療的退行が深まりやすい。連想では，その人独自の空想が展開していき，無意識の願望や感情，それらにまつわる不安が意識に上りやすくなってくる。それを素材にして内面を理解していくのが自由連想法であるのに対して，「精神分析的立場に立つカウンセリング」では，クライエントに自由連想法的に心に浮かんできたことを自由に取捨選択なく話してもらうのであるが，そこからは日常生活や対人関係の中でのクライエントのふるまい方や考え方，それに反映される防衛や適応の様式がよくみえやすくなる（馬場，1999）。それにアプローチすることによって，クライエント本来の願望や感情，「これが自分だ」と思えるような自己感

覚に気づき，肯定できるようにしていくことが目標となる。

　次に，「精神分析的立場に立つカウンセリング」の実際例を呈示する。なお，プライバシー保護のため，事例の本質を損なわない範囲で事実関係の記述に大幅な修正を施している。

9-4-2 「精神分析的立場に立つカウンセリング」の事例

　①クライエント：Eさん，女性，25歳，会社員。
　②主症状：肥満恐怖，過食，嘔吐，下剤乱用。（摂食障害）
　③現病歴：子供の頃から標準体重に比べてやや重い方だったが，気にしていなかった。X-5年，大卒後就職し，新入社員の集まりの時，上司から冗談まじりに体型のことを「からかわれた」のをきっかけにダイエットを開始した。体重は当時60kgだったが，以後約1年間朝食にサンドイッチを食べるだけの極端なダイエットを敢行して42kgまで減少させた。しかし，目標体重に到達したところで無性に何かを食べたい欲求が高まり，衝動的に過食するようになった。以降約2年間，過食嘔吐が習慣化した。X-2年からは下剤使用も加わり体重を38kg前後にコントロールしていた。しかし同年9月，体重は33kgに減少，そのときの体型には満足していたが，易疲労，嘔吐による顎関節痛が出現，下剤使用のため何回もトイレに行くなど生活に支障をきたしてきたため，精神科を受診した。その後症状は一進一退，X年カウンセラーは主治医よりEさんのカウンセリングを依頼された。
　④生育歴：周産期，出産時に特に問題はなかった。母親が仕事をしていたため，生まれてすぐに保育所に預けられた。授乳は人工乳であった。保育所では元気で，他の子供より活発だった。友達も多く，性格明朗，責任感の強い子どもだった。3歳下の弟の面倒をよくみていた。弟はEさんよりも「出来が悪く」，両親の目は弟に集中していた。高校まで成績は常に上位，学業優先で部活動はしなかったが友人は多かった。大学受験は一般入試を考えていたが，教師の勧めにより女子大に推薦で入学した。これはEさんにとって不本意なことで，当時アルバイトをしていた弁当屋で売れ残ったおにぎりを大量に持ち帰って過食した。大学時代はサークル活動を中心に楽しんだ。就職は安定性を考

えて「一部上場企業」を選択した。仕事を完璧にこなしたい気持ちが強く，朝5時に家を出て11時まで残業するハードスケジュールをこなした。そのため上司からも認められ，多くの仕事をまわされた。社内では大勢でいるよりも一人でいる方が落ち着き，趣味の旅行もいつも一人で行っていた。

⑤カウンセリング過程概略（X年8月～X＋2年11月，計85回，1回50分の対面法）：（ ）内の数字はセッションの回数を示す。[ ]内はカウンセラーの発言を示す。

I期（X年8月～12月：導入～心理療法に対する理想化と行動化の時期）：

　Eさんははじめから沈黙を置かず話し続け，「こういう風に考えるのは変ですか？　普通じゃありませんか？」（#5）などと，カウンセラーの評価を気にして気に入られようとする構えを反復していた。しかし，ほどなく「失礼ですけど，人形に一方的に話しかけてるみたい。具体的なアドバイスが欲しい」（#13）とカウンセラーへの不満も表現された。しかし同時に，「先生のような仕事はただの人じゃできない。私，こういう仕事に就きたいと思ったことがあるんですよ」とカウンセラーを理想化し，"見捨てられないための良い子"であろうとしていた（#15）。カウンセラーが［ここではアドバイスもありませんが？］と反応しても，「よく聴いてくれるのでスッキリする。やっぱり先生が一番わかってくれる」と述べていた（#15）。

II期（X＋1年1月～X＋2年1月：自己表現をめぐる葛藤を表現し再構成が始まった時期）：

　「下剤を使ってはいけない。でも使っていたい」といった表現に対して，カウンセラーが［2人の自分がいて闘っている］と伝え，そうした"2人の自分"の間の葛藤を支持すると，不思議そうに「え？　でも正反対ですよ？」と違和感を表現した（#18）。さらに，「何か題を与えられないと"私"を出すしかなくなる。嫌な面を出さないといけない。きれいにまとめて話せない！」と，ストレートにカウンセリングに対する反発を表現した（#28）。また，「家族の食事を作ったけど出来が悪くて自分はだめだと思い，親の目の前で残り物を全部食べて吐いた。その後，急に笑い出したかと思ったら泣き出してしまった。そんな変なことをしておかしいですよ

ね?」に対してカウンセラーは［悲しかったんですね］と，その時の情緒を映し返す対応を続けるも（#30），「私は指示されないとだめです。やり方を変えてください！」と強く反応した（#31）。X+1年8月，結婚した弟が家族連れで来訪することをきっかけに症状は再び増悪，「親は私のやることが気に入らないらしい。弟は嫌い。親も嫌い！」［そういう風に言い切ったのは初めて］「先生からおかしいと思われると思って」［おかしいですか？］「普通いますか？ 弟が嫌いで親も嫌いで人と深く付き合うのが嫌いという人が！」（#38）などのやり取りを経て症状は軽快していった。その後，「大学の推薦に応募。試験があると思ったら，書類を出しただけで合格通知が届いた。それまで頑張って何かを獲得してきたのに力が抜けた。会社で相撲取りよばわりされて頑張るものを再び見つけた。新入社員の仕事ってたかが知れている。痩せることの方が結果がわかりやすい。そう考えると辻褄が合う」（#50），「お祭りの露店で父にペンダントをねだって買ってもらった。今までしっかりしなきゃと弟の母親代わりをしていたから，親に甘えて物をねだったのは初めて」などと，これまでの生活史の再構成が始まった（#52）。

Ⅲ期（X+2年2月～11月：葛藤を体験しつつ分離を果たした時期）：

　　食行動は改善し体重は徐々に回復，X+2年2月には職場復帰を果たしたが，「『もう来なくていい』とか言われるんですか？」（#68），「自立するのは不安。何かあればここで話して気持ちを切り換えられるし」（#70）などと，依存―自立の葛藤がテーマとなった。しかし，ほどなく「不安だけど自分の足で立っていることを試したい」と述べ，これについてカウンセラーはEさんが主体的に決められたことを評価して月に1度の間隔とすることを了解した。これには「これまで主張しても受け入れられたことがなかったので嬉しい」と反応した（#76）。

　　その後，職場の同僚である男性との交際が始まった。「これまで人に頼ったり甘えたりできなかった。もし結婚したら私は専業主婦になりたい。母とは違う生き方をする」と述べ（#80），「寂しいけど何とかやっていけそう」と終結になった（#85）。

　　このⅢ期は，症状の軽快と職場復帰という適応水準の回復を果たした時

期であったが，それは同時に面接からの分離意識を刺激することになった。カウンセラーはEさんの主体的な分離と評価して対応した。その後，カウンセリングの場では自然な沈黙が生じるようになり，時に新しい生活へのとまどいにも直面するが，カウンセリングは次第に"愚痴をこぼす場"になっていき，自然な寂しさを味わいながらの終結となった。

9-4-3 事例のまとめ

この心理療法においてカウンセラーは，Eさんの攻撃性にまつわる表現を含め，全般に中立性を保ちながら必要に応じて葛藤を受容できるようになるための反射や感情の明確化による関与を呈示した。

I期ではEさんは「常にカウンセラーに気に入られようとする構えを反復」していた。これまでの責任感が強く人の面倒をよくみる"良い子"としての適応スタイルを心理療法の場でも反復していたと理解された。ここでいう"良い子"とは決して良い意味ではない。周囲に自分を合わせて"良い子"として立ち振る舞うことで，不安や自尊心の傷つきなどを処理してきたのである。摂食障害のクライエントは，そうした自分のもろさをさまざまな形で隠そうとし，特に他者と競争して勝ち，それによって自分の有用性を確認することでかりそめの安定を図っているといえる。"誰よりも痩せている"と思えることはその手っ取り早い手段となるのである。

Ⅱ期［情緒が動くこと／自己表現をめぐる葛藤の時期］では，自由連想のやり方をとることによって次第にほんとうの感情が動き出してきて，それまでの"良い子"の適応スタイルとの間で葛藤が起きてきた。それがきわまり，こころの奥に潜ませていた怒りがまずカウンセラーに向けられ，次いでそれまで抑圧していた親や同胞への怒りをストレートに表現した。カウンセラーは［そういう風に言い切ったのは初めて］と伝える形でその表現を受容した。このことが転機となり，それまで抑圧していた甘えの情緒にも開かれていき，自分の症状の意味やこれまでの適応のあり方をEさんなりに内省するようになり，症状も軽快していった。

最後のⅢ期は［分離をめぐる葛藤を体験した時期］としたが，その葛藤は，

実際には面接の頻度をめぐるやり取りやその取り扱いに反映された。カウンセラーは結局，Eさんの主体的な分離を評価して対応した。つまり，親の価値規範の世界から不安を抱きつつも離れていこうとするEさんの背中をそっと押すような心持ちで対応したのである。ここにおいて，カウンセリングの終結はEさんの親離れと同期している。そこでは，不安や寂しさを食べ吐きでまぎらすことなく，ありのままの情緒として体験できるEさんの姿が認められた。

以上のように，「精神分析的立場に立つカウンセリング」では，問題となる行動や症状に直接ターゲットを向けてそれを操作することはしない。この点は，精神分析療法と共通している。その背景にある心理機制に焦点を当てる。すなわち，クライエントのパーソナリティや症状の持つ意味，そして，カウンセリングにおいて示されるクライエントの連想や態度の理解においては精神分析的な概念を援用するのだが，上述したように，洞察を直接の目的として操作することはせず，基本的には支持的姿勢を維持するものである。

9-5. カウンセリング技法習得のための架空事例呈示

9-5-1 事例呈示の前に

職場で管理者の役にあるものが同じ社員の相談に応じることには，本質的な制約が存在する。職場の人間関係には，役職，年齢，経験などの差による役割関係があり，そうした関係性に相談─被相談関係が加わることで，いわゆる二重関係が発生する。悩みを持つ部下が上司にきわめて個人的な悩みを話すことによって，仕事上さらには雇用関係上何らかの不利益が生ずるのではないかといった不安が生じたとしても至極当然のことである。したがって，前章（8-7）で述べたように，相談行為を職場内で行うには，この点の配慮がなされないと，悪くすれば後にプライバシー・人権問題などに発展しかねないことを承知しておくべきである。職務上の役割関係から切り離された，できるだけ中立的な立場にある者が相談援助にあたることが望まれる所以である。

しかし，現実には社内での相談介入が必要な場合もあるだろう。そこでは，やはりこれも前章に既述したように，その後の援助につなげるために，問題事

例において何が起きているのか現象を整理し，その事例の問題となっている人がいかなる不適応状態にあるのか査定（アセスメント）しながら話を聴いていく作業が求められる。それにはカウンセリングの技術のみならず，精神病理や精神発達に関する知識が必要となり，それに関する適切な指導者がいることが望まれる。

　ここでは，比較的多いと思われる抑うつの相談事例（架空）の冒頭のごく短い部分を呈示し，アセスメントのための枠組みを解説する。

9-5-2　事例呈示（カウンセリング初回の冒頭部分）

相談者名（クライエント，以下 Cl）：加藤優子，女性，26歳，会社員。
被相談者名（カウンセラー，以下 Co）：山田洋子，女性，35歳，クライエントの所属部署の主任。

Co 1：私に相談したいとおっしゃっていたけど，どのようなことを？
Cl 1：最近，仕事のこととかを考えていると，あまり元気が出ないというか，何か自分で前とちょっと違うなって思ってるんですけど…。
Co 2：前とちょっと違うなって思う…。
Cl 2：何かあまりやる気になれないというか，でも，取り立てて何かがあったというわけではないと思うんですけど，なんとなく自分ってこうだったかなーって思うくらい，いろんなことをやるのがたいへんで，あまり気が進まないっていうか…。こんなこと相談してもいいのかなーという感じもするんですが…。
Co 3：「こんなこと相談してもいいのかなー」とおっしゃるのは？
Cl 3：何か変なのかな？　と思って…。ここでこんな話をしてもいいのかなって…。
Co 4：ここは社内なので「こんな話をしてもいいのかな」って思われるのは無理もないかもしれませんが，加藤さんがおっしゃるように，私から見てもこのところの加藤さんは元気がないように見受けられるので心配していたところだったんです。せっかく加藤さんから声をかけてくださったので，大事にお話を聴かせてほしいと思います。1時間この

部屋を押さえています。部署の仕事のことは心配要りません。差し支えない範囲で結構だから今困っていることをお話ください。とりあえず，ここだけの話にしますから。その上で，何か役に立てることがあるかどうか，一緒に考えていければと思います。お話されるにあたって他に何か気になることはありますか？

Cl 4：いえ，そうおっしゃっていただけるなら…。すみません。よろしくお願いします。

Co 5：「最近あまり元気が出ない」というのはいつごろから？

Cl 5：うーん，そうですね，具体的にはちょっとわからないんですけど，最近そんな感じだなって…。考えると，結構前からそんな感じかな？と思ったり…。でも，やる気が出ないときって普通に前からもあったと思うんですね，だからあまりいつもやる気があったかというと，そうでもない感じがするんです。うん，ちょっとはっきりいつからってわからない…，はっきり言えなくて申し訳ないですけど。

Co 6：いいえ，いつからというのはちょっとはっきりわからない感じなのですね。

Cl 6：でも，ここ最近何かずいぶん違うなって思って，周りの人からも「元気ないね」と言われたり…。心配してくれているのに，元気になれなくて申し訳ないんですけど…。

Co 7：「心配してくれているのに申し訳ない」と思ってしまうんですね。このことをどなたかに相談したりしたことはありました？

Cl 7：友人から訊かれたりすると少し話しますけど，あまり自分からは言ってないです。自分でもどう言っていいかわからないし…。自分でも変なのかどうなのかよくわからないので…。

Co 8：相談するにしても，何をどう話していいかわからない感じだったんですね。そうであれば，今日はよく私に声を掛けてくれましたね。

Cl 8：やはり山田主任は同じ部署なので，ご迷惑をおかけしていると思って，休みも多くなっちゃっているし…。

Co 9：そう，ありがとう。それではもう少し，加藤さんの困っていることについて続けて聴かせてくださいますか？

Cl 9：はい…，えーと何から…，うん，これって変なのかどうかよくわからないんですけど，気持ちがすごいブレるっていうか，電車とかに乗ってても急に涙が出てしまうことがあるんです。特に考え事をしているわけでも悲しいことがあったわけでもないのに，何か急に…。まあ，きっと何かを考えてはいたと思うんですけど。

Co 10：朝の電車の中で？

Cl 10：そうですね，何か朝よりは帰りのほうがそういうのが多いかな？　何かしら考えていたとは思うんですけど，うーん，やっぱりこれから自分がどうしていくかというのはちょっと気になっているので…。

Co 11：「これから自分がどうしていくか」ということが気になってた…。

Cl 11：仕事をこの先続けていくのか辞めるのかっていうことが，最近頭から離れないような感じだったと思います。

Co 12：よければもう少し，そのことを教えてくれますか？

Cl 12：何か，仕事を始めて，別に今の仕事に不満があるとかではないんですけど，先輩や他の皆も良くしてくれているし…。仕事を始めて今丸3年経って4年目になるんですけど，まあ会社の方針とかが少しずつ変わってきて，このご時世で周りにリストラされてる方が結構いるじゃないですか？　そういう方は私よりも何年も何十年も多く働いているのに，お子さんがいたりとか家庭がある方とかが…。でも，自分はこの先ずっとがんばっているぞと思えるかというと…，自分は結婚もしていないしあやふやなままなのに，そんな年上の方とかがリストラされて…，だったら，若い私が辞めてもいいんじゃないかって…。自分もまあ3年経ってるし，そろそろ違うところを見てもいいんじゃないかなーって。

Co 13：「年上の方とかがリストラされるのだったら，若い自分が辞めてもいいんじゃないか」とか「そろそろ違うところを見てもいいんじゃないか」とか，自分が動かなければいけないという風に帰りの電車の中で考えてしまうのね…。

Cl 13：ええ，そうですね…。そこまで考えなくてもいいとは一方では思うんですけど，どうしてもそう考えてしまって落ち着かなくなる…。自意

識過剰かもしれないですけど。
Co 14：「自意識過剰かもしれない」と思いつつもそんな風に考えてしまうのは帰りの電車の時間が多いのかしら？
Cl 14：そうですね，でも，会社に行くまでもとてもしんどいです。行ってしまえば，それなりにやらなくてはいけないことがあるので，そんなに考える暇もないですけど…。でもフッと仕事してても頭の中をよぎることはあるかな？　それで少しボーっとしてしまったり…。すみません…。
Co 15：いいえ。ところで休日などはどうかしら？
Cl 15：そうですね…，最近は休日もだめですね。やる気が出なくて，何もしないで横になっていたり…。朝起きられなくて。部屋のこととかやらなくちゃと思うんですけど，体が動かなくて，何もかもが億劫になって，それで夕方になっちゃうと，何もしないまま過ぎちゃったなーと思って，嫌になる。夕方のほうが気分が良くないですね…。前もやる気はなくても，ここまで元気ないという感じじゃなかったと思うんですよ。今は何かグレー色っていうか…。
Co 16：なるほど，それはしんどいでしょうね。夕方からより気分が良くなくなるというと，夜の眠りはどうですか？
Cl 16：最近暑くて寝苦しいというのもあると思うんですけど，夜はあまり好きじゃないですね。体は疲れていても，なかなか寝付けないですね。元々夜はあまり好きじゃなくて，テレビとかつけっぱなしにして…。
Co 17：なかなか寝付けない，目覚めは？
Cl 17：最近良くないです。けっこう明け方に目が醒めてしまう。まだ寝ていられる時間なのに。それからまた寝ようと思ってもなかなか眠れず，そのときがしんどいです。体もだるくて…。
Co 18：余分に早く目覚めてしまうんですね。それはいつごろから？
Cl 18：暑くなり出してからかな？　それなら1ヶ月前くらいから…。
Co 19：1ヶ月前くらいから。食欲のほうはどうですか？
Cl 19：それが食欲はあるんです。やはりこの1ヶ月くらいからかな？　そこまで食べなくてもいいのにと自分でも思うくらい，むしろ食べないよ

うにしたいと思うくらい〈苦笑〉。
Co 20：逆に，この1ヶ月くらい食欲が変化しているんですね。
Cl 20：ええ…。
〈後略〉

9-5-3　事例の解説

　この架空事例は，26歳の会社員加藤さんが信頼している35歳の女性主任山田さんに自分の変調について相談を持ちかけ，それに山田さんが応じているという状況設定である。ここでは便宜上，相談者をクライエント，被相談者をカウンセラーとよぶことにした。

　(1)　**カウンセリング場面の構造化**　　まず，このような状況で心得ておくべきこととして，相談の場をどのように仕立てていくかという問題がある。カウンセラーはやみくもに話を聴けばいいわけではなく，クライエントが安心して話をすることができる状況を設定して提示する必要がある。これをカウンセリングの構造化という。上記Cl 2において「あまりやる気になれない」との加藤さんの主訴を聴いたが，まずカウンセラーの山田さんはそこでの「こんなこと相談していいのかなー」のほうを取り扱うことにし，Co 3のような質問をしている。

　Cl 3を受けたカウンセラーはCo 4において，話を聴く空間と時間について説明をしている。カウンセラー──クライエント間の相互関係を守る物理的な条件を明確に設定し（外的な構造化），そのことをクライエントに初めのうちに明確に提示している。守られた個室という空間は個人的な話を聴くうえでの必要条件となるし，また時間設定は，カウンセラーといえども現実にクライエントのために提供できる時間に限界があり，カウンセラー自身を守ることにもなるし，余分な罪悪感や依頼心をクライエントに与えないための意味合いもある。

　また同じCo 4において，カウンセラーは簡単にではあるが，ここでクライエントが話す内容の取り扱いについてクライエントにはっきりと説明している（内的な構造化）。つまり，「とりあえず，ここだけの話にしますから。その上で，何か役に立てることがあるかどうか，一緒に考えていければと思います。」

という発言である。

　この点をどうするかは職場状況や役割関係によってケースバイケースであり，また相談内容にもよる。クライエントがいくら希望しても，その相談内容が深刻な自殺念慮を含むものであり，それを「ここだけの話」にして，実際に相談の事後にクライエントが既遂を果たしたらクライエント保護に反するし，話を聴いて放置していたカウンセラーの責任問題に発展する可能性がある。

　この例では，まだ具体的にどのような内容の話になるかカウンセラーにわかっていないので，まずは「ここだけの話」と保証を与え，その内容如何でその問題にどう対処するかクライエントと共に考えたいと伝えている。また，このCo 4でのカウンセラーの発言は，自ら相談を求めながらも「こんなこと相談してもいいのかなー」と逡巡しているクライエントの抵抗を和らげる作用をも含んでいる。Co 8ではさらに「相談するにしても，何をどう話していいかわからない感じだったんですね。そうであれば，今日はよく私に声を掛けてくれましたね。」と，クライエントが思い切ってカウンセラーに相談を申し出たことを肯定的に評価することによってクライエントを支持している。（ただし，後のCl 14では「仕事中少しボーっとしてしまったり…すみません」と，クライエントはやはりカウンセラーをあくまでも職場の上司とみた発言をしている。これは現実に致し方のないことだろう。カウンセラーはこのような状況で行うカウンセリングの限界としてそれを認識しておくべきである。）

　(2)　「主訴」を聴く（抑うつ状態のアセスメント）　　このような構造化の上で，「最近あまり元気が出ない」というクライエントの主訴をじっくりと聴く体勢に入ることができる。クライエントのこの発言から，まず抑うつ状態を想定できるだろう。クライエントの話は「具体的にはちょっとわからない」などとあまり要領を得ないが，それは相談初回の初期緊張に加え，抑うつ状態にあることも影響しているかもしれないと仮説を立てられるとよい。それが持てていれば，カウンセラーは「自分から相談を希望したのにはっきりしないなー」などという余分なマイナス感情（逆転移感情）を取り除いて，クライエントのペースに合わせて話を聴くことができる。

　話を聴くにあたって，カウンセラーの側に抑うつ状態についての基本的な理解があるとよい。それらは，体調の変化（睡眠，食欲，消化・排泄，性欲，疲

労など），日内変動（状態が時間帯によって異なるかどうか），季節性の変動の存在などである。女性であれば周期性・産褥性といった因子もあるし，年齢によっては更年期・閉経に伴う気分障害としての抑うつ状態という場合も考えられる。加えて，精神面・行動面における思考・行動制止，興味関心の減退や狭まり，意欲障害，悲哀気分，易疲労などの有無をチェックポイントとする。これらは何も特別のこととしてではなく，クライエントの訴えからクライエントの具体的な生活状況に思いを馳せ，必要に応じて尋ねることでイメージアップできれば良い。また抑うつ状態にあるクライエントのカウンセリングにおいて，希死念慮や自殺念慮の確認が必要かつ重要となることが多い。これはとてもデリケートな問題であり，まして職場の役割関係にある関係性の中で，聴く側も話す側も双方が抵抗を持ちやすいものである。この場合，例えば「そのような気分の状態にある人は一般に死ぬことを考えたりすることが多いと聞いているのですが，あなたの場合はどうですか？」などと，一般論に事寄せて訊こうとすれば，抵抗は比較的少なくなるかもしれない。さらに，躁的なエピソードも存在しているかどうかといった点も念頭に置いておけるとよいだろう。

　また，Cl 16・Cl 17 ではカウンセラーの質問によって入眠困難・早朝覚醒といった睡眠障害の存在も確認されている。食欲に関しては，食思不振を訴える者のほうが多いが，加藤さんの場合は逆に亢進気味であるということである。しかし，このような身体的変調を伴っていることから，クライエントの加藤さんは何らかの加療を要する常ならぬ状態にあり，それはおそらく抑うつ状態にあることがより明らかとなっている。

　精神症状としては，Cl 9 において情緒不安定（気持ちがすごいブレるっていうか，電車とかに乗ってても急に涙が出てしまう），Cl 15 において悲哀気分（「今は何かグレー色」）の存在がうかがえ，また冒頭から頻回に出現している挿入句「すみません，申し訳ありません」が普段の加藤さんに珍しいことであれば，抑うつによる自責傾向のあらわれととらえられるかもしれない。さらに，「具体的にはちょっとわからない」などとあまり要領を得ない話しぶりそれ自体も抑うつ状態が影響しているかもしれないと上述したが，これも普段の加藤さんに珍しいことであれば，抑うつ状態における思考制止のあらわれであることが考えられる。Cl 15 ではまた，「やる気が出なくて，何もしないで横

になっていたり」と，意欲障害の可能性をのぞかせている。

　なお，抑うつ状態は，大きく内因性，心因性，反応性に分けられる。内因性は生物学的動因の関与の強いものである。また，心因性は本人の抑うつになりやすいパーソナリティ特性の関与の強いものである。さらに，反応性は，親しい人との離別や昇進試験の失敗など，深刻な対象喪失体験をもたらす外的なエピソードに対する反応としての抑うつである。これらの違いによってその後の援助方針も変わってくるので，ある程度のアセスメントができるとさらに良い。この鑑別診断は専門家（精神科医）の領分であり，カウンセラーは"ミニ精神科医"になる必要はないのであるが，例えば加藤さんの了解を得て山田さんが会社嘱託の精神科医に紹介をする際に，カウンセラーとして山田さんが精神科医に加藤さんの状態を適切に説明できれば，その後の精神科医の診察がより円滑に運ばれるメリットがある。またそのこと以上に，カウンセリングを継続するにあたって，カウンセラーはクライエントの生物学的（身体的）側面を決して軽視してよいものでない。しかし，当然ながらそのアセスメントのため，"この質問をすればたちどころにわかる"といった How to があるわけではない。内因性の可能性に関しては，加藤さんの場合，日内変動に関しては幾分はっきりしないが，Cl 15 において，どちらかというと「夕方のほうが気分が良くない」と述べられている。一般に午前中が良くない例のほうが多く加藤さんはこの逆ではあるが，調子に時間帯の因子が関与している可能性はあるようである。いずれにしろ，内因性の抑うつのばあい，生物学的なリズムによる変化を示しやすく，それがこの日内変動としてあらわれることがある。この短いやりとりからの情報のみでは判然としないが，こうしたポイントをカウンセラーの立場から医師に伝えられると，事前に医師もイメージアップしやすくなる。

　また，心因性や反応性に関しては，クライエント加藤さんの元々のパーソナリティ傾向についての情報や"対象喪失"を考慮したライフイベントについても検討しながら聴けるとよい。前者心因性に関しては例えば，社交的であるか否か，もともと気分の易変性があったかどうか，完全主義で几帳面であったかなど，いずれも当てはまれば抑うつになりやすいパーソナリティ特性の持ち主ということになる。さらに後者反応性に関しては，Cl 12 において「そんな年上の方とかがリストラされて…，だったら，若い私が辞めてもいいんじゃない

か」という発言が手がかりになるかもしれない。社内のリストラが加藤さんにとって現実に親しい人物との別離体験であった可能性はなかっただろうか。カウンセラーはそのような点にも念のため"引っかかって"おく。そうでないにしても、これは"周りに動きが出るとむしろ自分が何かを決めて動かなければ"とか"環境が不安定になると、事態の収拾を自分が負わなければ"などと考える、"環境との融合"に由来する罪悪感や卑小感、そしてその裏での万能感が働いていると考えられる。環境と自分をほどよく切り離して考えられず、この自分こそが何とかしなければならないと気負ってしまい、それを果たせない漠とした怒りが自己に向けられているというのは自己愛水準（8-5-2参照）の状況認知といえるかもしれない。上述、認知行動療法のモデルに従えば、これがこのクライエントの抑うつスキーマといえる。

　しかし、こうしたアセスメントはカウンセリング初回の冒頭のみの情報ではとうてい困難である。数回の予備的カウンセリングでも断定できず、一定期間の経過観察を経てようやくおおよその見立てが可能となる場合もある。

　（3）**カウンセリングの技法**　最後に、技法面に関しては、Co 2「前とちょっと違うなって思う…」において"感情の反射"、Co 12「よければもう少し、そのことを教えてくれますか？」において"促し／リード"が用いられている。また、Co 13：「『年上の方とかがリストラされるのだったら、若い自分が辞めてもいいんじゃないか』とか『そろそろ違うところを見てもいいんじゃないか』とか、自分が動かなければいけないという風に帰りの電車の中で考えてしまうのね」において"感情の明確化"が用いられており、それに対してCl 13でクライエントは「そこまで考えなくてもいいとは一方では思うんですけど、どうしてもそう考えてしまって落ち着かなくなる…。自意識過剰かもしれないですけど」と自己理解を少し分化・促進させていることがうかがえる。その後のカウンセラーの発言は、抑うつのアセスメントのほうを優先した質問をしているが、カウンセラーのこのような技法的介入によってクライエントが「自意識過剰かもしれない」と自己を客観視した発言を示したことは、はじめ「具体的にはちょっとわからない」などと自分の状態について要領を得ない話し方をしていたクライエントが自分を内省する態度に開かれてきたこと、すなわち、このクライエントにカウンセリングが適応である可能性を示唆するとの

アセスメントにつながるポイントであり，カウンセラーはこの点にも"引っかかって"おくのである。

このようにアセスメントは，クライエントの語る内容だけでなく，声の調子，素振りなどの非言語面を含むクライエントの語り方や，カウンセラーの介入にどのように反応するかといった形式面にも注目することで成り立つものである。

以上，ごく短いカウンセリングの逐語例を呈示したが，それを通して，相談者―被相談者間の関係性や状況に即した構造化を行う重要性，カウンセリングの過程そのものにアセスメントは絶えず組み込まれているものであること，さらに，その逆も真であり，アセスメントの過程はまたカウンセリングの適否や継続にあたっての焦点をより明確にするという意味で治療的な機能を同時に持っていることを例証した。

引用文献

馬場禮子　1999　精神分析的心理療法の実践　岩崎学術出版
藤山直樹　2003　精神分析という営み　岩崎学術出版　pp.137-156.
平木典子　1993　アサーション・トレーニング―さわやかな〈自己表現〉のために―　日本・精神技術研究所　pp.150-157.
松井紀和　1997　心理療法の基礎と実際　カウンセリング教育サポートセンター
大野　裕　1990　「うつ」を生かす―うつ病の認知療法―　星和書店

参考文献

岩本隆茂・大野　裕・坂野雄二　1997　認知行動療法の理論と実際　培風館
岩本隆茂　2004　認知行動的な立場に立つカウンセリングのプロセス　福島脩美・田上不二夫・沢崎達夫・諸富祥彦（編）　カウンセリングプロセスハンドブック　金子書房
賀陽　濟　1999　サイコセラピーの秘密　朝日新聞社
國分康孝　1989　論理療法　河合隼雄・水島恵一・村瀬孝雄（編）　心理療法3（臨床心理学体系9）　金子書房
佐治守夫・岡村達也・保坂　亨　1996　カウンセリングを学ぶ　東京大学出版会
沢崎達夫・平木典子　2005　アサーション・トレーニングの考え方と歴史　平木典子（編）　アサーション・トレーニング（現代のエスプリ No.450）　至文堂

10 従業員をサポートする方法

10-1. 従業員のメンタルヘルスをめぐるさまざまな取り組み

　昨今，労働者が感じるストレスは高まっている。厚生労働省が5年ごとに実施している労働者健康状況調査の結果は「仕事や職業生活での強い不安，悩み，ストレスがある」と回答する者が増加する傾向にあることを示している。2002年に実施された最新の調査でも60%以上の労働者が「強いストレスがあると感じている」と回答した。強いストレスはメンタルヘルスの悪化の一因であることを考慮するならば，労働者のメンタルヘルスの悪化が懸念される。また，過重労働（疲労回復のための十分な睡眠時間又は休息時間が確保できないような長時間にわたる労働）の増大や自殺の増加など，従業員のメンタルヘルスの維持・向上への取り組みが早急に求められるような懸案事項も多く存在する。
　このような状況を背景として，産業場面におけるカウンセリングの重要性が高まっている。本章では，最初に，職場におけるメンタルヘルスケアのあり方に大きな影響を与えている，いくつかの指針の中で提示された主要な概念について概観することから始める。次に，メンタルヘルスケアにおいて近年注目されているトピックとして，EAP（Employee Assistance Programs）ならびに職場復帰について言及する。最後に，昨今，カウンセリングという手法を用いての従業員の支援が，メンタルヘルスに限らず，キャリアの領域にも拡張されていることを考慮して，キャリアカウンセリングについて言及する。

10-1-1　2つの主要な概念

　現時点での企業におけるメンタルヘルスの維持・向上への取り組みは厚生労働省（旧労働省を含む）が提示したいくつかの指針から大きな影響を受けている。このことは，日本の産業場面におけるメンタルヘルスへの対策が，どちらかといえば行政にひっぱられる形で推進されてきたことを意味する。次節では，行政サイドから提示された，「THP」と「4つのケア」という2つの概念について，その背景を含めて紹介することを通じて，現時点での従業員のメンタルヘルスをサポートするための枠組みをみていくことにする。

10-1-2　THP

　トータルヘルスプロモーション（Total Health Promotion：以下THP）とは，1988年の労働安全衛生法改正に伴って公表された「事業場における労働者の健康保持増進のための指針（健康づくり指針）」を推進するための取り組みとして提唱された活動のことである。THPが提唱されるに至った背景には，職場において健康管理を推進しようとする際に対峙すべき課題が，時代とともに変容してきたことがあげられる。第1に，従来職場における健康管理は，身体疾患の早期発見・早期治療を目的とする健康診断を中核とするものであったが，生活習慣病など慢性疾患の増大など，より積極的な健康の維持・促進が求められるようになったことである。第2に，ストレスの増大によってメンタルヘルスの問題への注目が高まったことである。健康づくり指針では，健康づくりを推進する際に身体だけでなく心理面も含めたトータルな健康を維持・増進させるための取り組みが必要であることが初めて明記されている。

　さらに，健康づくり指針の中では，職場におけるストレス源として技術革新による作業態様の急速な変化等が指摘されている。近年，ストレスに関連する主たるトピックとして過重労働や将来への不安などが取り上げられることと比較するならば，職場におけるストレス源は，企業を取り巻く環境やその時代を反映しているといえよう。

　THPでは，労働者の健康を保持・増進するためのスタッフとして，産業医，

運動他指導担当者，産業栄養指導担当者，産業保健指導担当者と共に，心理相談担当者があげられている。では，THPを推進するにあたって，心理相談担当者はどのような役割を期待されているのだろうか。具体的な役割に入る前にTHPの活動の概要をみていこう。

THPの活動は「健康保持増進計画」「健康測定」「健康指導」「実践活動」「実施効果の確認」という5つのプロセスで構成される。まず，事業場ごとに職場の実態を考慮した上で，中長期にわたる「健康保持増進計画」を策定する。

策定された計画に準じて，生活状況の確認，問診，医学的検査などを行う「健康測定」を行い，各労働者の生活習慣や健康状態をチェックする。健康測定の結果，何らかの指導が必要とみなされた従業員に対して，運動指導・メンタルヘルスケア・栄養相談・保健相談などの「健康指導」が行われる。ここでのメンタルヘルスケアとは，ストレスに対する気づきへの援助やリラクゼーションの指導のことである。また，メンタルヘルスケアに関しては，健康測定で必要と判断された場合だけでなく，本人が希望した場合にもその対象となる。

健康指導で提示されたプログラムを各労働者が実施する段階が「実践活動」であり，その効果を確認する段階が「実施効果の確認」である。THPでは，生活習慣が改善され，労働者の健康が増進されたならば，より活気のある職場となると考えられている。また，確認された状況は，その後の健康保持増進計画に反映されることとなる。

THPの活動を概観すると，THPはメンタルヘルスケアを中核にすえた取り組みではないことがわかる。また，THPで心理相談員に求められる活動は，ストレスに対する気づきへの援助やリラクゼーションの指導など，主として既に心理的な問題を抱えている人への対処ではなく，健康な人が健康を維持もしくは増進させることを目的としたものである。このことは，THP全体が第一次予防（健康な人々が健康を維持するための取り組み）を重視していることを反映している。

このように，THPで提唱されたメンタルヘルスケアに関する活動は，従業員のメンタルヘルスの維持・向上という観点からみた際に，必ずしも十分とはいえない。しかし，企業が心の健康管理の問題に関して対処する必要があることが明文化されたことの意義は非常に大きいといえる。

10-1-3　4つのケア

　従業員のメンタルヘルスに対する企業の責任が改めて注目されるようになった背景には2000年最高裁判決の電通事件がある。電通事件とは，20歳代の若手社員が長時間勤務による疲労を誘因としてうつ病に罹患し，その後自殺に至ったケースのことである（特論1参照）。本件に対して最高裁は，「社員が恒常的に著しく長時間にわたり業務に従事し，健康状態が悪化していることを認識しながら，その負担を軽減する措置を採らなかった」として企業側の過失を認めた。この判決は，その後の行政や企業のメンタルヘルス対策に対して大きな影響を与えている。

　同年労働省（現厚生労働省）は，「労働者のメンタルヘルス対策に関する検討会報告書」の内容に基づいて，企業におけるメンタルヘルスケアのあり方について示した「事業場における労働者の心の健康づくりのための指針」を公表した（資料1参照）。

　この指針では，「心の健康づくり計画」として，以下の5点について計画を策定することを示している。

①事業場における心の健康づくりの体制の整備
②事業場における問題点の把握及びメンタルヘルスケアの実施
③メンタルヘルスケアを行うために必要な人材の確保及び事業場外資源の活用
④労働者のプライバシーへの配慮
⑤その他労働者の心の健康づくりに必要な措置

　その上で，メンタルヘルスケアの基本的な考え方として，労働者自身による「セルフケア」，管理監督者（一般的には上司や部門長となる）による「ラインによるケア」，産業医等による専門的ケアとして「事業場内産業保健スタッフ等によるケア」，事業場外の専門機関によるケア「事業場外資源によるケア」という4つの視点からのケアの重要性を指摘している。

　「セルフケア」とは，労働者自身によるストレスへの気づきやストレスへの対処によって精神的な健康を維持・増進しようとするケアのことである。ストレスに気づくことで，ストレスを予防し，対処することが可能になる。

10-1 従業員のメンタルヘルスをめぐるさまざまな取り組み

表10-1 4つのケアにおける担当者の役割

項目	労働者	管理監督者	事業場内産業保健スタッフ等	事業場外資源
セルフケア	・ストレスへの気づき ・ストレスへの対処 ・自発的な相談	・セルフケアへの支援	・セルフケアへの専門的な支援 ・労働者への情報提供等	・情報提供，広報 ・教育研修の開催 ・個別の相談・診療
ラインによるケア		・職場環境等の改善 ・個別の相談対応	・ラインによるケアへの専門的支援 ・管理監督者への教育研修の実施 ・職場環境等の改善	・情報提供，広報 ・教育研修の開催 ・講師の養成・派遣
事業場内産業保健スタッフ等によるケア			・個別の相談対応及び事業場外資源の紹介等	・情報提供，広報 ・教育研修の開催 ・講師の養成・派遣
事業場外資源によるケア				・直接サービスの提供 ・支援サービスの提供 ・ネットワークへの参加

労働省（2000）「労働者のメンタルヘルス対策に関する検討会報告書」から一部改変

「ラインによるケア」とは，管理監督者によるケアのことである。職場の管理監督者がメンタルヘルスケアにおいて果たす役割は多岐にわたる。作業環境や労働時間，仕事の質や量，職場の人間関係や組織など，職場環境全般を通じて，問題があれば改善を行う。メンタルヘルス上の問題を持つ労働者に対する相談に乗り，必要に応じて事業場内産業保健スタッフや事業場外資源への相談や受診を促すことも管理監督者の役割である。

「事業場内産業保健スタッフ等によるケア」とは，産業医，衛生管理者・保健師，カウンセラー，人事労務管理スタッフによって提供されるケアのことである。メンタルヘルス上の問題を持つ労働者に対して，個別に相談活動を行うほか，管理監督者へのメンタルヘルスに関する教育などを行う。

「事業場外資源によるケア」とは，地域産業保健センターなどの各種機関によって提供されるケアのことである。直接労働者に対して相談にのったり，相談機関の紹介を行う他，事業場内産業保健スタッフに対する支援を行う。また，

その他の事業場外支援と連携してネットワークを形成することを通じて、事業場におけるメンタルヘルスケアを支援する。自社に事業場内産業保健スタッフを抱えることが困難な中小企業などは、このケアを活用することが必要となる。

これらの4つのケアは、別個に存在するものではなく、それぞれの立場から相互に協力することが求められている（表10-1）。ラインによるケアの1つである個別の相談対応を取り上げてみよう。管理監督者が部下の相談に乗ろうとするとき、ストレスに関する基礎知識や話の聞き方や助言の方法など、相談に必要なスキルなどが必要となる。事業場内産業保健スタッフ等は、管理監督者がこれらの知識を習得する教育の機会を提供することができる。同様に、事業場外資源も、教育研修を実施したり、情報提供をしたりすることによって管理監督者をサポートすることが可能である。

「事業場における労働者の心の健康づくりのための指針」はメンタルヘルスに焦点を絞って言及されたものであり、THPで提示されたメンタルヘルスケアのあり方を大きく推し進めたものである。この指針は現時点での企業におけるメンタルヘルスケアの基本的なガイドラインとなっている。以下では、この指針が出された後に注目されるようになったトピックであるEAPと職場復帰支援について言及していく。

10-2. EAP (Employee Assistance Programs：従業員支援プログラム)

10-2-1 EAP導入の背景

「事業場における労働者の心の健康づくりのための指針」が出された後、従業員のメンタルヘルスケアを提供する資源の1つとして、注目されるようになったのがEAPである。

EAPは、元々アルコール依存症患者の治療を援助するためのボランティア団体で実施されていた援助プログラムであるが、昨今では、心理的問題に加えて、家庭の問題や経済的・法律的問題などを包括的に扱うようになってきている。国際EAP協会ではEAPを、生産性の問題を抱える職場組織と、生産性に影響を与えうる個人的な問題（健康上の問題に限定せず、結婚、家族、アル

コール，薬物，法律関係，情緒的，ストレスなど，さまざまな課題）を抱える従業員を支援することを目的として計画された職場で提供されるプログラム，と定義している。

EAP が注目されるようになった背景にはいくつかの要因がある。第1に，近年メンタルヘルスに対する注目が高まっていることを背景として，企業のメンタルヘルスに対する倫理的責任を求める機運が高まったことである。このような状況下では，従業員に対してメンタルヘルスケアを提供しているということが，企業にとって社会的な評判を維持するために必要となる。しかし，メンタルヘルスケアを担う資源を内部化するとコストがかかりすぎるという欠点がある。そこで，「事業場における労働者の心の健康づくりのための指針」で提示された事業場外資源が注目されることになり，結果として事業場外資源の1つである EAP 機関が積極的に活用されるようになった。

第2に，EAP の定義にあるように，EAP が職場の生産性に関連する問題を対象とすると明文化していることにある。職場におけるメンタルヘルスケアの実践が期待されるほどには推進されなかった背景には，メンタルヘルスケアと生産性との関連性が実証されてこなかったことがある。メンタルヘルスケアはあくまで企業の倫理的責任で行われるものとみなされてきたため，積極的に推し進められることはなかったのである。そのような状況において，EAP では「職場の生産性に関連する問題」を扱うという定義は，多くの企業を惹きつけた。

第3に，EAP を導入した企業の費用対効果に関する調査が欧米でなされ，EAP 導入にかかった費用を効果が上回るという結果を提示したことである。この結果は企業のメンタルヘルス導入に対する，重要な動因となっている。

10-2-2 EAP とは何か

EAP の定義は前述の通りであるが，実際にはどのようなサービスを提供しているのだろうか。国際 EAP 協会は，EAP が提供する具体的な援助サービスとして次の7要因を定義している。これらは，コアテクノロジーとよばれるものである。

①組織のリーダー（管理職・組合員）に対して，問題を抱える社員の管理，職場環境の向上，社員のパフォーマンス向上に関するコンサルテーションを行ったり，トレーニング，援助を提供すること。ならびに，社員とその家族へのEAPサービスに関する教育活動を行うこと。

②仕事のパフォーマンスに影響を与えかねない問題を抱える社員に対して，迅速かつ秘密が守られる形で何が問題であるかを明確にしたり，アセスメントを提供すること。

③仕事のパフォーマンスに影響を与える問題を抱えた社員に対して，問題に建設的に直面させたり，モチベーションを高めたり，短期的な介入を行うことを通じて，問題に取り組ませること。

④社員を専門機関に紹介し，専門機関を通じて診断や治療，支援を提供した上で，経過をモニターし，フォローアップを行うこと。

⑤組織がプロバイダー[1]と契約し，効果的に活用できる関係を構築・維持していくことを支援すること。

⑥組織が，アルコール問題やドラッグ，精神障害などにとどまらず，幅広く医学的・行動的問題への治療を保険の中に組み込むように働きかけること。

⑦組織や個人のパフォーマンスへのEAPの効果を確認すること。

EAPはメンタルヘルスケアを提供するという点において，既存のメンタルヘルスケアと類似しているが，以下の3点の相違点を有する。第1に，EAPでは問題のアセスメントならびにカウンセリングを行うが，そこで提供されるカウンセリングは通常3～5回と短期であり，長期にわたるカウンセリングが必要であると判断された場合には，別のより個別的な専門分野を有するプロバイダーを紹介する点である。

第2に，問題を抱える従業員だけでなく，問題を抱える従業員の管理監督者をもサービスの対象としていることを明示している点である。近年精神的な問題で欠勤を繰り返すなど問題が長期化するといったケースが増加しており，このようなケースのマネジメントが企業にとって大きな課題となっている（島ら，2002）。

---

[1] ここでいう，プロバイダーには，カウンセリングを提供する機関や医療機関などのさまざまな機関が含まれる。

第3に，パフォーマンスの向上を強く意識していることである。従来の臨床心理学的アプローチに基づくメンタルヘルスケアは，個人の well-being の維持・向上を目指す場合がほとんどである。このような考え方は個人の観点からすれば当然のことであるが，経営組織の観点から見ると，それだけでは，企業がメンタルヘルスケアに対して積極的に関与するだけの動因とはならないことが多い。EAP では，個人が抱えるさまざまな問題が解決されれば，個人のパフォーマンスが向上し，結果として組織としての効率も向上するという考え方を強く主張している。

このように，従来のメンタルヘルスケアとは類似しながらも異なる点を有するのが EAP の特徴である。

10-2-3　EAPの形態

EAP はどのような形態で実施されているのだろうか。また，企業が EAP を導入しようとする際に，どのような形態を選ぶべきなのであろうか。

EAP の組織形態には，企業内に EAP スタッフが常駐し，社員の相談を受ける内部 EAP と，企業とは独立した EAP 会社が複数の企業から業務委託を受けて，電話でのカウンセリングや実際に会ってカウンセリングを行う外部 EAP という2つの形が存在する。実際には，少数ながらこれら以外の形態も存在するが，ほとんどの場合はこの2つのいずれかの形態をとる。現在，日本で急速に数が増えているのは後者である。なぜ，外部 EAP が増えているのだろうか。それぞれの特徴をみていこう（表10-2）。

内部 EAP では，企業内部に EAP スタッフがいるため，企業のさまざまな情報を収集することが容易であり，結果として企業文化に対する理解が促進される。また，従業員の目にふれる機会も多いため，EAP サービスに対する浸透度が高まりやすいといったメリットがある。一方で，問題を抱える個人が自発的に相談に行こうとする（セルフ・リファー）と，施設が社内にあるため周囲の人に気づかれやすいなど，秘密保持が難しいといったデメリットがある。また，経費がかかることから，結果として中小企業での実施が難しいことや，大企業でも規模が大きい本社では実施できるが，小規模の支社では実施できな

表 10-2　内部 EAP と外部 EAP の対比

	内部 EAP	外部 EAP
企業文化の理解度	高い	低い
マネジメント・リファー	多い	少ない
社員からみた秘密保持性	やや低い	高い
セルフ・リファー	少ない	多い
社員への浸透度	高い	低い
企業の危機管理への参加	参加しやすい	参加しにくい
コスト	高い	低い

出典：市川（2001）

いなど，企業内でのサービス格差を招く原因となっている。

　外部 EAP は，内部 EAP のデメリットを補う形態として，注目されている。大きなメリットとしては，内部 EAP に比べてコストが低いことと，外部にある施設を訪れる際に，同じ企業の従業員に遭遇する機会はほとんどないことから，従業員が自主的に相談に行こうとする際に利用しやすく，秘密が保持されやすいことがあげられる。一方で問題を抱える個人ではなく，その上司もしくは人事が相談を依頼しようとする（マネジメント・リファー）と，外部に施設があるために内部 EAP に比べて接触が困難である。同様に，クライエント企業との連携をどのようにとるかが課題となる。メンタルヘルスケアの問題は一従業員の問題であると同時に，職場の問題でもある。このことは，職場に対する理解が必要なことを意味する。問題を抱える個人との接触においては大きなメリットを有するだけに，外部 EAP はクライエント企業の企業文化をどのように理解し，企業のキーパーソン（人事スタッフや産業・保健スタッフなど）とどのように関係を構築していくかが，提供するメンタルヘルスケアサービスの品質を維持・向上するためにも重要なポイントとなってくる。

　企業が EAP を導入する際には，これらの特徴を理解したうえで，自社に適した形態で導入することが必要になる。

10-2-4　生産性との関連性

　企業が EAP を導入する理由や期待する効果は，必ずしも生産性の向上のみ

ではない。従業員に対する福利厚生の一環として導入するケースもあれば、企業の社会的評判の維持を目的するケースなども少なからず存在する。しかしながら、EAPが注目されるようになった背景には、EAPの導入が生産性を高めるとの検証結果が提示されたことによる影響も大きい。EAPの導入による効果を検証した実証研究の中から、組織レベルでの効果について検証した研究をみていこう。

その研究では自動車工場の従業員を対象として、EAPを導入しなかった群をコントロール群として、EAPを導入した群との比較研究を実施した。調査に用いた指標は損失労働時間・疾病給付請求・傷病給付である。EAPの導入1年前から導入2年後までの縦断的研究を行ったところ、EAPを導入した群ではすべての指標において減少する傾向が認められた。一方コントロール群では、すべての指標において増加傾向が認められた。これらの結果から、EAPの導入は組織レベルで効果が認められるとしている（Csiernik, 1998）。

EAPに限らず、何らかの施策と生産性の効果との関係を実証するのは容易なことではない。さらに、守秘義務（相談活動を通じて収集した情報をクライエントの同意なくして他者に伝えてはならない）や、従業員情報の収集が調査主体には困難であること（調査を実施する者がクライエントに直接接触することが困難であること）、EAPを利用する組織が大がかりな効果測定に対して消極的であること、といったEAP独自の課題も実証研究の実施を困難にしている。

EAP導入の効果に関する実証研究は欧米においても始まったばかりである。今後、EAPが対象とする個人と組織という2つのレベルを考慮した実証研究が必要である。

10-3. 職場復帰の支援

10-3-1 高まる職場復帰支援制度の必要性

さまざまなメンタルヘルスケアが実施されているにもかかわらず、残念ながら業務に従事することが困難となる従業員は一定の割合で存在する。従業員の

メンタルヘルスについて継続的に実施されているある調査では、調査対象企業のうち66.8%の企業が「心の問題による1ヶ月以上の休業者が存在する」と回答し、2年前に実施された同調査で得られた58.5%という数字を大きく上回る結果となっている（社会経済生産性本部, 2004）。このようにメンタルヘルスの問題による休業者が一定の割合で存在し、かつ近年増大する傾向にあることは、職場復帰支援の重要性をより高める要因となっている。

メンタルヘルスの問題による休業後の職場復帰プロセスにはさまざまな困難が伴う。例えば、長期間の休業後なんとか職場復帰したにもかかわらず、しばらくして調子を崩し、再度休職を余儀なくされるというケースが見受けられる。また、職場復帰の進め方やルールが明確に示されていないことによって、復職者を受け入れた職場でさまざまな混乱が生じることもある。

では、メンタルヘルスの問題で休業した従業員の職場復帰はどのように進めていけばよいのだろうか。本節では、2004年に出された「心の健康問題により休業した労働者の職場復帰支援の手引き」（以下、手引き）で提示された職場復帰の進め方を説明したうえで、メンタルヘルスの問題による休業者の職場復帰が抱える課題をまとめていく。

10-3-2 職場復帰支援の流れ

手引きでは、病気休業開始から職場復帰後のフォローアップまでを5つのステップに分けて説明している（図10-1）。

第1ステップは、「病気休業開始ならびに休業中のケア」である。病気休業をする場合、まず最初に医師によって作成された診断書を従業員が管理監督者に提出することが必要となる。その際診断書には必要とされる休業期間の見込みについて明記されることが望ましい。診断書を受け取った管理監督者は人事部など関係部署へコンタクトすると同時に、休業を開始する従業員に対して、休業中の手続きや職場復帰の手順などについて説明する。管理監督者や事業場内産業保健スタッフは、必要に応じて従業員に連絡をとる。

第2ステップは、「主治医による職場復帰可能の判断」である。従業員から職場復帰の意志が伝えられ、主治医による職場復帰可能の判断が記された診断

```
<第1ステップ>　病気休業開始ならびに休業中のケア
1．労働者からの診断書の提出
2．管理監督者，事業場内産業保健スタッフ等によるケア
          ↓
<第2ステップ>　主治医による職場復帰可能の判断
労働者からの職場復帰の意志表示及び職場復帰可能の診断書の提出

<第3ステップ>　職場復帰の可否判断及び職場復帰支援プランの作成
1．情報の収集と評価
2．職場復帰の可否についての判断
3．職場復帰支援プランの作成
          ↓
<第4ステップ>　最終的な職場復帰の決定
1．労働者の状態の最終確認
2．就業上の措置に関する意見書の作成
3．事業者による最終的な職場復帰の決定
4．その他
          ↓
         職場復帰
          ↓
<第5ステップ>　職場復帰後のフォローアップ
1．症状の再燃・再発，新しい問題の発生等の有無の確認
2．勤務状況及び業務遂行能力の評価
3．職場復帰支援プランの実施状況の確認
4．治療状況の確認
5．職場復帰支援プランの評価と見直し
```

図10-1　職場復帰支援の流れ

出典：「心の健康問題により休業した労働者の職場復帰支援の手引き」

書が提出される。この際，診断書には，就業上の配慮に関する主治医の具体的な意見が含まれていることが望ましい。

　第3ステップは，「職場復帰の可否判断及び職場復帰支援プランの作成」である。最終的な職場復帰の手続きに入る前の段階で，安全な職場復帰を実現するために必要とされる情報を収集し評価をしたうえで，職場復帰の可否につい

て判断し，職場復帰を支援するための職場復帰支援プランを作成するプロセスである。このプロセスは，安全でスムーズな職場復帰を実現するために非常に重要なプロセスであり，産業医などの事業場内産業保健スタッフやカウンセラー（場合によっては事業場外資源などが含まれる），管理監督者，休業中の従業員の間で，十分にディスカッションを行うなどの連携が求められる。

　休業中の従業員の職場復帰に対する意志と併せて，希望する復帰先や，業務上の配慮内容に関する希望など，今後の就業に関する考え方についても確認をする。また，休業中の従業員から同意が取れれば，治療の経過や現在の状況，就業上の配慮などについて主治医からも情報収集を行う。必要があれば家族などの関係者からも情報を収集する。

　収集された情報に基づいて，休業中の従業員の治療状況や回復状況の評価だけでなく，業務遂行能力についても評価を行う。休業中生活パターンが崩れていることもあるため，決められた時間に就業できるか否かの判断も重要である。併せて，職場復帰後の受け入れ先となる職場環境についても，業務内容や業務量，職場の人間関係が本人と適合しているかといったことについて，評価を行う。特に職場の人間関係や仕事内容との不一致を原因として休業に至ったケースでは慎重に評価することが求められるであろう。同時に，職場側の受け入れに対する準備状況についても評価を行う。メンタルヘルスに対する理解度や職場の雰囲気は，職場復帰後の従業員に対して大きな影響を与えるものである。

　これらの評価に基づいて，職場復帰の可否について判断する。職場復帰が可能と判断されたならば，具体的な職場復帰支援のためのプランを作成することとなる。

　プランの具体的な内容には復帰する日時の他，管理監督者が配慮するべき内容，人事労務管理上の対応，医学的見地からの意見，職場復帰後のフォローアップのあり方などが含まれる。管理監督者が配慮するべき内容としては，業務内容やその量，業務遂行のために提供されるサポート，就業時間の制限など多岐にわたる。人事労務管理上の対応としては，配置転換や異動などが含まれる。また，医学的見地からの安全配慮義務に関する助言も求められる。

　第4ステップは，「最終的な職場復帰の決定」である。企業サイドによる最終的な職場復帰の決定を行うプロセスである。休業中の従業員の症状の再燃や

再発の有無，現時点での症状についての確認を行う。併せて，産業医などによる意見も参考にしたうえで，企業は最終的な職場復帰の決定を行い，従業員に対して仕事内容や勤務時間などの内容を通知する。復帰後の仕事内容や職場環境については，従業員の主治医とも共有することが望ましい。

第5ステップは，「職場復帰後のフォローアップ」である。職場復帰後のフォローアップも非常に重要である。なぜならば，実際に職場復帰した段階でさまざまな問題が生じ，職場復帰支援プランを臨機応変に修正しなければならない事態が生じるからである。そのため職場復帰後は，管理監督者による観察と支援のほか，事業場内産業保健スタッフなどによるフォローアップが必要となる。フォローアップを通じて，次の4点が確認される。

第1に症状の再燃・再発，ならびに新しい問題の発生の有無である。職場復帰自体が，従業員にとって大きなストレスとなるため，症状が変化することがある。第2に勤務状況及び業務遂行能力の評価である。職場復帰の成否という観点からみても，これらの点は重要である。第3に，職場復帰支援プランの実施状況の確認である。第4に治療状況の確認である。職場復帰とともに，通院が中断してしまうケースもある。通院状況や今後の見通しについて，可能であれば主治医から情報を収集する。

手引きを改めて見直してみると，次の2つのことに気づく。第1に，同手引きでは，職場復帰を進めるに際して，産業医の人びとの関与協働の必要性を提言しているが，中でも休業していた従業員の受け入れ先となる職場の管理監督者が果たすべき役割が多いことである。職場復帰後の就業上の配慮だけでなく，最終的な職場復帰の可否を判断することも彼らの役割となる。しかし，管理監督者が精神症状などについてかならずしも十分な知識を有しているとは限らない。したがって，管理監督者を対象とした教育が非常に重要になってくる。

第2に，休職から職場復帰のプロセスならびに基本的なルールを明示することの重要性である。プロセスやルールを明示することは，産業保健スタッフや人事管理者のように休職から職場復帰までの一連のプロセスについて熟知しているとは限らない管理監督者や従業員が，そのプロセスに適切に対応することを可能にするものである。

10-3-3 職場復帰が抱える課題

　メンタルヘルス上の問題によって休業した従業員の，職場復帰を困難にする要因はどのようなものがあるのだろうか。ここでは以下の3点について説明していく。

　(1) **受け入れ側の問題**　さまざまな配慮を必要とする職場復帰直後の従業員を受け入れること自体，受け入れ先の職場にとって，大きなストレスである。このことは，もっと強く認識されてもよいことであろう。職場における精神症状の理解はまだまだ不十分である。また，成果主義の導入や人員構成の変化，企業の競争環境の激化が職場からゆとりを失わせてしまっていることも，受け入れを困難にしている一因である。

　また，職場復帰時の勤務形態に柔軟性がないことも問題である。一部の企業ではためし出社などの制度を設けているが，そのような制度を有している企業はごく少数である。さらに「所定の就業時間での通常勤務が行える状態になってから復帰してほしい」という要望を受け入れ側の職場から提示されることがよくある。職場の厳しい現状を考慮するならば，やむをえない要望ではあるが，制度だけでなくこのような職場の姿勢も，職場復帰を困難にしている一因である。

　(2) **職場復帰という判断の妥当性**　手引きの中に，職場復帰の対象者に関して「医学的に業務に復帰するのに問題がない程度に回復した労働者を対象としたものである」という記述がある。このような記述がなされる背景には，無理な職場復帰が多数存在することがうかがわれる。実際，昨今の厳しい雇用環境や企業の状況から，休業中の従業員が早期の職場復帰を望む傾向があり，結果として休業中の従業員の希望に流される形で，職場復帰の妥当性が十分に検討されることがないまま職場復帰がなされることがある。また，「医学的に業務に復帰するのに問題がない程度」と判断されるレベルが必ずしも受け入れ先が要求する水準に合致していないケースもあり，このような場合にも職場復帰後の適応が困難となる。

　(3) **精神症状固有の課題**　精神症状による休職は，基本的には身体疾患による休職と同等に扱われるものである。しかし一方で，精神症状固有の課題が

あることも事実である。精神症状固有の課題として大西（2004）は，以下の5点を指摘している。第1に，精神疾患の再発・再燃の可能性である。精神症状の場合には，かならずしも「完治」による職場復帰とは限らないケースがある。また治療によっても何らかの障害が残るケースもある。第2に，本人の病識欠如や病名告知の欠如といった問題である。このような場合，就労能力や復職判定をする際に，さまざまな問題を引き起こすことになる。第3に，精神疾患に対する職場関係者の根強い偏見の存在である。感情的な拒絶感だけでなく，どのように関わったらよいのかというとまどいも大きいのが現状である。第4に，職場に常勤精神科医がいない場合の判断に関する問題である。このような場合，企業による判断は消極的・防衛的に陥りやすい傾向がある。第5に，精神科医療に対する不信感や誤解の存在である。精神科医が職場関係者から過大な期待をかけられて対応に戸惑うことがある。逆に精神産業医としての対応に慣れていないことに基づく問題もある。

最後に，職場復帰について理解を深めることを目的としてケースを紹介する。

10-3-4　職場復帰のケース

＜ケース＞

機械メーカーの経理担当である30歳代前半のAさんがうつ症状による最初の休職に入ったのは半年前のことだった。当時，会社の会計制度の変更やそれに伴うコンピューターシステムの変更，さらには新人教育などAさんの仕事は多忙を極めていた。生真面目で仕事熱心なAさんは「今さえ乗り切れば」と頑張っていたが，予想しなかったさまざまなトラブルが重なった結果，次第に強い疲労感を覚えるようになっていった。なんとか頑張って出社していたが，Aさん自身のミスが絶えない状況になるに及んで，ついに無断欠席をしてしまった。

驚いた上司に引きずられる形でAさんは社内のカウンセリングルームにやってきた。話を聞くうちに，新聞を読んでも頭に入らない，疲れ切っているにもかかわらず眠れないなどの症状が1ヶ月前から続いていることが明らかになった。その後社内の産業医との面談や，Aさんの自宅近くの精神科医（主治医）の診察を経て，休職が必要との判断が出たため，Aさんは2ヶ月間の休職に入ることになった。

2ヶ月の休職期間が終了する頃には，Aさんの自覚症状はほとんどなくなっていた。性急に職場復帰を望むAさんに不安を感じた主治医は休職期間の延長を提案したが，Aさんの熱意に押し切られ，きちんと通院を継続すること，また服薬も継

続することを条件に職場復帰を認めた。
　一方，元気になったAさんを見た上司は非常に喜び，人事部からAさんの職場復帰を打診された際にも快く受け入れてくれた。そんな上司の様子を見たAさんは「今度こそ頑張らねば。失敗してはいけない」と強く感じていた。
　職場復帰直後からAさんは精力的に仕事をこなした。最初の2週間ほどは上司も「無理はするな」と何度か声をかけていたが，元気なAさんの姿を見るにつけ，いつまでも病人扱いしては逆にマイナスになるだろうと考え，その後はこれまでどおりに接することにした。ところが，職場復帰から1ヶ月をすぎた頃，ふとAさんの顔を見た上司は，その表情があまりにも無表情であることに気がついた。驚いた上司がAさんをよんで話をしたところ，しばらく前から調子が悪くなってきていることがわかった。
　上司の勧めで再びカウンセリングルームにやってきたAさんとの会話の中で，職場復帰と同時に服薬も通院もやめていたこと，前回と同様の症状があること，それでもここで頑張らなければ自分は社会人として失格なのでなんとか頑張りたいこと，などが語られた。
　その後，産業医や主治医である精神科医との面談，人事部や上司との面談を通じて，Aさんは再度休職に入ることになった。Aさんは上司からの「見捨てられ不安」が高く，休職に入ることを拒んでいたが，上司との面談を通じて最終的には再度の休職に同意した。休職期間は前回同様の2ヶ月だった。
　Aさんの職場復帰が近づいてきたある日，人事部からAさんの上司がAさんの受け入れに難色を示しているので，一度話をしたいという連絡がカウンセラーに入った。人事部・上司・カウンセラーで話をしたところ，上司から，非常に忙しいのでできれば以前Aさんが担当していた仕事をさせたいという希望，負荷のない仕事と言われてもそんな仕事はないといった不満，一体どんな仕事をさせればよいのかわからないし，どう接したらよいのかわからないといった不安が一気に出された。しかし話をしていく中で，上司はAさんが職場復帰するならば，自分の下が良いだろうという認識も持っていることが明らかになった。
　話の結果，当初はファイリングなどの補助的な仕事から始めること，残業はさせないようにすること，また服薬ならびに通院を継続すること，当面週1回社内のカウンセリングルームでカウンセラーとの面談をすることなどの条件を，職場復帰の前にAさんに話し，合意を得ることが決まった。職場復帰後の仕事内容などについて聞いたAさんは，若干不満そうだったが，前回の職場復帰の際のこともあり，最終的には同意した。
　2度目の職場復帰直後も，ややもすればオーバーワーク気味に仕事をしようとするAさんの姿勢が見え隠れしていたし，カウンセラーのところに来て，「私にはカウンセリングなど必要ない」といった発言をすることもあったが，しばらくすると落ち着いて仕事にのぞむようになっていった。

本ケースは，個人及び組織の特定をさけるため，複数のケースをもとに著者が創作したものである。

10-4. キャリアカウンセリング

キャリアカウンセリングが注目されるようになった背景にはいくつかの要因が存在する。第1に，この10年間の企業の人材育成方針がそれまでとは大きく変化し，キャリア形成における自己決定や自己責任の重視などを通じて，個人のキャリア形成に対する注目が高まると同時にキャリアに対する不安が高まってきたことである。一方で，多くの従業員がキャリアについて自分で決めるということに慣れていないため，混乱への対処や，より良い意思決定をするための支援を提供する必要性が高まった。

第2に，企業が競争環境に打ち勝つために取り組んでいるさまざまな改革がもたらした職場での人間関係の変容である。上司―部下関係や，同僚間の人間関係は，以前に比べて希薄かつ競争的な関係性へと移行する傾向にあり，結果として，従業員をとりまく援助システムが脆弱になり，これを補う別のしくみが必要となった。

本節ではキャリアカウンセリングを定義した上で，組織内キャリアに対するキャリアカウンセリングに対象を限定し，そこでの取り組みを整理していく。

10-4-1 キャリアカウンセリングとは何か

渡辺とハー（2001）は，日本で実践されているさまざまなキャリアカウンセリングをいくつかに類型化したうえで，それらを統合する形で，キャリアカウンセリングを以下のように定義している。「キャリアカウンセリングとは，(1)大部分が言語を通して行われるプロセスであり，(2)カウンセラーとカウンセリー（たち）はダイナミックで協力的な関係の中で，カウンセリーの目標をともに明確化し，それに向かって行動していくことに焦点をあて，(3)自分自身の行為と変容に責任をもつカウンセリーが，自己理解を深め選択可能な行動について把握していき，自分でキャリアを計画してマネジメントするのに必要なスキ

ルを習得し，情報を駆使して意思決定していけるように援助することを目指して，(4)カウンセラーが様々な援助行動をとるプロセスである」。この定義はキャリアカウンセリングの基本的なスタンスについて包括的に定義したものである。

一方で，実際に行われているキャリアカウンセリングをみていくと，キャリアのとらえ方における強調点などにかなりばらつきがあることがわかる。例えば，キャリア形成ならびにエンプロイヤビリティにおいて必要とされる能力開発に力点を置くものもある。また，転職や（再）就職する際の企業選択や職業選択に力点を置いているものもある。さらに，企業の中で，自社の従業員を対象として，これまでのキャリアの見直しや，キャリアに対する不満への対応，今後のキャリアに関する相談を行っているケースもある。

このように，一口にキャリアカウンセリングといっても，その内容は多岐に及ぶ。同様に，キャリアカウンセリングを行う人々の呼称も，キャリアコンサルタント・キャリアカウンセラー・キャリアアドバイザーとさまざまで，その実態は非常に多様かつ曖昧なものである。これらのことがキャリアカウンセリングをわかりにくくする一因となっている。

重要なことは，キャリアカウンセリングとは，個人が抱えるキャリアの問題だけを対象とするのではなく，キャリアの問題を抱える個人全体を対象としていることである。

10-4-2　企業におけるキャリアカウンセリングに求められるもの

キャリアカウンセリングはかならずしも自社の従業員をサポートするためだけのものではないが，本項では，企業が自社の従業員をサポートする方法としての，組織内キャリアを前提とするキャリアカウンセリングに限定して，そのあり方について整理していきたい。

2004年に実施されたキャリア相談に関するある調査（「教育訓練とキャリア相談に関する調査」）の結果から，次の3点を指摘することができる。

①9割以上の企業が従業員に対して，キャリア設計についてこれまで以上に従業員自身に考えてほしいと考えており，実際従業員のキャリアに対する関心

表10-3 キャリアサクセスの4つの次元

対象		期間	
		短期	長期
対象	タスク	パフォーマンス	適応性
	個人	態度	アイデンティティ

出典：Hall（2002）

度がこの5年で高まったと感じている企業が60％を超えている。

②従業員を支援するためのキャリア相談やアドバイス（キャリアコンサルティング）の体制ができていると回答した企業は3割にも満たない。

③現時点でキャリアコンサルティングの役割を担っているのが上司であると答えた企業が9割近くであるが、将来的には社内外のキャリアコンサルティング専門家の活用を考えている企業が多く、社内の専門家については47％、社外の専門家については31％の企業が活用を考えているとしている。

これらの結果は、個人が意思決定する形でのキャリア形成が現実のものとなってきている一方で、これを支援する体制は現時点では不十分であり、社内外の専門家が今後その役割を担う存在として期待されていることをあらわしている。では、企業におけるキャリアカウンセリングは何をめざすべきなのであろうか。

個人がキャリアに関して自分自身で決定するということに慣れていない現状を考慮するならば、まずはキャリアに関する自己決定を援助することは必要であろう。さらに重要なことは単に意思決定の援助だけではなく、組織内キャリアにおけるキャリアサクセスにつながる意思決定を援助することである。

では、組織内キャリアにおけるキャリアサクセスの程度はどのような次元で把握することが可能なのだろうか。従来、キャリアサクセスの程度は昇進の速さや給与水準などによって把握されてきたが、ホール（Hall, 2002）は、個人のキャリアサクセスをとらえる次元として、パフォーマンス、態度、適応性（adaptability）、アイデンティティという4つを示している（表10-3）。

パフォーマンスとは、昇進や役職、金銭的報酬、マネジメントする部下の人数などによって測定される、一般的にイメージされる組織内での成功のことで

ある。昇進にかかった年月が短く，金銭的報酬が多ければキャリアサクセスの程度は高いと考えられる。

キャリアに関連する態度としては，組織コミットメントや職務関与（job involvement）がよく用いられてきた。すなわち，組織コミットメントや職務関与の程度によって，キャリアサクセスの程度を把握しようとするものである。組織コミットメントや職務関与が高ければキャリアサクセスの程度が高いと考えられている。

適応性は，適応コンピテンスと適応モチベーションで構成される。このうち適応コンピテンスは以下の3つの要因で構成される。第1に，周囲から発せられるシグナルを理解し，変化し続ける環境からの要請に対して効果的に反応し続け，かつ環境に影響を与えることができるように，さまざまな役割行動のセットを更新もしくは発達させる反応学習（response learning）である。第2に，自分のアイデンティティを維持もしくは変化しうるように自己に関する知識をより完全により正確に蓄えようとするアイデンティティ探索（identity exploration）である。第3に，環境からの変化し続ける要求へのタイムリーで適切な反応となる行動と自分の個人としてのアイデンティティとを一致し続けさせようとする統合能力（integrative potential）である。統合能力は，アイデンティティ探索と反応学習をつなぐ重要なものである。

一方，これらの適応的コンピテンスを身につけ，それをある状況に適用しようとするのが，適応モチベーション（adaptive motivation）である。個人の適応性は，適応コンピテンスと適応モチベーションのかけ算で決まる。すなわち，どちらがかけても適応性はないということである。適応性が高ければキャリアサクセスの程度は高いと考えられる。

アイデンティティは2つの要素で構成される。第1に，自分自身の興味や価値，能力，プランに対する気づきである。第2に，過去，現在，未来という時間の流れにおける自己の連続性と同一性である。現在の自分は過去の自分と連続性を持つ存在であり，変わらない部分を持っており，統合されているということである。気づきの程度や自己の連続性と同一性の程度によってキャリアサクセスの程度をとらえることができる。自分自身についてよく理解し，かつ過去―現在―未来という時間軸において統合されている程度が高ければキャリア

表10-4 プロティアンキャリアと伝統的キャリアの対比

論点		プロティアンキャリア	伝統的キャリア
キャリア形成の主体		個人	組織
中核となる価値		自由,成長	昇進,権力
流動性の程度		高い	低い
重要視される要因	パフォーマンス	心理的成功	地位・給与
	態度	仕事満足,専門コミットメント	組織コミットメント
	アイデンティティ	私は自分自身を尊敬しているか(自尊心)	自分はこの組織から尊敬されているか
		私がしたいことは何か(自己への気づき)	私がすべきことは何か(組織における気づき)
	適応性	仕事に関連する柔軟性	組織に関連した柔軟性(組織で生き残ることができるか)
		現時点でのコンピテンシー(市場価値)	

出典:Hall(2002)

サクセスの程度は高いと考えられている。

4つの次元のうち,パフォーマンスと態度は短期的な現象について言及するものであり,一方適応性とアイデンティティは長期的な現象について言及するものである。また,パフォーマンスと適応性はタスクに対する関わり方に言及するものであり,一方態度とアイデンティティは自分自身の発達に対する個人の関わり方について言及するものである。

では,キャリアのあり方が変化する中で,今後4つの次元それぞれについて重要視されるべきものは何なのであろうか。同じく,ホールが提唱しているプロティアンキャリアという概念を用いて説明していこう。プロティアンキャリアとは,組織のニーズというよりも個人のニーズに基づいて,自分で見出し,自律性を持ち,自分で決めていき,しばしば変更されるという特徴を持つキャリアのことである(Hall, 1976)。プロティアンキャリアは,現在日本でいわれている個人が主導するキャリアと多くの共通点を持つ。

伝統的キャリアと比較した場合のプロティアンキャリアの特徴と,前述した4つの次元において重要視される点をまとめたものが表10-4である。プロティアンキャリアでは,パフォーマンスという次元では心理的成功が重要となる。

心理的成功とは，個人の人生におけるビジョンや中核となる価値観での成功のことである。態度という次元に関しては，仕事に対する満足や自分の専門に対するコミットメントが重要となる。またアイデンティティに関しては，自尊心の程度や自己への気づきの程度が重要となる。最後に適応性に関しては，仕事に関連する柔軟性や現時点でのコンピテンスが重要となる。

ホールが提示したこの枠組みは，キャリアのあり方が変化する中で，組織内キャリアカウンセリングを行う際の1つの指標となると考えられる。すなわち，組織内で実施されるキャリアカウンセリングには，今述べた4つの次元それぞれにおいて重要とされる要因について，適切な結果をもたらすような意思決定を援助することが求められるといえるであろう。

この時忘れてはならないのは，プロティアンキャリアにおいて重要視されるパフォーマンス・態度・アイデンティティ・適応性は，単純に個人の認識のみによって形成されるのではなく，環境や，環境と個人の相互作用によって決まるものである，ということである。心理的成功を例にすると，周囲からの評価によって成功感を獲得することや周囲との関わりの中で成功を見出していくこともある。

また，キャリアにおける意思決定を従業員に望むといっていながら，実際にはそのようになっていない場合も存在する。ある組織で組織内キャリアを前提として，キャリアカウンセリングを実施する場合には，その企業の組織風土や人事ポリシーといった観点に対する理解を深めておくことも，キャリアカウンセリングの有効性を増すうえで重要なことである。

引用文献

Csiernik, R. P. 1998 A Profile of Canadian Employee Assistance Programs. *Employee Assistance Research Supplement*, 2, 1-8.
Hall, D. T. 1976 Careers in Organizations. Glenview, IL : Scott, Foresman.
Hall, D. T. 2002 *Careers in and out of Organizations*. Thousand Oaks, CA : Sage.
市川佳居 2001 内部EAPについて 産業精神保健，9(1), 6-12.
大西 守 2004 復職をめぐる臨時精神医学的課題—精神医科の立場から こころの病からの職場復帰 現代のエスプリ（別冊） 103-109.
厚生労働省 2003 労働者健康状況調査

労働政策研究・研修機構　2004　教育訓練とキャリア相談に関する調査
労働者のメンタルヘルス対策に関する検討会　2000　労働の場における心の健康づくり対策について
労働省　1988　事業場における労働者の健康保持増進のための指針
労働省　2000a　事業場における労働者の心の健康づくりのための指針
労働省　2000b　労働者のメンタルヘルス対策に関する検討会報告書
社会経済生産性本部　2004　産業人メンタルヘルス白書
島　悟・田中克俊・大庭さよ　2002　産業・経済変革期の職場のストレス対策の進め方　各論1．一時予防（健康障害の発生の予防）：EAPについて　産業衛生学雑誌, 44(2), 50-55.
職場におけるメンタルヘルス対策支援委員会職場復帰支援部会　2004　心の健康問題により休業した労働者の職場復帰支援の手引き
渡辺三枝子・Herr, E. L.　2001　キャリアカウンセリング入門　ナカニシヤ出版

特論 1
職場のメンタルヘルス関連法規

1-1. メンタルヘルス関連法規とは ❖❖❖❖❖❖❖❖❖

1-1-1 職場のメンタルヘルス

(1) 労働者のストレスの現状　「活き活きと健康に働きたい」と働く人の多くは思っているにもかかわらず，働く人にかかるストレスは増大している。厚生労働省が1982年以降，5年おきに実施している労働者健康状況調査2002年度の発表によれば，自分の仕事や職業生活に関して強い不安，悩み，ストレスを感じているとする労働者は61.5％となっている。前回1997年度の62.8％と比較するとほぼ横ばいの傾向にあるものの，1982年度調査の50.6％から比較して増加したことがわかる（図特1-1参照）。強い不安，悩み，ストレスの内容は，1997年度に引き続き2002年度も「職場の人間関係」がトップになっており，ついで「仕事の量」「仕事の質」となっている。また，2002年度から項目に加わった「会社の将来性の問題」についても30％近くの人が不安を感じている。

(2) 精神疾患に係る労災　職業生活におけるストレスや過労状況から精神疾患に陥る労働者は増加する傾向にあり，厚生労働省によれば，精神疾患に係る労災請求件数は，平成11年の155件（認定14件）から平成15年度は438件（認定108件）に増加している（表特1-1参照）。平成12年には，電通の入社2年目の社員が過労によりうつ病に罹患し自殺した事例において，企業そして上司が従業員の安全に十分な配慮を行わなかったという安全配慮義務不履行により責任を問われた。この事例は，企業による安全配慮義務の中にはメンタルヘルスも含まれることを示した判例として，企業の「リスクマネージメント」とし

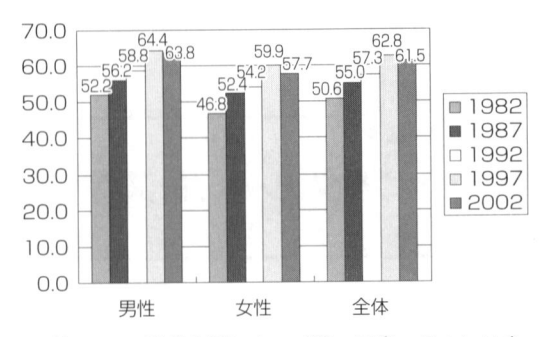

図特1-1 職業生活において強い不安，ストレスを感じている労働者の割合

（厚生労働省資料より作成）

表特1-1 「過労死」等および精神障害などの労災補償状況

年　　度		1999	2000	2001	2002	2003
過労死など	請求件数	493	617	690	819	705
	認定件数	81	85	143	317	312
精神障害など	請求件数	155	212	265	341	438
	認定件数	14	36	70	100	108

（厚生労働白書　平成16年版）

てのメンタルヘルスケアの視点を提供した。

(3) **職場のメンタルヘルス活動**　職場のメンタルヘルス活動は，1988年の「事業場における労働者の健康保持増進のための指針」いわゆるTHPから始まったといってもいいだろう（10章参照）。THPでは，こころとからだのトータルな健康づくりをめざしており，メンタルヘルスケアについては，「健康測定の結果に基づきメンタルヘルスケアが必要と判断された場合又は，問診の際に労働者自身が希望する場合には，心理相談担当者が産業医の指示のもとにメンタルヘルスケアを行う。なお，本指針のメンタルヘルスケアとは，積極的な健康づくりを目指す人を対象にしたものであって，その内容は，ストレスに対する気付きへの援助，リラクセーションの指導等である」と述べてある。この指針から，心理相談担当者の育成が行われるようになってきた。

その後，前述のような労働者のストレスの増加，精神疾患による労災件数の

増加を受け，厚生労働省では2000年に「事業所における労働者の心の健康づくりのための指針」を発表した（資料1参照）。この指針では，労働者自身のメンタルヘルスケアへの取り組みに加えて，事業所としての労働者のメンタルヘルスケアへの取り組みが重要であるとの立場に立っている。メンタルヘルスケアの具体的な取り組みとして，①セルフケア，②ラインによるケア，③事業場内産業保健スタッフによるケア，④事業場外資源によるケアの4つのケアを勧めている。この指針はメンタルヘルスケアの具体的な4本柱を示したことで，企業のメンタルヘルスへの取り組みにおける拠りどころとなっている。

指針後初の2002年労働者健康状況調査においては，心の健康づくりに取り組んでいる事業所は23.5%となっており，1997年度の26.5%とたいして変わらない数字であるが，対象事業所が同一でないことから単純比較はできない。著者が企業の人事労務や産業保健スタッフと話す中では，メンタルヘルスケアに対する関心，必要性は確実に高まっており，特にラインによるケアの重要性への関心が高まっているように感じられる。

1-1-2 職場のメンタルヘルスと関連法規

(1) **なぜ関連法規の理解が必要なのか**　職場のメンタルヘルス活動が，労災認定や指針に後押しされて進められてきた歴史的経緯を見てもわかるように，メンタルヘルス活動と法規の関係は切っても切れないものである。組織として法規に基づいてメンタルヘルス活動を進めていくことが，組織としての法令遵守（コンプライアンス）を果たすことであるといえよう。

また，メンタルヘルス活動に携わる人びと[1]が関連法規を理解しておく必要は，メンタルヘルス活動，メンタルヘルス事例の特性からも発生している。メンタルヘルス活動には個々人の価値観や感情が関わってくるがために曖昧な部分が多く，ややもすると属人的になってしまうということがある。属人的になることで，組織としての一貫した対応が難しくなったり，ただでさえみえにくい職場でのメンタルヘルス事情がさらにみえにくくなる。その結果，当該社員や所属組織に不利益が生じることが少なくない。関連法規はメンタルヘルス活動に係る人々の共通の拠りどころとしての役割を果たす。さらに，メンタルヘ

ルス事例の当該社員は弱い立場に置かれることが多いため，事例に関わってくる人びとの利害関係に左右されてしまうことも起こりうる。そのような場合に，関連法規は当該社員の権利を守る役割を果たすこともある。

(2) **理解が必要な関連法規** では，職場でのメンタルヘルス活動を行うにあたってどのような関連法規の理解が必要なのか。理解が必要な関連法規には社内規定と法規がある。社内規定には，労働協約（使用者と労働組合の取り決め），就業規則（会社と従業員の規則），労働契約（会社と個人の取り決め）があり，労働契約の法的効力が最も弱く，就業規則，労働協約の順で強くなっていく。さらに，法規は社内規定よりも法的効力が強くなる。すなわち，就業規則が法規である労働基準法や労働安全衛生法に定められている基準を下回っている場合には，労働基準法や労働安全衛生法の基準が適用されることになる[2]。

職場において必要とされる法規は労働組合法，労働関係調整法，労働基準法といわれ，労働三法とよばれているが，メンタルヘルス活動において特に必要となるのは，労働基準法である。加えて，労働安全衛生法，男女雇用機会均等法の理解が必要になる。さらに，精神障害に関連する法規の理解も必要になる。理解が必要な精神障害に関連する法規としては，精神保健および精神障害者福祉に関する法律，障害者雇用促進法があげられる。

1-2. メンタルヘルス関連法規の概要✥✥✥✥✥✥✥

社内規定のうち，メンタルヘルス事例対応において特に出番が多いのが就業規則である。就業規則に関する知識は不可欠であるが，就業規則は所属する組

---

1) メンタルヘルス活動に携わる人々とは，社内産業保健スタッフ（産業医，看護職，保健師，社内カウンセラー），人事労務スタッフ，管理職，社外カウンセラーである。
2) 法規においては，先のものが後のものに優先した効力を持つ（布施，2004）。
① 憲法
② 法律：国会の議決を経て制定されるもの（例：労働基準法，労働安全衛生法）
③ 政令：閣議決定を経て内閣により制定される命令（例：労基法施行令，安衛施行令）
④ 厚生労働省令：大臣が担当する法律，行政事務について発する命令
⑤ 厚生労働大臣告示：各大臣が一定の事項を公式に広く一般に知らせる文書。大臣指針（告示）は担当大臣が事業主の努力目標その他を定めたもの。
　厚生労働省通達：各中央省庁の大臣，局長等がその所掌事務について，所管の各機関や職員に出す指示文書

織によって異なるため，ここでは，労働基準法，労働安全衛生法，男女雇用機会均等法，精神保健および精神障害者福祉に関する法律，その他の法規について概要を説明していくこととする。なお，筆者は臨床心理士であり，法律の専門家ではないため，詳しい解説，解釈については，引用文献に委ねることをご了解いただきたい。

1-2-1 労働基準法

(1) **労働基準法とは**　1947年に制定された労働基準法は，労働者保護の立場に立って，労働に関する最低条件を定めている。民法においては契約の自由が原則とされており，立場の弱い労働者を保護することが難しいため，民法の契約についての規定を労働基準法により制限・修正しているのである。

労働基準法は，次の6点の特色を有している（布施，2004）。この特色は労働安全衛生法も同様である。

①個別の労働契約内容を直接規律する。
②違反に対する刑事罰。
③両罰規定：法律違反をしたものが事業主のために行為した代理人，使用人，その他の従業員である場合には事業主にも責任を負わせる。
④実行確保のための特別な監督行政組織（労働基準局，都道府県労働局，労働基準監督署）。
⑤事業場単位で法律を適用：企業単位ではなく事業場単位に法律を適用。
⑥使用者が義務，禁止の対象：事業主よりも広範囲の使用者に義務。

労働基準法は，表特1-2の構成になっている。

(2) **メンタルヘルスと労働基準法**　職場で働く人びとの精神的健康をめざすメンタルヘルス活動において，適正な労働時間，勤務形態，その他の一般労働条件を確保する労働基準法は，健康に働くための職場づくりを進めるうえで重要な役割を担っている。特に重要になってくるのが，第4章労働時間と第5章安全および衛生である。第5章安全および衛生については，労働安全衛生法が1972年に成立した時点で，労働安全衛生法にゆだねられているため次項で述べることとする。

表特1-2　労働基準法の構成

第1章	総則（第1条〜第12条）
第2章	労働契約（第13条〜第23条）
第3章	賃金（第24条〜第31条）
第4章	労働時間，休憩，休日及び年次有給休暇（第32条〜第41条）
第5章	安全及び衛生（第42条〜第55条）
第6章	年少者（第56条〜第64条）
第6章の2	女性（第64条の2〜第68条）
第7章	技能者の養成（第69条〜第74条）
第8章	災害補償（第75条〜第88条）
第9章	就業規則（第89条〜第93条）
第10章	寄宿舎（第94条〜第96条の3）
第11章	監督機関（第97条〜第105条）
第12章	雑則（第105条の2〜第116条）
第13章	罰則（第117条〜第121条）
	附　則（抄）（第122条〜第136条）

　労働基準法では，第32条において，「使用者は，労働者に，休憩時間を除き1週間について40時間を超えて，労働させてはならない。使用者は，1週間の各日については，労働者に，休憩時間を除き1日について8時間を超えて，労働させてはならない」と定めている。これを法定労働時間とよぶ。では，法定労働時間外に労働させる場合にはどうしたらいいのか。第36条において「使用者は，当該事業場に，労働者の過半数で組織する労働組合がある場合においてはその労働組合，労働者の過半数で組織する労働組合がない場合においては労働者の過半数を代表する者との書面による協定をし，これを行政官庁に届け出た場合において」は時間外，休日労働をさせることができると定めている。これがいわゆる36協定とよばれるものである。36協定を結ぶ以外に適法に時間外，休日労働をさせることができるのは，災害により臨時の必要がある場合と公務によって必要がある場合のみになっている。2004年4月には，時間外労働の限度基準・制限が表特1-3のように定められている。

　著者がメンタルヘルス活動に関わる中で，過重労働の末に消耗してしまって

うつ状態に陥るケースに出会うことが少なくない。その背景には，人がどんどん削減されていく中で，仕事量は変わらず長時間働かざるを得ない職場環境がある。労働基準法に定められている労働時間を遵守することは，職場のメンタルヘルス活動の第一歩といえよう。

表特1-3　時間外労働の限度時間

期間	限度時間	
	一般労働者	1年単位変形制
1週間	15時間	14時間
2週間	27時間	25時間
4週間	43時間	40時間
1ヶ月	45時間	42時間
2ヶ月	81時間	75時間
3ヶ月	120時間	110時間
1年間	360時間	320時間

1-2-2　労働安全衛生法

(1)　**労働安全衛生法とは**　1972年に労働基準法から単独立法化された労働安全衛生法の目的は第1条に次のように述べられている。

> 第1条　この法律は，労働基準法（昭和22年法律第49号）と相まって，労働災害の防止のための危害防止基準の確立，責任体制の明確化及び自主的活動の促進の措置を講ずる等その防止に関する総合的計画的な対策を推進することにより職場における労働者の安全と健康を確保するとともに，快適な職場環境の形成を促進することを目的とする。

つまり，労働安全衛生法の目的は職場における労働者の安全と健康を確保することと快適な職場環境の形成を促進することである。そして，労働基準法と同様，「〜しなければならない」「〜してはならない」と強制的な義務を定めている強行規定であり，罰則規定が設けられている。

さらに，第3条において，快適な職場環境の実現と労働条件の改善を通じて職場における労働者の安全と健康を確保するように事業者に求めている。

> 第3条　事業者は，単にこの法律で定める労働災害の防止のための最低基準を守るだけでなく，快適な職場環境の実現と労働条件の改善を通じて

表特1-4 労働安全衛生法の構成

第1章	総則（第1条～第5条）
第2章	労働災害防止計画（第6条～第9条）
第3章	安全衛生管理体制（第10条～第19条の3）
第4章	労働者の危険又は健康障害を防止するための措置（第20条～第36条）
第5章	機械等及び有害物に関する規制（第37条～第58条）
第6章	労働者の就業に当たっての措置（第59条～第63条）
第7章	健康の保持増進のための措置（第64条～第71条）
第7章の2	快適な職場環境の形成のための措置（第71条の2～第71条の4）
第8章	免許等（第72条～第77条）
第9章	安全衛生改善計画等（第78条～第87条）
第10章	監督等（第88条～第100条）
第11章	雑則（第101条～第115条）
第12章	罰則（第115条の2～第123条）

職場における労働者の安全と健康を確保するようにしなければならない。また，事業者は，国が実施する労働災害の防止に関する施策に協力するようにしなければならない。

労働安全衛生法の構成は表特1-4のようになっている。

(2) **メンタルヘルスと労働安全衛生法**　職場におけるメンタルヘルス活動は，労働者の安全と健康の確保のために（第3条），快適な職場環境を形成する活動（第71条の2）の一環として行われている。

（事業者の講ずる措置）第71条の2　事業者は，事業場における安全衛生の水準の向上を図るため，次の措置を継続的かつ計画的に講ずることにより，快適な職場環境を形成するように努めなければならない。
1. 作業環境を快適な状態に維持管理するための措置
2. 労働者の従事する作業について，その方法を改善するための措置
3. 作業に従事することによる労働者の疲労を回復するための施設又は設

備の設置又は整備
4．前3号に掲げるもののほか，快適な職場環境を形成するため必要な措置

　また，メンタルヘルスにおける事業主，および管理職の責任について触れる時に，「安全配慮義務」ということばが出てくることが多い。安全配慮義務とは，雇用契約上の信義則に基づいて，使用者として労働者の生命，身体および健康を危険から保護するように配慮すべき義務のことであるが，法律に直接定められているわけではない。労働災害の判例として裁判所によって形成されてきたものである（安西，2000）。
　この安全配慮義務がメンタルヘルスについて認められた電通事件の最高裁の判決では以下のように述べられている。

> 「労働者が労働日に長時間にわたり業務に従事する状況が継続するなどして，疲労や心理的負荷が過度に蓄積すると，労働者の心身の健康を損なう危険のあることは周知のところである。労働基準法は労働時間に関する制限を定め，労働安全衛生法65条の3[3]は，作業の内容などを特に限定することなく，同法所定の事業者は労働者の健康に配慮して労働者の従事する作業を適切に管理するように努めるべき旨を定めてはいるが，それは，右のような危険が発生するのを防止することを目的とするものと解される。これらのことからすれば，使用者は，その雇用する労働者に従事させる義務を定めてこれを管理するに際し，業務の遂行に伴う，疲労や心理的負荷などが過度に蓄積して労働者の心身の健康を損なうことがないよう注意する義務を負うと解するのが相当であり，使用者に代わって労働者に対し，業務上の指揮監督を行う権限を有する者は使用者の右注意義務の内容にしたがって，その権限を行使すべきである。」（平12.3.24最高裁第2小判決，電通事件）

　すなわち，事業主および管理監督者は労働者のメンタルヘルスを損なうこと

---

[3] 第65条の3　事業者は，労働者の健康に配慮して，労働者の従事する作業を適切に管理するように努めなければならない。

がないように注意する義務があることが判決によって示された。そして，安全配慮義務不履行の場合，労働契約上の債務不履行責任（民法415条）および不法行為責任（民法709条，715条，719条）が問われ，民事上の損害賠償が求められることになるため，企業の「リスクマネージメント」として，メンタルヘルス事例に取り組む必要性が認知されるようになった。

「リスクマネージメント」の視点からは，メンタルヘルス事例が労災事例になりうるか否かがポイントとなる。すなわち，精神障害の発症が業務上疾病と認められるか否かがポイントとなるのである。精神障害の発症が業務上疾病か否かの判断のために1999年に「心理的負荷による精神障害等に係る業務上外の判断指針」が発表された（資料2参照）。この指針においては，対象疾病をICD-10による精神障害すべてとしている。さらに業務による心理的負荷と業務外の心理的負荷を3段階で評価し，対象疾病の発病前おおむね6ヶ月の間に客観的に当該精神障害を発病させるおそれのある業務による心理的負荷が認められ，業務以外の心理的負荷および個体側要因により当該精神障害を発病したとは認められない場合に，当該精神障害を業務に起因する疾病として取り扱うとしている。

1-2-3　男女雇用機会均等法

男女雇用機会均等法とメンタルヘルスの接点は，セクシュアルハラスメントである（8章，8-1参照）。メンタルヘルス事例に対応していく中で，セクシュアルハラスメントが背景にあることがある。このような場合は，メンタルヘルス事例として扱うとともにセクシュアルハラスメント事例として扱う必要がある。

1997年に改正された男女雇用機会均等法では，以下のように第21条でセクシュアルハラスメントの防止に関する事業主の配慮義務が規定され，1999年の改正では，具体的な対策である指針が制定された。指針においては，対象となるセクシュアルハラスメントは，「職場のセクシュアルハラスメント」であること，「性的な言動」とは性的な内容の発言や性的な行動であること，セクシュアルハラスメントの種類など具体的な内容となっている。

(職場における性的な言動に起因する問題に関する雇用管理上の配慮)
　第21条　　事業主は，職場において行われる性的な言動に対するその雇用する女性労働者の対応により当該女性労働者がその労働条件につき不利益を受け，又は当該性的な言動により当該女性労働者の就業環境が害されることのないよう雇用管理上必要な配慮をしなければならない。
　2　厚生労働大臣は，前項の規定に基づき事業主が配慮すべき事項についての指針（次項において「指針」という。）を定めるものとする

　男女雇用機会均等法は強行規定ではあるものの，労働基準法や労働安全衛生法とは異なり罰則規定はない。しかし，セクシュアルハラスメント防止に向けて事業主が取り組むことは，女性が安心して働ける良好な職場環境づくりという観点から不可欠であろう。

1-2-4　精神保健および精神障害者福祉に関する法律

　精神保健および精神障害者福祉に関する法律（以下，精神保健福祉法）は，第1条に次のように目的を定めている。

　　第1条　　この法律は，精神障害者の医療及び保護を行い，その社会復帰の促進及びその自立と社会経済活動への参加の促進のために必要な援助を行い，並びにその発生の予防その他国民の精神的健康の保持及び増進に努めることによって，精神障害者の福祉の増進及び国民の精神保健の向上を図ることを目的とする。

　第3条においては，自分自身の精神的健康の保持および増進への努力，精神障害に対する理解，障害を克服し社会復帰への努力に協力義務を国民に課している。これは，「職場での」という但し書きなしにすべての人がメンタルヘルスの保持増進に努めること，そして，社会復帰への努力，協力をすることを定めたものである。

(国民の義務)
第3条　国民は，精神的健康の保持及び増進に努めるとともに，精神障害者に対する理解を深め，及び精神障害者がその障害を克服して社会復帰をし，自立と社会経済活動への参加をしようとする努力に対し，協力するように努めなければならない。

　さらに，職場のメンタルヘルス事例において，精神保健福祉法が具体的に関わってくる場面として，職場において興奮・錯乱状態にあり医療につなげなければならないようなケースが考えられる。このようなケースでは，自傷，他害の危険がある場合も多く，入院が必要になってくることもある。
　入院が必要な場合には，精神保健福祉法第22条の3の本人の同意に基づく任意入院が原則であるが，本人の同意が得られない場合の入院措置として，措置入院と医療保護入院が定められている。措置入院とは，自傷他害の虞れがある場合に限り認められるもので，二人以上の精神保健指定医の診断に基づき都道府県知事の権限で入院させることができる制度である。一方，医療保護入院とは，指定医による診察の結果，精神障害であり，医療および保護のための入院が必要である場合，本人の同意が得られない場合に保護者の同意で入院させる制度である。

(措置入院)
第29条　都道府県知事は，第27条の規定による診察の結果，その診察を受けた者が精神障害者であり，かつ，医療及び保護のために入院させなければその精神障害のために自身を傷つけ又は他人に害を及ぼすおそれがあると認めたときは，その者を国若しくは都道府県の設置した精神病院又は指定病院に入院させることができる。

(医療保護入院)
第33条　精神病院の管理者は，次に掲げる者について，保護者の同意があるときは，本人の同意がなくてもその者を入院させることができる。
一　指定医による診察の結果，精神障害者であり，かつ，医療及び保護の

表特1-5 労働者派遣法と労働安全衛生法の適用関係(労働調査会,2004)

派遣元が責任を負う事項	派遣先が責任を負う事項
職場における安全衛生を確保する事業者の責務	職場における安全衛生を確保する事業者の責務
事業者等の実施する労働災害の防止に関する措置に協力する労働者の責務	事業者等の実施する労働災害の防止に関する措置に協力する労働者の責務
労働災害防止計画の実施に係る厚生労働大臣の勧告等	労働災害防止計画の実施に係る厚生労働大臣の勧告等
総括安全衛生管理者の選任等	総括安全衛生管理者の選任等
	安全管理者の選任等
衛生管理者の選任等	衛生管理者の選任等
安全衛生推進者の選任等	安全衛生推進者の選任等
産業医の選任等	産業医の選任等
	作業主任者の選任等
	統括安全衛生責任者の選任等
	元方安全衛生管理者の選任等
	安全委員会
衛生委員会	衛生委員会
安全管理者等に対する教育等	安全管理者等に対する教育等
	労働者の危険又は健康障害を防止するための措置
	事業者の講ずべき措置
	労働者の遵守すべき事項
	元方事業者の講ずべき措置
	特定元方事業者の講ずべき措置
	定期自主検査
	化学物質の有害性の調査
安全衛生教育(雇入れ時,作業内容変更時)	安全衛生教育(作業内容変更時,危険有害業務就業時)
	職長教育
危険有害業務従事者に対する教育	危険有害業務従事者に対する教育
	就業制限
中高年齢者等についての配慮	中高年齢者等についての配慮
事業者が行う安全衛生教育に対する国の援助	事業者が行う安全衛生教育に対する国の援助
	作業環境を維持管理するよう努める義務
	作業環境測定
	作業環境測定の結果の評価等
	作業の管理
	作業時間の制限
健康診断(一般健康診断等,当該健康診断結果についての意見聴取)	健康診断(有害な業務に係る健康診断等,当該健康診断結果についての意見聴取)
健康診断(健康診断実施後の作業転換等の措置)	健康診断(健康診断実施後の作業転換等の措置)
一般健康診断の結果通知	
医師等による保健指導	
	病者の就業禁止
健康教育等	健康教育等
体育活動等についての便宜供与等	体育活動等についての便宜供与等
	安全衛生改善計画等
	機械等の設置,移転に係る計画の届出,審査等
申告を理由とする不利益取扱禁止	申告を理由とする不利益取扱禁止
	使用停止命令等
報告等	報告等
法令の周知	法令の周知
書類の保存等	書類の保存等
事業者が行う安全衛生施設の整備等に対する国の援助	事業者が行う安全衛生施設の整備等に対する国の援助
疫学的調査等	疫学的調査等

ため入院の必要がある者であって当該精神障害のために第22条の3の規定による入院が行われる状態にないと判定されたもの
二　第34条第1項の規定により移送された者

1-2-5　その他の法規

　働く人びと，働き方が多様化する中で，メンタルヘルス事例も多様化している。例えば，雇用形態の多様化に伴い，メンタルヘルス事例の当該社員が派遣社員である場合，企業の責任はどうなるのか，といった問題が出てくる。このような場合には，派遣労働者の指揮命令権や労務管理など就業に関する権利がどのようになっているかを定めている労働者派遣法について知っておく必要がある。労働者派遣法においては，労働安全衛生法の適用関係を表特1-5のように定めている（労働調査会出版局，2004）。すなわち，安全配慮義務は派遣元，派遣先双方に生じることとなる。職場におけるセクシュアルハラスメントの雇用上の管理においても，双方に義務が生ずる。

　働く人びとの多様化という点においては，「精神障害者」の雇用を進める動きがあるため，障害者雇用促進法の動向にも目を向けていく必要があるだろう。2002年の改正で，精神障害者が身体障害者，知的障害者と並んで法律的に障害者として定義された。さらに，2006年の改正では企業の障害者法定雇用率に精神障害者を含められることとなり，職場のメンタルヘルスとの関係が強くなった。

1-3.　メンタルヘルス事例における情報の取り扱いについて

　メンタルヘルス事例における情報は，個人情報であり，健康情報であるといえる。個人情報の保護に関する法律が2003年に成立し，2005年4月から施行されることを受け，健康情報は個人情報の中でも特に保護されるべき情報であるとの立場に立ち，労働者の健康情報の保護に関する検討会が行われ2004年9月に報告書が提出された。当報告書において，健康情報の秘密の保持について以下のように述べられている。

（秘密の保持）

○安衛法（労働安全衛生法の略語）においては，「健康診断の実施の事務に従事した者」に対して「その実施に関して知り得た労働者の心身の欠陥その他の秘密を漏らしてはならない」（同法第104条）とされている。

○健康診断の結果以外にも，健康情報には，「1．労働者の健康情報の範囲について」で述べたようなものがあり，これらの情報についても，適正に秘密が保持される必要がある。

○健康診断をはじめとする労働者の健康確保については，産業医等（安衛法に規定する，産業医（同法第13条）及び労働者の健康管理等を行うのに必要な医学に関する知識を有する医師（同法第13条の2）以下「産業医等」という。）の役割はもとより，産業看護職や衛生管理者・衛生推進者等の役割も大きい。また，健康診断の実施に関する業務の全部又は一部を，医療機関等の外部の健診機関に委託する場合もある。これらの者には適正に秘密を保持させる必要がある。また，健康情報を記録したり，具体的な人事・労務上の権限等を行使する者（安衛法第66条の3及び第66条の5）にも適正に秘密を保持させる必要がある。

さらに，特に配慮が必要な健康情報の取り扱いの留意点としてメンタルヘルスに関する健康情報について以下のように述べられている。

○メンタルヘルスに関する健康情報のうち，精神疾患を示す病名は誤解や偏見を招きやすいことから，特に，慎重な取り扱いが必要である。
　また，周囲の「気づき情報」の場合，当該提供者にとっても個人情報であり，当該提供者との信頼関係を維持するうえでも慎重な取り扱いが必要となる。
　メンタルヘルスに関する情報の取り扱い方が不適切であると，本人，主治医，家族などからの信頼を失い，健康管理を担当する者が必要な情報を得ることができなくなる虞れがある。

○したがって，メンタルヘルスに関する健康情報の収集や利用等その取り扱いについては，産業医等がその健康情報の内容を判断し，必要に応じて，事業場外の精神科医や主治医等と共に検討することが重要である。

なお，メンタルヘルス不調の者への対応にあたって，職場では上司や同僚の理解と協力が必要であるため，産業医・産業看護職・衛生管理者等の産業保健スタッフは，本人の同意を得て，上司やその職場に適切な範囲で情報を提供し，その職場の協力を要請することも必要であると考えられる。

ここで述べられているように，メンタルヘルス事例に対応する際にはその情報について慎重な取り扱いをすることはもちろん必要であり，情報を知り得た産業保健スタッフ（産業医，産業看護職，社内カウンセラー）には「守秘義務」が生じることは自明のことである。しかし，当報告書にも述べられているようにメンタルヘルス事例では職場の理解や協力を得る必要があることが多い。そのような場合に，産業保健スタッフの一方的な「守秘義務」へのこだわりのために，当該社員の職場環境調整が滞ってしまうことは避けなければならない。「何をどこまでどのように伝えていいのか」について具体的に本人の了解を得たうえで，職場や人事と情報共有をしていくことが必要になってくる。

1-4. おわりに

職場のメンタルヘルスに関わる法規について述べてきたが，実際に職場のメンタルヘルス活動を行う際には，紹介したような基本となる法規を知っておくだけでは充分ではなく，関連する判例や厚生労働省からの指針や通達に常にアンテナをはっておく必要があるだろう。安西（2001）は，「人事の法律常識」の中で「人事担当者の知っておくべき労働法のポイントは，単に法律のみでなく，労働判例，社会通念，そして自社の企業内規範のうえに立ってどう適用すべきかという点です」と述べている。職場でのメンタルヘルス活動においてもまったく同じことがいえるのではないだろうか。

引用文献

安西　愈　2000　第8章　精神疾患と企業の責任をめぐって　日本産業精神保健学会編　職場におけるメンタルヘルス対策　労働調査会　pp. 103-118.
安西　愈　2001　人事の法律常識　日本経済新聞社　p. 16.
安西　愈　2004　管理職のための人事・労務の法律　日本経済新聞社　p. 109.
布施直春　2004　「労働法」早分かり事典　PHP研究所　pp. 33-37.
関西人間学会編　2004　解説　社会福祉六法・関係法事典　晃洋書房　pp. 131-133.
厚生労働省　2004　厚生労働白書　ぎょうせい　p. 194.
小野宏逸　2004　実務担当者のための労働安全衛生法令の早わかり　中央労働災害防止協会
労働調査会出版局編　2004　改訂12版　労働基準法　労働安全衛生法，労災保険法のあらまし　労働調査会　p. 37.

特論2
職場で働くカウンセラーに関する資格の紹介

　職場には，勤労者が，自分の身体面，精神面の健康を維持しながら，自分のキャリアを主体的に歩み，かつ，組織にさまざまな形で貢献していくことを支援する役割を担う人がいる。その役割を担う人は，長い間，人事部門のスタッフであったり，職場の管理職であったり，産業医や保健師，看護師であった。

　ここ数年，自殺者が3万人を超えているが，その背景として，うつと自殺の関連も示唆されている。一方で，厚生労働省が，勤労者のメンタルヘルスケアに力を入れるようになり，上述の役割がこれまで以上にクローズアップされることになった。今，注目され始めているのが，「カウンセラー」である。

　ところが，現在，「カウンセラー」とよばれるような職種に就く人が配置されている企業，あるいは，配置されていても効果的に機能している企業はそれほど多くない。しかし，いたるところで，勤労者の悲鳴が聞こえてくる。しかも，それは氷山の一角であり，「早期発見」「早期対応」だけでなく，「予防」が求められている。このような現状をふまえると，「カウンセラー」として必要なトレーニングを積んだ者が，必要とされている場でより効果的に機能するよう，人材育成，環境整備をしていくことが急務といえる。

　人の人生に関わる「カウンセラー」に必要な資質，態度，知識，スキルなどをあげ始めるときりがない。そのような中，心理学・カウンセリング関連の学会や団体などが，「カウンセラー」に最低限必要だとする態度，知識，スキルを，要件としてそれぞれの切り口で整理・発表している。そして，要件を満たした人に対して各学会や団体が認定する資格を付与している。

　必要最低限の要件に過ぎないので，資格を取得したことが，すなわち「カウンセラー」として一人前だということをあらわすのではない。常に，謙虚に学ぶ姿勢が求められる。資格を認定する各学会や団体においても，資格更新を義

務づけたり，その後のトレーニングの場を提供するなどして，資格取得者のさらなる研鑽を支援している。クライエントの人生そのものからも学ぶことは多くある。さまざまな機会をとらえ，知識やスキルはもちろんであるが，資質や態度もさらに磨いていきたい。

　さて，ここでは，職場で働くカウンセラーに関する資格として，①臨床心理士，②産業カウンセラー（旧初級産業カウンセラー），③認定カウンセラー，④学校カウンセラー，⑤臨床発達心理士，⑥キャリアカウンセラー（キャリア・コンサルタント），⑦認定心理士の7つについて，資格概要，認定要件，問合せ先など（2007年1月現在）を簡単に紹介する。なお，これらの認定要件，問合せ先，受験などにかかる費用などは，事情により改定されることがあるため，資格取得を考える方は，適宜確認していただきたい。

2-1. 臨床心理士

2-1-1　資格の概要

　臨床心理士は，臨床心理学を学問的基礎として，クライエントが自分のさまざまな心の問題に向き合い，解決するための支援をする。

　臨床心理学を基礎とした援助の方法は，次の4つにおおまかに分類されており，資格認定，また，資格取得後のさらなる学習の課題でもある。

①臨床心理査定（臨床心理アセスメント）
②臨床心理面接
③臨床心理的地域援助
④臨床心理的研究・調査

　臨床心理士の職域は幅広く，教育領域，医療・保健領域，福祉領域，司法・矯正領域，労働・産業領域と，私たちの生活の多岐にわたる。

　なお，5年ごとの資格更新が義務づけられている。

2-1-2 受験資格

①財団法人日本臨床心理士資格認定協会（以降④まで，本協会）が認可する第1種指定大学院（修了後の心理臨床経験不要）を修了し，受験資格取得のための所定条件を充足している者…「新1種指定校」という。

②本協会が認可する第1種指定大学院を修了し，修了後1年以上の心理臨床経験を含む受験資格取得のための所定条件を充足している者…「旧1種指定校」という。

③本協会が認可する第2種指定大学院を修了し，修了後1年以上の心理臨床経験を含む受験資格取得のための所定条件を充足している者…「新2種指定校」という。

④本協会が認可する第2種指定大学院を修了し，修了後2年以上の心理臨床経験を含む受験資格取得のための所定条件を充足している者…「旧2種指定校」という。

⑤諸外国で上記①または③のいずれかと同等以上の教育歴及び2年以上の心理臨床経験を有する者。

⑥医師免許取得者で，取得後2年以上の心理臨床経験を有する者。

※①～④の指定大学院の詳細については，財団法人日本臨床心理士資格認定協会まで問い合わせるなどして，確認することを勧める。

※2005年度から，指定大学院とは別に，学校教育法第65条第2項の新設による専門職大学院の臨床心理学またはそれに準ずる心理臨床に関する分野を専攻する専門職学位課程が設けられた。この専門職大学院修了者は，一次試験（筆記試験）のうち，小論文試験が免除されることになっている（2007年度資格試験より実施予定）。

※学校教育法に基づく大学院研究科（指定大学院は除く）において，心理学，心理学隣接諸科学を専攻する博士課程前期課程または修士課程を所定の期日までに修了し，所定の心理臨床経験を有する者については，2006年度実施の資格試験までは受験資格が認められていたが，2007年度以降は認められていない。

なお，ここでいう「心理臨床経験」とは，教育相談機関，病院などの医療施

設，心理相談機関，企業や団体などでの心理臨床に関する従業者（心理相談員，カウンセラーなど）としての勤務経験をいう。有給が原則であり，ボランティアや研修員などは認められていない。また，大学，大学院修士課程（博士課程前期）在籍中の経験も認められていない。経験の内容として疑問のある場合は，財団法人日本臨床心理士資格認定協会に問い合わせる，あるいは，出願して受験資格の審査を受けることを勧める。

2-1-3　試験概要

1）　一次試験（筆記試験）
　①100題の設問（多肢選択法，マークシート方式）に解答する。
　②定められた字数の範囲内で論述する小論文を作成する。
2）　二次試験（口述面接試験）
　多肢選択法（マークシート）による筆記試験の成績が一定の水準に達している者に対して，2名の面接委員により実施される。
3）　審査
　上記の一次試験および二次試験の結果から総合的に判断される。

2-1-4　問合せ先

財団法人日本臨床心理士資格認定協会
〒113-0033
東京都文京区本郷2-40-14　山崎ビル7F
TEL：03-3817-0020　FAX：03-3817-5858
URL：http://www4.ocn.ne.jp/~jcbcp/

2-2. 産業カウンセラー(旧初級産業カウンセラー)

2-2-1 資格の概要

　産業カウンセラー(旧初級産業カウンセラー)は，その名のとおり，働く人びとが，自分たちの抱える問題を自ら解決できるよう，心理学的手法を用いて支援することを目指している。活動領域として，メンタルヘルス対策への援助，キャリア開発への援助，職場における人間関係開発への援助の3領域があげられている。

　社団法人日本産業カウンセラー協会の設立は40年以上も前になるが，産業カウンセラー試験が労働省(当時)の技能審査に認定されたのは1991年である。その後，事情により，2001年9月に，厚生労働省の技能審査の認定が廃止され，現在は，協会認定の資格となっている。

　産業カウンセラーは，これまで初級産業カウンセラーとよばれていたが，2004年に名称変更された。なお，旧中級産業カウンセラーの名称は，シニア産業カウンセラーとなっている。このうち，ここでは，「産業カウンセラー(旧初級産業カウンセラー)」について紹介する。

　なお，社団法人日本産業カウンセラー協会は，「資格登録制度」と「資格登録更新制度」を新設した。2007年度からは原則として，資格取得後，協会に資格登録を行わなければ産業カウンセラーを呼称して活動できない。また，5年ごとにその資格登録を更新することが義務づけられた。

2-2-2 受験資格

　①大学において心理学または心理学隣接諸科学を専攻し学士の学位を有する者
※「心理学隣接諸科学」とは，教育学，社会学，社会福祉学，看護学その他の人間科学で協会が認めるものとする。
　②成年に達した後に，カウンセリング業務または人事労務管理に従事した期

間が通算4年以上である者

③成年に達した者で，協会もしくは協会が他に委託して行う産業カウンセリングの学識および技能を修得するための講座または協会がこれと同等以上の水準にあるものとして指定した講座を修了した者

④成年に達した者で，協会が行う産業カウンセラー通信講座を修了した者

2-2-3　試験概要

1）　学科試験

多肢選択法の設問に解答する。

2）　実技試験

ロールプレイおよび口述を通して，複数名の面接官により実施される。

3）　審査

学科試験，実技試験，それぞれについて審査する。この2つの試験の合格をもって，産業カウンセラーの資格が付与される。

なお，学科試験または実技試験のいずれか一方に合格した者には，一部合格通知書が交付され，試験が実施された年度の翌年度および翌々年度の当該学科試験または実技試験を免除される。

ところで，社団法人日本産業カウンセラー協会では，限定された時間の試験だけで能力や適性を評価するのではなく研修プロセスを重視した判定を行うことを目指し，産業カウンセラー養成講座をより充実発展させようとしている。それに伴い，所定の条件を満たした講座修了者は上記資格審査の手続きが異なる場合がある。詳細については，社団法人日本産業カウンセラー協会や所属する講座に問い合わせるなどして確認することを勧める。

2-2-4　問合せ先

社団法人日本産業カウンセラー協会

〒105-0012

東京都港区芝大門1-1-35　大門佐野ビル３Ｆ
TEL：03-3438-4568　FAX：03-3438-4487
URL：http://www.counselor.or.jp/

2-3. 認定カウンセラー

2-3-1　資格の概要

　日本カウンセリング学会によると，「カウンセリングを通して，国民の教育，健康，福祉の向上に貢献し，あわせてカウンセリングの研究と実践の進歩と発展に資するため」に，認定カウンセラーを認定している。

　日本カウンセリング学会の前身である「日本相談学会」は1967年に創立され，当初から，カウンセラー養成に力を入れ，私たちの生活に寄与しようとしていた。

　なお，７年ごとの資格更新が義務づけられている。

2-3-2　認定申請の条件

　認定カウンセラーの資格取得の方法は３通りある。主として実践経験を基準とする第一方式，主として学習・研修を基礎とする第二方式，推薦に基づく第三方式である。

１）　第一方式

　①スーパービジョン…学会が委嘱したスーパーバイザーから最低３回の指導を受ける（３事例）こと。

　②学会発表…カウンセリングに関わる２回の学会発表（うち，１回は，日本カウンセリング学会であること）をしていること。

　③研修会・研究会・講習会参加…日本カウンセリング学会主催の研修会・研究会・講習会などに合計15時間以上参加していること。

　④グループ体験…グループ体験（例：エンカウンター）に，合計15時間以上参加していること。

⑤カウンセリングに関する印刷物…学術論文，実践報告，研究報告などが2編以上あること。

2）第二方式

①日本カウンセリング学会に2年以上所属していること。

※カウンセリング関係の大学院（カウンセリング専攻，学校教育学専攻，心理学専攻，教育心理学専攻，臨床心理学専攻，発達臨床心理学専攻，社会福祉学専攻など）で修士の学位を取得している者は1年以上経過していればよい。なお，カウンセリング関係の大学院在学者は，入会後1年以上で受験し，試験に合格した場合は，修士課程あるいは博士前期課程の修了を条件として認定証を得ることができる。

②日本カウンセリング学会「カウンセラー養成カリキュラム」研修基準を，カウンセリングの基礎・基本，カウンセリングの理論・技法，心理アセスメント，カウンセリングの実習の内容について必須時間数，合計160時間以上学習していること。

3）第三方式

①日本カウンセリング学会に2年以上所属していること。

②人格識見ともに優れていること。

③大学・短大の専任教員として10年以上，カウンセリング関係の授業を担当し，かつカウンセリング実践に基づく研究業績が顕著である者。あるいは，長年にわたる指導的実績が顕著であり，前項に準ずる実績があると推薦委員会が特に判断する者。

2-3-3　認定の手続き

1）第一方式

先述の5つの条件を満たし，かつ，30分の面接を経て，総合評価で適否を判定する。

2）第二方式

認定申請を受け，次の2つの試験により，適否を判定する。

①客観テスト形式および自由記述による筆記試験

※先述の研修基準のうち，カウンセリングの基礎・基本，カウンセリングの理論・技法，心理アセスメントの3区分については客観テスト形式で出題される。受験者の専門のカウンセリング領域については自由記述形式で出題される。これらの4つの区分について，領域ごとに合否を判定する。合格点に満たない不十分な領域については3年間に限り再試験が認められる。

②面接による技能試験

※申請にあたって，1事例について，スーパービジョンを受けたときの事例記録資料とスーパーバイザーの評価票（密封されていること）が必要。

※別途，条件を満たし，資格認定委員会が認定した場合は，技能試験を免除し，代わりに口述試験を課す。

3） 第三方式

認定委員会が，推薦委員会より推薦を受けた候補者から提出された書類を点検受理し，面接による審査を行い，その結果を理事会に報告する。

2-3-4　問合せ先

日本カウンセリング学会
〒112-0012
東京都文京区大塚3-29-1　筑波大学教育研究科　田上研究室気付
TEL：03-3942-6833　FAX：03-3942-6833
URL：http://wwwsoc.nii.ac.jp/jacs2/

2-4. 学校カウンセラー

2-4-1　資格の概要

日本学校教育相談学会によると，学校カウンセラーとは，「教育・心理学について高度の研修を積み，学校教育相談の業務を遂行している教師」をいう。実践中心の教師たちの活動の裏づけとなる資格である。学校において，学級（ホームルーム）担任や養護教諭らと連携・協力して，次のような業務にあた

る。
　①学級（ホームルーム）担任への援助
　②児童・生徒，保護者への援助
　③専門機関との連携
　④学校教育相談の研究・研修の推進
　⑤学級教育相談活動に関する計画の立案・運営
　学校カウンセラーは，教師として，教育相談に専門に関わることになる。なお，その活動を円滑に，かつ，十分に機能させるために，5年ごとの資格の更新が義務づけられている。

2-4-2　認定申請の条件

　①日本学校教育相談学会への所属（3年以上）。
　②10年以上の教職経験（指導主事を含む）。
　③5年以上の教育相談係（またはそれに準ずるもの）としての経験。
　④教育相談活動を行っていること。
　⑤申請5年以内に，本学会研究大会，または都道府県・政令指定都市単位以上の本学会や研究会などで，1回以上の口頭発表あるいは論文発表をしていること。
　⑥学校カウンセラーにふさわしい研修履歴があること。
　⑦学校内で連携を保ち，業務を遂行できるだけの識見・人柄を有し，各支部推薦委員会の推薦を受けること。

2-4-3　認定の手続き

　認定委員会が，申請者の認定申請の内容をふまえ，ロールプレイを含む面接を行う。会長が認定委員会から報告を受け，適格と認める者を，学校カウンセラーとして認定する。

2-4-4　問合せ先

日本学校教育相談学会
〒190-0022
東京都立川市錦町2-1-21-501　学校教育相談研究所内
TEL：042-548-8669　FAX：042-522-1523
URL：http://www.jascg.org/

2-5. 臨床発達心理士

2-5-1　資格の概要

　臨床発達心理士とは，発達心理学を学問的基礎におき，人の健やかな成長・育ちを支援する専門家である。人の生涯にわたり，発達障害，不登校，虐待，育児不安といった発達上のさまざまな状況に対応しながら，具体的に支援していくことが求められている。なお，5年ごとの資格更新が義務づけられている。
　関連4学会（日本発達心理学会，日本感情心理学会，日本教育心理学会，日本パーソナリティ心理学会）の連合資格である。

2-5-2　申請条件

　大学院修士課程修了者（修了見込み者含む）を基本とし，現職者や研究者（2010年度までの経過措置）も申請ができる。申請条件として，大学・大学院での履修内容，あるいは資格認定委員会の開催する講習会の受講状況，臨床経験の内容や長さなどが，細かく定められており，自分の条件によって申請タイプが異なる。詳細は，毎年発行される「『臨床発達心理士』認定申請ガイド」あるいは「『臨床発達心理士』講習会ガイド」を参照していただきたい。

2-5-3　審査方法

1）　一次審査

　大学院修了者（修了見込み者含む）に対して，書類審査および筆記試験を実施する。

　現職者，大学の研究職の申請者に対して，書類審査を実施する。

2）　二次審査

　一次審査を通過した者に対して，複数の審査員による口述試験を実施する。

3）　認定

　上記の審査を通過した者に対して，臨床発達心理士の資格が付与される。

2-5-4　問合せ先

学会連合資格「臨床発達心理士」認定運営機構
URL：http://www.jocdp.jp/

臨床発達心理士認定運営機構事務局
〒160-0023
新宿区西新宿8-5-9-10A　日本発達心理学会事務局内
FAX：03-5348-5903　　Email：shikaku@jsdp.jp

日本臨床発達心理士会
〒160-0023
新宿区西新宿8-5-9-10A　日本発達心理学会事務局内
FAX：03-5348-5902　　Email：shikaku@jsdp.jp

2-6. キャリアカウンセラー(キャリア・コンサルタント)

2-6-1 資格の概要

厚生労働省によると,「『キャリア・コンサルティング』とは,『キャリア』に関する相談のこと」であり,「労働者が,その適性や職業経験等に応じて自ら職業生活設計を行い,これに即した職業選択や能力開発を効果的に行うことができるよう,労働者や離転職者等に対して,職業生活の節目などに実施される相談のこと」と定義している。実際には,「①自らの職業経験の棚卸し(振り返ること)や適性検査等を通じた自己理解,②労働市場や企業に関する情報提供等を通じた職業理解,③職業体験等を通じた職業に対する動機づけ等を行ったうえで,④今後の職業生活や能力開発に関する目標設定を行い,職業選択や教育訓練の受講等キャリア形成のための主体的な行動に結びつけていくもの」としている。そして,「キャリア・コンサルティングを担う人材については,さまざまな呼称があるが,厚生労働省では,『キャリア・コンサルタント』と総称して」いる。

つまり,キャリアカウンセラー(キャリア・コンサルタント)は,勤労者の主体的なキャリア開発・発達を主眼に,生活設計(生き方),能力開発など,職業生活のさまざまな側面で,勤労者を支援していくのである。

2-6-2 試験名と実施機関

2007年1月現在,次の11の団体が実施する試験内容が,厚生労働省の定めた基準に達していると認められている。

なお,厚生労働省が審査しているのはそれぞれの試験内容であり,資格そのものを認定しているわけではない。受験するための必要な手続き,養成講座の内容(特色,カリキュラム),講座受講および受験などにかかる費用などは,それぞれの試験ごとに異なっている。各試験の詳細についての紹介は省略するが,試験を実施する団体の名称および問合せ先(2007年1月現在)を示す。

1）DBM マスター・キャリアカウンセラー認定試験
　　試験機関名：日本ドレーク・ビーム・モリン株式会社
　　問合せ先　：東京都品川区大崎1-11-1　ゲートシティ大崎ウエストタワー22階
　　　　　　　　TEL：03-5437-1701
　　　　　　　　URL：http://www.dbm-j.co.jp/career/index.html
2）CDA 資格認定試験
　　試験機関名：特定非営利活動法人日本キャリア開発協会
　　問合せ先　：東京都台東区上野公園18-7
　　　　　　　　TEL：03-5815-8972
　　　　　　　　URL：http://www.j-cda.org/
3）キャリア・コンサルタント試験
　　試験機関名：社団法人日本産業カウンセラー協会
　　問合せ先　：東京都港区芝大門1-1-35　大門佐野ビル3F
　　　　　　　　TEL：03-3438-4568
　　　　　　　　URL：http://www.counselor.or.jp/
4）NPO 生涯学習キャリア・コンサルタント検定試験
　　試験機関名：特定非営利活動法人エヌピーオー生涯学習
　　問合せ先　：東京都中野区中野4-11-10　アーバンネット中野ビル
　　　　　　　　TEL：03-5913-6416
　　　　　　　　URL：http://www.npo-sg.com/kentei/career/index.html
5）財団法人社会経済生産性本部認定キャリア・コンサルタント資格試験
　　試験機関名：財団法人社会経済生産性本部
　　問合せ先　：東京都渋谷区渋谷3-1-1
　　　　　　　　TEL：03-3409-1122
　　　　　　　　URL：http://www.js-career.jp/
6）財団法人関西カウンセリングセンターキャリア・コンサルタント認定試験
　　試験機関名：財団法人関西カウンセリングセンター
　　問合せ先　：大阪府大阪市北区東天満2-10-41　YFC 会館
　　　　　　　　TEL：06-6881-0300

URL：http://www.kscc.or.jp/
7）日本キャリア・マネージメント・カウンセラー協会認定キャリア・カウンセラー資格試験
　試験機関名：特定非営利活動法人日本キャリア・マネージメント・カウンセラー協会
　問合せ先　：東京都港区六本木7-3-16　田中ビル２階
　　　　　　　TEL：03-5474-9038
　　　　　　　URL：http://www.cmcajapan.net/
8）GCDF-Japan 試験
　試験機関名：特定非営利活動法人キャリアカウンセリング協会
　問合せ先　：東京都港区新橋1-18-21　第一日比谷ビル７階
　　　　　　　TEL：03-3591-3569
　　　　　　　URL：http://www.career-npo.org/
9）ICDS 委員会認定 ICDS キャリア・コンサルタント検定
　試験機関名：特定非営利活動法人 ICDS
　問合せ先　：愛知県知多郡南知多町内海新田54
　　　　　　　キャリアビレッジ内 ICDS 事務局
　　　　　　　TEL：0569-62-0005
　　　　　　　URL：http://career.icds.jp/
10）HR 総研認定キャリア・コンサルタント能力評価試験
　試験機関名：株式会社フルキャスト HR 総研
　問合せ先　：東京都千代田区飯田橋2-4-5　共立ビル２階
　　　　　　　TEL：03-5226-0712
　　　　　　　URL：http://www.fc-hr.co.jp/recruit/point/career/index.html
11）株式会社テクノファ認定キャリア・カウンセラー（キャリア・コンサルタント）能力評価試験
　試験機関名：株式会社テクノファ
　問合せ先　：神奈川県川崎市川崎区駅前本町3-1　NOF 川崎東口ビル
　　　　　　　TEL：044-246-0910

URL：http://www.tfc-counselor.com/index.html

2-7. 認定心理士

2-7-1　資格の概要

　日本心理学会によると，「心理学専攻者としてのアイデンティティを持ち，専門性の向上に資するために」，日本心理学会認定心理士資格制度が設けられた。認定心理士は，「大学における心理学関係の学科名が学際性を帯びてきて，必ずしも『心理学』という，直接的名称が使われていない場合が多いことから，心理学の専門家として仕事をするために必要な，最小限の標準的基礎学力と技能を修得している」と日本心理学会が改めて認定した者である。

2-7-2　認定の要件

　①16歳以降少なくとも2年以上日本国に滞在した経験を有する者。
　②学校教育法により定められた大学，または大学院における心理学専攻，教育心理学専攻，または心理学関連専攻の学科において，所定の科目を履修し，必要単位を修得し，卒業または修了した者，および，それと同等以上の学力を有すると認められた者。

2-7-3　認定の手続き

1）　申請書類の申込
　「認定心理士申請書類」の送付申請書類の申込を希望する人は専用口座へ1,500円を振り込み，それが確認されると，書類一式と申請の手引きが送付される。
2）　申請と審査・認定
　送付された申請書類に必要事項を記入し，審査料とともに認定委員会に送付すると所定の審査の上，可否が通知される。

2-7-4 問合せ先

社団法人日本心理学会
〒113-0033
東京都文京区本郷5-23-13　田村ビル内
TEL：03-3814-3953　FAX：03-3814-3954
URL：http://www.psych.or.jp/

2-8. 職場で働くカウンセラーとして

　カウンセラーの資格は，ここで紹介していないものも含め，それぞれが特徴を持っている。各資格の切り口は異なるが，めざす方向は同じであり，勤労者が，職場や家庭といった，自分の所属するコミュニティで，自分で考え，選択し，より納得した気持ちを持って生きていけるようになるということである。身体面・精神面の健康，キャリア，組織への貢献など，勤労者の営みの中身は，個々に切り離してとらえられるものではない。職場で働く「カウンセラー」は，そういう観点を忘れず，勤労者を支援していく姿勢が必要である。これは，対象者の異なる，他のさまざまな領域で働くカウンセラーと共通の姿勢である。

　また，職場で働くカウンセラーとして，その組織の一員であるということも忘れてはならない。カウンセラーという仕事をまっとうするためにも，"組織の一員"になること，いい意味で組織に"なじむ"ことは不可欠だといえる。所属する組織において，自分の役割が何なのか，何を期待されているのか，どういう限界（自分自身の限界，役割としての限界など）があるのか，常に自問し，自分なりの答えを確認しておきたい。それは，すなわち，自分の職業におけるアイデンティティの確認ともいえる。

　資格の名前や資格を取得したという"単なる事実"にとらわれずに，折に触れ，自分の職業におけるアイデンティティを確認しつづけたい。そして，各領域で，また，各職場で働くカウンセラーが，それぞれの専門性を発揮しながら連携し，活動していくことで，より効果的に個々の勤労者を，そして組織を支援していけるようになるだろう。また，それが，資格を名も実もあるものにす

ると同時に，私たち自身の成長にもつながるのである。

参考文献

福田憲明　2004　学会企画シンポジウムⅡ　学校カウンセリングと諸資格…現状と課題…「臨床心理士」の立場から　日本カウンセリング学会第37回大会発表論文集　pp. 15-16

橋本幸晴　2004　学会企画シンポジウムⅡ　学校カウンセリングと諸資格…現状と課題…「認定カウンセラー」の立場から　日本カウンセリング学会第37回大会発表論文集　pp. 13-14

日野宜千　2004　学会企画シンポジウムⅡ　学校カウンセリングと諸資格…現状と課題…「学校カウンセラー」の立場から　日本カウンセリング学会第37回大会発表論文集　pp. 17-18

厚生労働省職業能力開発局キャリア形成支援室　2006（更新）　キャリア形成促進助成金（職業能力評価推進給付金）対象　キャリア・コンサルタント能力評価試験の指定について

厚生労働省職業能力開発局キャリア形成支援室　2004　キャリア・コンサルティングQ&A

松本すみ子　2003　「心理系の仕事」を見つける本　中経出版

財団法人日本臨床心理士資格認定協会監修　2005　臨床心理士になるために　第17版　誠信書房

次の団体・企業のホームページ
　　学会連合資格「臨床発達心理士」認定運営機構
　　株式会社テクノファ
　　株式会社フルキャストHR総研
　　厚生労働省
　　日本カウンセリング学会
　　日本ドレーク・ビーム・モリン株式会社
　　日本学校教育相談学会
　　日本臨床発達心理士会
　　日本臨床心理士会
　　財団法人関西カウンセリングセンター
　　財団法人日本臨床心理士資格認定協会
　　財団法人社会経済生産性本部
　　社団法人日本産業カウンセラー協会
　　社団法人日本心理学会
　　特定非営利活動法人ICDS
　　特定非営利活動法人キャリアカウンセリング協会
　　特定非営利活動法人日本キャリア開発協会
　　特定非営利活動法人日本キャリア・マネージメント・カウンセラー協会
　　特定非営利活動法人エヌピーオー生涯学習

資料1
事業場における労働者の心の健康づくりのための指針

発表：平成12年8月9日（水）
担当：労働省労働基準局安全衛生部労働衛生課
資料1—A　　http://www.jil.go.jp/kisya/kijun/20000809_02_k/20000809_02_k_shishin.html

1　趣旨

　現在，我が国経済・産業構造は，大きな転換期を迎えている。今後，経済のグローバル化，情報化やサービス経済化の一層の進展等により，経済・産業構造はさらに大きく転換するとともに，高齢化の急速な進行が見込まれている。また，労働者の就職意識の変化や働き方の多様化等の変化もみられるところである。このような中，仕事や職業生活に関する強い不安，悩み，ストレスがあると訴える労働者の割合が年々増加している。さらに，今後，経済・産業構造等が変化する中で，業務の質的変化等による心身の負担の一層の増加が懸念されている。
　心の健康問題が労働者，その家族，事業場及び社会に与える影響は，今日，ますます大きくなっている。労働者とその家族の幸せを確保するとともに，我が国社会の健全な発展という観点からも，事業場において，より積極的に心の健康の保持増進を図ることが重要な課題となっている。
　本指針は，事業場において事業者が行うことが望ましい労働者の心の健康の保持増進のための基本的な措置（以下「メンタルヘルスケア」という。）が適切かつ有効に実施されるため，メンタルヘルスケアの原則的な実施方法について総合的に示したものであり，各事業場の実態に即した形で実施可能な部分から取り組んでいくことが重要である。

2　メンタルヘルスケアの基本的考え方

（1）事業場におけるメンタルヘルスケアの重要性

　　ストレスの原因となる要因（以下「ストレス要因」という。）は，仕事，職業生活，家庭，地域等に存在している。心の健康づくりは，労働者自身が，ストレスに気づき，これに対処すること（セルフケア）の必要性を認識することが重要である。
　　しかし，労働者の働く職場には労働者自身の力だけでは取り除くことができないストレス要因が存在しているので，労働者のメンタルヘルスケアを推進していくためには，労働者の取組に加えて，事業者の行うメンタルヘルスケアの積極的推進が重要であり，労働の場における組織的かつ計画的な対策は，心の健康の保持増進を進める上で大きな役割を果たす。さらに，労働安全衛生法上，事業者は労働者の健康の保持増進を図るため必要な措置を継続的かつ計画的に講ずるように努めなくてはならないとされている。メンタルヘルスケアは，健康の保持増進を図る上で重要な活動である。
　　事業場におけるメンタルヘルスケアを推進するためには，心の健康に影響を与える職場の要因の具体的問題点を様々な面から把握し，これを改善することが重要である。
　　また，労働者への心の健康に関する正しい知識の付与は，労働者による自発的な相談を促進する等，心の健康問題を解決していく上で大きな役割を果たし，労働者と日常的に接する管理監督者や事業場内産業保健スタッフ等に正しい知識が付与されることは，メンタルヘルスケアの推進に不可欠である。
　　さらに，労働者による自発的な相談への対応のため，職場内に相談しやすい雰囲気をつくったり，相談に応じる体制を整えることが重要である。また，専門的な知識を有する事業場外資源とのネッ

トワークの構築が重要であり，これを活用して，教育研修，労働者への相談対応等を実施し，必要な場合には，職場適応，治療又は職場復帰の指導等の対応を図ることが重要である。

（2）メンタルヘルスケアの推進に当たっての留意事項

事業者は，メンタルヘルスケアを推進するに当たって，以下の事項に留意することが重要である。

イ　心の健康問題の特性

心の健康については，客観的な測定方法が十分確立しておらず，その評価は容易ではなく，さらに，心の健康問題の発生過程には個人差が大きく，そのプロセスの把握が難しい。また，心の健康は，すべての労働者に関わることであり，すべての労働者が心の問題をかかえる可能性があるにもかかわらず，心の問題をかかえる労働者に対して，健康問題以外の観点から評価が行われる傾向が強いという問題や，心の健康問題自体についての誤解等解決すべき問題が存在している。

ロ　個人のプライバシーへの配慮

メンタルヘルスケアを進めるに当たっては，労働者のプライバシーの保護及び労働者の意思の尊重に留意することが重要である。心の健康に関する情報の収集及び利用に当たっての，個人のプライバシー等への配慮は，労働者が安心して心の健康づくり対策に参加できること，ひいては事業場の心の健康づくり対策がより効果的に推進されるための条件である。

ハ　人事労務管理との関係

労働者の心の健康は，体の健康に比較し，職場配置，人事異動，職場の組織等の人事労務管理と密接に関係する要因によって，より大きな影響を受ける。メンタルヘルスケアは，人事労務管理と連携しなければ，適切に進まない場合が多い。

ニ　家庭・個人生活等の職場以外の問題

心の健康問題は，職場の問題のみならず家庭・個人生活等の職場外の問題の影響を受けている場合も多い。また，性格上の要因等も心の健康問題に影響を与え，これらは複雑に関係し，相互に影響し合う場合が多い。

3　心の健康づくり計画

メンタルヘルスケアは，中長期的視点に立って，継続的かつ計画的に行われるようにすることが重要である。このため，事業者は，衛生委員会等において調査審議し，事業場の心の健康づくりに関する職場の現状とその問題点を明確にするとともに，その問題点を解決する具体的な方法等についての基本的な計画（以下「心の健康づくり計画」という。）を，それぞれの事業場の実態と必要性に応じて策定すること。

また，この計画の中で，事業者自らが，事業場におけるメンタルヘルスケアを積極的に実施することを表明することが効果的である。

心の健康づくり計画で定める事項は次のとおりである。

〈1〉　事業場における心の健康づくりの体制の整備に関すること
〈2〉　事業場における問題点の把握及びメンタルヘルスケアの実施に関すること
〈3〉　メンタルヘルスケアを行うために必要な人材の確保及び事業場外資源の活用に関すること
〈4〉　労働者のプライバシーへの配慮に関すること
〈5〉　その他労働者の心の健康づくりに必要な措置に関すること

4 メンタルヘルスケアの具体的進め方

　メンタルヘルスケアは，労働者自身がストレスや心の健康について理解し，自らのストレスを予防，軽減あるいはこれに対処する「セルフケア」，労働者と日常的に接する管理監督者が，心の健康に関して職場環境等の改善や労働者に対する相談対応を行う「ラインによるケア」，事業場内の健康管理の担当者が，事業場の心の健康づくり対策の提言を行うとともに，その推進を担い，また，労働者及び管理監督者を支援する「事業場内産業保健スタッフ等によるケア」及び事業場外の機関及び専門家を活用し，その支援を受ける「事業場外資源によるケア」の4つのケアが継続的かつ計画的に行われることが重要である。

　また，中小規模事業者等で必要な人材を確保することが困難な場合には，事業場外資源の活用を図ることが有効である。

(1) セルフケア

　イ　労働者への教育研修及び情報提供

　　労働者が有効にセルフケアを行うには，心の健康に関する正しい知識が必要である。このため，事業者は，労働者に対して，以下に掲げる項目等を内容とする教育研修，情報提供等を行い，心の健康に関する理解の普及を図ること。
　　（イ）　ストレス及びメンタルヘルスケアに関する基礎知識
　　（ロ）　セルフケアの重要性及び心の健康問題に対する正しい態度
　　（ハ）　ストレスへの気づき方
　　（ニ）　ストレスの予防，軽減及びストレスへの対処の方法
　　（ホ）　自発的な相談の有用性
　　（ヘ）　事業場内の相談先及び事業場外資源に関する情報
　　（ト）　メンタルヘルスケアに関する事業場の方針

　ロ　セルフケアへの支援等

　　セルフケアを推進するには，労働者が上司や専門家に対して相談することができる体制を整備することが重要である。このため，事業者は，事業場の実態に応じて，その内部に相談に応ずる体制を整備したり，事業場外の相談機関の活用を図る等，労働者が自ら相談を受けられるよう必要な環境整備を行うこと。

　　さらに，ストレスへの気づきのために，ストレスに関する調査票や社内LANを活用したセルフチェックを行う機会を提供することも望ましい。

(2) ラインによるケア

　イ　ラインによるケアの推進

　　（イ）　職場環境等の改善
　　　　a　職場環境等の改善の対象

　　　　　労働者の心の健康には，職場環境（作業環境，作業方法，労働者の心身の疲労の回復を図るための施設及び設備等，職場生活で必要となる施設及び設備等）のみならず，労働時間，仕事の量と質，職場の人間関係，職場の組織及び人事労務管理体制，職場の文化や風土等が，影響を与えるため，これらの問題点の改善を図る必要がある。

　　　　b　職場環境等の評価と問題点の把握

　　　　　管理監督者は，日常の職場管理や労働者からの意見聴取の結果を通じ，また，事業場内産業保健スタッフ等によるストレスに関する調査票等を用いた職場環境等の評価結果等を活用

して，職場環境等の具体的問題点を把握すること。
　　c　職場環境等の改善
　　　管理監督者は，日常の職場管理等によって把握した職場環境等の具体的問題点の改善を図ること。
　　　職場環境等の改善は，職場環境・勤務形態の見直し，管理監督者の人間関係調整能力の向上，職場組織の見直し等の様々な観点から行う必要がある。職場環境等の改善に当たっては，労働者の意見を踏まえるよう努めること。また，事業場内産業保健スタッフ等及び事業場外資源の助言及び協力を求めることが望ましい。
　　　さらに，対策の効果を定期的に評価し，効果が不十分な場合には計画を見直す等，対策がより効果的なものになるように継続的な取組に努めること。
　　d　個々の労働者への配慮
　　　管理監督者は，労働者の労働の状況を日常的に把握し，個々の労働者に過度な長時間労働，過重な疲労，心理的負荷，責任等が生じないようにする等，労働者の能力，適性及び職務内容に合わせた配慮を行うこと。
　（ロ）労働者に対する相談対応
　　　管理監督者は，日常的に，労働者からの自主的な相談に対応するよう努めること。特に，長時間労働等により過労状態にある労働者，強度の心理的負荷を伴う出来事を経験した労働者，その他特に個別の配慮が必要と思われる労働者から，話を聞き，適切な情報を提供し，必要に応じ事業場内産業保健スタッフ等や事業場外資源への相談や受診を促すよう努めること。

ロ　ラインによるケアを推進するための環境整備

　（イ）管理監督者への教育研修及び情報提供
　　　事業者は，管理監督者に対して，以下に掲げる項目等を内容とする教育研修，情報提供等を行うこと。
　　a　ストレス及びメンタルヘルスケアに関する基礎知識
　　b　管理監督者の役割及び心の健康問題に対する正しい態度
　　c　職場環境等の評価及び改善の方法
　　d　労働者からの相談の方法（話の聴き方，情報提供及び助言の方法等）
　　e　心の健康問題を持つ復職者への支援の方法
　　f　事業場内産業保健スタッフ等及び事業場外資源との連携の方法
　　g　セルフケアの方法
　　h　事業場内の相談先及び事業場外資源に関する情報
　　i　メンタルヘルスケアに関する事業場の方針
　　j　労働者のプライバシーへの配慮等
　　k　職場でメンタルヘルスケアを行う意義
　（ロ）管理監督者に対する支援等
　　　職場の管理監督者は，職場環境等の改善，労働者に対する相談，心の健康問題を持つ労働者への対応において中心的な役割を果たす。事業者は，管理監督者に対して，その方針を明示し，実施すべき事項を指示するとともに，管理監督者の活動を理解し支援すること。
　　　また，ラインによるケアを円滑に推進するために，事業場内産業保健スタッフ等による職場環境等の評価と改善への支援，相談への対応等が行われるようにすること。さらに，管理監督者が，事業場外資源から必要な情報を入手できるようにするための支援を行うこと。

(3) 事業場内産業保健スタッフ等によるケア
　イ　事業場内産業保健スタッフ等によるケアの推進

　　（イ）　職場環境等の改善
　　　　a　職場環境等の実態の把握及び評価
　　　　　　事業場内産業保健スタッフ等は，職場巡視による観察，職場上司及び労働者からの聞き取り調査，ストレスに関する調査票による調査等により，定期的又は必要に応じて，職場内のストレス要因を把握し，評価すること。
　　　　　　職場環境等を評価するに当たって，職場環境等に関するチェックリスト等を用いることによって，人間関係，職場組織等を含めた評価を行うことも望ましい。
　　　　b　職場環境等の改善
　　　　　　事業場内産業保健スタッフ等は，職場環境等の評価結果に基づき，管理監督者に対してその改善を助言するとともに，管理監督者と協力しながらその改善を図るよう努めること。
　　（ロ）　労働者に対する相談対応等
　　　　a　気づきの促進と相談への対応
　　　　　　事業場内産業保健スタッフ等は，管理監督者と協力したり，職場環境等に関するチェックリストを使用する等により，労働者のストレスや心の健康問題を把握し，労働者の気づきを促して，保健指導，健康相談等を行うこと。
　　　　　　心身両面にわたる健康保持増進対策（THP）を推進している事業場においては，心理相談担当者による心理相談を通じて，心の健康に対する労働者の気づきと対処を支援すること。また，運動指導，保健指導等のTHPにおけるその他の指導においても，積極的にストレスや心の健康問題を取り上げることも重要である。
　　　　b　職場適応，治療及び職場復帰の指導
　　　　　　事業場内産業保健スタッフ等は，心の健康問題を持つ労働者の職場適応を管理監督者と協力しながら支援すること。さらに，専門的な治療が必要と考えられる労働者に対しては，その意思に配慮しつつ，適切な事業場外資源を紹介し，必要な治療を受けることを助言すること。また，休業中の労働者の職場復帰について，管理監督者及び事業場外資源と協力しながら指導及び支援を行うこと。
　　（ハ）　ネットワークの形成及び維持
　　　　　事業場内産業保健スタッフ等は，事業場と事業場外資源とのネットワークの形成及び維持に中心的な役割を担うこと。

　ロ　事業場内産業保健スタッフ等の役割

　　　心の健康づくり活動におけるそれぞれの事業場内産業保健スタッフ等の役割は，上記に示したほか，それぞれの種類に応じて次のとおりである。

　　（イ）　産業医等
　　　　　産業医等は，職場環境等の維持管理，健康教育・健康相談その他労働者の健康の保持増進を図るための措置のうち，医学的専門知識を必要とするものを行うという面から，事業場の心の健康づくり計画に基づく対策の実施状況を把握する。また，専門的な立場から，セルフケア及びラインによるケアを支援し，教育研修の企画及び実施，情報の収集及び提供，助言及び指導等を行う。就業上の配慮が必要な場合には，事業者に必要な意見を述べる。専門的な相談・治療が必要な事例については，事業場外資源との連絡調整に，専門的な立場から関わる。

(ロ) 衛生管理者等
　　衛生管理者等は，事業場の心の健康づくり計画に基づき，産業医等の助言，指導等を踏まえて，具体的な教育研修の企画及び実施，職場環境等の評価と改善，心の健康に関する相談ができる雰囲気や体制づくりを行う。またセルフケア及びラインによるケアを支援し，その実施状況を把握するとともに産業医等と連携しながら事業場外資源との連絡調整に当たる。
(ハ) 保健婦・士等
　　衛生管理者以外の保健婦・士等は，産業医等及び衛生管理者等と協力しながらセルフケア及びラインによるケアを支援し，労働者及び管理監督者からの相談に対応するほか，必要な教育研修を企画・実施する。
(ニ) 心の健康づくり専門スタッフ
　　事業場内に心の健康づくり専門スタッフがいる場合には，これらの専門スタッフは他の事業場内産業保健スタッフ等と協力しながら，職場環境等の評価と改善，教育研修，相談等に当たる。
(ホ) 人事労務管理スタッフ
　　人事労務管理スタッフは，管理監督者だけでは解決できない職場配置，人事異動，職場の組織等の人事労務管理上のシステムが心の健康に及ぼしている具体的な影響を把握し，労働時間等の労働条件の改善及び適正配置に配慮する。

ハ　事業場内産業保健スタッフ等によるケアを推進するための環境整備

(イ) 事業場内産業保健スタッフ等への教育研修及び情報
　　提供事業者は，事業場内産業保健スタッフ等に対して，以下に掲げる項目等を内容とし，職務に応じた項目については専門的なものを含む教育研修，知識修得等の機会の提供を図ること。
　a　ストレス及びメンタルヘルスケアに関する基礎知識
　b　事業場内産業保健スタッフ等の役割及び心の健康問題に対する正しい態度
　c　職場環境等の評価及び改善の方法
　d　労働者からの相談の方法（話の聴き方，情報提供及び助言の方法等）
　e　職場復帰及び職場適応の指導の方法
　f　事業場外資源との連携（ネットワークの形成）の方法
　g　教育研修の方法
　h　事業場外資源の紹介及び利用勧奨の方法
　i　事業場の心の健康づくり計画及び体制づくりの方法
　j　セルフケアの方法
　k　ラインによるケアの方法
　l　事業場内の相談先及び事業場外資源に関する情報
　m　メンタルヘルスケアに関する事業場の方針
　n　労働者のプライバシーへの配慮等
　o　職場でメンタルヘルスケアを行う意義
(ロ) 事業場内産業保健スタッフ等への支援等
　　事業者は，事業場内産業保健スタッフ等に対して，心の健康の保持増進に関する方針を明示し，実施すべき事項を委嘱又は指示するとともに，必要な支援を行うこと。
　　また，事業者は，事業場内産業保健スタッフ等が労働者の自発的相談等を受けることができる制度及び体制を，それぞれの事業場内の実態に応じて整えること。
　　さらに，事業者は，事業場内産業保健スタッフ等が事業場外資源の活用を図れるよう，必要な措置を取ること。

なお，大規模事業場及び一定規模以上の事業者では，事業場内に又は企業内に，心の健康づくり専門スタッフを確保することが望ましい。また，心の健康問題を有する労働者に対する就業上の配慮について，事業場内産業保健スタッフ等に意見を求め，これを尊重することが望ましい。

(4) 事業場外資源によるケア

イ 事業場外資源の活用

事業者は，メンタルヘルスケアを推進にするに当たって，必要に応じ，それぞれの役割に応じた事業場外資源を活用することが望ましい。

特に，中小規模事業者等で，事業場内産業保健スタッフ等によるケアを推進するために必要な人材の確保が困難な場合は，地域産業保健センター，都道府県産業保健推進センター，中央労働災害防止協会，労災病院勤労者メンタルヘルスセンター等のそれぞれの役割に応じた事業場外資源の支援を受ける等その活用を図ることが有効である。

ロ 事業場外資源とのネットワークの形成

(イ) 大規模・中規模事業場等

大規模・中規模事業場等は，メンタルヘルスケアを推進するに当たって，専門的な知識等が必要な場合は，事業場内産業保健スタッフ等が窓口となって，適切な事業場外資源から必要な情報提供及び助言を受けること。

また，必要に応じて労働者を速やかに事業場外の医療機関及び地域保健機関に紹介するためのネットワークを日頃から形成しておくこと。また，一定規模以上の企業に属する事業場においては，企業内に心の健康づくりの専門スタッフを確保し，所属事業場におけるメンタルヘルスケアを推進することが望ましい。

(ロ) 小規模事業場

50人未満の小規模事業場では，メンタルヘルスケアを推進するに当たって，事業場内に十分な人材が確保できない場合が多いことから，必要に応じ，地域産業保健センター等の事業場外資源を活用することが有効であり，衛生推進者又は安全衛生推進者に事業場内の窓口としての役割を持たせるよう努めること。

資料2
心理的負荷による精神障害等に係る業務上外の判断指針

発表：平成11年9月15日（水）
担当：労働省労働基準局補償課職業病認定対策室
資料2－A　　http://www.jil.go.jp/kisya/kijun/990915_01_k/990915_01_k_bessi.html
資料2－B　　http://www.jil.go.jp/kisya/kijun/990915_01_k/990915_01_k_hyou1.html
資料2－C　　http://www.jil.go.jp/kisya/kijun/990915_01_k/990915_01_k_hyou2.html
資料2－D　　http://www.jil.go.jp/kisya/kijun/990915_01_k/990915_01_k_zu.html

資料2－A　「心理的負荷による精神障害等に係る業務上外の判断指針」の概要

1　業務上外の判断の基本的考え方
　精神障害等の業務上外は，精神障害の発病の有無，発病時期及び疾患名を明らかにした上で，①業務による心理的負荷，②業務以外の心理的負荷，③個体側要因（精神障害の既往歴等）について評価し，これらと発病した精神障害との関連性について総合的に判断することとする。

2　判断要件
　業務上外の判断要件は，次のとおりとする。
（1）対象疾病に該当する精神障害を発病していること。
（2）対象疾病の発病前おおむね6か月の間に，客観的に当該精神障害を発病させるおそれのある業務による強い心理的負荷が認められること。
（3）業務以外の心理的負荷及び個体側要因により当該精神障害を発病したとは認められないこと。

3　業務による心理的負荷の評価
（1）評価方法
　　精神障害発病前おおむね6か月の間に，①当該精神障害の発病に関与したと考えられるどのような出来事があったか，②その出来事に伴う変化はどのようなものであったかについて，職場における心理的負荷評価表（別表1）を用いて，業務による心理的負荷の強度を評価し，それらが精神障害を発病させるおそれのある程度の心理的負荷であるか否かを検討することとする。
　　なお，出来事に伴う変化を評価するに当たっては，仕事の量，質，責任，職場の人的・物的環境，支援・協力体制等について検討することとするが，特に，恒常的な長時間労働は，精神障害発病の準備状態を形成する要因となる可能性が高いとされていることから，業務による心理的負荷の評価に当たっては十分考慮することとする。
（2）精神障害を発病させるおそれがある程度の心理的負荷の判断
　　業務による心理的負荷が，精神障害を発病させるおそれがある程度の心理的負荷と評価される場合とは，別表1の総合評価が「強」とされる場合とし，具体的には次の場合とする。
　①　出来事の心理的負荷が強度「Ⅲ」で，出来事に伴う変化が「相当程度過重な場合」
　②　出来事の心理的負荷が強度「Ⅱ」で，出来事に伴う変化が「特に過重な場合」
（3）特別な出来事等の取扱い
　　次の状況が認められる場合には別表1によらず総合評価が「強」とされる。
　・生死に関わる事故への遭遇等心理的負荷が極度のもの

・業務上の傷病により療養中の者の極度の苦痛等病状急変等
　・生理的に必要な最小限度の睡眠時間を確保できないほどの極度の長時間労働

4　業務以外の心理的負荷の評価方法
　職場以外の心理的負荷評価表（別表2）の評価で，出来事の心理的負荷が強度「Ⅲ」に該当する出来事が認められる場合には，その出来事の内容を調査し，その出来事による心理的負荷が精神障害を発病させるおそれのある程度のものと認められるか否か検討する。

5　個体側要因の評価方法
　個体側の心理面の反応性，脆弱性を評価するため，①精神障害の既往歴，②生活史（社会適応状況），③アルコール等依存状況，④性格傾向について評価し，それらが精神障害を発病させるおそれがある程度のものと認められるか否か検討する。

6　業務上外の判断
　業務上外の具体的判断は，次のとおりとする。
（1）業務による心理的負荷以外には特段の心理的負荷，個体側要因が認められない場合で，業務による心理的負荷が別表1の総合評価が「強」と認められるときには，業務起因性があると判断する。
（2）業務による心理的負荷以外に業務以外の心理的負荷，個体側要因が認められる場合には，業務による心理的負荷が別表1の総合評価が「強」と認められる場合であっても，業務以外の心理的負荷，個体側要因について具体的に検討し，これらと発病した精神障害との関連性について総合的に判断する。
　　なお，業務による心理的負荷の総合評価が「強」と認められる場合であって，次のイ及びロの場合には業務上と判断する。
　イ　強度「Ⅲ」に該当する業務以外の心理的負荷が認められるが，極端に大きい等の状況にないとき。
　ロ　個体側要因に顕著な問題がないとき。

7　自殺の取扱い
　うつ病や重度ストレス反応等の精神障害では，病態として自殺念慮が出現する蓋然性が高いとされていることから，業務による心理的負荷によってこれらの精神障害が発病したと認められる者が自殺を図った場合には，精神障害によって正常の認識，行為選択能力が著しく阻害され，又は自殺を思いとどまる精神的な抑制力が著しく阻害されている状態で自殺したものと推定し，業務起因性を認めることとする。

資料2　心理的負荷による精神障害等に係る業務上外の判断指針

資料2－B　職場における心理的負荷評価表

出来事の類型	(1)平均的な心理的負荷の強度				(2)心理的負荷の強度を修正する視点	(3)出来事に伴う変化等を検討する視点
	具体的出来事	心理的負荷の強度			修正する際の着眼事項	出来事に伴う問題，変化への対処等
		Ⅰ	Ⅱ	Ⅲ		
①事故や災害の体験	大きな病気やケガをした			☆	被災の程度，後遺障害の有無・程度，社会復帰の困難性等	○仕事の量（労働時間等）の変化 ・所定外労働，休日労働の増加の程度 ・仕事密度の増加の程度 ○仕事の質・責任の変化 ・仕事の内容・責任の変化の程度，経験，適応能力との関係等 ○仕事の裁量性の欠如 ・他律的な労働，強制性等 ○職場の物的・人的環境の変化 ・騒音，暑熱，多湿，寒冷等の変化の程度 ・職場の人間関係の変化 ○会社の講じた支援の具体的内容・実施時期等 ・訴えに対する対処，配慮の状況等 ○その他（1）の出来事に派生する変化
	悲惨な事故や災害の体験（目撃）をした		☆		事故や被害の大きさ，恐怖感，異常性の程度等	
②仕事の失敗，過重な責任の発生等	交通事故（重大な人身事故，重大事故）を起こした			☆	事故の大きさ，加害の程度，処罰の有無等	
	労働災害（重大な人身事故，重大事故）の発生に直接関与した			☆	事故の大きさ，加害の程度，処罰の有無等	
	会社にとっての重大な仕事上のミスをした			☆	失敗の大きさ・重大性，損害等の程度，ペナルティの有無等	
	会社で起きた事故（事件）について，責任を問われた		☆		事故の内容，関与・責任の程度，社会的反響の大きさ，ペナルティの有無等	
	ノルマが達成できなかった		☆		ノルマの内容，困難性・強制性・達成率の程度，ペナルティの有無，納期の変更可能性等	
	新規事業の担当になった，会社の建て直しの担当になった		☆		プロジェクト内での立場，困難性の程度，能力と仕事内容のギャップの程度等	
	顧客とのトラブルがあった	☆			顧客の位置付け，会社に与えた損害の内容，程度等	
③仕事の量・質の変化	仕事内容・仕事量の大きな変化があった		☆		業務の困難度，能力・経験と仕事内容のギャップの程度等	
	勤務・拘束時間が長時間				変化の程度等	

分類	具体的出来事	I	II	III	備考
	化した		☆		
	勤務形態に変化があった	☆			交替制勤務，深夜勤務等変化の程度等
	仕事のペース，活動の変化があった	☆			変化の程度，強制性等
	職場のOA化が進んだ	☆			研修の有無，強制性等
④ 身分の変化等	退職を強要された			☆	解雇又は退職強要の経過等，強要の程度，代償措置の内容等
	出向した		☆		在籍・転籍の別，出向の理由・経過，不利益の程度等
	左遷された		☆		左遷の理由，身分・職種・職制の変化の程度等
	仕事上の差別，不利益取扱いを受けた		☆		差別，不利益の程度等
⑤ 役割・地位等の変化	転勤をした		☆		職種，職務の変化の程度，転居の有無，単身赴任の有無等
	配置転換があった		☆		職種，職務の変化の程度，合理性の有無等
	自分の昇格・昇進があった	☆			職務・責任の変化の程度等
	部下が減った	☆			業務の変化の程度等
	部下が増えた	☆			教育・指導・管理の負担の程度等
⑥ 対人関係のトラブル	セクシュアルハラスメントを受けた		☆		セクシュアルハラスメントの内容，程度等
	上司とのトラブルがあった		☆		トラブルの程度，いじめの内容，程度等
	同僚とのトラブルがあった		☆		トラブルの程度，いじめの内容，程度等
	部下とのトラブルがあった		☆		トラブルの程度，いじめの内容，程度等
⑦ 対人関係の変化	理解してくれていた人の異動があった	☆			
	上司が変わった	☆			
	昇進で先を越された	☆			

	同僚の昇進・昇格があった	☆				

総 合 評 価		
弱	中	強

(注)
- (1)の具体的出来事の平均的な心理的負荷の強度は☆で表現しているが，この強度は平均値である。
  また，心理的負荷の強度Ⅰは日常的に経験する心理的負荷で一般的に問題とならない程度の心理的負荷，心理的負荷の強度Ⅲは人生の中でまれに経験することもある強い心理的負荷，心理的負荷の強度Ⅱはその中間に位置する心理的負荷である。
- (2)の「心理的負荷の強度を修正する視点」は，出来事の具体的態様，生じた経緯等を把握した上で，「修正する際の着眼事項」に従って平均的な心理的負荷の強度をより強くあるいはより弱く評価するための視点である。
- (3)「出来事に伴う変化等を検討する視点」は，出来事に伴う変化等がその後どの程度持続，拡大あるいは改善したのかについて具体的に検討する視点である。各項目は(1)の具体的出来事ごとに各々評価される。
- 「総合評価」は，(2)及び(3)の検討を踏まえた心理的負荷の総体が客観的にみて精神障害を発病させるおそれのある程度の心理的負荷であるか否かについて評価される。

資料2-C　職場以外の心理的負荷評価表

出来事の類型	具 体 的 出 来 事	心理的負荷の強度		
		Ⅰ	Ⅱ	Ⅲ
① 自分の出来事	離婚又は夫婦が別居した			☆
	自分が重い病気やケガをした又は流産した			☆
	自分が病気やケガをした		☆	
	夫婦のトラブル，不和があった	☆		
	自分が妊娠した	☆		
	定年退職した	☆		
② 自分以外の家族・親族の出来事	配偶者や子供，親又は兄弟が死亡した			☆
	配偶者や子供が重い病気やケガをした			☆
	親類の誰かで世間的にまずいことをした人が出た			☆
	親族とのつきあいで困ったり，辛い思いをしたことがあった		☆	
	家族が婚約した又はその話が具体化した	☆		
	子供の入試・進学があった又は子供が受験勉強を始めた	☆		
	親子の不和，子供の問題行動，非行があった	☆		
	家族が増えた（子供が産まれた）又は減った（子供が独立して家を離れた）	☆		
	配偶者が仕事を始めた又は辞めた	☆		

		I	II	III
③ 金銭関係	多額の財産を損失した又は突然大きな支出があった			☆
	収入が減少した		☆	
	借金返済の遅れ，困難があった		☆	
	住宅ローン又は消費者ローンを借りた	☆		
④ 事件，事故，災害の体験	天災や火災などにあった又は犯罪に巻き込まれた			☆
	自宅に泥棒が入った		☆	
	交通事故を起こした		☆	
	軽度の法律違反をした	☆		
⑤ 住環境の変化	騒音等，家の周囲の環境（人間環境を含む）が悪化した		☆	
	引越した		☆	
	家屋や土地を売買した又はその具体的な計画が持ち上がった	☆		
	家族以外の人（知人，下宿人など）が一緒に住むようになった	☆		
⑥ 他人との人間関係	友人，先輩に裏切られショックを受けた		☆	
	親しい友人，先輩が死亡した		☆	
	失恋，異性関係のもつれがあった		☆	
	隣近所とのトラブルがあった		☆	

(注) 心理的負荷の強度 I から III は，別表1と同程度である。

資料2−D　精神障害の業務起因性の判断のフローチャート

判断要件

次の要件のいずれをも満たす精神障害は，業務上の疾病として取り扱う。
(1) 対象疾病に該当する精神障害を発病していること。
(2) 対象疾病の発病前おおむね6か月の間に，客観的に当該精神障害を発病させるおそれのある業務による強い心理的負荷が認められること。
(3) 業務以外の心理的負荷及び個体側要因により当該精神障害を発病したとは認められないこと。

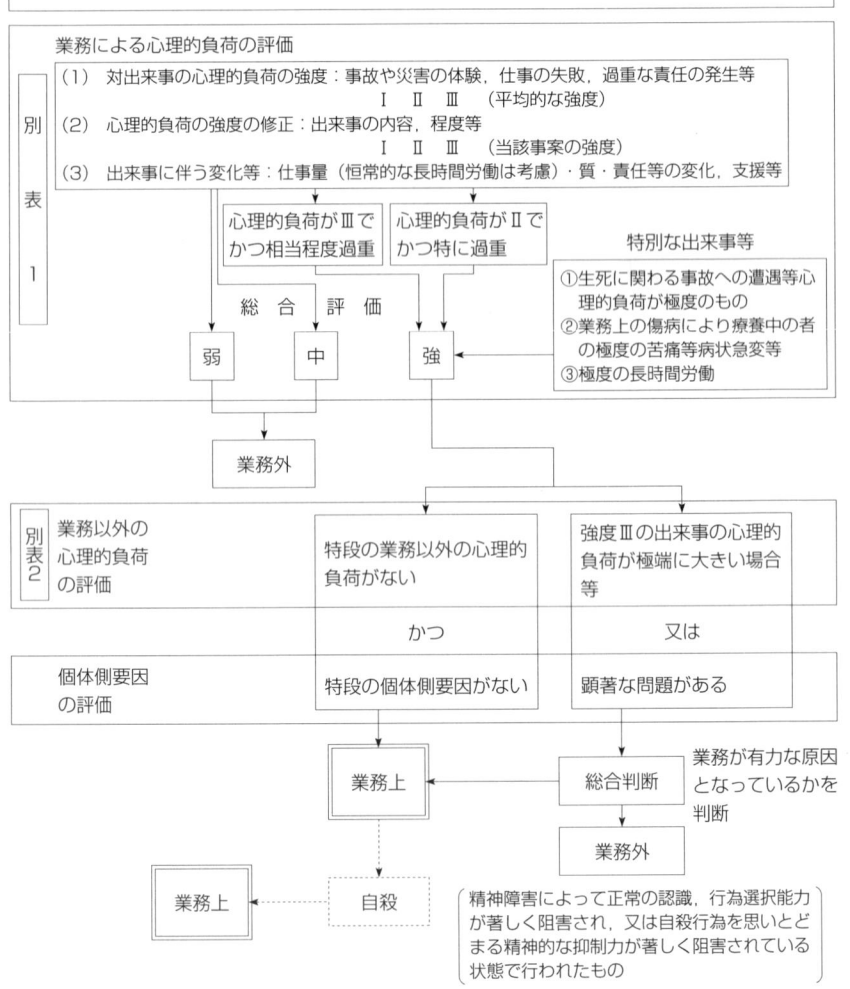

別表1　業務による心理的負荷の評価

(1) 対出来事の心理的負荷の強度：事故や災害の体験，仕事の失敗，過重な責任の発生等
　　Ⅰ　Ⅱ　Ⅲ　（平均的な強度）
(2) 心理的負荷の強度の修正：出来事の内容，程度等
　　Ⅰ　Ⅱ　Ⅲ　（当該事案の強度）
(3) 出来事に伴う変化等：仕事量（恒常的な長時間労働は考慮）・質・責任等の変化，支援等

- 心理的負荷がⅢでかつ相当程度過重
- 心理的負荷がⅡでかつ特に過重

特別な出来事等
① 生死に関わる事故への遭遇等心理的負荷が極度のもの
② 業務上の傷病により療養中の者の極度の苦痛等病状急変等
③ 極度の長時間労働

総合評価：弱／中／強

弱 → 業務外

別表2　業務以外の心理的負荷の評価

- 特段の業務以外の心理的負荷がない
- 強度Ⅲの出来事の心理的負荷が極端に大きい場合等

かつ／又は

個体側要因の評価

- 特段の個体側要因がない
- 顕著な問題がある

→ 業務上

総合判断：業務が有力な原因となっているかを判断
→ 業務外

業務上 ⋯ 自殺

精神障害によって正常の認識，行為選択能力が著しく阻害され，又は自殺行為を思いとどまる精神的な抑制力が著しく阻害されている状態で行われたもの

事項索引

あ
アイデンティティ　281
ACT*（アクトスター）モデル　11
アサーション　234
アセスメント・センター　37
安全配慮義務　295
安全風土　90
ERG理論　61
EAP　266
　　外部――　269
　　内部――　269
依存性パーソナリティー障害　207
因果関係モデル　164
受け入れ側の問題　276
内田クレペリン精神検査　45
うつ病　163
促し／リード　234
A－B－Cモデル　240
衛生要因　62
M型　95
M機能（集団維持機能）　95
LMX理論　100
LPC　97
演技性パーソナリティ障害　207
エンパワーメント　139
OJT　12
Off-JT　12

か
回顧　143
回避性パーソナリティ障害　207
回避動機　63
外部EAP　269
外部帰属　140
カウンセラーの純粋性　230
カウンセリング　226
　　――の構造化　254
価値充足理論　70
学校カウンセラー　313
カリスマ的リーダーシップ　101
過労死　166, 196
環境型セクシュアル・ハラスメント　187
感情の反射　233
感情の明確化　233
感情の明瞭化　233
寛大化傾向　17
管理範囲　84
危機介入　174
基準関連妥当性　35
帰属意識　73
期待理論　67
機能別組織　85
気分障害　210
キャリア　129
　　――・アンカー　135
　　――・ドメイン　143
　　――・プラトー　137
　　――意思決定の社会的学習理論　113
　　――開発プログラム　145
　　――教育　121
　　――サクセス　281
　　――選択　108
　　――に関連する態度　282
　　――のコーン　131
　　――類型論　112
　　プロティアン――　283
　　ライフ――　107
キャリアカウンセラー　317
キャリアカウンセリング　27, 124, 279
　　――の学習理論　114
キャリア発達　131
　　――の段階　111

――理論　111
教育訓練　9
境界性パーソナリティ障害　207
強化理論　10
共感的理解　230
強行規定　293
強迫性パーソナリティ障害　207
欠勤率　197
厳格化傾向　17
健康情報　300
　　――の秘密の保持　300
コアテクノロジー　267
公式化　84
公式メンタリング　148
構成概念妥当性　35
行動療法　237, 239
衡平　64
　　――理論　64
公平理論　20
交流型リーダーシップ　100
コーピング　194
個人‐環境適合モデル　165
個人情報　300
雇用調整　8
コンサルテーション　28
コンティンジェンシー・モデル　96
コンピテンシー（competency）　40
　　――学習（competency learning）　41

さ
再検査法　36
再就職支援活動　150
最終的な職場復帰の決定　273
採用選考　4
作業検査法　43

査定(アセスメント) 250
サマライズ・コメント 234
産業カウンセラー 309
産業カウンセリング 27
360度フィードバック 39
GHQ 精神健康調査票 45
指揮命令系統 84
事業場外資源によるケア 264
事業場内産業保健スタッフ等によるケア 264
事業場における労働者の健康保持増進のための指針(健康づくり指針) 262, 264
事業部別組織 85
自己愛性パーソナリティ障害 207
自己開示 234
自己効力感 114, 143
自己実現欲求 60
自己申告制度 7
自殺 163
シゾイドパーソナリティ障害 206
失業 193
失調症型パーソナリティ障害 207
質問紙法 43
社会的学習理論 11
社会的再適応評価尺度 159
社会的ひきこもり 116
社会認知的理論 114
若年無業者の増加 116
社内公募制度 7, 147
集権化・分権化 84
柔軟な企業モデル 2
主治医による職場復帰可能の判断 272
主題統覚検査(TAT; Thematic Apperception Test) 46
守秘義務 302

障害者雇用促進法 290, 300
昇進可能性の認知 138
情動中心型対処 161
情動中心の対処行動 194
職位の停滞 138
職業ストレス検査(Occupational Stress Inventory : OSI) 49
職業性ストレス 51
職業適合性 32
職業的自己概念 110
職業適性 31
職能資格制度 23
職場復帰後のフォローアップ 273
職場復帰という判断の妥当性 276
職場復帰の可否判断及び職場復帰支援プランの作成 273
職務記述インデックス 70
職務記述書 76
職務専門化 83
職務特性理論 71
職務満足感 68
ジョブ・ローテーション 145
自律神経系 162
人員削減 8
神経症 202
人事アセスメント 29
人事異動 6
人事管理 1
人物評価(考課, 査定) 16
心身症 162
信頼性 34
心理検査 34
心理査定(心理アセスメント) 27
心理的成功 283
心理的負荷による精神障害等に係る業務上外の判断指示について 296
親和欲求 63

ストレス 157
——反応 194
性格検査 43
成功動機 63
精神症状固有の課題 277
精神分析的心理療法 244
精神分析療法 243
精神保健及び精神障害者福祉に関する法律 290
セクシュアル・ハラスメント 183, 294
積極的傾聴 167
積極的不確実性理論 119
折半法 36
セルフケア 264
専制的リーダー 95
全体的職務満足感尺度 69
全般性不安障害 205
専門職制度 24, 140
総合検査 SPI(Synthetic Personality Inventory) 47
ソーシャル・サポート 174
ソーシャル・スキル・トレーニング 173
「属人的」組織風土 90
組織開発 30
組織形態 85
組織構造 83
組織コミットメント 72, 137
組織市民行動 76
組織社会文化 91
組織内キャリア発達の規定因 133
組織内社会化 92
組織のフラット化 138
組織風土 51
組織文化 87

た
対価型(地位利用型)セクシュアル・ハラスメント 187

索　引　339

怠業　201
対処　160
　　——行動　194
対人的公正　79
タイプA　176
ダウンサイジング　192
達成動機　62
達成欲求　63
タテのキャリア　131
妥当性　35
男女雇用機会均等法　290
中心化傾向　17
中年期の危機　141
賃金管理　21
DESC法　238
THP→トータルヘルスプロモーション
適応性　282
適性　32
テクノストレス　169
手続き的公正　79, 194
デュアル・ラダー　140
電通事件　264, 287, 295
展望　143
投影法　43
同化効果と対比効果　17
動機づけ　59
　　——要因　62
等級制度　23
統合　144
統合失調症　213
統合的人生設計　120
東大版総合人格目録（TPI）　44
トータルヘルスプロモーション（THP）　262, 288
特定因子論　108
特性論　94
トランジション・サイクル・モデル　135
Transition（移行）論　135

な
内的一貫性　36
内部EAP　269
内部帰属　139
内分泌系　162
内容の妥当性　35
ニート　116
日常の混乱　160
認知行動療法　239
認知的不協和　139
認定カウンセラー　311
認定心理士　320
能力開発　9, 28
能力多元論　140

は
バーンアウト（燃え尽き症候群）　71, 171, 196
派遣労働者　300
パス＝ゴール（通路＝目標）理論　99
罰則規定　291
パニック障害　204
パフォーマンス　281
反社会的パーソナリティ障害　207
反社会的行動　201
汎適応症候群　159
P-Fスタディ（Picture-Frusutration Study）　47
pm型　95
PM型　95
PM理論　95
P型　95
P機能（目的達成機能）　95
非正規社員　6
一皮むけた経験　135
人−環境適合理論　112
評価のエラー　17
病気休業開始ならびに休業中のケア　272
標準化　34
標準検査　35
表面的妥当性　36
VPI職業興味検査　113
VDT障害　170
不衡平　64
部門化　83, 85

Planned Happentance（計画された偶然性）論　135
フリーター　117
ブロードバンディング化　138
プロセス・コンサルテーション　30
プロティアンキャリア　283
文化に応じた統合　143
文章完成法テスト（Sentence Completion Test : SCT）　47
併存的妥当性　35
ヘイロー（halo）効果　17
変革型リーダーシップ　100
偏差値　34
報酬管理　20
放任的リーダー　95
法令遵守（コンプライアンス）　289

ま
マトリックス組織　86
マネジリアル・グリッド　96
ミネソタ式職務満足尺度（MSQ）　69
ミネソタ多面的人格目録（MMPI）　43
民主的リーダー　95
無条件の積極的関心　230
メタ・コンピテンシー　146
免疫系　162
メンター　147
メンタリング　148
　　——・プログラム　147
妄想性パーソナリティ障害　206
目標管理制度（MBO : Management By Objectives）　18, 68
目標設定　67

340　索　引

──理論　19
問題中心型対処　161
問題中心の対処行動　194

や
役割曖昧性　167
役割葛藤　167
矢田部・ギルフォード性格検査(YG性格検査)　45
有能性動機　140
要求-コントロールモデル　165
予期的社会化　92
ヨコのキャリア　131
予測妥当性　35
欲求階層理論　60

ら
ライフ・サイクル理論　97

ライフキャリア　107
ラインによるケア　264
ラベリング　191
ラポール　231
リアリティ・ショック　92, 136
リーダー・プロトタイプ像　102
リーダーシップ　94
　──代替論　101
　──の幻想　102
　──の認知論　102
リストラクチャリング　192
リラクセーション　173
　──法　173
臨床心理査定　29
臨床心理士　306
臨床発達心理士　315

倫理的風土　90
レイオフ　192
レイオフ・サバイバー　196
労働安全衛生法　290
労働基準法　290
労働者派遣法　300
ロールシャッハ検査　46
ロジャースの3原則　229
論理情動行動療法　173
論理療法　240

わ
ワーク・ファミリー・コンフリクト　168
ワークキャリア　107

人名索引

A
阿部満洲　43
Abrams, M.　173
安達智子　115, 116
Adams, J. S.　20, 64-66
Alderfer, C. P.　61
Allen, N. J.　72, 111
Anderson, J. S.　11
Ansari, M. A.　100, 101
安西愈　295
Aoki, M.　137
Armstrong-Stassen, M.　199, 200
朝倉隆司　169
Atkinson, J.　2
Atkinson, J. W.　62, 63, 67
Avolio, B. J.　100

B
馬場禮子　244
Baker, D. D.　188
Balazs, K.　196

Bandura, A.　11, 114
Bargh, J. A.　190
Bass, B. M.　100
Beck, A.　241, 242
Bennett, N.　194
Betz, N. E.　114
Bhal, K. T.　100, 101
Bies, R. J.　195, 196
Blake, R. P.　96
Blanchard, K. H.　98
Blustein, D. L.　110
Bohn, J. Jr.　133, 136
Bray, D. W.　37
Bridges, W.　135
Briscoe, J. P.　146
Brockner, J.　198, 200, 201
Brod, C.　169
Brown, D.　108, 109, 110
Butcher, J. N.　44

C
Cascio, W. F.　196

蔡荏錫(Chae In seok)　150
Chao, G. T.　93
Cobb, S.　165
Cohen, A. G.　188
Cohen, S.　162, 175
Collard, B. A.　151
Conger, J. S.　103
Cooper, C. L.　164
Crace, R. K.　110
Crown, D. F.　19
Csiernik, R. P.　271

D
大坊郁夫　45
Daus, C. S.　166
Dawis, R. V.　109
Day, D. V.　100
Deal, T. E.　88

E
Earley, P. C.　19

索　引　341

Edwards, J. R.　165
Ellis, A.　173, 240, 241
Erera, P.　168
Erikson, E. H.　141
Etzion, D.　174

F
Farr, J.　18
Festinger, L.　66, 139, 140
Fiedler, F. E.　97
Fitzgerald, L. F.　107, 185, 187, 188, 191
Flum, H.　110
Folkman, S.　157, 161, 194
Fontana, D.　168
フォード, H.　83
French, J. R. P. Jr.　165
Freud, S.　227, 243, 244
Friedman, M.　176, 177
淵上克義　99-101
藤野伸行　55
藤田　誠　90, 91
藤山直樹　231
深澤道子　186
福井宏和　90
福井理江　51, 53
福川康之　166
古野庸一　135
布施直春　290, 291

G
Gelatt, H. B.　119-121
玄田有史　116
Gerstner, C. R.　100
Ginzberg, E.　108, 109
Glomb, T. M.　189, 191
Goldberg, D.　45
Gottfredson, L.　109
Graen, M. B.　100
Greenberg, J.　79
Grunberg, L.　196
Guilford, J. P.　45
Gutek, B.　188, 189, 191

H
Hackett, G.　114
Hackman, J. R.　71
Hall, D. T.　107, 129, 146, 281-284
花田光世　73, 74, 135
Hanges, P. J.　199
Hanish, K. A.　193
Hansen, L. S.　120
原谷隆史　51
Hashimoto, M.　137
Hathaway, S. R.　43
林　剛司　170
Hazen, C.　111
Heckscher, J. R.　77
Herr, E. L.　279
Hersey, P.　98
Herzberg, F.　62
Hesson-McInnis, M.　188
樋口美雄　151
平木典子　235, 237, 238
平野光俊　138, 139, 143, 147, 148
平田周一　137
寶珠山務　166
Holland, J. L.　109, 110, 112, 113
Holmes, T. H.　159, 160
本城　賢　143
House, R. J.　99, 103, 167
Hulin, C. L.　190
Hunter, J. E.　19, 68

I
市川佳居　270
五十嵐透子　173
池田謙一　163
今田幸子　137
今野浩一郎　8, 22
井上　健　187
Ironson, G. H.　69
石田英夫　3
板倉宏昭　77
Itoh, H.　137

J
Jackson, S. E.　168, 169, 171
Jermier, J. M.　101

K
加護野忠男　88
Kalimo, R.　201
鎌田晶子　90
神谷美恵子　142
金井篤子　168, 175
金井壽宏　135, 140, 143
Kanungo, R. A.　103
Keinan, G.　163
Kennedy, A. A.　88
Kernan, M. C.　199
Kerr, S.　101
Ket'z de Vries, M. F. R.　196
Kirkpatrick, D. J.　14
北岡(東口)和代　165, 171
Kivimäki, M.　197
Knapp, D. E.　189
小池和男　145
小泉智恵　168, 169
古宮　昇　162
Konovsky, M. A.　76
Konrad, A. M.　188
Koss, M. P.　189
小杉礼子　118
Kraepelin, E.　45
Kram, K. E.　148
Kreitner, R.　10
Krumboltz, J. D.　109, 110, 114, 120, 121, 135
釘崎広光　22
久村恵子　148, 149
黒田正大　43
曲沼美恵　116

L
Landy, F. J.　18
Lasoff, D. L.　124
Latham, G. P.　19, 68
Lawlence, P. R.　152

Lawler, III, E. E.　67
Lazarus, R. S.　157, 158, 160, 161, 194
Leana, C. R.　194
Lenn, D. J.　196
Lent, R. W.　110, 115
Leventhal, G. S.　194
Levin, A. S.　120, 135
Levinson, D. J.　142
Lippitt, R.　95
Litwin, G. H.　89
Locke, E. A.　19, 68, 70
Lofquist, L.　109
Lombardo, M. M.　146
Lord, R. G.　94, 102
Lorsch, J. W.　152
Luthans, F.　10

M

Magley, V. J.　191
槙田 仁　46
Malamut, A. B.　189, 191
Marshall, J.　164
Martin, H. G.　45
正田 亘　32
Maslach, C.　169, 171
Maslow, A. H.　60
Masuda, M.　160
増田真也　55, 171
Mathieu, J. E.　75
松田浩平　51
松井紀和　228
松尾 睦　87, 91
Mayer, J.　111
McCall, M. W. Jr.　55, 146
McClelland, D. C.　62, 63, 67
Mckinley, J. C.　43
Meindl, J. R.　102, 103
Mento, A. J.　19
Meyer, J. P.　72, 73
三隅二不二　95
Mitchell, L. K.　120, 135
三谷直紀　151
宮地夕紀子　135

Mooorman, R. H.　79
Morgan, C. D.　46
守島基博　146
Morrison, A. M　146
Morrison, E. W.　79
Mouton, J. S.　96
Mowday, R. T.　72, 136
宗方比佐子　122-124, 184, 191
Munson, L. J.　192
村上千恵子　43, 167
村上和子　146
村上宣寛　43
Murphy, K. R.　18
Murray, M. A.　46

N

中川泰彬　45
中島 豊　77
Nicholson, N.　135
Niehoff, B. P.　79
二村英幸　5, 6, 37
西田豊昭　78

O

Oakland, S.　161
Offerman, L. R.　102, 189, 191
小川正男　55
小川憲彦　137
荻野佳代子　171
岡堂哲雄　27, 29
岡本浩一　91
岡本祐子　141
岡村一成　33, 34
奥林庸司　138
奥野明子　68
Oldham, G. R.　71
O'Neill, H. M.　196
大木紀子　135
大久保幸夫　119
大村政男　34
大西 守　277
大野高裕　21
大沢武志　27, 29

太田 肇　72
Organ, D. W.　76, 78
Osipow, S. H.　49, 107
Ostell, A.　161

P

Parsons, F.　108, 109
Peterson, G. W.　109
Podsakoff, P. M.　78, 79, 102
Porter, L. M.　136
Porter, L. W.　67
Pryor, J. B.　190

R

Rahe, R. H.　159
Raisian, J.　137
Raymond, P.　190
Rizzo, J. R.　167
Robbins, S. P　83
Rodgers, R.　19, 68
Rodgers, W. L.　165
Roe, A.　109
Rogers, C.　227, 229
Rorschach, H.　46
Rosenman, R. H.　176, 177
Rosenzweig, S.　47
Rosse, J. G.　19
Rounds, J.　112
Rousseau, D. M.　91
Russell, D. W.　174

S

Saal, F. E.　188
坂爪洋美　150, 193
坂田桐子　184
坂田哲人　74
佐野幸子　191
佐野勝男　46, 47
佐藤博樹　7, 8, 22
Schein, E. H.　30, 87, 131, 132, 135-137, 143
関本昌秀　73, 89
Selye, H.　158
Sexton, T.　124

Shaver, P. R.　111
Shinn, M.　174
志水聡子　74
下村英雄　117
下山晴彦　122
Smith, P. C.　70
園原太郎　45
外島　裕　33, 40, 42, 48, 51, 55
Spector, P. E.　71
Spokane, A. R.　49
Staw, B. M.　139
Steers, R. M.　136
Stogdill, R. M.　94
Stringer, R. A. Jr.　89
杉渓一言　28
住田勝美　43
Super, D. E.　32, 107-111, 133, 136
鈴木竜太　77
鈴木伸一　172

T

田井久恵　148
高木浩人　74, 77
高橋弘司　69, 73, 77, 91, 92
竹内　洋　140
田中堅一郎　78, 79
田中宏二　49
田中富士夫　43
田尾雅夫　91
Tata, J.　188
鑪幹八郎　142
Terpstra, D. E.　188
Thorndike, E. L.　15
戸川行男　46
冨田正利　186
Tubbs, M. J.　19
辻岡美延　45

U

内田勇三郎　45
上田　泰　83, 85
Uhl-Bien, M.　100
浦上昌則　115
浦　光博　174, 175

V

Victor, B.　90
Vroom, V. H.　67

W

若林　満　168, 175
Warterman, J. A.　151
Warterman, R. H. Jr.　151
Wasti, S. A.　191
渡辺三枝子　31, 49, 277
渡辺直登　149, 165
渡辺弥生　174
Weick, K. E.　143
Weiss, D. J.　69
West, M. A.　135
Whiston, S.　124
White, R.　95
Wills, T. A.　175
Wolpe, J.　237
Wright, R. M　19

Y

矢田部達郎　45
山田英夫　143
山口裕幸　100
山本　寛　138
山本和郎　175
山下洋史　6
八代充史　24
矢冨直美　165
横山敬子　193
吉川久敬　41

Z

Zajac, D. M.　75

執筆者一覧 （＊は編者）

- 第1章　柳澤さおり（中村学園大学流通科学部）
- 第2章　外島　　裕（日本大学商学部）＊
- 　　　　田中堅一郎（日本大学大学院総合社会情報研究科）＊
- 第3章　田中堅一郎（同上）
- 第4章　田中堅一郎（同上）
- 第5章　宗方比佐子（金城学院大学人間科学部）
- 第6章　平野　光俊（神戸大学大学院経営学研究科）
- 第7章　増田　真也（慶應義塾大学看護医療学部）
- 第8章　田中堅一郎（同上）
- 　　　　篠竹　利和（日本大学文理学部）
- 第9章　篠竹　利和（同上）
- 第10章　坂爪　洋美（和光大学現代人間学部）
- 特論1　大庭　さよ（産業精神保健研究所）
- 特論2　岸本　智美（（株）アルプスビジネスクリエーション）

臨床組織心理学入門
組織と臨床への架け橋

2007年7月10日　初版第1刷発行　　定価はカヴァーに表示してあります

編　者　外島　　裕
　　　　田中堅一郎
発行者　中西　健夫
発行所　株式会社ナカニシヤ出版
　　　　〒606-8161 京都市左京区一乗寺木ノ本町15番地
　　　　　　　Telephone　075-723-0111
　　　　　　　Facsimile　075-723-0095
　　　　Website　http：//www.nakanishiya.co.jp/
　　　　Email　　iihon-ippai@nakanishiya.co.jp
　　　　　　　郵便振替　01030-0-13128

装幀＝白沢　正／印刷＝共同印刷工業／製本＝兼文堂
Copyright © 2007 by Y. Toshima & K. Tanaka
Printed in Japan.
ISBN978-4-88848-838-9